Ein Wasserregime im Nahen Osten

SCHRIFTEN ZUM STAATS- UND VÖLKERRECHT

Herausgegeben von Prof. Dr. Dieter Blumenwitz

Band 106

Peter Lang

Frankfurt am Main · Berlin · Bern · Bruxelles · New York · Oxford · Wien

Susanne Giannios

Ein Wasserregime im Nahen Osten

Rechtliche und politische Grundlagen und Perspektiven der internationalen Wasserverteilung im Jordanbecken

Peter Lang
Europäischer Verlag der Wissenschaften

Bibliografische Information Der Deutschen Bibliothek
Die Deutsche Bibliothek verzeichnet diese Publikation in der Deutschen Nationalbibliografie; detaillierte bibliografische Daten sind im Internet über <http://dnb.ddb.de> abrufbar.

Zugl.: Würzburg, Univ., Diss., 2003

D 20
ISSN 0172-7796
ISBN 3-631-52165-0

www.peterlang.de

Meiner Mama

Vorwort des Herausgebers

Die vorliegende Arbeit ist im Rahmen eines von der Hanns-Seidel-Stiftung e.V. geförderten und in Zusammenarbeit mit dem Lehrstuhl für Völkerrecht, allgemeine Staatslehre, deutsches und bayerisches Staatsrecht und politische Wissenschaften organisierten Promotionskollegs zu „Völkerrechtlichen Fragen der Friedenssicherung“ entstanden.

Ziel des Kollegs war es, verschiedene für die Frage der künftigen Friedenssicherung relevante Themen zu bearbeiten und durch den stetigen Austausch der Teilnehmer die Interdependenz der Einzelthemen zu der übergeordneten Thematik der Friedenssicherung herauszuarbeiten.

Prof. Dr. Dieter Blumenwitz

Vorwort der Autorin

„Ach was“, fegte der palästinensische Geschäftsmann meine Besorgnis über die Wasserfrage im Nahen Osten beiseite, „die Wasserfrage ist noch unser geringstes Problem. Die lösen wir allemal durch internationale Kooperation.“ Mein Verdutzen über diese Sorglosigkeit konnte ich noch stundenlang verdauen. Denn wir schaukelten in einem dieser Mercedes-Stretchlimousinen-Taxis über die staubigen, mit Schlaglöchern gespickten Landstraßen der Westbank auf dem Weg von Ramallah nach Gaza City. Und so schlüpfte auch gleich mein Promotionsthema aus dem Ei, als ich für meine Diplomarbeit über die palästinensische Staatswerdung auf Forschungsreise im Nahen Osten war: Wie kann diese internationale Wasserkooperation nun konkret aussehen?

Von ganzem Herzen danke ich meinen beiden Doktorvätern, Herrn Prof. Dr. Dieter Blumenwitz und Herrn Prof. Dr. Paul-Ludwig Weinacht von der Universität Würzburg. Während ich meine Turnkreation mit dem Titel „Doktorarbeit“ zu perfektionieren versuchte, waren sie mir das ideale Trainerpaar. Sie ließen stoisch meinem Experimentierdrang Auslauf und bewahrten mich doch mit Argusaugen davor, zwischen den zwei Barren mit der Aufschrift „Völkerrecht“ und „Internationale Politik“ auf den Boden zu fallen. Frau Ruth Rupp vom Lehrstuhl für Völkerrecht danke ich herzlichst für die enorme Hilfsbereitschaft in jeglichen Angelegenheiten. Der Hanns-Seidel-Stiftung e.V. danke ich für ihr Begabtenstipendium, das mir nicht nur völlige Konzentration auf mein Promotionsprojekt ermöglichte, sondern auch wertvolle Freundschaften mit sich brachte. Uschi und Bernd, ihr seid ein Spitzenteam; ich schätze unendlich, dass ihr meine Dissertation kritisch begleitet habt!

Finally, Pedrolino, an Oscar high like a Fourteener goes to you! By chasing me up and down the Rocky Mountains, winter and summer, you broadened my horizon enormously. Otherwise, it might have been restricted to the distance from my eyes to my laptop-screen. With your all-American attitude of “Just get this thing done!” you encouraged me that a PhD can definitely be a short-term project.

München, im November 2003 *Susanne Giannios*

**Sic utere tuo
ut alienum non laedas**

Inhaltsübersicht

Einführung

Ein Wasserregime im Nahen Osten. Rechtliche und politische Grundlagen und Perspektiven der internationalen Wasserverteilung im Jordanbecken

Inhaltsverzeichnis

SCHLUSSBETRACHTUNG

VERZEICHNIS DER ABBILDUNGEN

Quellenverzeichnis

Abkürzungsverzeichnis

a.	Jahr
AaO / aaO	am angegebenen Ort
Abs.	Absatz
AJIL	American Journal of International Law
APuZ	Aus Politik und Zeitgeschichte, Beilage zur Zeitung ‚Das Parlament'
ArchVR	Archiv des Völkerrechts
Art.	Artikel
BBC	British Broadcasting Corporation
Bd.	Band
BGBl.	Bundesgesetzblatt
c.	capita, Kopf, Person
CNN	Cable News Network
DOP	Israelisch-palästinensische Declaration of Principles on Interim Self-Government Arrangements von 1993
ECE	Economic Commission for Europe, UN-Wirtschaftskommission für Europa
EG	Europäische Gemeinschaft
EPIL	Encyclopedia of Public International Law
f. / ff.	folgende / fortfolgende
FAZ	Frankfurter Allgemeine Zeitung
Fn.	Fußnote
GA	General Assembly, Generalversammlung der Vereinten Nationen
ha	Hektar
HarvardILJ	Harvard International Law Journal
HDUR	Handwörterbuch des Umweltrechts
IA	Israeli-Palestinian Interim Agreement on the West Bank and the Gaza Strip von 1995
IGH	Internationaler Gerichtshof
IJC	International Joint Commission
ILA	International Law Association
ILC	International Law Commission

I.L.M.	International Leagal Materials
mcm........................	Millionen Kubikmeter
mcm/c/a..................	Millionen Kubikmeter pro Kopf pro Jahr
NZZ........................	Neue Zürcher Zeitung
PA...........................	Palestinian Authority, Palästinensische Autonomiebehörde
PLO.........................	Palestine Liberation Organization
Res.	Resolution
Rz.	Randziffer / Randziffern
SC...........................	Security Council, Sicherheitsrat der Vereinten Nationen
SVN........................	Satzung der Vereinten Nationen
SZ...........................	Süddeutsche Zeitung
Tractantenblad........	Tractantenblad van het Koninkrijk der Nederlanden
UN / UNO..............	United Nations Organization, Vereinte Nationen
UNDP.....................	United Nations Development Programme
UNEP......................	United Nations Environment Programme
UNESCO...............	United Nations Educational Scientific and Cultural Organization
UNICEF.................	United Nations Children's Fund
UNTS......................	United Nations Treaty Series
UNYB.....................	United Nations Year Book
Wash.U.L.Q.	Washington University Law Quarterly
WaterDOP.............	Israelisch-jordanisch-palästinensische Declaration on Principles for Cooperation on Water-Related Matters and New and Additional Water Resources von 1996
YIEL.......................	Yearbook of International Environmental Law
Ziff.	Ziffer

Einführung

„Fierce national competition over water resources has prompted fears that water issues contain the seeds of violent conflict. (...) If all the world's peoples work together, a secure and sustainable water future can be ours." [1]

1. Aktualität des Forschungsgegenstands

2003 ist das *International Year of Freshwater*. So haben es die Vereinten Nationen in einer Resolution der Generalversammlung ausgerufen.[2] Mit ihrem internationalen Süßwasserjahr zielen sie darauf ab, Nachhaltigkeit bei Schutz, Nutzung und Management von Süßwasser zu fördern.[3] Hiermit bestätigen die Vereinten Nationen einen neueren Trend auf dem internationalen politischen Parkett: Management, Nutzung und Schutz von Süßwasser ist nicht mehr nur Thema auf der einzelstaatlichen Agenda. Nachdem Wasser die einzige knappe Ressource ist, für die es kein Substitut gibt, ist nachhaltiges Wassermanagement zum drängenden Anliegen der Weltpolitik geworden.[4]

Wassernutzung und -management werden komplizierter, wenn sich Wasservorkommen über zwei oder mehr Staaten erstrecken, wie zum Beispiel im Nahen Osten. Internationale hydrologische Interdependenz ist hierbei ein weit verbreitetes Phänomen. „There is scarcely a country in the world (except for most island-nations) that is not somehow linked hydrologically to another country." [5] Fast die Hälfte der gesamten Landfläche der Erde (45%) liegt in internationalen Flussbecken. Weltweit gibt es 261

---

1 Kofi Annan, UN-Generalsekretär, World Water Day 2002, zitiert nach UNESCO (Hrsg.), *From Potential Conflict to Co-operation Potential. Water for Peace. Prevention and Resolution of Water Related Conflicts*, 2003, im Internet unter: http://www.unesco.org/water/wwap/pccp/pdf/brochure_2.pdf.

2 GA-Res. 55/196, 20. Dezember 2000, im Internet unter: http://ods-dds-ny.un.org/doc/UNDOC/GEN/N00/571/03/PDF/N0057103.pdf?OpenElement, zitiert am: 30. Juni 2003.

3 Ausführlich hierzu auf den offiziellen Websites des *International Year of Freshwater* unter: http://www.wateryear2003.org, zitiert am: 30. Juni 2003.

4 Vgl. Klaphake, Axel / Scheumann, Waltina, *Politische Antworten auf die globale Wasserkrise. Trends und Konflikte*, in: APuZ, Nr. 48-49 / 2001, S. 3.

5 Eckstein, Gabriel, *Shared Aquifers and International Law*, hrsg. von der Food and Agriculture Organization of the United Nations, Einleitung, im Internet unter: http://www.fao.org/Legal/advserv/isarm4.pdf.

solcher grenzüberschreitender hydrologischer Einzugsbecken.[6] Darüber hinaus existieren eine unbestimmte Anzahl von Grundwasserspeichern, die sich über zwei oder mehr Staaten erstrecken.[7]

Wäre Wasser in ausreichendem Maße verfügbar und zugänglich, würde die grenzüberschreitende Dimension der Wassernutzung wohl weit weniger Probleme mit sich bringen. Das globale Wasserdargebot ist aber ungleich über die Kontinente und Staaten verteilt. Wird es für Regionen zum Problem, ihre Wasserbedürfnisse zu befriedigen, gilt Wasser dort als knappes Gut. Von Wasserknappheit sind heute etliche Regionen der Welt betroffen, darunter besonders der Nahe Osten.[8]

Ein Viertel der Weltbevölkerung wird innerhalb der nächsten 25 Jahre unter ernsthafter Wasserknappheit leiden. Schon heute haben 1,3 Milliarden Menschen weltweit keinen Zugang zu sauberem Wasser. Entwicklungsexperten sagen voraus, wahrscheinlich Wasserknappheit – und nicht Mangel and Agrarflächen – wird in der Zukunft zur Hauptherausforderung für die Agrarproduktion in Entwicklungsländern. Mehr als 1 Milliarde Menschen leben in ariden Regionen, die im Jahr 2025 absolute Wasserknappheit verzeichnen werden.[9]

---

6 Vgl. United Nations Development Programme (Hrsg.), *International Waters*, ohne Datumsangabe im Internet unter: http://www.undp.org/gef/undpgef_focal_areas_of_action/sub_international_water.html.

7 Vgl. Caponera, Dante A., *Les Eaux Partagées et le Droit International*, Congres International de Kaslik / Liban, 18.-20. Juni 1998, Einleitung, im Internet unter: http://funredes.org/agua/files/droit/CAPONERA.rtf.

8 „Es ist jedoch schwierig, Wasserknappheit exakt zu definieren, da es sich hierbei um ein relatives Konzept handelt, das mit sozialen und ökonomischen Bedingungen in Beziehung steht," erklären Klaphake, Axel / Scheumann, Waltina, *Politische Antworten auf die globale Wasserkrise. Trends und Konflikte*, in: APuZ, Nr. 48-49 / 2001, S. 3.

9 Absolute Wasserknappheit bedeutet hier, dass diese Regionen nicht über ausreichend Wasser verfügen werden, um das 1990er Pro-Kopf-Nahrungsmittelproduktionsniveau aus Bewässerungsanbau aufrecht zu erhalten, auch nicht bei höherer Bewässerungseffizienz, wenn sie zugleich vernünftigen Wasserbedürfnissen für Haushalte, Industrie und Umwelt begegnen wollen. Vgl. World Bank – Consultative Group on International Agricultural Research (Hrsg.), *The World Water and Climate Atlas. Powerful New Computer Tool Examines Earth in Detail*, Pressemitteilung vom 23. November 1998, im Internet unter: http://www.worldbank.org/html/cgiar/press/watatlas.html.

Diese Tendenzen vor Augen befasst sich die Wissenschaft seit langem mit Entwicklungs-, Sicherungs- und Bedrohungsperzeptionen. Im Rahmen von Konflikten um Schlüsselressourcen diskutieren die Experten seit Mitte der 1970er Jahre den Typus Konflikt um knappe Süßwasservorkommen. Brisant ist dieser Konflikttypus besonders vor dem Hintergrund der globalen Bevölkerungs- und Wohlstandsentwicklung, die Wasser immer knapper beziehungsweise die Wasserversorgung immer schlechter werden lässt. Dementsprechend verschärft sich auch die internationale Konkurrenz um Zugang zu Süßwasser.[10]

In der Vergangenheit erwiesen sich Wasserverteilungsdifferenzen bereits als konfliktverdichtender Faktor, wie etwa im Nahen Osten.[11] Staaten instrumentalisierten Wasser im Kontext anderer Differenzen, versuchten Kontrolle über Wasserressourcen anderer Staaten zu erlangen, nutzten Wasserprojekte als politische und strategische Ziele und Mittel oder vermimten und kontaminierten Wasserläufe während der Kriegsführung.[12] In den 1990er Jahren kam unter Experten – noch geschürt durch die Medien – der Trend auf, für die Zukunft sogar pure Wasserkriege vorauszusagen.[13]

---

10 Vgl. Watzal, Ludwig, *Editorial*, in: APuZ, Nr. B 48-49 / 2001, S. 2.

11 Besonders relevant für die vorliegende Untersuchung ist das Beispiel des Sechstagekriegs von 1967. Einer der Gründe, warum Israel und seine arabischen Nachbarstaaten in diesen territorial folgenreichen Krieg gerieten, waren Syriens Pläne, Quellwasser des Jordans zum Schaden von Israels Wasserhaushalt umzuleiten. Seit dem Sechstagekrieg ist Israel Besetzungsmacht u.a. auf dem syrischen Golan und hat somit Kontrolle über den Jordanquellfluss Banias. Vgl. Gruen, George E., *International Regional Cooperation. Preconditions and Limits*, in: Bagis, Ali Ishan, *Water as an Element of Cooperation and Development in the Middle East*, Ankara 1994, S. 273. Weitere Beispiele aus der Region sind: das Tabqa-Dammbauprojekt von Syrien 1975, das verschärfte Spannungen zwischen Syrien und dem Irak verursachte; Dammbauprojekte der Türkei am Euphrat in den 1990er Jahren, die das angespannte Verhältnis zwischen der Türkei und Syrien noch verschlechterten; oder auch Dammbauprojekte Äthopiens am Blauen Nil, die militärische Drohungen seitens Ägyptens hervorriefen. Vgl. Klaphake, Axel / Scheumann, Waltina, *Politische Antworten auf die globale Wasserkrise. Trends und Konflikte*, in: APuZ, Nr. 48-49 / 2001, S. 8.

12 Vgl. Gleick, Peter H., *Water Conflict Chronology. September 2000 Version*, Fn. 1, im Internet unter: http://www.worldwater.org/conflictchronologychart.PDF.

13 Vgl. Starr, J.R., *Water wars*, in: Foreign Policy, Nr. 82 / 1991; Bulloch, J. / Darwish, A., *Water wars. Coming conflicts in the Middle East*, London 1993; Barth, Peter,

Kriege allein um Wasser wurden allerdings noch nie geführt. Wasser war außerdem noch nie alleiniger Auslöser von Kriegen. Das gilt zumindest für die letzten Jahrtausende.[14] Soweit herrscht inzwischen überdisziplinäre Einigkeit in der wissenschaftlichen Literatur über international geteilte Wasserressourcen. Weit verbreitet im Schrifttum und in den internationalen Beziehungen ist inzwischen die Theorie, dass trotz ihres imminenten Konfliktpotentials grenzüberschreitende Wasservorkommen ein Anlass zu internationaler Kooperation sind. So schlossen in den letzten 50 Jahren Staaten weltweit 1.800 Abkommen ab, um Nutzungsdifferenzen an internationalen Gewässern beizulegen.[15] Das UN-Entwicklungsprogramm schreibt in einem Bericht:

> „Water is a potential source of conflict but can as well be seen as an effective means for dialogues to build trust and confidence between countries. Increased cooperation between countries sharing the same water is critical, especially in water scarce regions where the upstream and downstream impacts of consumption and pollution are magnified." [16]

Auch das UN-Umweltprogramm stellt sich auf der einen Seite keineswegs blind für die Gefahrenpotentiale von international geteilten Wasservorkommen. Andererseits ist aber auch das UNEP zuversichtlich, dass solche hydrologischen Gegebenheiten Triebfeder für Kooperation zwischen den Staaten sind:

> „Disputes over shared water resources have a long history. Water has been used as a tool and weapon of conflict, access to water has been a source of dispute and contention, and major water development projects

---

Krieg um Wasser? Wasserkonflikte im Nahen und Mittleren Osten, Starnberg 1994; Environment and Conflicts Project (ENCOP) (Hrsg.), *Kriegsursache Umweltzerstörung*, Bd. I-III, Zürich / Chur 1996; Wünschmann, *Krieg ums Wasser?*, WWF-Journal, Nr. 2 / 1997.

14 Die *Transboundary Freshwater Dispute Database*, ein Projekt der Oregon State University, dokumentiert, den letzten Wasserkrieg haben vor 4.500 Jahren die mesopotamischen Stadtstaaten Lagash und Umma ausgetragen. Das Projekt ist im Internet unter: http://www.transboundarywaters.orst.edu, zitiert am: 31. Juli 2003.

15 Die Verträge regeln Wassermengen, Wasserqualität oder die Schifffahrt. Vgl. Klaphake, Axel / Scheumann, Waltina, *Politische Antworten auf die globale Wasserkrise. Trends und Konflikte*, in: APuZ, Nr. 48-49 / 2001, S. 8.

16 United Nations Development Programme (Hrsg.), *Water for Sustainable Development. UNDP, Water and WSSD*, im Internet ohne Jahresangabe unter: http://www.undp.org/wssd/achieve_wg.htm.

> have led to violence and civil strife. But shared waters can also be a source of cooperation. This is particularly evident today with the increase in the number of initiatives related to river basin management regimes and institutions committed to bilateral and/or multilateral management of transboundary water resources." [17]

Auf diesem weit verbreiteten, überdisziplinären Konsens basiert nun eine unserer Grundthesen: Wir sind der Überzeugung, dass in der Wasserfrage im Nahen Osten auch eine mediumübergreifende Konfliktlösungschance liegt. Israel, die Palästinenser, Jordanien, Syrien und der Libanon ringen um die verbleibenden Kernfragen im Nahost-Konflikt: die Zukunft der palästinensischen Flüchtlinge, Sicherheits- und Rüstungsfragen, wirtschaftliche Zusammenarbeit und Entwicklung sowie die Verteilung der knappen Süßwasserressourcen im Jordanbecken.

In der nahöstlichen Region findet sich mitunter die Annahme, dass der Verteilungskonflikt um die Wasserressourcen unter diesen verbleibenden Kernproblemen nicht mit zu den dringlichsten zählt. Genährt ist diese Haltung durch die emotionale Aufgeladenheit und die politische Instrumentalisierung menschlicher und religiöser Anliegen, denen eher die Flüchtlings-, Siedler- und Jerusalemproblematik zugeordnet werden. Der Konflikt um die Wasserverteilung werde sich rasch lösen, sobald erst die drängenderen unter den Kernfragen beigelegt seien, so eine verbreitete Einstellung in der Region.[18]

Doch die Wasserknappheit im Nahen Osten, weltweit eine der akutesten, noch verschärft durch die sozio-ökonomische Entwicklung, die unausgeglichenen Machtstrukturen und die tief verankerten Spannungen, verlangt nach einem raschen Aktivwerden in der Region. Die Wasserverteilung multilateral abzustimmen können die Nahost-Staaten nicht länger auf die Wartebank schieben. Der Präsident des *International Green Cross* [19] und

---

17 United Nations Environment Programme – Freshwater Portal of the Environment Network (Hrsg.), *Transboundary Water Management*, im Internet ohne Jahresangabe unter: http://freshwater.unep.net/index.cfm?issue=water_transb.

18 Diesen Eindruck erhielt die Verfasserin bei Gesprächen im Rahmen von Forschungsaufenthalten in den Palästinensergebieten und Israel.

19 Das Internationale Grüne Kreuz ist im Internet unter: http://www.greencrossinternational.net, zitiert am: 23. Juli 2003.

Ehrenmitglied der *World Commission on Water for the 21st Century* [20], Mikhail Gorbachev, warnt:

> „The potential for a conflict over water is perhaps at its most serious in the Middle East where water supplies are extremely limited, political tensions traditionally run high, and water is just one of the issues that may divide countries and make cooperation difficult." [21]

Ergreifen die Nahost-Staaten nun die Initiative zur multilateralen Beilegung der Wasserverteilungsfrage, können sie hiermit eine Initialzündung auslösen. Information und Konsultation, Verhandlung und Kompromissfindung, Vertragsausarbeitung und Institutionenbildung im Rahmen der multilateralen Abstimmung der Wassernutzung können eine vertrauensbildende Wirkung bis auf den Annäherungsprozess in den weiteren verbleibenden Kernfragen des Nahost-Konflikts ausstrahlen. Diesen Ansatz bestätigt ebenso der israelisch-jordanische Friedensvertrag von 1994. Hierin vertreten Israel und Jordanien die Ansicht, „that the subject of water can form the basis for the advancement of co-operation".[22]

Die Beilegung der Wasserfrage im Nahen Osten sehen wir demnach nicht als Krönung, als Gipfelpunkt oder Schlussstein einer Lösung des Nahost-Konflikts. Sondern die hier erarbeiteten Vorschläge für ein multilaterales Wasserregime im Jordanbecken sollen als Zugpferd für einen weiteren Annäherungsprozess in den verbleibenden Kernfragen dienen.[23]

---

20 Förderer der Weltkommission für Wasser im 21. Jahrhundert sind u.a. die wichtigsten UN-Unterorganisationen mit wasserbezogenem Mandat und die Weltbank. Vorsitzender der Weltkommission ist der Vizepräsident der Weltbank, Dr. Ismail Serageldin.

21 Gorbachev, Mikhail, *Forword*, in: Green Cross International (Hrsg.), *Water for Peace in the Middle East and Southern Africa*, 2000, S. 5.

22 Art. 6 Abs. 2 des *Treaty of Peace Between the State of Israel and the Hashemite Kingdom of Jordan*, 26. Oktober 1994, in: I.L.M., V. 34, 1995, im Internet unter: http://www.mfa.gov.il/mfa/go.asp?MFAH00pa0. Selbst wenn dies weniger eine juristische Aussage ist, so bleibt es doch eine beachtliche politische Absichtserklärung.

23 Dieser Ansatz findet sich ebenso bei Shuval, Hillel, *The Water Issues on the Jordan River Basin between Israel, Syria and Lebanon can be a Motivation for Peace and Regional Cooperation*, in: Green Cross International (Hrsg.), *Water for Peace in the Middle East and Southern Africa*, 2000, S. 39 ff.; Rabi, Ayman, *Water. A Means for Confidence-Building and Cooperation in the Jordan River Basin*, aaO, S. 33 ff.; Postel, Sandra, *Die letzte Oase. Der Kampf um das Wasser*, Frankfurt am Main 1993, S. 57; sowie Reimann, Markus, *Die nicht-navigatorische Nutzung internationaler*

2. Übersicht über die Quellen

Differenzen um die Verteilung und Nutzung von grenzüberschreitenden Wasservorkommen haben eine lange Geschichte. Dementsprechend beschäftigt sich auch die Literatur bereits seit langem mit internationalen Wasserproblemen. Hierbei ist bemerkenswert, wie viele Wissenschaftsgebiete inzwischen mit ihrer Fachexpertise und ihrer Methodik an internationale Wasserfragen herangehen. Die Spannbreite reicht von Ingenieur- über Wirtschafts-, Sozial- bis hin zu Politik- und Rechtswissenschaften.

Eine gerade erscheinende Studie der UNESCO über die Herausforderungen bei der internationalen Wasserverteilung spiegelt diese Interdisziplinarität wieder.[24] Verschiedenste Disziplinen untersuchen die Geschichte und Zukunft von grenzüberschreitenden Wasserfragen,[25] Internationales Wasserrecht,[26] die Konfliktdimension von internationalen Wasservor-

---

Süßwasserressourcen im Umweltvölkerrecht, Frankfurt am Main u.a. 1999, S. 313.

24 Die UNESCO-Studie ist zum Zeitpunkt der Fertigstellung dieser Arbeit noch nicht vollkommen abgeschlossen, nur vorläufige Ergebnisse sind bislang erhältlich. Die Veröffentlichung der Endversionen der Expertenbeiträge ist als UNESCO-IHP technical documents – PC-CP series für Herbst 2003 geplant (vgl. im Internet: http://webworld.unesco.org/water/wwap/pccp/cd/index.html, zitiert am: 23. Juli 2003). In den folgenden Fußnoten sind sie bereits zitiert, denn in Ergänzung zum Quellenverzeichnis der vorliegenden Arbeit ermöglicht dies einen späteren schnellen Zugriff auf jüngste Publikationen im Kontext internationaler Wasserfragen. Die Zusammefassung der ersten Phase der UNESCO-Studie ist im Internet erhältlich als United Nations Educational Scientific and Cultural Organization (Hrsg.), *From Potential Conflict to Co-operation Potential. Water for Peace. Prevention and Resolution of Water Related Conflicts*, 2003, unter: http://www.unesco.org/water/wwap/pccp/pdf/brochure_2.pdf.

25 Vgl. Wolf, Aaron, *Conflict and cooperation. Survey of the past & reflection for the future and Summary of History Think Pieces*, 2003; Reuss, Martin, *Historical Explanation of Water Issues*, 2003; Hassan, Fekri, *Water for Peace. A Cultural Strategy and Water Management and Early Civilization*, 2003; Trottier, Julie, *Water Wars. The Rise of a Hegemonic Concept*, 2003; Zaag, Pieter van der, *Up scaling indigenous approaches for water conflict resolution*, 2003.

26 Vgl. Jones, Patricia / Vinogradov, Sergei / Wouters, Patricia, *The role of law in the transition from PC to CP*, 2003; Burchi, Stefano / Spreij, Melvin, *Institutions for water related management*, 2003; Lorenz, Fredrick / The International Water Academy, Norway, *The protection of water facilities during armed conflicts*, 2003.

kommen,[27] Verhandlungs-, Mediations- und Erleichterungstechniken,[28] entwerfen Fallstudien zu einzelnen grenzüberschreitenden Wassereinzugsgebieten,[29] Bildungs- und Aufklärungsmaterial [30] und erarbeiten Systemanalysen.[31]

Im Verlauf des 20. Jahrhunderts lassen sich Ereignisse ausmachen, die wie kraftvolle Motoren das Bewusstsein und Publikationen über internationale Wasserprobleme ankurbelten. In den 1970er Jahren waren solche Ereignisse die Deklaration von Stockholm 1972 und die *Mar del Plata World Conference on Water Resources* der Vereinten Nationen von 1977. Seit den 1970er Jahren befasst sich die Wissenschaft mit der neuen Bedrohungsperzeption Konflikt um knappe Süßwasserressourcen. An diese Dekade schlossen sich, ausgerufen von den Vereinten Nationen, die 1980er Jahre als *International Drinking Water Supply and Sanitation Decade* an.[32]

Obwohl die Wasserdekade der 1980er Jahre als gescheitert gilt, initiierte sie einen entscheidenden Umdenkungsprozess. Bislang hatten die Ingenieurwissenschaften dominiert, wenn es um die Bearbeitung von internationalen Wasserproblemen ging. Ihre Lösung wurde weitgehend in einer massiven Wasserangebotsausweitung mit Hilfe von kostenintensiven technologischen Konzepten gesehen. Nach den 1980er Jahren setzte allerdings ein Wandel weg vom ingenieursorientierten hin zum manage-

---

27 Vgl. Wolf, Aaron T. / Yoffe, Shira B. / Giordano, Mark, *Water resource scarcity & conflict. Review of applicable indicators and systems of reference international waters. Indicators for identifying basins at risk*, 2003; Tamas, Pal, *Water resource scarcity & conflict. Review of applicable indicators and systems of reference international waters*, 2003.

28 Vgl. Shamir, Yona, *Alternative dispute resolution and its application*, 2003; Bosnjakovics, Branko, *Negotiation of international conventions*, 2003; Barret, Philippe / Gonzalez, Alfonso, *The role of NGOs and the civil society in the negotiations*, 2003.

29 Für den Nahen Osten vgl. z.B. Munther Haddadin, *History of the Jordan basin management*, 2003; und Shamir, Uri, *Negotiation over the Jordan basin*, 2003.

30 Vgl. Priscolli, Jerome Delli, *Participation, consensus building and conflict mangagement training course*, 2003.

31 Vgl. Nandalal, K.D.W. / Simonovic, Slobodan, *Systems analysis techniques*, 2003.

32 Vgl. Klaphake, Axel / Scheumann, Waltina, *Politische Antworten auf die globale Wasserkrise. Trends und Konflikte*, in: APuZ, Nr. 48-49 / 2001, S. 5.

mentorientierten Ansatz ein. Integrative Konzepte wurden gefordert, angestoßen durch den Brundlandt-Bericht von 1987.[33] Internationale Wasserprobleme seien nicht länger hydro-technologisch, sondern mit integrierten Wassermanagementkonzepten anzupacken, so der neue internationale Konsens.[34]

Das neue Leitbild des integrierten Wassermanagements spiegelt sich in der Folgezeit in immer mehr Publikationen, Dokumenten, Konferenzen und Übereinkommen, von denen es im letzten Jahrzehnt des 20. Jahrhunderts und im ersten Jahrzehnt des 21. Jahrhunderts bereits eine ganze Flut gibt. Prominenteste Vertreter sind etwa:

- die *United Nations Conference on Environment and Development* in Rio de Janeiro 1992,
- die dort beschlossenen Dokumente *Agenda 21* [35] und
- die *Rio Declaration on Environment and Development*;[36]
- die *Convention on the Law of the Non-navigational Uses of International Watercourses* der Vereinten Nationen von 1997;[37]
- das *Second World Water Forum* in Den Haag 2000;[38]
- der *World Summit on Sustainable Development* in Johannesburg 2002 (*Rio+10*);[39]
- oder auch das *Third World Water Forum* (WWF3) in Japan 2003.[40]

---

33 Vgl. World Commission on Environment and Development (Hrsg.), *Our Common Future*, Oxford 1987.

34 Vgl. Klaphake, Axel / Scheumann, Waltina, *Politische Antworten auf die globale Wasserkrise. Trends und Konflikte*, in: APuZ, Nr. 48-49 / 2001, S. 5 ff.

35 Im Internet unter: http://www.un.org/esa/sustdev/documents/agenda21/index.htm, zitiert am: 23. Juli 2003.

36 Im Internet unter: http://www.un.org/documents/ga/conf151/aconf15126-1annex1.htm, zitiert am: 23. Juli 2003.

37 Im Internet unter: http://www.un.org/ga/documents/gares51/ga51-229.htm, zitiert am: 23. Juli 2003.

38 Im Internet unter: http://www.worldwaterforum.net, zitiert am: 23. Juli 2003.

39 Im Internet unter: http://www.johannesburgsummit.org, zitiert am: 23. Juli 2003.

40 Im Internet unter: http://worldwaterforum.idrc.ca, zitiert am: 23. Juli 2003.

Heute bildet das Konzept des integrierten Wassermanagements die programmatische Arbeitsgrundlage der wasserbezogenen Publikationen aller UN-Organisationen mit wasserbezogenem Mandat [41] und der Weltbank.[42] Die UN- und Weltbank-Publikationen bilden eine reichhaltige Quelle bei der Bearbeitung eines internationalen Wasserproblems. Über das Internet sind sie leicht recherchierbar, kurzfristig verfügbar und mit weiterführenden, hilfreichen Links versehen. Weitere Organisationen, Institute und Regierungswebsites mit relevanter Publikationstätigkeit im Internet listet das angehängte Quellenverzeichnis auf. Ihre Veröffentlichungen sind größtenteils in Englisch, weshalb ein gewichtiger Anteil der herangezogenen Quellen und Zitate auch in Englisch ist.[43] Wo es sinnvoll erscheint, sind diese Zitate ins Deutsche übersetzt.

Für das Jordanbecken im Nahen Osten publizierte schon vor über einem Jahrhundert Theodor Herzl, Gründervater des politischen Zionismus, in seinem Buch *Altneuland* von 1902 Vorschläge, wie jüdischen Einwanderern und der anvisierten „jüdischen Heimstätte" in Palästina die Wasserversorgung gesichert werden kann.[44] Wie zentral im wasserarmen Nahen Osten Süßwasservorkommen für das politische Überleben sind, war den jüdischen Bewohnern und Einwanderern in Palästina von Beginn an klar.

Reflektiert ist dieses Bewusstsein in einer Fülle von wasserbezogenen Studien und Plänen für das Jordanbecken. Bis heute entwarfen und kombinierten Wissenschaftler und Praktiker verschiedenste Modelle, wie der Wasserknappheit in diesem internationalen Flussbecken begegnet werden kann. Umweltwissenschaftler, Wasseringenieure, Geographen, Politikwissenschaftler, Juristen, Politiker u.a. analysierten die hydrologischen Gegebenheiten in der Region und erarbeiteten wassertechnisch mögliche

---

41 UNDP, UNEP, UNESCO, UNICEF, UNU, ECOSOC, FAO, WHO, WMO etc. Für die Internetadressen der UN-Unterorganisationen siehe Quellenverzeichnis.

42 Vgl. Klaphake, Axel / Scheumann, Waltina, *Politische Antworten auf die globale Wasserkrise. Trends und Konflikte*, in: APuZ, Nr. 48-49 / 2001, S. 7.

43 Bei der Zitierweise der englischen Titel fällt eine Uneinheitlichkeit in der Schreibweise auf. Manche Publikationen halten sich an die im Englischen übliche Kleinschreibung, andere praktizieren eine einheitliche Großschreibung aller Wörter, wieder andere schreiben nur Substantive groß. Diese Uneinheitlichkeit ist bei den Quellenangaben bewusst übernommen.

44 Vgl. Herzl, Theodor, *Altneuland. Novel. Translated by Paula Arnold*, Haifa 1960.

oder auch (umwelt-/entwicklungs-) politisch wünschenswerte Lösungsvorschläge zur Verbesserung der regionalen Wasserversorgung: Wirtschaftsumstellung, Abwasseraufbereitung, Meerwasserentsalzung, Wasserimporte, Flussbeckentransfer aus Überschussgebieten, Winterflutenaufstauung etc.[45]

Die Zahl der Untersuchungen ist beachtlich und die Variationen der Wasserkonzepte vielfältig. Dennoch wiederholt sich inzwischen, was im Schrifttum diskutiert wird. Die verschiedenen wassertechnischen Konzepte tauchen in modifizierter Form und Kombination immer wieder auf.[46] Selbst der neuartige Ansatz, die einzelnen Wasserprojekte zu einem hydrologischen Gesamtkonzept zusammenzufassen, ist in der bisherigen Literatur bereits behandelt.[47] Die Methode, die der vorliegenden Untersuchung zugrunde liegt, hat hieraus ihre Konsequenzen gezogen.[48]

Generell ist bei der Auswahl von Quellen im Kontext des Nahost-Konflikts darauf zu achten, sich nicht in den Bann einseitiger, unausgewogener Argumentationen ziehen zu lassen. Diese sind allerdings in ausreichendem Maße anzutreffen, sei es von arabisch-muslimischer oder israelisch-jüdischer Seite. Daher sind manche Quellen bewusst ausgeklammert und andere lediglich punktuell an den Stellen zitiert, an denen die einseitige Färbung nicht ins Gewicht fällt.

Auch das Internet wird hier zu Recherchezwecken intensiv genutzt. Deshalb ist dem Quellenverzeichnis eine Liste hilfreicher und weiterführender Internetadressen angehängt. Für den Fall, dass die zitierten Websites nicht mehr den entsprechenden Content (Monographien, Essays, Studien, Hintergrundberichte, Statistiken, Tabellen, Graphiken, Karten etc.) enthalten, ist den verwendeten Internetquellen ein Zitierdatum beigefügt.[49]

---

45 Konkret zu den einzelnen Autoren siehe Quellenverzeichnis.

46 Vgl. Osman, Khalil, *Spate on Studies on Water Projects Reflect Israel's Appetite for Every Last Drop*, Buchrezension in: Muslimedia, 16.-31. Mai 1997, im Internet unter: http://www.muslimedia.com/archives/book98/water.htm.

47 Diesen Ansatz verfolgt zum Beispiel Kally, Elisha, *Water and Peace. Water Resources and the Arab-Israeli Peace Process*, Connecticut / London 1993, Teil III.

48 Genauer hierzu siehe nachfolgender Punkt „Methode und Gang der Untersuchung“.

49 Das Zitierdatum ist bei einmaliger Nennung in den Fußnoten angegeben, bei mehrmaliger im Quellenverzeichnis.

3. Methode und Gang der Untersuchung

Aus der bestehenden Literaturlage und dem aktuellen Forschungsstand haben wir Konsequenzen gezogen. Vor dem Hintergrund, dass sich die zahllosen wassertechnischen Konzepte in variierender Form und Kombination wiederholen, will diese Untersuchung nicht wiederum neue hydrologische Konzepte zur Wasserangebotsausweitung im Jordanbecken diskutieren oder entwerfen. Die bereits erarbeiteten Konzepte sind größtenteils sinnvoll, vernünftig und teilweise sogar brillant. Nur konnten sie nicht realisiert werden, weil die Konfliktparteien im Jordanbecken nicht bereit waren, die Wasserfrage multilateral auszuhandeln.

Die hier entwickelten Perspektiven bauen auf das Konzept des *Integrated Water Resource Management* (*IWRM*) der Vereinten Nationen auf.[50] Das *IWRM*-Konzept setzt sich für einen weit mehr integrierten und koordinierten Wasserentwicklungs- und Wassermanagementprozess ein, als gegenwärtig praktiziert wird. Denn die Vereinten Nationen sind der Überzeugung, die Lösung für gegenwärtige und zukünftige Wasserkrisen liege größtenteils nicht im technologischen Fortschritt oder in hochtechnologischer Wasserangebotsausweitung, sondern in der Neugestaltung und Fortentwicklung von Wasserdiplomatie und Wassermanagement:

> „The solution to current and future crises will not for the most part be found in new and extraordinary technological advances or supply oriented approaches. Instead, they will be found through changing the way we use and manage water." [51]

Den Ansatz des integrierten Wassermanagements vor Augen zeigt die vorliegende Untersuchung politische und rechtliche Perspektiven für Wasserdiplomatie und Wassermanagement auf multilateraler Ebene im Nahen Osten auf.[52] Hierfür empfiehlt sie ein multilaterales Wasserregime

---

50 Ausführlich zu diesem Ansatz siehe die Websites des UN-Entwicklungsprogramms, im Internet unter: http://www.undp.org/seed/water/resource.htm und der *Global Water Partnership*, im Internet unter: http://www.gwpforum.org/servlet/PSP, beide zitiert am: 29. Juni 2003.

51 United Nations Development Programme (Hrsg.), *Water Resource Management*, im Internet ohne Datumsangabe unter: http://www.undp.org/water/resource.html.

52 Wasserdiplomatie sei hier verstanden als „die Kunst der gerechten Aufteilung grenzüberschreitender Wasserressourcen", Wassermanagement als „die Kunst, Angebot an

im Jordanbecken, in dem alle Anlieger Vertragsparteien sind: Israel, Jordanien, Libanon, Palästinensische Autonomiebehörde und Syrien.

Der Focus richtet sich dementsprechend ausgehend von der gegenwärtigen Situation auf die Zukunft. Bewusst verzichtet die Arbeit auf eine historische Darstellung des Wasserkonflikts im Nahen Osten oder gar des gesamten Nahost-Konflikts. Zahlreiche Einleitungskapitel der relevanten Literatur, Monographien und Essays behandeln diesen Aspekt bereits und können hierfür herangezogen werden.[53] Nur wo es das Verständnis der gegenwärtigen politischen und rechtlichen Lage im Nahen Osten fordert, ist der historische Hintergrund erläutert. Dies geschieht zum Teil im Fußnotenapparat, der jeweils weiterführende Literaturangaben enthält.

In ihrer neuesten, oben genannten Wasserkonfliktstudie unterstreicht die UNESCO, wie bedeutungsvoll heute ein interdisziplinärer Ansatz ist, um neue Alternativen im Kontext von internationalen Wasserfragen zu erarbeiten:

> „An integrated water resource decision-making environment requires new sets of skills which reach across disciplines to consider alternatives that in the past were often not evaluated." [54]

Diesen interdisziplinären Trend aufgreifend bilden zwei Wissenschaftsgebiete das Fundament der vorliegenden Untersuchung: Internationale Politik und Völkerrecht. Internationale Politik, denn schließlich handelt es sich im Jordanbecken um grenzüberschreitende Wasserressourcen, deren Nutzung grenzüberschreitende Implikationen hat und die grenzüberschreitend gemanaged werden müssen. Völkerrecht, weil es einen umfassenden Normenkatalog für die Nutzung internationaler Wasservorkommen aufstellt, bereits einige völkerrechtliche Wasserverträge zwischen Jordananliegern bestehen und sie schließlich in Einklang mit den

---

und Nachfrage nach Wasser zu den geringstmöglichen ökonomischen und ökologischen Kosten in Übereinstimmung zu bringen". Schiffler, Manuel, *Konflikte um Wasser. Ein Fallstrick für den Friedensprozeß im Nahen Osten ?*, in: APuZ, B 11 / 1995, 10. März 1995, S. 14 und 16.

53 Konkret zu den einzelnen Autoren siehe Quellenverzeichnis.

54 United Nations Educational Scientific and Cultural Organization (Hrsg.), *From Potential Conflict to Co-operation Potential. Water for Peace. Prevention and Resolution of Water Related Conflicts*, 2003, S. 20, unter: http://www.unesco.org/water/wwap/pccp/pdf/brochure_2.pdf.

Normen des Völkerrechts ein multilaterales Wasserregime im Jordanbecken gestalten sollten.

Drei große Hauptkapitel untergliedern die Arbeit. Kapitel 1 untersucht die politischen und rechtlichen Grundlagen der internationalen Wasserverteilung. Es führt zunächst in die Begriffs- und Problemwelt von internationalen Flussläufen und internationalen Flussbecken ein.[55] Nach einem Überblick über die Theorie der Regimebildung und Regelungsstrategien in den internationalen Beziehungen [56] wird das Internationale Wasserrecht [57] vorgestellt. Hiermit legt das erste Kapitel den politischen und rechtlichen Bewertungsrahmen für den weiteren Verlauf der Arbeit.

Von der theoretischen Basis des Kapitels 1 ausgehend befasst sich Kapitel 2 mit der realen Wasserpolitik und dem bestehenden Wasserrecht im Jordanbecken. Grundlegend ist hierfür zunächst, das Wassersystem im Jordanbecken mit seinem Hauptfluss Jordan, dessen Quell- und Nebenflüssen sowie weiteren Oberflächen- und unterirdischen Wasservorkommen zu kennen.[58] Darauf aufbauend wird Anlieger für Anlieger die Interessen- und Konfliktlage im Jordanbecken untersucht.[59] Die Wassersituation im Nahen Osten ist allerdings nicht nur politisch, sondern auch rechtlich determiniert. Daher sind ebenso die bestehenden bilateralen Wasservereinbarungen unter den Jordananliegern zu analysieren.[60] So gelingt es, die politische Wirklichkeit und die rechtlichen Normen aneinander zu messen.

Das dritte Kapitel geht von *de lege lata* zu *de lege ferenda*.[61] Es verknüpft den theoretischen Anspruch aus Kapitel 1 mit den praktischen Gegebenheiten aus Kapitel 2 und zeigt vertragspolitische Perspektiven für ein

---

55 Vgl. Kapitel 1, Punkt „Konzepte".

56 Vgl. Kapitel 1, Punkte „Regimebildung" und „Regelungsstrategien".

57 Vgl. Kapitel 1, Punkt „Internationales Wasserrecht".

58 Vgl. Kapitel 2, Punkt „Wassersystem im Jordanbecken".

59 Vgl. Kapitel 2, Punkt „Interessen- und Konfliktlage im Jordanbecken".

60 Vgl. Kapitel 2, Punkt „Wasserrechtliche Vereinbarungen im Jordanbecken".

61 *De lege lata*, lateinisch für: nach geltendem Recht. *De lege ferenda*, lateinisch für: vom Standpunkt des künftigen Gesetzes aus; der Begriff wird benutzt, wenn Rechtsentwicklungen diskutiert werden. Vgl. Juracafe (Hrsg.), *Rechtslexikon*, Buchstabe D, im Internet unter: http://www.juracafe.de/mandant/glossar/index.htm.

regional koordiniertes Wassermanagement im Nahen Osten auf. Hierbei wird ein Wasserregime für das Jordanbecken empfohlen, an dem alle Jordananrainer Vertragsparteien sind, was einen Übergang von der bilateralen zur multilateralen Wassermanagementebene verlangt.

Allgemein streben wir an, die internationalen Bemühungen um eine multilaterale Wasserlösung im Jordanbecken mit neuen Impulsen zu versorgen. Dabei liefern wir bewusst nicht hydro-technologische Lösungsvorschläge, sondern setzen in einem früheren Stadium an. Ausgezeich-nete wassertechnische Konzepte bestehen bereits, konnten aber nicht in die Realität umgesetzt werden, weil die Konfliktparteien im Nahen Osten nicht zu Vertragsunterzeichnung oder auch nur -aushandlung bereit waren. Daher wollen wir die Konfliktparteien von der Dringlichkeit und der Vorteilhaftigkeit eines multilateralen Wassermanagements nach Maßgabe des Völkerrechts zunächst einmal überzeugen und ihnen anschließend aufzeigen, wie die grundlegenden, vertragspolitischen Eckpfeiler auf dem Weg dorthin aussehen können.

Die konfliktgeladene, historisch belastete politische Kultur und die offenen völkerrechtlichen Fragen im Nahen Osten behält die Arbeit stets vor Augen und vermeidet es, Empfehlungen für ein Wasserregime im Jordanbecken abzugeben, die in der Realität nicht tragfähig oder konsensfähig wären. Unser Ziel ist, auf der Basis des Rechts der nicht-navigatorischen Nutzung von internationalen Wasserläufen und mit realistischem Blick für die politischen Möglichkeiten in der Region Rahmenvorschläge zu entwickeln, die den Konfliktparteien genügend Freiraum für die Aushandlung der Details lassen und ihnen somit nichts aufoktroyieren. Erstrebenswert ist schließlich eine Deckungsgleichheit zwischen den materiellen Rechtsnormen (*law in the books*) und der Rechtsanwendung (*law in action*).

Kapitel 1

Grundlagen der internationalen Wasserverteilung

„Usus communis Aquarum est." (Ovid)

Bevor die internationale Wasserverteilung im Nahen Osten behandelt werden kann (Kapitel 2 und 3), ist zunächst erforderlich, die allgemeinen Grundlagen der Nutzung internationaler Wasservorkommen zu kennen. Sie vorzustellen ist Aufgabe des ersten Kapitels. Hierdurch entsteht ein Fundament für den weiteren Verlauf der Arbeit, das es erlaubt, vertraut mit Fachtermini, Konzepten und Vertragswerken im Kontext von grenzüberschreitender Wasserverteilung umzugehen.

Der erste Teil des Kapitels definiert Begriffe, die für die vorliegenden Untersuchungszwecke relevant sind. Folgende Ausgangsfragen stellen sich: Wann ist ein Fluss international und wann ein Flussbecken? Wie definiert sich ein Flussbecken? Welche Wasserressourcen zählen zu einem Wassereinzugsbecken? Wie wir sehen werden, birgt die Internationalität eines Flussbeckens vielschichtiges Konfliktpotential. Kooperation und Regelung auf internationaler Ebene werden unausweichlich.

Die Staatenpraxis zeigt, dass zwischenstaatliche Wasserpolitik insbesondere dann erfolgreich ist, wenn sie über ein Steuerungsinstrument funktioniert: ein internationales Regime. Es ermöglicht beteiligten Staaten, ein Umweltanliegen kooperativ zu bearbeiten. Was ist nun ein wasserrechtliches Regime? Wie kommt es zustande? Welche Arten gibt es und wie sind sie strukturiert? Wie wirken Regime?

Nachdem die relevanten Fachtermini und Regelungsansätze erklärt sind, stellt der zweite Teil des Kapitels die rechtlichen Grundlagen der internationalen Wasserverteilung vor. Der Blick richtet sich auf internationalrechtliche Regeln über die Nutzung von Wasser. Aus dem umfassenden Normenkatalog, den das Völkerrecht für verschiedene Bereiche der Wassernutzung aufstellt, ist für die vorliegende Untersuchung das Internationale Wasserrecht von Bedeutung, darunter speziell der Bereich der nichtnavigatorischen Nutzung internationaler Süßwasserressourcen. Welche Normen finden sich nun im Völkergewohnheitsrecht, welche im Völkervertragsrecht? Wie relevant sind die allgemeinen Rechtsgrundsätze?

Das erste, einführende Kapitel der Untersuchung setzt somit den rechtlichen und politischen Bewertungsrahmen, mit dem das zweite Kapitel die konkrete Wassersituation im Jordanbecken analysieren wird. Die Zusammenfassung am Ende des Kapitels bietet einen prägnanten Überblick über die vorangegangenen Ausführungen, bewertet sie und zieht erste Schlussfolgerungen für den weiteren Verlauf der Arbeit.

1. Internationale Flussläufe und internationale Flussbecken

International ist ein Fluss, wenn er mehrere Staaten voneinander trennt (längsgeteilte Flüsse) oder nacheinander durch mehrere Staaten fließt (quergeteilte Flüsse). Als Kriterium der Internationalität eines Flusslaufes wird mitunter angeführt, dass er schiffbar über mehrere Staaten ist.[1] Im Schrifttum finden sich allerdings überzeugende Argumentationen, warum die Schiffbarkeit eines Wasserlaufs als entscheidendes Kriterium für dessen Internationalität abgelehnt werden kann.[2] Im Einklang mit diesen legt die vorliegende Untersuchung die ablehnende Haltung gegenüber der Schiffbarkeit zugrunde. Daher wird der später eingehend behandelte Fluss Jordan, wenngleich nicht schiffbar, als internationaler Flusslauf betrachtet.[3]

Konfliktpotential liegt nun darin, dass Wassernutzungen der Anliegerstaaten eines internationalen Flusses miteinander kollidieren oder sich sogar gegenseitig ausschließen. Weiter verkompliziert sich die Lage, indem nicht allein das Oberflächenwasser von internationalen Flussläufen entscheidend ist. Sondern von essentieller Bedeutung sind ebenso deren Zu- und Abläufe. Diese können oberirdisch aber auch unterirdisch liegen, etwa wenn sie sich aus wasserführenden geologischen Schichten und Holräumen speisen, aus sogenannten Aquiferen.[4]

1.1. Konzepte

Bei der Betrachtung eines internationalen Flussbeckens ist demnach nicht für sich isoliert die an der Oberfläche sichtbare Wasserführung eines

---

1 So bei Odendahl, Kerstin, *Die Umweltpflichtigkeit der Souveränität. Reichweite und Schranken territorialer Souveränitätsrechte über die Umwelt und die Notwendigkeit eines veränderten Verständnisses staatlicher Souveränität*, Berlin 1998, S. 28.

2 Etwa bei Reimann, Markus, *Die nicht-navigatorische Nutzung internationaler Süßwasserressourcen im Umweltvölkerrecht*, Frankfurt am Main u.a. 1999, S. 19 f.

3 Wie wir unten sehen werden, Kapitel 2, Punkt „Wasserführung und -nutzung", ist der Jordan allein schon wegen seiner im internationalen Vergleich ausgesprochen geringen Wasserführung nicht schiffbar.

4 Vgl. Odendahl, Kerstin, *Die Umweltpflichtigkeit der Souveränität. Reichweite und Schranken territorialer Souveränitätsrechte über die Umwelt und die Notwendigkeit eines veränderten Verständnisses staatlicher Souveränität*, Berlin 1998, S. 30.

internationalen Flusslaufs in seinem Flussbecken entscheidend. Sondern Zuflüsse und Grundwasservorkommen sind mit einzubeziehen, der Blick auf das gesamte grenzüberschreitende hydrologische Einzugsbecken (*river basin*) ist gefordert. Diese Betrachtungsweise trägt dem Grundgedanken Rechnung, dass ein Flusslauf gemeinsam mit seinen Zu- und Abflüssen ein ökologisches Gesamtsystem bildet.

Welche Wasservorkommen, sei es oberirdisch oder unterirdisch, zählen nun konkret zum Becken eines bestimmten internationalen Flusslaufs? Diese Definitionsfrage ist von grundlegender Bedeutung, da sie den völkerrechtlichen Regelungsbereich und somit die Reichweite eines potentiellen Eingriffs in die staatliche Souveränität absteckt. Antworten hierzu liefern die zwei völkerrechtlich relevanten Konzepte: *international basin concept* und *international watercourse*.

1.1.1. ‚International basin concept'

Das *basin concept* betrachtet das gesamte hydrographische Becken. Es untergliedert sich in zwei Ausprägungen: *international river basin concept* und *international drainage basin concept*. Beiden liegt zugrunde, dass Zu- und Abläufe eines internationalen Flusslaufs mitberücksichtigt werden. Der Unterschied liegt jedoch in der Reichweite der einbezogenen Gewässer innerhalb eines Flussbeckens.

International river basin concept

Das enger gefasste der beiden *basin concepts* ist das *international river basin concept*. Es umschließt neben dem Oberflächenwasser des Flusses in seinem Flussbett auch dessen Zu- und Abläufe insoweit, als diese Oberflächengewässer sind. Das *international river basin concept* berücksichtigt demnach nicht unterirdische Quellen.[5] Einigen völkerrechtlichen Wassernutzungsverträgen liegt dieses Modell zugrunde, beispielsweise dem Vertrag zwischen Indien und Pakistan über die Wassernutzung am Indus aus dem Jahr 1960 (*Indus Waters Treaty*).[6]

---

5 Unterirdische Quellen können jedoch die oberirdischen Zuläufe speisen.

6 Vgl. Art. 1 Abs. 2, 4 des *Indus Waters Treaty*, 19. Juli 1960, abgedruckt in: AJIL 55 (1961), S. 797. Ausführlich zum Indus-Regime siehe unten, Kapitel 1, Punkt

International drainage basin concept

Das weiter gefasste der beiden Beckenkonzepte ist das *international drainage basin concept*. Es bezieht Wasservorkommen großzügiger mit ein. Zu einem internationalen Wassereinzugsgebiet zählt es neben allen Oberflächengewässern wie Seen, Flüssen und Kanälen auch das Grundwasser.[7] Wassereinzugsgebiete grenzen sich nach dem *international drainage basin concept* entlang der Wasserscheiden von dem jeweils benachbarten Einzugsgebiet ab. International sind sie, wenn sie sich über zwei oder mehr Staatsterritorien ausdehnen.[8]

> „An international drainage basin is a geographical area extending over two or more States determined by the watershed limits of the system of waters, including surface and underground waters, flowing into a common terminus".[9]

Ein derart umfassender Schutzbereich liegt Wassernutzungsverträgen in Afrika aber auch zahlreichen internationalen Übereinkommen zum Gewässerschutz zugrunde.[10] Die gegenwärtige völkerrechtliche Vertragspraxis überblickend ist allerdings eine unzureichende Aufnahme des

---

„Wasserregime für bestimmte Flussläufe", Unterpunkt „Überblick".

7 Grundwasser ist eine größere unterirdische Wasseransammlung auf einer wasserundurchlässigen Schicht. Es füllt die Hohlräume der obersten Erdkruste dicht unter der Erdoberfläche (Lithosphäre) bis in größere Tiefen zusammenhängend aus. Grundwasser taucht in Form eines unterirdischen Sees oder Grundwasserstroms auf. Es besteht hauptsächlich aus versickertem Niederschlag oder versickertem Oberflächenwasser aus Flüssen und Seen. Die Grundwasseroberfläche nennt sich Grundwasserspiegel. Vgl. Spektrum Akademischer Verlag (Hrsg.), *Lexikon der Geographie*, Stichworte „Grundwasser" und „Lithosphäre", Heidelberg 2001, im Internet unter: http://www.xipolis.net; *Der Brockhaus in einem Band*, Stichwort „Grundwasser", im Internet unter: http://www.brockhaus.de; beide zitiert am: 31. März 2003.

8 Vgl. Reimann, Markus, *Die nicht-navigatorische Nutzung internationaler Süßwasserressourcen im Umweltvölkerrecht*, Frankfurt am Main u.a. 1999, S. 19 ff.

9 Art. II der *Helsinki Rules on the Uses of the Waters of International Rivers* (*Helsinki-Rules*) der *International Law Association* von 1966, abgedruckt in: BGBl. 1994 II, S. 2334, und in: International Law Association, *Report of the 56th Conference*, Helsinki 1980, sowie im Internet unter: http://www.water-2001.de/documents/legal.asp. Zu den *Helsinki-Rules* siehe auch unten, Kapitel 1, Punkt „UN-Wasserkonvention von 1997"

10 Vgl. Beyerlin, Ulrich, *Umweltvölkerrecht*, München 2000, S. 84, Rz. 174.

Grundwassers in Wasserregelungen zu bemängeln.[11] Aus naturwissenschaftlicher Sicht auf das bedeutungsvolle Element Grundwasser für den gesamten Wasserkreislauf ist diese Unzulänglichkeit kaum rechtfertigbar.[12] Aus völkerrechtlicher Sicht hingegen liegt eine Erklärung auf der Hand. Diese wird unten bei der Behandlung des Vertragsrechts gegeben.[13]

1.1.2. ‚International watercourse'

Vornehmlich Oberliegerstaaten lehnen das *drainage basin concept* bei der konkreten Vertragsaushandlung ab. In der Konvention über das Recht der nicht-navigatorischen Nutzung internationaler Wasserläufe von 1997 [14] sehen die Vereinten Nationen daher von diesem umfassenden geographischen Regelungsbereich ab. Die UN-Wasserkonvention verwendet den Terminus *international watercourse*. Sie bezieht in den Regelungsbereich nicht sämtliche ober- und unterirdischen Wasservorkommen innerhalb der jeweiligen Wasserscheiden eines internationalen Flussbeckens ein, sondern nur solche Grundwasservorkommen, die in einem physikalischen Zusammenhang stehen, die also ein aneinander gekoppeltes Gesamtsystem bilden, und in eine gemeinsame Mündung fließen. International ist ein Wasserlauf gemäß der UN-Konvention, wenn Teile dessen in verschiedenen Staaten verlaufen.

> „(a) 'Watercourse' means a system of surface waters and groundwaters constituting by virtue of their physical relationship a unitary whole and normally flowing into a common terminus;
> (b) 'International watercourse' means a watercourse, parts of which are situated in different States;

---

[11] Einen Überblick über die gegenwärtige völkerrechtliche Vertragspraxis verschafft unten, Kapitel 1, der Punkt „Wasserrechtliche Regime für bestimmte Flussläufe".

[12] Vgl. Reimann, Markus, *Die nicht-navigatorische Nutzung internationaler Süßwasserressourcen im Umweltvölkerrecht*, Frankfurt am Main u.a. 1999, S. 39 ff.

[13] Siehe unten, Kapitel 1, Punkt „Einbeziehung von Grundwasser".

[14] *Convention on the Law of the Non-navigational Uses of International Watercourses*, (UN-Wasserkonvention), 8. Juli 1997, Annex zu GA-Res. 51/229, abgedruckt in: ILM 36 (1997), S. 700-720, im Internet unter: http://www.un.org/ga/documents/gares51/ga51-229.htm, ausführlich behandelt unten, Kapitel 1, Punkt „UN-Wasserkonvention von 1997".

(c) 'Watercourse State' means a State Party to the present Convention in whose territory part of an international watercourse is situated, or a Party that is a regional economic integration organization, in the territory of one or more of whose Member States part of an international watercourse is situated". [15]

Mit dem Konzept des *international watercourse* kommt die UN-Wasserkonvention der allgemein festzustellenden Neigung von Staaten entgegen, möglichst wenige Teile ihres Territoriums einer völkervertraglichen Wassernutzungsregelung zu unterwerfen. Souveränitäts- und Integritätsinteressen sind im Rahmen der UN-Wasserkonvention also weitgehend gesichert.[16]

Schon bei der einführenden Begriffserklärung klingt an, dass die Internationalität eines Flussbeckens vielschichtiges Konfliktpotential und Regelungsbedürfnis zwischen den Anliegerstaaten birgt. Wasserdiplomatie und gemeinschaftliches Wassermanagement werden unausweichlich.

1.2. Regimebildung

Um erfolgreich zu funktionieren, kann sich internationale Umweltpolitik, zu der auch internationale Wasserpolitik gehört, nicht auf eine zentrale Herrschaftsgewalt mit verbindlicher Normensetzungskompetenz und Sanktionsgewalt verlassen. Dieses Manko des internationalen gegenüber einem staatlich organisierten System wird auch durch die Existenz zahlreicher Internationaler Organisationen nicht behoben. Vielmehr muss internationale Umweltpolitik „weitgehend ohne Zwang auskommen und ist nur in Form horizontaler Selbstkoordination der Akteure möglich".[17] Eigeninitiativ und freiwillig müssen Staaten ein internationales Umweltanliegen angehen und umsetzen. Was kann ein derartiges Aktivwerden begünstigen? Die Staatenpraxis zeigt, dass zwischenstaatliche Umweltpolitik insbesondere dann erfolgreich ist, wenn sie über ein Steuerungs-

---

15 Art. 2 a,b und c der UN-Wasserkonvention von 1997.

16 Vgl. Beyerlin, Ulrich, *Umweltvölkerrecht*, München 2000, S. 84 f., Rz. 174.

17 Gehring, Thomas / Oberthür, Sebastian, *Internationale Regime als Steuerungsinstrumente der Umweltpolitik*, in: Gehring, Thomas (Hrsg.), *Internationale Umweltregime. Umweltschutz durch Verhandlungen und Verträge*, Opladen 1997, S. 9 f.

instrument funktioniert: ein internationales Regime.[18] Es ermöglicht beteiligten Staaten, ein Umweltanliegen kooperativ zu bearbeiten.[19] Was ist nun ein internationales Umweltregime?

Definition

In der Regel besteht ein internationales Umweltregime aus einem völkerrechtlichen Vertrag, den nachfolgende Abkommen (etwa Protokolle), Entscheidungen und Empfehlungen präzisieren und vervollständigen. Demnach sind internationale Regime „problemfeldspezifische Normensysteme (...), die auf formellen oder informellen zwischenstaatlichen Vereinbarungen beruhen".[20] Das Normensystem umschließt inhaltliche und prozedurale Regelungen. Regelmäßig oder kontinuierlich fällen die beteiligten Staaten im Rahmen des Regimes verbindliche Entscheidungen. Die Regime-Staaten betreiben hiermit zwischenstaatliche Umweltpolitik „in Form eines regimespezifischen Verhandlungs- und Entscheidungsprozesses zur Bildung und Weiterentwicklung verhaltenslenkender Normen und zur Lösung problemfeldspezifischer Konflikte".[21]

---

18 Internationale Regime bestehen nicht nur auf dem Gebiet der internationalen Umweltpolitik. Ebenso gibt es Weltwirtschaftsregime oder Sicherheitsregime. Sie sind beispielsweise behandelt bei Müller, Harald, *Die Chance der Kooperation. Regime in den internationalen Beziehungen*, Darmstadt 1993, Kapitel 4 und 6.

19 Vgl. Gehring, Thomas / Oberthür, Sebastian, *Internationale Regime als Steuerungsinstrumente der Umweltpolitik*, in: Gehring, Thomas (Hrsg.), *Internationale Umweltregime. Umweltschutz durch Verhandlungen und Verträge*, Opladen 1997, S. 9 .

20 AaO, S. 9. Vgl. auch Rittberger, Volker, *Research on International Regimes in Germany. The Adaptive Internalization of an American Social Science Concept*, in: ders. (Hrsg.), *Regime Theory and International Relations*, Oxford 1993, S. 3 ff.; Keohane, Robert O., *The Analysis of International Regimes. Towards a European-American Research Programme*, a.a.O, S. 23 ff.; Levy, Marc A. / Young, Oran R. / Zürn, Michael, *The Study of International Regimes*, in: European Journal of International Relations, Nr. 1/1995, S. 267 ff.

21 Gehring, Thomas / Oberthür, Sebastian, *Internationale Regime als Steuerungsinstrumente der Umweltpolitik*, in: Gehring, Thomas (Hrsg.), *Internationale Umweltregime. Umweltschutz durch Verhandlungen und Verträge*, Opladen 1997, S. 9.

1.2.1. Entstehung

Bei der Entstehung internationaler Umweltregime treffen rationale Nutzenmaximierer aufeinander; so umschreibt es die Kooperationstheorie.[22] Staaten kalkulieren nüchtern ihre Interessen und versuchen, sie weitgehend durchzusetzen. Nehmen wir an, der Oberlieger eines internationalen Flusslaufes entnimmt diejenige Wassermenge, die in Anbetracht seines Bedarfs für ihn günstig ist. Für den Unterlieger ergibt sich hieraus ein Nachteil, etwa Wasserknappheit. Bedeutungsvoll für den Wert eines potentiellen Umweltregimes ist nun die jeweilige Interessenskonstellation.

Drängt der Unterlieger auf ungehinderten Wasserzulauf in sein Territorium, ergibt sich ein Nullsummenspiel: Akteur A (der Oberlieger) verliert genau so viel wie Akteur B (der Unterlieger) gewinnt. Kooperation ist bei diesen Forderungen für Akteur A wenig attraktiv. Allgemein ist in Nullsummensituationen „freiwillige Kooperation schwierig oder gar unmöglich".[23] Keinen beachtlichen Nutzen bringt eine Kooperation wiederum für die Akteure, wenn sie ihre Interessen ohne gegenseitige Schädigung verwirklichen können.

In den beiden skizzierten Fällen ist eine Kooperation nicht nötig oder nicht möglich. Für welche Situationen besteht nun Regimebedarf? Für internationale Umweltregime sind Konstellationen interessant, die im Zwischenraum der beiden skizzierten Extrempositionen liegen. Hier verfolgen die beteiligten Staaten zuwiderlaufende sowie gemeinsame Interessen.[24]

Dies ist beispielsweise der Fall bei internationalen Flussläufen in wasserarmen Regionen. Solange ausreichend Wasserressourcen zur Deckung

---

22 Vgl. Zürn, Michael, *Interessen und Institutionen in der internationalen Politik. Grundlegung und Anwendung des situationsstrukturellen Ansatzes*, Opladen 1992.

23 Gehring, Thomas / Oberthür, Sebastian, *Internationale Regime als Steuerungsinstrumente der Umweltpolitik*, in: Gehring, Thomas (Hrsg.), *Internationale Umweltregime. Umweltschutz durch Verhandlungen und Verträge*, Opladen 1997, S. 14.

24 Vgl. Zürn, Michael, *Interessen und Institutionen in der internationalen Politik. Grundlegung und Anwendungen des situationsstrukturellen Ansatzes*, Opladen 1992, S. 153 f.

des Bedarfs aller Anliegerstaaten vorhanden ist, besteht wenig Interesse an einer Kooperation zur Wasserverteilung. Sobald aber Trinkwasser knapp wird, keimt Interesse an Wasserdiplomatie und Wassermanagement im internationalen Kontext auf.[25] Hierbei stehen die Anliegerstaaten in gegenseitiger Konkurrenz; denn sie ziehen Nutzen aus der Intensivierung der eigenen sowie Reduzierung der fremden Wasserentnahme.

Um nicht in ein Nutzungsdilemma zu schlittern, sind Kooperation und Koordination unausweichlich: „Es sind derartige problematische Situationen, in denen interessengeleitete Akteure auch unter den schwierigen Bedingungen des horizontal strukturierten internationalen Systems kooperationsfördernde Regime gründen und deren verhaltenslenkende Normen *im wohlverstandenen eigenen Interesse* befolgen können.“ [26]
Ist für die beteiligten Staaten schließlich der Bedarf an einem Regime offensichtlich, stellen sich weitere Fragen: Warum bildet sich ein Regime tatsächlich heraus? Wie entsteht es? Warum setzt es sich durch? Als Vorbedingungen für die Herausbildung von Umweltregimen gelten:

- Problemdruck
- Handlungskapazitäten
- katalytische Ereignisse, z.B. Krisen
- wechselseitig verschränkte Interessenskonstellationen
- innergesellschaftliche oder bürokratische Kooperationsbefürworter oder -gegner [27]

---

25 Wasserdiplomatie ist „die Kunst der gerechten Aufteilung grenzüberschreitender Wasserressourcen", Wassermanagement ist „die Kunst, Angebot an und Nachfrage nach Wasser zu den geringstmöglichen ökonomischen und ökologischen Kosten in Übereinstimmung zu bringen“. So definiert es Schiffler, Manuel, *Konflikte um Wasser. Ein Fallstrick für den Friedensprozeß im Nahen Osten?*, in: APuZ, B 11 / 1995, S. 14 bzw. 16.

26 Gehring, Thomas / Oberthür, Sebastian, *Internationale Regime als Steuerungsinstrumente der Umweltpolitik*, in: Gehring, Thomas (Hrsg.), *Internationale Umweltregime. Umweltschutz durch Verhandlungen und Verträge*, Opladen 1997, S. 13, kursive Hervorhebung im Original.

27 So kam beispielsweise die Luftreinhalterichtlinie der Europäischen Gemeinschaft durch innenpolitischen Druck in der Bundesrepublik Deutschland zustande. *Pressure groups* waren in diesem Fall BUND, BBU und weitere Organisationen, die mit ihren Aktionen gegen das Waldsterben die Deutsche Bundesregierung zu Kooperationswilligkeit veranlassten. Vgl. Müller, Harald, *Die Chance der Kooperation. Regime in den internationalen Beziehungen*, Darmstadt 1993, S. 37.

- aktive Umweltaußenpolitik einflussreicher Akteure [28]
- bereits vorhandene kooperative Institutionen
- transnationale Gruppierungen
- internationale Organisationen
- kognitives Lernen [29]

1.2.2. Aushandlung

Staaten sind Hauptakteure und Hauptadressaten bei einem internationalen Umweltregime. Sie legen das Fundament, indem sie völkerrechtliche Verträge abschließen und an sie wendet sich die Mehrzahl der vereinbarten Verhaltensnormen. Als weitere Akteure beteiligen sich an der Aushandlung internationaler Regime auch Nichtregierungsorganisationen (NGOs) wie zum Beispiel Umweltorganisationen, Industrieverbände und wissenschaftliche Institutionen. Sie wirken einerseits auf die Entscheidungsfindung auf Regimeebene ein. Zu einem großen Teil prägen sie andererseits den Entscheidungsprozess auf einzelstaatlicher Ebene – schließlich sind die Einzelstaaten die Hauptakteure.[30]

In einem ersten Schritt erfolgt *agenda setting*: ein Staat wird initiativ, weil er einen internationalen Missstand empfindet. Er fordert zwischenstaatliche Politik zur Beseitigung oder zumindest Milderung dieses Missstands. Ein initiativer Staat bringt also eine zwischenstaatliche Problemlage auf die international-politische Agenda. Selbst bei der Einsicht aller beteiligten Staaten, dass Bedarf an einer Kooperation besteht, garantiert das Initiativwerden allein noch nicht dessen Erfolg in Form eines neu gegründeten Regimes. Mündet die Regelungsinitiative aber tatsächlich in

---

28 Kommen Regime auf diesem Weg zustande, nennen sie sich hegemonial oder oligopolitisch. Ausführlich hierzu siehe unten, Kapitel 1, Punkt „Arten".

29 Diese Faktoren nennen Young, Oran R., *Political Leadership and Regime Formation. On the Development of Institutions in International Society*, in: International Organization, Nr. 41/2, Frühjahr 1987, S. 173 ff.; Lang, Winfried, *Auf der Suche nach einem wirksamen Klima-Regime*, in: ArchVR, Nr. 1-2 / 1993, S. 15; sowie Müller, Harald, *Die Chance der Kooperation. Regime in den internationalen Beziehungen*, Darmstadt 1993, S. 36.

30 Vgl. Gehring, Thomas / Oberthür, Sebastian, *Internationale Regime als Steuerungsinstrumente der Umweltpolitik*, in: Gehring, Thomas (Hrsg.), *Internationale Umweltregime. Umweltschutz durch Verhandlungen und Verträge*, Opladen 1997, S. 11.

ein Regime, so nimmt sie hierauf meist sichtbaren Einfluss.[31]

Einen ersten Ertrag kann die Regelungsinitiative verbuchen, wenn sich zwischenstaatliche Verhandlungen anschließen, die eine Änderung der problemverursachenden Situation anvisieren. In dieser Phase loten die beteiligten Staaten in Bezug auf das spezifische Problemfeld ihre Interessen aus – unterschiedliche wie gemeinsame. Interessensdivergenzen bestehen unweigerlich und verschärfen sich noch durch die Verhandlungstaktik der beteiligten Staaten, die meist von unterschiedlicher Qualität ist.[32]

Problemfelder und Akteure sind bei der Aushandlung von Regimen nicht von Beginn an festgesetzt und fortan unveränderlich. Sie sind vielmehr dynamisch und flexibel. In der Verhandlungsphase können die Akteure das Problemfeld um Themenkomplexe erweitern oder eingrenzen.[33] Neue

---

31 Vgl. Müller, Harald, *Die Chance der Kooperation. Regime in den internationalen Beziehungen*, Darmstadt 1993, S. 34.

32 Vgl. Gehring, Thomas / Oberthür, Sebastian, *Internationale Regime als Steuerungsinstrumente der Umweltpolitik*, in: Gehring, Thomas (Hrsg.), *Internationale Umweltregime. Umweltschutz durch Verhandlungen und Verträge*, Opladen 1997, S. 14; Scharpf, Fritz W., *Koordination durch Verhandlungssysteme. Analytische Konzepte und institutionelle Lösungen*, in: Benz, Arthur / Scharpf, Fritz W. / Zintl, Reinhard, *Horizontale Politikverflechtung. Zur Theorie von Verhandlungssystemen*, Frankfurt a. M. 1992, S. 51 ff.; Gehring, Thomas, *Arguing und Bargaining in internationalen Verhandlungen. Überlegungen am Beispiel des Ozonschutzregimes*, in: Prittwitz, Volker von (Hrsg.), *Verhandeln und Argumentieren. Dialog, Interessen und Macht in der Umweltpolitik*, Opladen 1996, S. 207 ff.

33 Die Strategie, bestimmte Themenkomplexe auszugrenzen, wendeten zum Beispiel die Nahost-Konfliktparteien Israel und die Palästinensische Befreiungsorganisation, PLO, an. Bereits zu Beginn des israelisch-palästinensischen Friedensprozesses Anfang der 1990er Jahre einigten sich die Parteien auf eine Verhandlungsarchitektur, die folgende Konfliktgegenstände ausschloss: Der Status Jerusalems, die Zukunft der palästinensischen Flüchtlinge und der jüdischen Siedlungen in den Palästinensergebieten sowie die Verteilung der knappen Wasserressourcen. Diese Themenkomplexe wurden von Beginn an als derart brisant eingestuft, dass sie die israelisch-palästinensischen Verhandlungen zu sehr belastet hätten. Die Reduzierung des Problemfelds erleichterte die Verhandlungen zunächst und erste israelisch-palästinensische Abkommen sowie der palästinensische Autonomieprozess kamen zustande. Problematisches Resultat ist allerdings, dass bis heute diese Konfliktgegenstände nicht ausgehandelt sind. Trotz unzähliger Lösungsmodelle und Unterstützung von einflussreichen Sponsoren des Friedensprozesses liegen diese Kernfragen des israelisch-palästinensischen Endstatus nach wie vor ungelöst auf dem Verhandlungstisch.

Zum Nahost-Friedensprozess vgl. Ferdowsi, Mir A., *Frieden im Nahen Osten oder* (kooperationswillige) Akteure können hinzutreten und bisherige (kooperationsunwillige oder -unfähige) ausscheiden oder ausgeschlossen werden.[34] Einem Verhandlungsprozess verleiht dies unter Umständen ein entscheidendes dynamisches Moment: „Manchmal gelingt es sogar, Nullsummensituationen (...) durch Augleichszahlungen, geschickte Koppelgeschäfte oder durch die gezielte Veränderung des Kreises der beteiligten Akteure so umzuformen, dass sie kooperationsfähig werden.“ [35]

1.2.3. Arten

Statische Regime

Wie wir sehen, stellt es bereits eine Herausforderung dar, ein problembelastetes Verhältnis in ein kooperatives zu wandeln. Wenn mit diesem Schritt der Zweck des Verhandlungsprozesses bereits erreicht ist, nennt sich das Regime statisch. Die Verhandlungen enden, sobald die Akteure eine Vereinbarung über Normen zur Kooperation getroffen haben. Ein

---

die Suche nach der Quadratur des Kreises, in: ders. (Hrsg.), *Stand und Perspektiven des Nahost-Friedensprozesses*, Arbeitspapiere zu Problemen der Internationalen Politik und der Entwicklungsländerforschung, Nr. 29 / 2000; ders., *Naher und Mittlerer Osten. Vom regionalen Sicherheitssystem zum Bilateralismus?*, in: ders. (Hrsg.), *Die Welt der 90er Jahre. Das Ende der Illusionen*, Bonn 1995; Beck, Martin, *Der israelisch-palästinensische Friedensprozeß*, in: APuZ, B 18 / 1996; Kaulisch, Thomas, *Israel und die PLO. Der Friedensprozeß seit dem Zweiten Golfkrieg und die Rolle der externen Akteure*, Vierow 1996; Corbin, Jane, *Ein jegliches hat seine Zeit. Die Geheimverhandlungen zwischen den Israelis und der PLO in Norwegen*, in: Der Spiegel, Nr. 7-9 / 1994.

34 Vgl. Müller, Harald, *Die Chance der Kooperation. Regime in den internationalen Beziehungen*, Darmstadt 1993, S. 34 f.

35 Gehring, Thomas / Oberthür, Sebastian, *Internationale Regime als Steuerungsinstrumente der Umweltpolitik*, in: Gehring, Thomas (Hrsg.), *Internationale Umweltregime. Umweltschutz durch Verhandlungen und Verträge*, Opladen 1997, S. 14; vgl. auch Sebenius, James K., *Adding and Subtracting Issues and Parties*, in: International Organization, Nr. 37 / 1983, S. 281 ff.; ders., *Challenging Conventional Explanations of International Cooperation. Negotiating Analysis and the Case of Epistemic Communities*, in: International Organization, Nr. 46 / 1992, S. 323 ff.; Scharpf, Fritz W., *Koordination durch Verhandlungssysteme. Analytische Konzepte und institutionelle Lösungen*, in: Benz, Arthur / Scharpf, Fritz W. / Zintl, Reinhard, *Horizontale Politikverflechtung. Zur Theorie von Verhandlungssystemen*, Frankfurt a. M. 1992, S. 51 ff.

statisches Regime ist demnach „auf die einmalige Überführung einer bislang nicht-kooperativen Situation in einen kooperativen Zustand angelegt“.[36]

Dynamische Regime

Internationale Umweltpolitik begnügt sich allerdings nicht mit einem einmaligen Beziehungswandel. Vielmehr fordert sie kontinuierliche Gestaltung eines Politikfeldes. Konsequenter Weise greifen internationale Umweltregime weit über einen bloßen Beziehungswandel hinaus. Gründen Staaten dynamische Regime, entwerfen sie zusätzlich eine regimespezifische institutionelle Struktur. Sie soll gewährleisten, dass ein Regime seinen Aufgaben gerecht wird (Regimeerfüllung) und die Steuerungsfähigkeit des Regimes (Regimeeffizienz) sowie die Dynamik seiner Normen (Regimeevolution) möglich bleibt.[37] Dynamik ist aus mehreren Gründen notwendig:

- wissenschaftlich-technische Erkenntnisse erneuern sich,
- technisch-ökonomische Handlungskapazitäten erweitern sich,
- Interessen und Machtpotentiale der Staaten wandeln sich,
- zahllose unvorhergesehene Ereignisse können eintreten (z.B. außerplanmäßige Regierungswechsel, spontane Instabilisierung der politischen Lage, Umweltkatastrophen).

Derartige technologische, politische, demographische oder soziale Wandlungsprozesse müssen nicht gezwungener Maßen ein internationales Umweltregime in Frage stellen oder in Gefahr bringen. Sie können ebenso zusätzliche Handlungsfelder, Wirkungskreise und Gestaltungsmöglichkeiten eröffnen.

Setzen sich die Staaten bei der Regimebildung nicht das ehrgeizige Ziel, jegliche Entwicklungen auf dem betreffenden Politikfeld einzubeziehen, müssen sie allerdings offen für Regimeevolution bleiben. Eingebettet in einen institutionellen Rahmen können die Regimestaaten den vereinbar-

---

[36] Gehring, Thomas / Oberthür, Sebastian, *Internationale Regime als Steuerungsinstrumente der Umweltpolitik*, in: Gehring, Thomas (Hrsg.), *Internationale Umweltregime. Umweltschutz durch Verhandlungen und Verträge*, Opladen 1997, S. 15.

[37] Vgl. aaO, S. 13.

ten Normenkatalog des Regimes bei neuen Situationen dynamisch und flexibel handhaben.[38]

Hegemoniale Regime

Neben dem Begriffspaar statisch und dynamisch finden sich im Schrifttum weitere Arten von Regimen. Hegemonial oder oligopolitisch nennen sich Regime, wenn sie aufgrund der Einsicht, der Interessen oder des Engagements nur eines oder weniger Staaten zustande kommen. Dieser Eine oder diese Wenigen legen das Fundament, so dass weitere Staaten zur Kooperationsgemeinschaft nur noch hinzutreten müssen.

Engagiert sich ein einflussreicher Staat besonders, zum Beispiel in Form von aktiver Umweltaußenpolitik, so vereinfacht dies das Herausbilden eines Regimes. Denn um sein Ziel der Umweltkooperation zu erreichen, wird der einflussreiche Staat seine wertvollen Mittel – politikfeldspezifische, etwa eine Wasserdatenbank, oder allgemeine, etwa Finanzmittel – verhandlungstaktisch gegenüber anderen Staaten ausspielen: Kooperationsbereitschaft wird honoriert, Kooperationsverweigerung disqualifiziert.[39]

Nichthegemoniale Regime

Hegemoniale Regime sind zwar vielbeachtet, aber nicht – wie einige Zeit angenommen – die einzige Regimeart. Ebenso gibt es nichthegemoniale Regime. Hierbei haben nicht Einer oder einige Wenige die Vorherrschaft. Sondern nichthegemoniale Regime bedürfen der Aushandlung und des Ausgleichs der Rechte und Pflichten aller Vertragsparteien. Vor allem Neoliberale stellen in Kontrast zu hegemonialen Regimen auf eine Nachfrage nach Regimen ab. Sie sehen Normen nicht als Reflexion purer Macht allein. Sondern „norms are likely to be demanded regardless of the existence of a hegemon"; denn Normen ermöglichen Staaten, Kosten und

---

[38] Vgl. Müller, Harald, *Die Chance der Kooperation. Regime in den internationalen Beziehungen*, Darmstadt 1993, S. 41.

[39] Vgl. aaO, S. 36.

Nutzen ihres Handelns genauer einzuschätzen.[40]

Kombinieren die Kooperationspartner unterschiedliche Politikfelder miteinander (*positive linkage*), gelingt ihnen oft, „asymmetrische Verteilungsstrukturen in einem Politikfeld durch Umverteilungen in einem anderen Politikfeld auszugleichen".[41]

1.2.4. Struktur

Bei einem Vergleich bestehender Regime gewinnen wir die Erkenntnis, dass sie sich in Stufen bilden. Nach einer Vorphase unverbindlicher Grundsätze gehen die Staaten zu generellen Bestimmungen über, die schließlich in verbindlichen Normen und Verhaltenspflichten münden.[42] Internationale Regime sind viergliedrig strukturiert. Sie bestehen aus Prinzipien, Normen, Regeln und Verfahren.[43]

Prinzipien

Prinzipien sind „beliefs of fact, causation, and rectitude", Überzeugungen von Tatsachen, Kausalitäten und Rechtschaffenheit.[44] Auf Prinzipien sollten Staaten bei Regimebildung nicht verzichten. Denn Prinzipien erläutern den Ist-Zustand (Regimegrund) und bestimmen den Soll-Zustand (Regimeanliegen). Kooperation kann freilich auch spontan und ohne vorherige Einigung auf Prinzipien entstehen. Allerdings wird sie sich als unsicherer und gefährdeter entpuppen, etwa aufgrund von Interpretations-

---

40 Jägerskog, Anders, *The Jordan River Basin. Explaining Interstate Water Cooperation through Regime Theory*, University of London, School of Oriental and African Studies, Occasional Paper, No. 31, London 2001, S. 3.

41 Müller, Harald, *Die Chance der Kooperation. Regime in den internationalen Beziehungen*, Darmstadt 1993, S. 36.

42 Vgl. Lang, Winfried, *Auf der Suche nach einem wirksamen Klima-Regime*, in: ArchVR, Nr. 1-2 / 1993, S. 15.

43 Vgl. Jägerskog, Anders, *The Jordan River Basin. Explaining Interstate Water Cooperation through Regime Theory*, University of London, School of Oriental and African Studies, Occasional Paper, No. 31, London 2001, S. 1.

44 Krasner, S., *Structural Causes and Regime Consequences. Regimes as intervening variables*, in: ders. (Hrsg.), *International Regimes*, Ithaca, NY, 1983, S. 1.

divergenzen. Denn erarbeiten Staaten im Vorfeld einen Konsens über Perzeptionen, Positionen und Intentionen, finden sie im nächsten Schritt leichter und zielgerechter zu detailierteren Vorschriften.

Bei einem internationalen Wasserregime in einer wasserarmen Region ist ein Prinzip beispielsweise: Die regionalen Süßwasserressourcen sind knapp; ungerechte Wasserverteilung birgt Konfliktpotential für die Region; Wasser ist daher gerecht oder angemessen unter allen Anliegern zu verteilen. Wenngleich Prinzipien oft als gehaltlos beschimpft werden, gelten sie als „unverzichtbare Basis von Regimen".[45] Denn aus den Prinzipien leiten Staaten ausführliche Verhaltensnormen ab.

Normen

Normen sind „standards of behaviour defined in terms of rights and obligations", Verhaltensstandards, die Rechte wie auch Pflichten der Regimepartner begründen.[46] Verhaltensnormen wirken reziprok: Rechte des Einen bedeuten Pflichten des Anderen und umgekehrt. Bildet sich ein internationales Regime heraus, assistiert bei der Verbriefung von Normen ein „Vorrat von generalisierten Vorschriften (...), die in Gewohnheiten, Praktiken und Konventionen enthalten und auf eine große Zahl von Politikfeldern anwendbar sind".[47] Entsteht ein internationales Wasserregime, können sich dessen Normen auf das Internationale Wasserrecht stützen.[48]

Normen erwirken Prinzipienkonformität. Dies gilt für den formellen sowie den informellen Bereich eines Politikfeldes. Um einen verrechtlichten Kern herum (formell) erstreckt sich ein rechtlich nicht geregeltes Handlungsfeld (informell). Auf zwei Arten können Normen das Agieren von Regimepartnern auch im informellen, rechtlich nicht geregelten

---

45 Müller, Harald, *Die Chance der Kooperation. Regime in den internationalen Beziehungen*, Darmstadt 1993, S. 39.

46 Krasner, S., *Structural Causes and Regime Consequences. Regimes as intervening variables*, in: ders. (Hrsg.), *International Regimes*, Ithaca, NY, 1983, S. 1.

47 Müller, Harald, *Die Chance der Kooperation. Regime in den internationalen Beziehungen*, Darmstadt 1993, S. 40.

48 Das internationale Wasserrecht ist unten, Kapitel 1, Punkt „Internationales Wasserrecht", ausführlich dargestellt.

Handlungsfeld leiten: einerseits temporär für den Fall, dass eine rechtliche Regelung denkbar oder anvisiert ist; andererseits permanent für den Fall, dass Regimepartner diesen Handlungsbereich nicht verrechtlichten können oder wollen. „Normen steuern also nicht nur das stärker formalisierte Regelwerk, sie halten (sofern sie beachtet werden) auch den nichtgeregelten Teil des Politikfelds mit den Prinzipien konform.“ [49]

Regeln und Verfahren

Zu jenem stärker formalisierten Regimebereich zählen Regeln. Regeln sind „specific prescriptions or proscriptions for action“, spezifische Verhaltensvorschriften oder -verbote.[50] Für gewöhnlich sind Regimepartner darauf aus, die Regimeregeln weitestgehend zu präzisieren und ihnen rechtliche Bindungswirkung zu verleihen. Für Staaten ist der Schritt von Prinzipien über Normen hin zu Regeln keineswegs leicht. Denn legen sie sich auf Regeln fest, müssen sie Souveränitätsverzichte und Kooperationskosten in Kauf nehmen. Als detaillierte Verhaltensvorschriften sind Regeln Indikatoren für die Erfüllung, den Bestand, die Evolution und die Qualität der Teilnehmer des Regimes.[51] Verfahren sind „prevailing practices for making and implementing collective choice”, allgemein gültige Gewohnheiten, um gemeinsame Entscheidungen zu treffen und durchzusetzen.[52]

1.2.5. Wirkung

Ist ein internationales Umweltregime erst errichtet, stellt sich in der Folgezeit die Frage nach seiner Wirkung. Hat das Regime die Staatenpraxis verändert? Experten messen die bewirkten Veränderungen durch die

---

49 Müller, Harald, *Die Chance der Kooperation. Regime in den internationalen Beziehungen*, Darmstadt 1993, S. 40.

50 Krasner, S., *Structural Causes and Regime Consequences. Regimes as intervening variables*, in: ders. (Hrsg.), *International Regimes*, Ithaca, NY, 1983, S. 1.

51 Vgl. Müller, Harald, *Die Chance der Kooperation. Regime in den internationalen Beziehungen*, Darmstadt 1993, S. 41.

52 Krasner, S., *Structural Causes and Regime Consequences. Regimes as intervening variables*, in: ders. (Hrsg.), *International Regimes*, Ithaca, NY, 1983, S. 1.

Regimesituation an einer hypothetischen Situation ohne Regime. Hierzu dienen „Gedankenexperimente, vor allem die kontrafaktische Analyse („Was wäre ohne Regime passiert?") und der damit zusammenhängende Ausschluss alternativer Erklärungsmöglichkeiten".[53]

Kooperation zwischen den Regimestaaten ist hierbei nicht an sich schon Wirkungsziel, sondern Mittel zum Zweck. Sie soll beispielsweise im Rahmen eines internationalen Wasserregimes helfen, knappe Süßwasserressourcen gerecht oder angemessen aufzuteilen. Auch wenn die Kooperation bei grenzüberschreitender Wasserverteilung nach den Vorstellungen der Regimestaaten verläuft, ist hiermit noch nicht das Wirkungsziel, gerechte Wasserverteilung, gesichert. Ungeeignete Instrumente, wirkungslose Richtlinien oder mangelhafte Informationslage können die Kooperation ins Leere laufen lassen.[54]

Zu beachten gilt, dass nicht allein Staaten grenzüberschreitende Umweltprobleme verursachen. Oftmals gehen sie auf das Verhalten von Firmen und Personen zurück, die auf dem jeweiligen Hoheitsgebiet agieren. Dennoch ist ein Aktivwerden der Staaten gefordert: Sie müssen zunächst die Regimenormen in ihre nationalen Rechtsordnungen aufnehmen. Die Übernahme allein reicht allerdings noch nicht aus. Zusätzlich haben die Staaten dafür Sorge zu tragen, dass die übernommenen Regimepflichten zu einer Verhaltensänderung der Akteure in ihrem Staatsgebiet führen.[55] Mitunter entfalten Pflichten ihre Wirkung schon vor der teilweisen oder vollständigen Übernahme in nationales Recht. Allein die Erwartung, internationale Richtlinien werden in der Zukunft national umgesetzt, kann private Akteure dazu veranlassen, ihr Verhalten diesen Richtlinien schon

---

53 Gehring, Thomas / Oberthür, Sebastian, *Internationale Regime als Steuerungsinstrumente der Umweltpolitik*, in: Gehring, Thomas (Hrsg.), *Internationale Umweltregime. Umweltschutz durch Verhandlungen und Verträge*, Opladen 1997, S. 18.

54 Vgl. Müller, Harald, *Die Chance der Kooperation. Regime in den internationalen Beziehungen*, Darmstadt 1993, S. 43 f.

55 Vgl. Chayes, Abram / Chayes, Antonia Chandler, *On Compliance*, in: International Organization, Nr. 47 / 1993, S. 187 ff.; Gehring, Thomas / Oberthür, Sebastian, *Internationale Regime als Steuerungsinstrumente der Umweltpolitik*, in: Gehring, Thomas (Hrsg.), *Internationale Umweltregime. Umweltschutz durch Verhandlungen und Verträge*, Opladen 1997, S. 18.

im Vorhinein anzugleichen.[56]

Zielen internationale Umweltregime mittels kontinuierlicher Verhandlungen auf die anhaltende Weiterentwicklung ihrer Normen, „kann dadurch ein Rückkopplungsmechanismus entstehen, der sich über mehrere „Schleifen" fortsetzt".[57] Dieser Mechanismus kann stabilisierend oder dynamisierend funktionieren. Stabilisierend wirkt er, wenn das Umweltregime die Vertragsstaaten hindert, den vertraglich verbrieften Ist-Zustand zu verändern. Das erzielte Regelungsniveau bleibt somit erhalten. Dynamisierend wirkt der Rückkoppelungsmechanismus, wenn die Folgen der bisherigen Vereinbarungen derart positiv ausfallen, dass sich die Vertragsstaaten künftig auf ein noch höheres Regelungsniveau einlassen. In der Literatur finden sich hierfür Begriffe wie „Engelskreis" [58] oder „sich selbst verstärkender Aufschaukelungsprozeß".[59]

1.3. Regelungsstrategien

Bei der Aushandlung von Regimen können die Verhandlungspartner nach verschiedenen Regelungsstrategien vorgehen. Je nach spezifischer Flussbeckensituation eignen sich unterschiedliche Strategien.

---

56 Vgl. Wettestad, Jorgen, *„Nuts and Bolts for Environmental Negotioators?" Designing Effective International Regimes. A Conceptual Framework*, Lysaker 1995, S. 45; Breitmeier, Helmut / Gehring, Thomas / List, Martin / Zürn, Michael, *Internationale Umweltregime*, in: Prittwitz, Volker von (Hrsg.), *Umweltpolitik als Modernisierungsprozeß. Politikwissenschaftliche Umweltforschung und -lehre in der Bundesrepublik Deutschland*, Opladen 1993, S. 187.

57 Gehring, Thomas / Oberthür, Sebastian, *Internationale Regime als Steuerungsinstrumente der Umweltpolitik*, in: Gehring, Thomas (Hrsg.), *Internationale Umweltregime. Umweltschutz durch Verhandlungen und Verträge*, Opladen 1997, S. 19.

58 Breitmeier, Helmut / Gehring, Thomas / List, Martin / Zürn, Michael, *Internationale Umwelt-regime*, in: Prittwitz, Volker von (Hrsg.), *Umweltpolitik als Modernisierungsprozeß. Politikwissenschaftliche Umweltforschung und -lehre in der Bundesrepublik Deutschland*, Opladen 1993, S. 168.

59 Gehring, Thomas / Oberthür, Sebastian, *Internationale Regime als Steuerungsinstrumente der Umweltpolitik*, in: Gehring, Thomas (Hrsg.), *Internationale Umweltregime. Umweltschutz durch Verhandlungen und Verträge*, Opladen 1997, S. 19.

1.3.1. ,Win-win'-Strategien

Grundsätzlich gilt, dass ein Vertrag nur so viel wert ist wie er in der Praxis auch erfüllt wird. Daher ist von elementarer Bedeutung, dass es sich bei den Vereinbarungen um echte Kompromisse aller Vertragsparteien handelt. Kooperationsgewinne und Erfüllungsnachteile müssen sich gegenseitig ausgleichen. Die politologische Terminologie nennt dies *win-win*-Strategien. Jede Vertragspartei muss von ihren Ausgangspositionen so weit abweichen und soweit Kompromisse eingehen, dass die anderen Verhandlungspartner auch in Zukunft gerne mit dieser Partei zusammenarbeiten. Elementar ist hierfür, dass Vorteile und Gewinne durch den Vertragsabschluss derart offensichtlich sind, dass sie die vertraglich verbrieften Lasten und Konzessionen aufwiegen. Zu letzteren zählt grundsätzlich die Einschränkung staatlicher Souveränität, die bei internationalen Wasserregimen natürlich einhergeht.[60]

1.3.2. ,Framework convention and protocol approach'

Versuchen Staaten, einen Problemkomplex in seiner Gesamtheit zu regeln, bedienen sie sich häufig der rechtlichen Regelungsstrategie *framework convention and protocol approach*. Staaten streben hierbei nicht eine Beilegung *uno actu* an. Sondern sie schließen ein Rahmenabkommen ab (*framework convention*), das von nachfolgenden Protokollen Schritt für Schritt ausgefüllt wird (*protocol approach*).[61]

---

60 Vgl. Beyerlin, Ulrich, *Umweltvölkerrecht*, München 2000, S. 38, Rz. 81.

61 Die allgemeine umweltvölkerrechtliche Vertragspraxis bietet zahlreiche Beispiele, etwa die *UN-Framework Convention on Climate Change* (*UNFCCC*, UN-Klimarahmenkonvention von 1992), beschlossen auf dem Umweltgipfel in Rio de Janeiro (http://unfccc.int). Auf 9 weiteren Konferenzen (Berlin 1995, Genf 1996, Kyoto 1997, Buenos Aires 1998, Bonn 1999, Den Haag 2000, Bonn 2001, Marrakesch 2001 und Neu-Delhi 2002) verfolgten die Vertragsparteien das Ziel, die Rahmenkonvention mittels konkreter Reduktionszahlen für Staaten und Regionen sowie mittels Reduktionsmaßnahmen und -verfahrensweisen umzusetzen. Ein Ergebnis ist das Kyoto-Protokoll von 1997. Deutscher Wortlaut der *UN-Framework Convention on Climate Change*, 9. Mai 1992, im Internet unter: http://unfccc.int/resource/docs/convkp/convger.pdf, zitiert am: 17. April 2003. Deutscher Wortlaut des *Kyoto Protocol to the United Nations Framework Convention on Climate Change*, (Kyoto-Protokoll), 11. Dezember 1997, im Internet

Ein wasserrechtliches Rahmenabkommen enthielte demnach bereits abstrakt bestimmte Ziele, allerdings nur ungenau formulierte Verpflichtungen. Das Rahmenabkommen ist als Absichtserklärung lediglich ein *soft-law*-Instrument und somit auslegungsbedürftig.[62] Sein nicht zu unterschätzender Wert liegt allerdings darin, dass es die – mitunter politisch stark entzweiten – Anrainerstaaten eines internationalen Flussbeckens zu einer Vertragsgemeinschaft integriert.[63] Diese erlangt ihre praktische Bedeutung, wenn sie eine konkrete vertragliche Einigung über Wassernutzungsrechte nach sich zieht.[64]

1.3.3. ‚Piecemeal approach'

In genau die entgegengesetzte Richtung zielt der *piecemeal approach*. Bei dieser Regelungsstrategie trennen die Verhandlungsparteien aus einem umfassenden Problemfeld einzelne Regelungsgegenstände (*piecemeal*) heraus und verhandeln sie gesondert. Vorteil dieser vertraglichen Rechtssetzungsmethode ist, dass die Parteien eher konsensfähige Gegenstände schneller beilegen können und nicht erst die langwierige Aushand-

---

unter: http://www.fr-aktuell.de/_img/_cnt/_online/kyoto.pdf, englischer Wortlaut im Internet unter: http://unfccc.int/resource/docs/convkp/kpeng.html; beide zitiert am 17. April 2003. Allgemein zum Kyoto-Protokoll und zur Klimarahmenkonvention vgl. Heinrichs, Ralf, *Die Implementierung der Kyoto-Mechanismen und die Analyse der Verhand-lungsstrategien der Vertragsstaaten der Klimarahmenkonvention*, Frankfurt am Main u.a. 2001; aus politologischer Sicht eine Aufsatzsammlung bei Oberthür, Sebastian / Ott, Hermann E. (Hrsg.), *The Kyoto Protocol. International Climate Policy for the 21st Century*, Berlin u.a. 1999; sowie Schröder, Heike, *Negotiating the Kyoto Protocol. An Analysis of Negotiation Dynamics in International Negotiations*, Mün-ster u.a. 2001.

62 *Soft law*, d.h. ‚weiches Völkerrecht' bezeichnet international außerrechtliche Normen. Hierzu zählen etwa alle Resolutionen der UN-Generalversammlung unabhängig von ihrer Bezeichnung. Allgemein zum Begriff des *soft law* vgl. Kimminich, Otto / Hobe, Stephan, *Einführung in das Völkerrecht*, Tübingen/Basel 2000, S. 192 ff.; zum Begriff des *soft law* im Umweltvölkerrecht vgl. Beyerlin, Ulrich, *Umweltvölkerrecht*, München 2000, S. 64 ff., Rz. 134 ff.

63 Besonders im vergifteten politischen Klima im Nahen Osten darf es als bedeutender Fortschritt gewertet werden, wenn die regionalen Staaten zu einer Vertragsgemeinschaft integriert würden. Ausführlich zu Interessenskollision und Konfliktpotential im Nahen Osten siehe unten, Kapitel 2, Punkt „Interessen- und Konfliktlage im Jordanbecken".

64 Vgl. Beyerlin, Ulrich, *Umweltvölkerrecht*, München 2000, S. 41, Rz. 88 ff.

lung des gesamten Problemkomplexes abwarten müssen.

Der *piecemeal approach* empfiehlt sich demnach für Situationen, in denen der Problemkomplex zu umfassend ist oder Teilaspekte nach allgemeiner Überzeugung einer dringenden Lösung bedürfen. Die Staaten können mit dieser Regelungsstrategie das komplexe Paket aufzuschnüren, Einzelprobleme herausgreifen, isoliert aushandeln und vertraglich beilegen.[65]

---

65 Beispiele hierzu aus der umweltvölkerrechtlichen Vertragspraxis liefert Beyerlin, Ulrich, *Umweltvölkerrecht*, München 2000, S. 40 f., Rz. 86 ff.

2. Internationales Wasserrecht

Nach dieser einführenden Begriffserklärung richtet sich der Blick auf international-rechtliche Regeln über die Nutzung von Wasser. Das Völkerrecht stellt für verschiedene Bereiche der Wassernutzung einen umfassenden Normenkatalog auf. Aus diesem ist für die vorliegende Untersuchung das Internationale Wasserrecht relevant. Der Begriff Internationales Wasserrecht umfasst die Gesamtheit derjenigen Völkerrechtsnormen, die sich auf die Nutzung internationaler fließender oder stehender Binnengewässer beziehen. Die Nutzung kann hierbei in Form von Verbrauch oder Gebrauch auftreten.[66]

Das Internationale Wasserrecht wird als besonderer Teil des allgemeinen Umweltvölkerrechts betrachtet.[67] Hier gilt es jedoch anzumerken, dass das Internationale Wasserrecht älter ist als das Umweltvölkerrecht. Bereits seit langer Zeit veranlasst die Nutzung grenzüberschreitender Wasservorkommen Anrainerstaaten zu Kooperation und vertraglichen Regelungen. Einzelne Abkommen auf subregionaler und regionaler Ebene, Schiedssprüche und Gerichtsurteile aus dem wasserrechtlichen und nachbarrechtlichen Bereich schufen sukzessiv ein Geflecht aus gewohnheitsrechtlichen Prinzipien, die sich als Wegbereiter des allgemeinen Umweltvölkerrechts erwiesen. So gilt das Internationale Wasserrecht bis *dato* als „eine der am dichtesten geregelten Materien des Umweltvölkerrechts“.[68] Für den Bereich bzw. für Teilbereiche des Umweltvölkerrechts wurden Gewohnheitsrechtssätze des internationalen Wasser- und Nach-

---

[66] Nicht unter den Bereich des Internationalen Wasserrechts fallen etwa Völkerrechtsnormen betreffend den Verlauf von Staatsgrenzen in Grenzgewässern und Normen über das räumliche Geltungsgebiet der internationalen Privat- und Verwaltungsrechtsordnungen betreffend Handlungen im und am staatlichen Wassereinzugsgebiet. Vgl. Schiedermair, H. / Rest, A., *Internationales Wasserrecht*, in: Erich Schmidt Verlag (Hrsg.), *Handwörterbuch des Umweltrechts*, Datenbank: HDUR, Dokumentennummer: 00131, im Internet mit Zugangsberechtigung unter: http://www.genios.de, GENIOS Web-Search: HDUR (40519/3358), Punkt I. Begriff.

[67] Grundlegend zum Umweltvölkerrecht vgl. Kimminich, Otto, *Umweltvölkerrecht*, in: Erich Schmidt Verlag (Hrsg.), *Handwörterbuch des Umweltrechts*, Datenbank: HDUR, Dokumentennummer: 00275, im Internet mit Zugangsberechtigung unter: http://www.genios.de, GENIOS Web-Search: HDUR (40307/3358).

[68] Beyerlin, Ulrich, *Umweltvölkerrecht*, München 2000, S. 84, Rz. 173.

barrechts herangezogen und übertragen.[69]

Innerhalb des Internationalen Wasserrechts richtet sich das Augenmerk dieser Untersuchung speziell auf den Bereich der nicht-navigatorischen Nutzung internationaler Süßwasserressourcen. Der materielle Normenbestand speist sich hierbei aus allen im Statut des Internationalen Gerichtshofs zusammengefassten Quellen des Völkerrechts: aus dem Gewohnheitsrecht, dem Vertragsrecht und, sofern diese Lücken offen lassen, auch aus allgemeinen Rechtsgrundsätzen.[70]

2.1. Gewohnheitsrecht

Internationales Gewohnheitsrecht ist „Ausdruck einer allgemeinen, als Recht anerkannten Übung",[71] demnach eine formelle Völkerrechtsquelle. Die Herausbildung von Völkergewohnheitsrecht setzt eine allgemeine Staatenübung (*consuetudo*) über einen bestimmten Zeitraum voraus (objektives Element), die zusätzlich von der klaren Rechtsüberzeugung der Staaten (*opinio iuris sive necessitatis*) getragen werden muss (subjektives Element).[72] Als gewohnheitsrechtlich anerkannt sind im Internationalen Wasserrecht folgende Grundsätze: das Prinzip der beschränkten territorialen Souveränität und Integrität, das Verbot erheblicher grenzüberschreitender Umweltbeeinträchtigungen, Pflichten zu Information und Warnung sowie das Prinzip der gerechten und ange-messenen Nutzung.

---

69 Eine Prägung in entgegengesetzter Richtung, also von Teilbereichen des Umweltvölkerrechts auf das Internationale Wasserrecht, ist für die Folgezeit ebenfalls festgestellt worden. Die grundsätzliche Übertragbarkeit von umweltvölkerrechtlichen Gewohnheitsrechtssätzen diskutiert Reimann, Markus, *Die nicht-navigatorische Nutzung internationaler Süßwasserressourcen im Umweltvölkerrecht*, Frankfurt am Main u.a. 1999, S. 53 ff.

70 Vgl. Art. 38 Abs. 1 *Statute of the International Court of Justice*, (IGH-Statut), im Internet unter:
http://www.icj-cij.org/icjwww/ibasicdocuments/ibasictext/ibasicstatute.htm.

71 Art. 38 Abs. 1 b) IGH-Statut.

72 Zu Divergenzen in der Völkerrechtslehre bei der Auslegung dieser beiden Entstehungsvoraussetzungen vgl. Beyerlin, Ulrich, *Umweltvölkerrecht*, München 2000, S. 52 ff., Rz. 108 ff.

2.1.1. Territoriale Souveränität und Integrität als Ausgangspunkt

Ausgangspunkt im Völkerrecht ist immer noch die grundsätzliche Souveränität von Staaten, auch wenn sich die zwischenstaatliche Interdependenz intensiviert. Allerdings müssen Staaten ihre territoriale Souveränität innerhalb der Grenzen des geltenden Völkerrechts ausüben.[73] Das Prinzip der territorialen Souveränität steht in wechselseitiger Beziehung mit dem Prinzip der territorialen Integrität. Denn mit territorialer Souveränität sichert ein Staat seine territoriale Integrität. Schützt ein Staat seine territoriale Integrität, so sichert er auch seine territoriale Souveränität. Ursache für internationale Wassernutzungskonflikte ist nun wiederholt der Anspruch von Anliegerstaaten auf absolute territoriale Souveränität und auf absolute territoriale Integrität. Werden diese beiden Prinzipien absolut gesetzt, geraten sie in Widerspruch zueinander.[74]

Absolute territoriale Souveränität

Beruft sich ein Oberlieger eines quergeteilten Flusses beispielsweise auf eine absolut gesetzte territoriale Souveränität, hätte er uneingeschränktes Verfügungsrecht über den Fluss, sofern sich beide Ufer auf seinem Gebiet befinden. Sein unbegrenztes Verfügungsrecht könnte er ohne Rücksicht auf die Interessen eines Unterliegers ausüben. Exzessive Wasserentnahmen oder ungehinderte Schadstoffeinleitung sind denkbare Ausprägungen von absolutem Verfügungsrecht.[75]

Das Absolutsetzen von staatlicher Souveränität, die sogenannte Harmon-Doktrin, geht auf ein Gutachten aus dem Jahr 1895 zum Rechtsstreit zwischen den USA und Mexiko über die Wassernutzung am Rio Grande

---

73 Ausführlich zur Begründung und Reichweite territorialer Souveränitätsrechte über die Umwelt vgl. Odendahl, Kerstin, *Die Umweltpflichtigkeit der Souveränität. Reichweite und Schranken territorialer Souveränitätsrechte über die Umwelt und die Notwendigkeit eines veränderten Verständnisses staatlicher Souveränität*, Berlin 1998, S. 26 ff.

74 Vgl. Epiney, Astrid, *Nachbarrechtliche Pflichten im internationalen Wasserrecht und Implikationen von Drittstaaten*, in: ArchVR, Bd. 39, Nr. 1 / 2001, S. 8 f.

75 Wie wir unten sehen werden, kommt Israels Wasserpolitik im Jordanbecken einem absoluten Souveränitätsdenken ähnlich. Siehe Kapitel 2, Punkt „Interessen- und Konfliktlage im Jordanbecken".

zurück. Judson Harmon, *Attorney General*, vertrat hier die Position, „The fundamental principle of international law is the absolute sovereignty of every nation, as against all others, within its own territory“.[76] Mit heute geltendem Völkerrecht stimmt die Harmon-Doktrin allerdings nicht überein und sie hat wohl auch in der Vergangenheit nie damit übereingestimmt.[77]

Absolute territoriale Integrität

Beansprucht ein Oberliegerstaat absolute territoriale Souveränität, so ist im Gegenzug möglich, dass ein Unterlieger absolute territoriale Integrität fordert. Diese Forderung wird flagrant, wenn sich beispielsweise Wassernutzungen von Oberliegern an einem internationalen Flusslauf bis auf den Unterlieger auswirken. Denkbar sind eine schädlich geringere Wasserführung des Flusses oder Schäden an der Umwelt auf dem Hoheitsgebiet des Unterliegers.

Der Unterlieger wird die Folgen der Oberliegernutzung vermutlich als Eingriff in seine territoriale Integrität empfinden. Unter Berufung auf eine absolut gesetzte territoriale Integrität könnte der Unterlieger für sich das Recht erheben, dass die Oberliegernutzung keinerlei Einwirkungen auf sein Hoheitsgebiet haben darf. Absolutsetzen von territorialer Integrität impliziert demnach die Forderung nach gänzlicher Unversehrtheit des Staatsterritoriums von externen Einflüssen oder Eingriffen.[78]

2.1.2. Prinzip der beschränkten territorialen Souveränität und Integrität

Nachbarliche Wassernutzungsdifferenzen sind freilich nicht zu lösen, indem Staaten auf den absoluten Extrempositionen beharren: der uneingeschränkten territorialen Souveränität und der uneingeschränkten terri-

---

76 Zitiert nach Reimann, Markus, *Die nicht-navigatorische Nutzung internationaler Süßwasserressourcen im Umweltvölkerrecht*, Frankfurt am Main u.a. 1999, S. 26.

77 Vgl. Epiney, Astrid, *Nachbarrechtliche Pflichten im internationalen Wasserrecht und Implikationen von Drittstaaten*, in: ArchVR, Bd. 39, Nr. 1 / 2001, S. 9.

78 Vgl. Seidl-Hohenveldern, Ignaz, *Völkerrecht*, 9., neubearbeitete Auflage, Köln u.a. 1997, S. 323 ff., Rz. 1519 ff.

torialen Integrität. Denn gemäß dem Prinzip der Reziprozität stünde bei Berufung auf die Harmon-Doktrin jedem Anliegerstaat eines internationalen Flussbeckens ein absolutes Wassernutzungsrecht zu. Beutet ein Staat diejenigen Wasserressourcen eines internationalen Flusssystems, die sich auf seinem Territorium befinden, in Ausübung einer absoluten territorialen Souveränität ohne Rücksicht auf Unterliegerinteressen aus, so darf er als möglicherweise Unterlieger im Verhältnis zu einem anderen Staat wiederum auch keine Rücksichtnahme von diesem auf seine eigene territoriale Integrität reklamieren.[79]

In der Zwischenzeit ist der individualistische Ansatz der Harmon-Doktrin vom ausgehenden 19. Jahrhundert dem Koexistenzgedanken im modernen Völkerrecht gewichen. Im Zeichen der zunehmenden Verflechtung und Interdependenz der zwischenstaatlichen Beziehungen ist die Harmon-Doktrin obsolet und nicht mehr haltbar. Vielmehr gilt im Internationalen Wasserrecht heute das gewohnheitsrechtliche Prinzip der beschränkten territorialen Souveränität und der beschränkten territorialen Integrität. Einerseits ist territoriale Souveränität auf eine Weise auszuüben, die einen Ausgleich nachbarlicher Interessen zulässt. Andererseits darf territoriale Integrität nicht so weit reichen, dass sie gegenüber allen geplanten wasserbezogenen Maßnahmen des Nachbarn quasi ein Vetorecht einräumt.[80]

2.1.3. Verbot erheblicher grenzüberschreitender Umweltbeeinträchtigungen

Vor dem Hintergrund der beschränkten territorialen Souveränität und Integrität herrscht in Praxis und Lehre der übergreifende Konsens, dass erhebliche grenzüberschreitende Umweltbeeinträchtigungen völkergewohnheitsrechtlich verboten sind (*obligation not to cause significant harm*).

---

[79] Vgl. Berber, Friedrich, *Rivers in International Law*, London / New York 1959, S. 13 f. Wie wir unten sehen werden – Kapitel 2, Punkt „Wassersystem im Jordanbecken" – ist zum Beispiel Israel am Jordan erst Unter- und später Oberlieger.

[80] Vgl. Reimann, Markus, *Die nicht-navigatorische Nutzung internationaler Süßwasserressourcen im Umweltvölkerrecht*, Frankfurt am Main u.a. 1999, S. 26 ff.

> „Watercourse States shall, in utilizing an international watercourse in their territories, take all appropriate measures to prevent the causing of significant harm to other watercourse States." [81]

Das Verbot der erheblichen grenzüberschreitenden Umweltbeeinträchtigungen findet sich in verschiedenen wasserrechtlichen Verträgen: in den *Helsinki Rules* der *International Law Association* von 1966,[82] in den Deklarationen von Stockholm 1972 und Rio de Janeiro 1992 [83] sowie in der zitierten UN-Wasserkonvention von 1997.[84] In seiner jüngeren Rechtssprechungspraxis bestätigt auch der Internationale Gerichtshof das grenzüberschreitende Umweltbeeinträchtigungsverbot als Bestandteil des Umweltvölkerrechts:

> „The existence of the general obligation of States to ensure that activities within their jurisdiction and control respect the environment of other States or of areas beyond national control is now part of the corpus of international law relating to the environment".[85]

---

81 Art. 7 Abs. 1 *Convention on the Law of the Non-navigational Uses of International Watercourses*, (UN-Wasserkonvention), 8. Juli 1997, Annex zu GA-Res. 51/229, abgedruckt in: ILM, 36 (1997), S. 700-720, im Internet unter: http://www.un.org/ga/documents/gares51/ga51-229.htm.

82 *Helsinki Rules on the Uses of the Waters of International Rivers*, August 1966, abgedruckt in: BGBl. 1994 II, S. 2334, und in: International Law Association, *Report of the 56th Conference*, Helsinki 1980, im Internet unter: http://www.water-2001.de/documents/legal.asp.

83 Wenngleich die Deklarationen von Stockholm 1972 und von Rio de Janeiro 1992 *soft-law*-Instrumente sind und somit keine unmittelbare völkerrechtliche Bindungswirkung entfalten, leisteten sie doch einen ergiebigen Beitrag zur Weiterentwicklung des Völkerrechts und der zwischenstaatlichen Kooperation. Die Deklarationen sind abgedruckt in: ILM 11 (1972), 1416 bzw. ILM 31 (1992), 874 und aus umweltvölkerrechtlicher Sicht behandelt in: Beyerlin, Ulrich, *Umweltvölkerrecht*, München 2000, §§ 3 und 4, S. 10 ff.

84 Vgl. Art. 10 der *Helsinki Rules* von 1966, Grundsatz 21 der Stockholm-Deklaration von 1972, Grundsatz 2 der Rio-Deklaration von 1992, Art. 7 der UN-Wasserkonvention von 1997.

85 In seinem Urteil von 1997 bezüglich des Rechtsstreits zwischen Ungarn und der Slowakei wegen des Staudammprojekts Gabcìcovo-Nagymaros zitiert der IGH nochmals diese Passage aus seinem früheren Gutachten *Legality of the Threat or Use of Nuclear Weapons*, Advisory Opinion, ICJ Reports 1996, 226 (241 f.), im Internet unter: http://www.icj-cij.org/icjwww/idocket/ihs/ihsjudgement/ihs_ijudgment_970925.html.

Das Verbot umfasst nicht nur aktives Ergreifen, sondern ebenso passives Gewähren umweltschädigender Maßnahmen durch einen Staat. Die Schutzwirkung ist repressiv wie auch präventiv. Sie entfaltet sich nicht nur gegenüber dem unmittelbaren Nachbarstaat, sondern gegenüber allen tatsächlichen oder potentiellen Opferstaaten der Wassernutzung des Ursprungsstaats.[86]

Eingeschränkt ist der Wirkungsumfang dieses Verbots, indem die Umweltbeeinträchtigung erheblich (*significant*) ausfallen muss. Verursacht eine Wassernutzung lediglich unerhebliche Beeinträchtigungen der Umwelt jenseits der Grenzen des Ursprungsstaats, so kann der Opferstaat die Unterlassung dieser Art Wassernutzung unter Berufung auf seine Umweltintegritätsinteressen nicht einfordern.

Probleme bereitet jedoch bislang die konkrete Definition des Begriffes ‚erheblich' sowie die Frage, wer die Erheblichkeit festzustellen hat. Hat sich die nachbarliche Konfliktdimension erst einmal soweit ausgewachsen, dass eine einvernehmliche Lösung nicht herbeigeführt werden kann, ist eine neutrale Institution heranzuziehen. Besteht bereits ein vertragliches Verhältnis zwischen Ursprungs- und Opferstaat, ist als eine derartige neutrale Institution zum Beispiel eine vertraglich errichtete gemeinsame Wasserkommission denkbar.[87] Sie ist geeignet, die Frage der Erheblichkeit einer Umweltbeeinträchtigung zu klären. Insgesamt gilt wohl, für eine befriedigendere Auslegung dieses abstrakten Verbots die internationale Judikatur abzuwarten.[88]

2.1.4. Informations- und Warnpflichten

Plant ein Staat nun Maßnahmen zur Wassernutzung, die möglicherweise schädigende Auswirkungen auf einen Nachbarstaat haben, so hat er diesen rechtzeitig und substantiell über seine Maßnahmen und die poten-

---

86 Vgl. Beyerlin, Ulrich, *Umweltvölkerrecht*, München 2000, S. 54 ff., Rz. 116 ff.

87 Zu Wasserkommissionen in internationalen Regimen mit verschiedenen Beispielen aus der umweltvölkerrechtlichen Vertragspraxis siehe unten, Kapitel 1, Punkt „Wasserrechtliche Regime für bestimmte Flussläufe", Unterpunkte „Überblick" und „Merkmale".

88 Vgl. Reimann, Markus, *Die nicht-navigatorische Nutzung internationaler Süßwasserressourcen im Umweltvölkerrecht*, Frankfurt am Main u.a. 1999, S. 63 ff.

tiellen Konsequenzen zu informieren (*general obligation to cooperate*).[89]

> „watercourse States shall on a regular basis exchange readily available data and information on the condition of the watercourse, in particular that of a hydrological, meteorological, hydrogeological and ecological nature and related to the water quality as well as related forecasts." [90]

Wird ein Nachbarstaat bereits in der Planungsphase vom Ursprungsstaat über mögliche Umweltbelastungen auf seinem Hoheitsgebiet in Kenntnis gesetzt, kann er als potentieller Opferstaat seinen Standpunkt zu dem Projekt äußern. Dieser wiederum ist vom Ursprungsstaat in das weitere Procedere des Wasserprojekts einzubeziehen. Der Ursprungsstaat muss auch einwilligen, wenn sich der Opferstaat in seiner Stellungnahme für Konsultationen ausspricht, die zu einer einvernehmlichen Lösung führen sollen.[91]

Als eine solche einvernehmliche Lösung ist etwa denkbar, die grenzüberschreitenden Umweltbeeinträchtigungen unter der Erheblichkeitsschwelle zu halten oder sie gänzlich zu vermeiden. Gegenseitige Informations- und Konsultationspflichten gelten inzwischen für den westeuropäischen Raum als völkergewohnheitsrechtlich anerkannt.[92] Die gegenwärtige Vertragspraxis überblickend, lässt sich feststellen, dass in allen bestehenden Regimen – wenn auch nur in bestimmten Bereichen – eine Pflicht zur Kooperation enthalten ist.[93]

Wie weit reichen nun diese Pflichten? Neben der geschilderten Informations- und Warnpflicht in der Planungsphase eines Wasserprojekts sieht

---

89 Vgl. aaO, S. 73 ff.

90 Art. 9 Abs. 1 der UN-Wasserkonvention von 1997.

91 Informationspflichten finden sich beispielsweise in wasserrechtlichen Abkommen zwischen den USA und Mexiko, zwischen den USA und Kanada sowie zwischen Deutschland und den Niederlanden. Vgl. Reimann, Markus, *Die nicht-navigatorische Nutzung internationaler Süßwasserressourcen im Umweltvölkerrecht*, Frankfurt am Main u.a. 1999, S. 73 ff.; Beyerlin, Ulrich, *Umweltvölkerrecht*, München 2000, S. 57 f., Rz. 122 f.

92 Vgl. Beyerlin, Ulrich, *Umweltvölkerrecht*, München 2000, S. 57 f., Rz. 122 f.

93 Ausführlich zur rechtlichen Einordnung und zum materiellen Regelungsgehalt der *general obligation to cooperate* vgl. Reimann, Markus, *Die nicht-navigatorische Nutzung internationaler Süßwasserressourcen im Umweltvölkerrecht*, Frankfurt am Main u.a. 1999, S. 53 und S. 219 ff.

das Internationale Wasserrecht ebenso regelmäßigen wasserbezogenen Datenaustausch und gemeinsame Datenerhebung vor (*regular exchange of data and information*) sowie Information und Warnung bei bereits eingetretener Beeinträchtigung des Nachbarn. Die konkrete Reichweite der prozeduralen Verhaltenspflichten ist bisher nur durch eine denkbare Ober- und Untergrenze abzustecken.

Die Obergrenze bilden Informationen, zu deren Weitergabe keine Verpflichtung bestehen kann, etwa wirtschaftliche, industrielle oder gar sicherheitspolitische Geheimnisse. Als Untergrenze gilt das unverzügliche Warnen und Informieren von potentiellen Opferstaaten über eine mögliche oder bevorstehende Umweltbeeinträchtigung auf deren Territorium infolge der Nutzung gemeinsamer Wasserressourcen durch den Ursprungsstaat. Der Opferstaat soll somit noch rechtzeitig das Eintreten eines erheblichen Schadens verhindern können.[94]

2.1.5. Prinzip der gerechten und angemessenen Nutzung

Von essentieller Bedeutung für das Internationale Wasserrecht ist das gewohnheitsrechtliche Prinzip der gerechten und angemessenen Nutzung der Wasserressourcen eines internationalen Flussbeckens (*equitable and reasonable utilization and participation*).

> „Watercourse States shall in their respective territories utilize an international watercourse in an equitable and reasonable manner. In particular, an international watercourse shall be used and developed by watercourse States with a view to attaining optimal and sustainable utilization thereof and benefits therefrom, taking into account the interests of the watercourse States concerned, consistent with adequate protection of the watercourse." [95]

Neben den *Helsinki Rules* von 1966 und der UN-Wasserkonvention von 1997 bestätigt auch die jüngere Rechtsprechung des IGH das „basic right to an equitable and reasonable sharing of the resources of an international watercourse" im Urteil von 1997 zum ungarisch-slovakischen Rechts-

---

[94] Informations- und Warnpflichten behandelt eingehend Wouters, Patricia (Hrsg.), *International Water Law. Selected Writings of Professor Charles B. Bourne*, London 1997, S. 143-175.

[95] Art. 5 Abs. 1 der UN-Wasserkonvention von 1997.

streit über das Staudammprojekt Gabcíkovo-Nagymaros.[96]

Gemäß diesem Grundsatz sind die Rechte eines jeden Anliegerstaats eines internationalen Flussbeckens als gleichwertig und im Verhältnis zu den anderen Anliegerstaaten zu behandeln. Dies bedeutet wiederum nicht, dass jeder Anlieger identische Anteile an der Wasserführung des grenzüberschreitenden Flusslaufs beanspruchen kann. Vielmehr fordert das Prinzip der gerechten und angemessenen Nutzung von Nachbarstaaten, ihre individuellen Bedürfnisse gegeneinander abzuwägen. Logischerweise kann dies zu unterschiedlichen Wassermengen je Anlieger führen. Gleichwohl wird bei dieser Herangehensweise der Nutzen für den einen und der Schaden für den anderen Nachbarn weitestgehend ausbalanciert.[97]

Auf welche Faktoren wird bei der Kalkulation der gerechten Anteile von Nachbarstaaten an der Wasserführung eines internationalen Flussbeckens nun konkret abgestellt? In der UN-Wasserkonvention von 1997 sind eine Reihe sozialer und wirtschaftlicher Anhaltspunkte aufgelistet: [98]

> „(a) Geographic, hydrographic, hydrological, climatic, ecological and other factors of a natural character;
> (b) The social and economic needs of the watercourse States concerned;
> (c) The population dependent on the watercourse in each watercourse State;
> (d) The effects of the use or uses of the watercourses in one watercourse State on other watercourse States;
> (e) Existing and potential uses of the watercourse;

---

96 *Case Concerning the Gabcíkovo-Nagymaros Project (Hungary/Slovakia)*, 25. September 1997, abgedruckt in: International Court of Justice, General List No. 92, ICJ Reports 1997, 7, im Internet unter: http://www.icj-cij.org/icjwww/idocket/ihs/ihsjudgement/ihs_ijudgment_970925.html Vgl. auch *Treaty Between the Hungarian People's Republic and the Czechoslovak Socialist Republic Concerning the Construction and Operation of the Gabcíkovo-Nagymaros System of Locks*, (*Gabcíkovo-Nagymaros*-Vertrag von 1977), 16. September 1977, abgedruckt in: 1109 U.N.T.S. 168, im Internet unter: http://www.gabcikovo.gov.sk/doc/it1977en.

97 Diese Auslegung findet sich bereits im Kommentar der *International Law Association* zu Art. 4 der *Helsinki Rules* von 1966, abgedruckt in: ILA Rep. 1966, S. 487.

98 Auch Art. 5 der *Helsinki Rules* von 1966 listet eine Reihe ähnlicher Kriterien zur Bestimmung der Wasseranteile auf.

(f) Conservation, protection, development and economy of use of the water resources of the watercourse and the costs of measures taken to that effect;
(g) The availability of alternatives, of comparable value, to a particular planned or existing use." [99]

Auf den ersten Blick mag dieser Katalog der UN-Wasserkonvention erschöpfend anmuten. Dennoch ist ihm die vorsichtige Formulierung vorangestellt, dass zur Ermittlung der gerechten und angemessenen Wasseranteile sämtliche „relevant factors and circumstances" zu berücksichtigen sind, einschließlich der zitierten.[100] Die Auflistung beansprucht demnach nicht, vollständig zu sein, sondern ist offen für die Einbeziehung regionaler Spezifika, die für die Wasserverteilung in einer bestimmten Region relevant sind.

Haben Anlieger die gerechten und angemessenen Mengenanteile am gemeinsamen Wasserlauf berechnet und verbrieft, ist jede darüber hinaus gehende Wasserentnahme völkerrechtswidrig. Eine Überschreitung festzustellen, bereitet indes Probleme. Einen weiteren Gefahrenpunkt birgt die kooperative Natur des Prinzips der *equitable utilization*, die die Zuteilung der einzelnen Wassernutzungsrechte der Aushandlung unter den Anrainern in die Hand legt. Denn politisch und wirtschaftlich einflussreicheren Staaten gelingt es freilich leichter, ihre nationalen Interessen – möglicherweise zu Lasten schwächerer Nachbarn – zu realisieren.[101]

2.2. Vertragsrecht

Aufgrund ihrer abstrakten Natur und ungenügenden Dichte sind gewohnheitsrechtliche Regeln inhaltlich oft ergänzend auszugestalten und zu konkretisieren. Vor dem Hintergrund der bislang geringen internationalen Judikatur im Bereich des Umweltvölkerrechts kommt diese Konkretisierungsfunktion vornehmlich nachfolgenden Verträgen zu. Hierbei besteht

---

99 Art. 6 Abs. 1 der UN-Wasserkonvention von 1997.

100 Art. 6 Abs. 1 der UN-Wasserkonvention von 1997.

101 Diese und weitere Probleme des Prinzips der *equitable utilization* sind ausführlich diskutiert bei Reimann, Markus, *Die nicht-navigatorische Nutzung internationaler Süßwasserressourcen im Umweltvölkerrecht*, Frankfurt am Main u.a. 1999, S. 67 ff.

eine fruchtbare Korrelation zwischen Völkergewohnheitsrecht und Völkervertragsrecht. Als „normative Leitlinie“ fungiert Völkergewohnheitsrecht beim Aushandeln internationaler Wasserverträge; diese wiederum können neues Völkergewohnheitsrecht hervorbringen,[102] sofern die oben genannten Voraussetzungen erfüllt sind (*consuetudo* und *opinio iuris*).[103] Bezüglich des Regelungspotentials ist dem Völkergewohnheits-recht – und auch den unten noch angeführten allgemeinen Rechtsgrundsätzen – das Völkervertragsrecht „deutlich überlegen“.[104] Hier finden sich die meisten Normen in Bezug auf die internationale Wassernutzung.

Mit dem 20. Jahrhundert vollzog sich ein struktureller Wandel bei internationalen Wasserabkommen. Dominierte bisher der navigatorische Nutzungsbereich, so wird im 20. Jahrhundert zunehmend auch die nicht-navigatorische Nutzung zum Gegenstand von völkervertraglichen Regelungen. Inzwischen zeichnet sich ein weiterer Wandel in der gegenwärtigen Vertragspraxis ab. Primäres Anliegen von Wasserabkommen ist eigentlich die Nutzung des Umweltmediums. Vermehrt tragen die Vertragsstaaten aber auch der Interdependenz von Ressourcennutzung und Ressourcenschutz im ökologischen Sinne Rechnung.[105]

In hoher Zahl finden sich mittlerweile zwischenstaatliche nicht-navigatorische Wassernutzungsregelungen, sei es als Einzelbestimmungen in umfangreicheren internationalen Vertragswerken [106] oder als spezifisch

---

[102] Für einen Nachweis, dass Verträge neues Völkergewohnheitsrecht hervorgebracht haben, ist allerdings die erforderliche Zahl der Verträge und Vertragsstaaten sowie die notwendige Dauer der allgemeinen Vertragspraxis unklar. Vgl. Beyerlin, Ulrich, *Umweltvölkerrecht*, München 2000, S. 50 ff., Rz. 105 ff.

[103] Ausführlich zur Entstehung von Völkergewohnheitsrecht siehe oben, Kapitel 1, Punkt „Gewohnheitsrecht“.

[104] Beyerlin, Ulrich, *Umweltvölkerrecht*, München 2000, S. 37, Rz. 77.

[105] Vgl. aaO, S. 85, Rz. 175. Für einen Überblick über die historische Entwicklung völkervertraglich geregelter Wassernutzung vgl. Reimann, Markus, *Die nicht-navigatorische Nutzung internationaler Süßwasserressourcen im Umweltvölkerrecht*, Frankfurt am Main u.a. 1999, S. 31 ff.

[106] Das ist beispielsweise der Fall beim israelisch-jordanischen Friedensvertrag von 1994. Ausführlich hierzu siehe unten, Kapitel 2, Punkt „Israelisch-jordanischer Friedensvertrag von 1994“.

wasserrechtliche Abkommen.[107] Sie regeln einzelne Arten der Wassernutzung, beispielsweise die konsumtive, oder die Nutzung eines internationalen Binnengewässers im Gesamten. Wasserrechtliche Verträge lassen sich in allgemeine Rahmenabkommen einerseits und in Regime für bestimmte Flussläufe andererseits untergliedern.

2.2.1. Wasserrechtliche Rahmenverträge

Bezüglich der wasserrechtlichen Rahmenabkommen liegt im Folgenden die Konzentration auf der UN-Wasserkonvention von 1997 und dem in Europa abgeschlossenen Übereinkommen zum Schutz und zur Nutzung grenzüberschreitender Wasserläufe und internationaler Seen von 1992 (ECE-Übereinkommen).[108] Denn bei diesen beiden handelt es sich um die jüngsten Rahmenvertragswerke zur internationalen Wassernutzung.[109]

2.2.1.1. UN-Wasserkonvention von 1997

Über Jahrzehnte hat sich die *International Law Commission* der Vereinten Nationen bemüht, Nutzungsrechte und Umweltschutz von internationalen Wasserläufen zu kodifizieren.[110] Anknüpfungspunkt waren hierbei

---

[107] Zum Beispiel das jordanisch-syrische Abkommen über die Wassernutzung am Yarmuk von 1953 (*Yarmuk Waters Agreement*). Ausführlich hierzu siehe unten, Kapitel 2, Punkt „Jordanisch-syrische Abkommen seit 1953".

[108] *Convention on the Protection and Use of Transboundary Watercourses and International Lakes*, 17. März 1992, abgedruckt in: BGBl. 1994 II, 2334, und in: ILM 31 (1992), 1312.

[109] Vgl. Reimann, Markus, *Die nicht-navigatorische Nutzung internationaler Süßwasserressourcen im Umweltvölkerrecht*, Frankfurt am Main u.a. 1999, S. 102.

[110] Die Generalversammlung der Vereinten Nationen hat die *International Law Commission* (*ILC*) 1947 gegründet und ihr den Auftrag gegeben, „to promote the progressive development of international law and its codification" (zitiert aus: http://www.un.org/law/ilc/introfra.htm). Konkret äußert sich der Kommissionsauftrag, Völkerrecht weiter zu entwickeln und zu kodifizieren, in der Vorbereitung von Entwürfen zu Völkerrechtsdokumenten. Einmal jährlich tagen die 34 *ILC*-Mitglieder, die auf fünf Jahre von der UN-Generalversammlung gewählt sind. Sie handeln nach ihrem persönlichen Vermögen und nicht im Interesse oder als Repräsentanten ihrer nationalen Regierungen. Weitere Informationen zur *ILC* auf ihren Websites im Internet unter http://www.un.org/law/ilc, zitiert am: 20. April 2003.

unter anderem die *Helsinki Rules on the Uses of the Waters of International Rivers* von 1966,[111] ausgearbeitet von der privatrechtlichen Vereinigung *International Law Association.*[112] Obwohl die *Helsinki Rules* rechtlich unverbindliche Empfehlungen der *International Law Association* sind, bildeten sie ein bedeutendes Fundament für weitergehende Wassernutzungsdiskussionen.[113]

Resultat der Kodifikationsbemühungen der *International Law Commission* im wasserrechtlichen Bereich ist die *Convention on the Law of the Non-navigational Uses of International Watercourses* von 1997.[114] Die UN-Generalversammlung verabschiedete sie als Annex zur Resolution 51/229 mit 103 Ja-Stimmen bei 27 Enthaltungen und 3 Gegenstimmen.

Drei Jahre, von Mai 1997 bis Mai 2000, stand die Wasserkonvention zur Unterzeichnung offen. Für ihr Inkrafttreten waren 35 Ratifikationsurkunden erforderlich. Bis August 1999 und somit gut 2 Jahre nach Verabschiedung der UN-Wasserkonvention hatten erst 12 Staaten die Konven-

---

111 *Helsinki Rules on the Uses of the Waters of International Rivers,* (*Helsinki-Rules*), August 1966, abgedruckt in: BGBl. 1994 II, S. 2334, und in: International Law Association, *Report of the 56th Conference*, Helsinki 1980, sowie im Internet unter: http://www.water-2001.de/documents/legal.asp

112 Die *International Law Association* (*ILA*), gegründet 1873 in Brüssel, ist eine Nichtregierungsorganisation (NGO) mit Beraterstatus in einigen Unterorganisationen der Vereinten Nationen. Gemäß ihrer Satzung sind ihre Ziele „study, elucidation and advancement of international law, public and private, the study of comparative law, the making of proposals for the solution of conflicts of law and for the unification of law, and the furthering of international understanding and goodwill" (http://www.ila-hq.org/html/layout_ about.htm). Weitere Informationen zur *ILA* auf ihren Websites im Internet unter: http://www.ila-hq.org, zitiert am: 20 April 2003.

113 Die Helsinki-Regeln, eine subsidiäre Völkerrechtsquelle, wurden zu echtem Völkervertragsrecht beispielsweise durch den israelisch-jordanischen Friedensvertrag von 1994, in dem sie als Fundament für die vereinbarte Kooperation in Wasserangelegenheiten dienten. *Friedensvertrag zwischen dem Staat Israel und dem Haschemitischen Königreich von Jordanien*, 26. Oktober 1994, abgedruckt in: International Legal Materials, V. 34, 1995, im Internet unter: http://www.mfa.gov.il/mfa/go.asp?MFAH00pa0.

114 *Convention on the Law of the Non-navigational Uses of International Watercourses*, (UN-Wasserkonvention), 8. Juli 1997, Annex zu GA-Res. 51/229, abgedruckt in: ILM 36 (1997), S. 700-720, im Internet unter:

http://www.un.org/ga/documents/gares51/ga51-229.htm.

tion unterzeichnet und lediglich 6 Staaten Ratifikationsurkunden hinterlegt.[115] Die Unterzeichnungsfrist ist inzwischen abgelaufen. 16 Staaten haben die UN-Wasserkonvention unterzeichnet und 12 Staaten ratifiziert.[116] Hierzu zählen alle arabischen Anliegerstaaten des Jordanbeckens. Einzige Ausnahme unter den Flussbeckenstaaten bildet Israel. Der Staat hat die UN-Wasserkonvention weder ratifiziert noch unterzeichnet.[117]

Diese junge wasserrechtliche Kodifikation entspringt der Überzeugung, dass ein Rahmenabkommen Management, Nutzung, Entwicklung und Schutz internationaler Flussläufe und die Förderung optimaler und nachhaltiger Nutzung für gegenwärtige und kommende Generationen sicherstellen wird.[118] Gelingen soll dies nicht über ein verbindliches Regelwerk, das die UN-Wasserkonvention den Unterzeichnerstaaten auferlegt, sondern über abstrakt formulierte Standards. Sie gelten als normative Leitlinie, wenn Anliegerstaaten eines internationalen Wasserlaufs (*watercourse states*) konkrete Vereinbarungen zur Wassernutzung in ihrem Flussbekken eingehen (*watercourse agreements*). Beim Abschluss solcher *watercourse agreements* sind die Bestimmungen der UN-Wasserkonvention anzuwenden aber auch den regionalen Bedürfnissen anzupassen.[119]

> „Watercourse States may enter into one or more agreements, hereinafter referred to as ‚watercourse agreements', which apply and adjust the provisions of the present Convention to the characteristics and uses of a particular international watercourse or part thereof".[120]

Indem die Prinzipienkataloge ausreichend allgemein und auslegungsfähig gehalten sind, können eine Wasserdiplomatie und ein Wassermanagement daran anknüpfen, die den spezifischen Gegebenheiten der jewei-

---

115 Vgl. Beyerlin, Ulrich, *Umweltvölkerrecht*, München 2000, S. 87, Rz. 179.

116 Die UN-Wasserkonvention ist somit noch nicht in Kraft. Der Status der Konvention, die Unterzeichnerstaaten und Konventionsparteien sind im Internet abrufbar unter: http://untreaty.un.org/ENGLISH/bible/englishinternetbible/partI/chapterXXVII/treaty39.asp, zitiert am: 19. Juni 2003.

117 Siehe hierzu Abbildung „Unterzeichnung und Ratifizierung der UN-Wasserkonvention durch die Jordananlieger" im Anhang.

118 Präambel der UN-Wasserkonvention von 1997.

119 Vgl. Reimann, Markus, *Die nicht-navigatorische Nutzung internationaler Süßwasserressourcen im Umweltvölkerrecht*, Frankfurt am Main u.a. 1999, S. 97 ff.

120 Art. 3 Abs. 3 der UN-Wasserkonvention von 1997.

ligen Region Rechnung tragen.[121] Bis zu welchem Grad sind nun im Bedarfsfall Abweichungen von den vorgegebenen Standards der UN-Wasserkonvention zulässig? Hierauf liefert die UN-Wasserkonvention die Antwort: „negotiating in good faith", die Anliegerstaaten sollen diese Frage nach Treu und Glauben aushandeln.[122]

Allgemeinheit, Auslegungsfähigkeit und Biegsamkeit der Konventionsbestimmungen erweisen sich allerdings als janusköpfig. Denn neben den geschilderten Chancen bergen sie durch ihre kooperative Natur auch die Gefahr in sich, dass sich schlichtweg das Recht des Stärkeren durchsetzt. Denn politisch und wirtschaftlich emanzipierteren Staaten gelingt es freilich eher, ihre Interessen weitestgehend und somit zu Lasten schwächerer Nachbarn durchzusetzen.[123]

2.2.1.2. ECE-Übereinkommen von 1992

Konkreter und strenger ist hingegen das Übereinkommen zum Schutz und zur Nutzung grenzüberschreitender Wasserläufe und internationaler Seen von 1992.[124] Auch hier handelt es sich um ein wasserrechtliches Rahmenabkommen, das die Unterzeichnerstaaten durch nachfolgende Verträge weiter konkretisieren sollen. Im Unterschied zur UN-Wasserkonvention sieht es jedoch nicht ein Abweichen von spezifischen Bestimmungen im Bedarfsfall vor. Zulässig ist nur, dass Vertragsstaaten das Regelungsniveau im positiven Sinne überschreiten.[125]

Diese Strenge ist praktizierbar, da es sich hierbei nicht um ein globales, sondern um ein regionales Übereinkommen handelt. Ausgearbeitet von

---

121 Vgl. Barandat, Jörg / Kaplan, Aytül, *International Water Law. Regulations for Cooperation and the Discussion of the International Water Convention*, in: Scheumann, Waltina / Schiffler, Manuel (Hrsg.), *Water in the Middle East. Potential for Conflicts and Prospects for Cooperation*, Berlin/Heidelberg 1998, S. 16 ff.

122 Art. 3 Abs. 5 der UN-Wasserkonvention von 1997.

123 Vgl. Reimann, Markus, *Die nicht-navigatorische Nutzung internationaler Süßwasserressourcen im Umweltvölkerrecht*, Frankfurt am Main u.a. 1999, S. 97 ff.

124 *Convention on the Protection and Use of Transboundary Watercourses and International Lakes*, (ECE-Übereinkommen), 17. März 1992, abgedruckt in: BGBl. 1994 II, 2334, und in: ILM 31 (1992), 1312.

125 Art. 2 Abs. 8 des ECE-Übereinkommens.

der UN-Wirtschaftskommission für Europa (*Economic Commission for Europe*, ECE) wurde es bisher von zahlreichen Staaten der Europäischen Gemeinschaft ratifiziert.[126] An diesem Rahmenabkommen zeigt sich, was prinzipiell gilt: Je kleiner die Zahl und je homogener die Gruppe der vertragsschließenden Parteien, desto leichter wird die Konsensfindung über substantielle Vertragsregelungen. Teilweise enthält das ECE-Abkommen nun geltendes Völkergewohnheitsrecht. Teilweise greift es aber auch darüber hinaus, indem es deutlich substantiellere Regelungen enthält und somit Internationales Wasserrecht partiell weiterentwickelt.[127]

Beide der jungen wasserrechtlichen Rahmenübereinkommen legen es der bi- und multilateralen Ebene in die Hand, die vorgegebenen Rahmenbestimmungen weiter auszugestalten und durchzusetzen. Bei Konkretisierung und Implementierung dienen die Rahmenvereinbarungen den Vertragsstaaten als verbindliche Standards zur Orientierung.[128]

2.2.2. Wasserrechtliche Regime für bestimmte Flussläufe

Neben allgemeinen wasserrechtlichen Rahmenverträgen besteht eine Vielzahl zwischenstaatlicher Wassernutzungsabkommen zu einzelnen Flüssen und Seen. Vor allem für die großen Wasserläufe der Erde bestehen völkervertragliche Wasserregime. Die hohe Regelungsfülle ermöglicht vielfältige Klassifizierungen. Einen bedeutenden Beitrag auf diesem Gebiet hat bereits in den 1950er Jahren der Völkerrechtler Friedrich Berber geleistet. Er hat die bestehenden Wassernutzungsabkommen nach geographischen Aspekten gegliedert.[129]

Diesem Klassifizierungsmuster folgend stellt der kommende Kapitelabschnitt ausgewählte Wasserregime auf verschiedenen Kontinenten vor:

---

126 Bis August 1999 waren es 24 EG-Staaten.

127 Vgl. Beyerlin, Ulrich, *Umweltvölkerrecht*, München 2000, S. 89 ff., Rz. 185 ff., und Reimann, Markus, *Die nicht-navigatorische Nutzung internationaler Süßwasserressourcen im Umweltvölkerrecht*, Frankfurt am Main u.a. 1999, S. 99 ff.

128 Vgl. Reimann, Markus, *Die nicht-navigatorische Nutzung internationaler Süßwasserressourcen im Umweltvölkerrecht*, Frankfurt am Main u.a. 1999, S. 101 ff.

129 Vgl. Berber, Friedrich, *Rivers in International Law*, London / New York 1959, S. 52 ff. An dieses Klassifizierungsmuster hält sich auch die Unterteilung bei Beyerlin, Ulrich, *Umweltvölkerrecht*, München 2000, S. 91 ff., Rz. 191 ff.

für Europa das Rhein-Regime, für Amerika das Great-Lakes-Regime, für Asien das Indus-Regime und für Afrika das Zambezi-Regime.[130] Ziel ist hierbei, an Hand von Beispielen aus der konkreten Vertragspraxis abstrakte Gemeinsamkeiten bestehender Wasserregime herauszuarbeiten, die später als Anhaltpunkt für die zu erarbeitenden Vorschläge für ein Wasserregime im Jordanbecken dienen.

Zunächst stellt sich allerdings noch die Frage: Was ist überhaupt ein Wasserregime im völkerrechtlichen Sinn? Insbesondere dem Internationalen Wasserrecht, aber auch dem Völkerrecht im allgemeinen ist der Begriff des Regimes wohlbekannt.[131] Dennoch findet sich keine einheitliche Definition, im Schrifttum ebenso wenig wie in der Völkerrechtspraxis. Bei den verschiedenartigen publizierten Begriffsbestimmungen ist Vorsicht insofern geboten, als manche derart weit gefasst sind, dass jeglicher völkerrechtliche Vertrag, Völkergewohnheitsrecht sowie auch Internationale Organisationen unter den Regimebegriff fielen.[132]

Gelungen ist hingegen die Definition, der Begriff des völkerrechtlichen Wasserregimes werde „häufig zur Bezeichnung eines oder mehrerer vertraglicher Vereinbarungen zwischen Anrainerstaaten eines internationalen Binnengewässers verwendet, durch die wesentliche Nutzungs-, Kooperations-, Institutions- und Finanzierungsfragen geregelt werden.“ [133] Völkerrechtliche Wasserregime umfassen regelmäßig nicht nur materielle (inhaltliche) Normen, sondern treffen ebenso institutionelle Regelungen und legen konkret abstrakte Handlungsziele und Grundsätze

---

130 Weitere internationale Wasserverträge analysiert Beyerlin, Ulrich, *Umweltvölkerrecht*, München 2000, S. 91 ff., Rz. 191 ff. Internationale Wasserverträge bis in die 1950er Jahre untersucht Berber, Friedrich, *Rivers in International Law*, London / New York 1959, S. 52 ff.

131 Vgl. Lang, Winfried, *Auf der Suche nach einem wirksamen Klima-Regime*, in: ArchVR, Nr. 1-2 / 1993, S. 13.

132 So etwa die Definition von Regimen in der *international-relations*-Theorie als „networks of rules, norms and procedures that regularize behaviour and control its effects“. Zitiert nach Lang, Winfried, *Auf der Suche nach einem wirksamen Klima-Regime*, in: ArchVR, Nr. 1-2 / 1993, S. 14.

133 Reimann, Markus, *Die nicht-navigatorische Nutzung internationaler Süßwasserressourcen im Umweltvölkerrecht*, Frankfurt am Main u.a. 1999, S. 42.

fest.[134] In diesem Sinne ist der Begriff des Regimes für die vorliegenden Zwecke zu verstehen.

2.2.2.1. Überblick

Rhein-Regime

Mit seinen 1.320 km ist der Rhein der längste Fluss Deutschlands. Als einer der großen Flüsse Europas ist er ein bedeutender Verkehrsweg. Bis nach Straßburg reicht die Großschifffahrt, bis nach Köln sogar die Seeschifffahrt.[135] Erste Schritte zum ökologischen Schutz dieses Wasserlaufs hatte bereits im 19. Jahrhundert die Zentralkommission für die Rheinschifffahrt (gegründet 1815) unternommen. Herausragende Bedeutung sollte später die Internationale Kommission zum Schutz des Rheins (IKSR) erlangen.[136] Die fünf Anrainerstaaten des Rheins – Deutschland, Frankreich, Luxemburg, die Niederlande und die Schweiz – hatten sie 1950 gegründet und 1963 mit der Vereinbarung über die Internationale Kommission zum Schutz des Rheins [137] auf eine gesicherte völkervertragliche Basis gestellt.[138]

Das neue Übereinkommen zum Schutz des Rheins von 1999 löst diese Vereinbarung ab. Unterzeichner des 1999er Abkommen ist auch die Europäische Gemeinschaft.[139] Konsequenter Weise ist sein Regelungsgehalt weit umfassender als in vorangegangenen Übereinkünften. Die vertraglichen Vereinbarungen umfassen den Rhein selbst, sein Einzugsgebiet und Grundwasservorkommen sowie aquatische und terrestrische Ökosysteme insofern, als sie in wechselseitigem Bezug zum Rhein stehen.[140]

---

134 Vgl. aaO.

135 Vgl. *Der Brockhaus in einem Band*, Stichwort „Rhein“, im Internet unter: http://www.brockhaus.de, zitiert am: 31. März 2003.

136 Die Internationale Kommission zum Schutz des Rheins ist im Internet unter: http://www.iksr.org, zitiert am: 20. Juni 2003.

137 Text abgedruckt in: BGBl. 1965 II, 1432.

138 Vgl. Beyerlin, Ulrich, *Umweltvölkerrecht*, München 2000, S. 97 f., Rz. 205.

139 Text abgedruckt in: Tractantenblad 1999, Nr. 139.

140 Art. 2 des neuen Übereinkommens zum Schutz des Rheins. Vgl. Beyerlin, Ulrich,

Einige vorrangige Ziele des Abkommens sind, den Rhein als Trinkwasserlieferant zu sichern sowie nachhaltige Entwicklung, Hochwasservorsorge und -schutz zu gewährleisten.[141] Zur Erreichung der Ziele legt das Übereinkommen einen umfassenden Prinzipienkatalog zu Grunde: Vorsorgeprinzip, Verursacherprinzip, nachhaltige Entwicklung, technische Weiterentwicklung etc.[142] Ein ebenfalls umfangreicher Pflichtenkatalog ergänzt diesen Prinzipienkatalog.[143]

Darüber hinaus kamen im Jahr 1976 das Übereinkommen zum Schutz des Rheins gegen Verunreinigung durch Chloride [144] und das Übereinkommen zum Schutz des Rheins gegen chemische Verunreinigung [145] zustande.[146] Kooperations- und Koordinationsinstrument zwischen den Vertragsstaaten ist nach wie vor die Internationale Kommission zum Schutz des Rheins (IKSR). Ihre Funktion besteht darin, Verschmutzungen des Rheins auf Art, Umfang und Herkunft zu untersuchen, Schutzprogramme zu entwerfen, Empfehlungen an die Vertragsparteien auszusprechen, Regierungsvereinbarungen vorzubereiten und sonstigen Aufgabenbereichen nachzukommen, die ihr die Vertragsstaaten überantworten.[147]

Great-Lakes-Regime

Auf dem nordamerikanischen Kontinent grenzen die USA im Süden an Mexiko und im Norden an Kanada an. Für die dortigen Grenzgewässer besteht eine ganze Serie von völkerrechtlichen Wasserverträgen. Im Süden finden wir komplexe Vertragsregelungen zwischen den USA und Mexiko über die Wasserverteilung am Colorado, Tijuana und Rio Grande.[148] Im Norden bestehen zwischen den USA und Kanada Wasser-

---

Umweltvölkerrecht, München 2000, S. 98, Rz. 206.

141 Art. 3 des neuen Übereinkommens zum Schutz des Rheins.

142 Art. 4 des neuen Übereinkommens zum Schutz des Rheins.

143 Art. 5 des neuen Übereinkommens zum Schutz des Rheins.

144 Text abgedruckt in: BGBl. 1987 II, 1065.

145 Text abgedruckt in: BGBl. 1978 II, 369.

146 Vgl. Beyerlin, Ulrich, *Umweltvölkerrecht*, München 2000, S. 99 f., Rz. 207 ff.

147 Vgl. aaO, S. 97 f., Rz. 205.

148 *Treaty Respecting the Utilization of Waters of the Colorado and Tijuana Rivers and*

verträge zum Columbia River Basin [149] und zu den Great Lakes. Exemplarisch für den amerikanischen Kontinent ist hier das Great-Lakes-Regime herausgegriffen. Es regelt die Gewässernutzung im Grenzbereich zwischen den USA und Kanada.

Erste amerikanisch-britische Regelungen zur schifffahrtlichen Nutzung der Grenzgewässer finden sich bereits im 18. Jahrhundert, nämlich im Friedensvertrag von 1783 und im Jay-Vertrag von 1794. Der amerikanisch-britische *Boundary Waters Treaty* von 1909 [150] rief die *International Joint Commission* (*IJC*) ins Leben. Sie dient den Vertragsstaaten als Koordinations- und Kooperationsinstitution. Ihr Zuständigkeitsbereich umfasst Nutzung, Aufstauung und Verteilung der betreffenden Grenzgewässer.[151] Ihre Funktionen sind gegenseitige Interessenvertretung, gemeinsame Konsensbildung, gemeinschaftliche Empfehlungen und verbindliche Streitbeilegung.[152] Bei der Ausübung dieser bedeutenden Kompetenzen muss die *IJC* eine fest vorgeschriebene Rangfolge unter den einzelnen Nutzungsarten einhalten. Die konsumtive Wassernutzung genießt etwa Priorität vor der navigatorischen.[153]

In der Folgezeit wurde die *International Joint Commission* in weitere Verträge integriert, etwa in den *Niagara River Treaty* von 1950. Er regelt unter anderem die Wasserverteilung am Abfluss der Great Lakes. Darüber hinaus beteiligt sich die *IJC* an der Implementierung des *Great Lakes Water Quality Agreement* von 1978.[154] Auf die Tätigkeit und die Berichte

---

Rio Grande, 3. Februar 1944, geschlossen zwischen den USA und Mexiko, abgedruckt in: 59 Stat. 1219, T.S. No. 994. Mit ausführlichen Zitaten genauer hierzu vgl. Berber, Friedrich, *Rivers in International Law*, London / New York 1959, S. 110 ff.

149 *Treaty Relating to the Cooperative Development of the Columbia River Basin*, 17. Januar 1961, geschlossen zwischen den USA und Canada, abgedruckt in: 15 UST 1555.

150 *Treaty Between the United States and Great Britain Respecting Boundary Waters Between the United States and Canada*, (*Boundary Waters Treaty*), 11. Januar 1909, abgedruckt in: AJIL 4 (1910), Supplement, S. 239.

151 Art. 8 *Boundary Waters Treaty*.

152 Art. 9 und 10 *Boundary Waters Treaty*. Vgl. auch Beyerlin, Ulrich, *Umweltvölkerrecht*, München 2000, S. 100 f., Rz. 210.

153 Art. 8 *Boundary Waters Treaty*.

154 Text abgedruckt in: UNTS 1153, 187.

der *IJC* zurückgehend regelt dieses Abkommen den Gewässerschutz an den Great Lakes.[155]

Indus-Regime

Exemplarisch für Asien ist das Indus-Regime herausgegriffen. Indien und Pakistan regelten die Wassernutzung am Indus 1960 durch den *Indus Waters Treaty*.[156] Das Indus-Regime untergliedert sich in vier übergeordnete Gebiete: Wasserverteilung im Einzugsgebiet, Kooperation, Finanzierung und Wasserkommission.[157] Indien ist berechtigt, die östlichen Flussläufe (Beas, Ravi, Sutlej) uneingeschränkt zu nutzen.[158] Pakistan darf auf die westlichen Wasserläufe (Chenab, Indus, Jhelum) unbegrenzt zugreifen.[159] Für gewisse Nutzungsarten und Zeitphasen ist diese allgemeine Verteilung noch weiter ausdifferenziert.[160]

Indien und Pakistan haben vertraglich das gemeinsame Interesse (*common interest*) an der bestmöglichen Entwicklung der Wasserläufe festgelegt.[161] ‚Bestmöglich' ist in diesem Kontext ökonomisch, nicht ökologisch zu interpretieren.[162] Die Vertragsparteien verpflichten sich zu Kooperation in Form von Datenaustausch sowie bei Entwicklung und

---

155 Zwischenzeitlich wurde das *Great Lakes Water Quality Agreement* zweimal modifiziert. Die beiden entscheidenden Dokumente sind: *Supplementary Agreement amending the Agreement on Great Lakes Water Quality*, 16. Oktober 1983, abgedruckt in: UNTS 1468, 411, und *Protocol Amending the 1978 Agreement on Great Lakes Water Quality*, 18. November 1987. Vgl. Reimann, Markus, *Die nicht-navigatorische Nutzung internationaler Süßwasserressourcen im Umweltvölkerrecht*, Frankfurt am Main u.a. 1999, S. 48.

156 *Indus Waters Treaty*, 19. September 1960, abgedruckt in: AJIL 55 (1961), S. 797.

157 Vgl. Baxter, R. R., *The Indus Basin*, in: Garretson / Hayton / Olmstead (Hrsg.), *The Law of International Drainage Basins*, New York 1967, S. 467 ff.

158 Art. 2 Abs. 1 *Indus Waters Treaty*.

159 Art. 3 Abs. 1 *Indus Waters Treaty*.

160 Vgl. Art. 4 Abs. 10 *Indus Waters Treaty*.

161 Art. 7 Abs. 1 *Indus Waters Treaty*.

162 Vgl. Reimann, Markus, *Die nicht-navigatorische Nutzung internationaler Süßwasserressourcen im Umweltvölkerrecht*, Frankfurt am Main u.a. 1999, S. 50.

baulichen Maßnahmen im Flussgebiet.[163] Kooperations-, Kommunikations- und Informationsmedium sowie Implementionsüberwacherin ist die zwischenstaatliche *Permanent Indus Commission.*[164]

Zambezi-Regime

Den modernsten Standard [165] unter den bestehenden Wasserregimen bietet das Zambezi-Regime auf dem afrikanischen Kontinent.[166] Im *Agreement on the Action Plan for the Environmentally Sound Management of the Common Zambezi River System* (ZACPLAN) von 1987 regeln Botswana, Mozambique, Tansania, Sambia und Zimbabwe nicht allein die Wassernutzung sondern auch die Umweltaspekte am Zambezi.[167] Das Vertragswerk gilt als einer der „ehrgeizigsten Versuche zum Schutz von Flussbecken in Afrika".[168] Primäres Anliegen ist ein ökologisches Wassermanagement am Zambezi. Hierfür stellen die Vertragsstaaten einen komplexen Aktionsplan auf, dessen Implementierung Einzelprojekten überlassen bleibt,[169] die im Anhang konkretisiert sind.[170]

Strukturell untergliedert sich das Übereinkommen in ein Rahmenabkommen mit generellen Vereinbarungen und in zwei Anhänge mit konkreten materiellen Bestimmungen. Materielle Rechte und Pflichten der Vertragsparteien umfasst Annex I, der sogenannte *Zambesi Action Plan*. Institutionelle und finanzielle Aspekte behandelt Annex II.[171]

---

163 Art. 4 Abs. 5, Art. 7 und Art. 6 *Indus Waters Treaty*.

164 Art. 8 *Indus Waters Treaty*.

165 Vgl. Birnie, Patricia W. / Boyle Alan E., *International Law and the Environment*, Oxford 1992, S. 248.

166 Ein weiteres Wasserregime auf dem afrikanischen Kontinent ist das Nil-Regime. Es ist ausführlich behandelt bei Ule, Christian, *Das Recht am Wasser. Dargestellt am Beispiel des Nils*, Baden-Baden 1998, S. 44 ff., besonders S. 59 ff.

167 *Agreement on the Action Plan for the Environmentally Sound Management of the Common Zambezi River System*, (*ZACPLAN*), 28. Mai 1987, abgedruckt in: ILM 27 (1988), S. 1109.

168 Beyerlin, Ulrich, *Umweltvölkerrecht*, München 2000, S. 103 f., Rz. 214.

169 Art. 1 Abs. 4 *ZACPLAN*.

170 Annex I Appendix I *ZACPLAN*.

171 Annex I und II *ZACPLAN*.

Auch dieses multilaterale Flussregime errichtet eine zwischenstaatliche Institution, das *Zambesi Intergovernmental Monitoring and Coordinating Commitee (ZIMCC)*.[172] Ihm untersteht eine neugeschaffene *Zambesi River Basin Co-ordination Unit*. Ihre Funktionen sind Koordination, Verwaltung und Implementationsüberwachung des *Zambesi Action Plan*.[173]

Allerdings werden die beiden zwischenstaatlichen Gremien als zahnlos kritisiert.[174] Ihre „schwache Rechtsstellung" resultiert daraus, dass sie beispielsweise keine Klagebefugnis gegenüber Vertragsparteien besitzen, die gegen Vereinbarungen des Abkommens verstoßen.[175] Die Vertragsparteien müssen die Gremien auch nicht im Vorfeld von Aktionen konsultieren, die den Flusslauf potentiell schädigen.[176] Insofern reduziert sich die Wirkungskraft der zwischenstaatlichen Gremien darauf, wie erfolgreich sie die Vertragsparteien zu Koordination und Berichterstattung motivieren können.[177]

Insgesamt hat das Zambezi-Regime sein Versprechen eines umweltgerechten Managements nicht halten können. Der ZACPLAN wurde eher als politisches Aushängeschild benutzt. Nur schleppend kam die Implementierung des Vertragswerks voran.[178] Seine Bestimmungen verfolgten die Anliegerstaaten nicht mit dem nötigen Nachdruck. Zudem fehlte Geburtshilfe von Seiten der Gebergemeinschaft.[179]

---

172 Art. 2 und Annex II *ZACPLAN*.

173 Annex II Nr. 4 *ZACPLAN*.

174 Vgl. Birnie, Patricia W. / Boyle Alan E., *International Law and the Environment*, Oxford 1992, S. 248.

175 Reimann, Markus, *Die nicht-navigatorische Nutzung internationaler Süßwasserressourcen im Umweltvölkerrecht*, Frankfurt am Main u.a. 1999, S. 51.

176 Vgl. Beyerlin, Ulrich, *Umweltvölkerrecht*, München 2000, S. 104, Rz. 214.

177 Vgl. Birnie, Patricia W. / Boyle Alan E., *International Law and the Environment*, Oxford 1992, S. 248.

178 Ausführlich zu den einzelnen Implementierungsphasen des *ZACPLAN* siehe Southern African Development Community (Hrsg.), *ZACPLAN*, ohne Jahresangabe im Internet unter:

http://www.sadcwscu.org.ls/programme/zacplan/prog_zacplan.htm.

179 So die Thesen von Nakayama, M., *Politics Behind Zambezi Action Plan*, in: Water Policy, No. 1 / 1999, S. 397 ff.

2.2.2.2. Merkmale

Spezifisch regionale Unterschiede der internationalen Flussbecken weltweit legen nahe, dass sich die bereits existierenden Regime teilweise leicht und teilweise stärker voneinander unterscheiden. Dennoch lassen sich Kriterien herausarbeiten, die nahezu allen Wasserregimen gemeinsam sind: eine utilitaristische und kooperative Grundstruktur der Abkommen sowie zwischenstaatliche Wasserkommissionen.

Utilitaristische Grundstruktur

Die mehrheitlich utilitaristische Grundstruktur der Wasserregime ist daran erkennbar, dass sie die verschiedenen Nutzungsarten von Anrainerstaaten aufeinander abstimmen und in Einklang bringen wollen. Diese Grundintention lässt aber ökologische Aspekte in den Hintergrund treten. So werden Schadstoffimmissionen in die Wasserläufe nicht grundsätzlich untersagt, sondern lediglich eingeschränkt. Hierbei wird mitunter dem nationalen Gesetzgeber in die Hand gelegt, die Höchstgrenzen für die Schadstoffeinleitung selbst festzusetzen.[180] Ob nun das Ausmaß der Einleitungen oder die Schadstoffkonzentration im Wasser der ausschlaggebende Faktor ist, bleibt weniger bedeutsam für die utilitaristische Grundstruktur. Denn regelmäßig genießt die Nutzung Priorität vor dem Schutz des Wassers.[181]

Kooperative Grundstruktur

Eine weitere Gemeinsamkeit von völkerrechtlichen Wasserregimen ist die kooperative Grundstruktur. Sie ist Ausfluss der Staateneinsicht, dass *common management* unumgänglich für die Vermeidung von Nutzungskonflikten ist. Bei der Nutzung grenzüberschreitender Wasservorkommen reicht bloße nachbarliche Rücksichtnahme noch nicht aus. Die Interessen

---

[180] So etwa beim Rhein-Regime. Die weitgehend utilitaristische Charakterisierung der bestehenden Wasserregime trifft nicht oder nur beschränkt auf das Zambezi-Regime zu. Denn Umweltschutzaspekte fanden in Anlehnung an die weltweite Entwicklung auf diesem Sektor weitgehend Eingang in dieses Regime.

[181] Vgl. Reimann, Markus, *Die nicht-navigatorische Nutzung internationaler Süßwasserressourcen im Umweltvölkerrecht*, Frankfurt am Main u.a. 1999, S. 51 f.

aller Anliegerstaaten, die sich jeweils gegenseitig begrenzen, sollen nicht berührungslos nebeneinander stehen. Vielmehr rückt die Suche nach gemeinschaftlichen Interessen, nach einer Interessensgemeinschaft der Anrainer in den Vordergrund. Regimestaaten denken somit von bloßer Koexistenz zu internationaler Kooperation um. Diese Einsicht führt in der bisherigen Vertragspraxis zu konkreten, gegenseitigen prozeduralen Kooperationspflichten. In ihrer Intensität variieren sie zwar von Regime zu Regime. Eine Pflicht zur Kooperation ist aber in jeglichen Regimen immerhin für gewisse Gebiete enthalten.[182]

Zwischenstaatliche Wasserkommissionen

Allen Wasserregimen gemeinsam ist auch die Errichtung von zwischenstaatlichen Gremien. Sie nennen sich Kommissionen, Institutionen, Vertragsstaatenkonferenzen oder ähnlich. Ihre Aufgabe ist es, die internationalen Wasserläufe gemeinschaftlich zu entwickeln. Sie fungieren als Koordinations-, Implementierungs- und Kontrollinstrumente. Durch beratende Tätigkeit im rechtlichen wie politischen Bereich können sie auf den einzelstaatlichen Entscheidungsfindungsprozess einwirken. Weil die konkrete Lage in den internationalen Einzugsbecken weltweit variiert, statten die Regimestaaten die zwischenstaatlichen Gremien unterschiedlich mit teils recht beschnittenen und teils weitreichenderen Kompetenzen aus.[183]

2.2.2.3. Differenzierung von völkerrechtlichen Statusverträgen

Deutlich werden weitere Merkmale wasserrechtlicher Regime auch in Differenzierung von völkerrechtlichen Statusverträgen. Wasserrechtliche Regime sind nicht mit völkerrechtlichen Statusverträgen gleichzusetzen. Denn von diesen unterscheiden sie sich sowohl in ihrer Struktur als auch in ihrer Rechtswirkung.

Völkerrechtliche Statusverträge definieren im allgemeinen Interesse und mit *erga omnes*-Wirkung die Rechtsstellung eines bestimmten Territoriums. Im Gegensatz zu diesen meist multilateralen Abkommen verändern

---

[182] Vgl. Beyerlin, Ulrich, *Umweltvölkerrecht*, München 2000, S. 86 f., Rz. 178.

[183] Vgl. Reimann, Markus, *Die nicht-navigatorische Nutzung internationaler Süßwasserressourcen im Umweltvölkerrecht*, Frankfurt am Main u.a. 1999, S. 52 f.

wasserrechtliche Regime den Rechtsstatus des betreffenden internationalen Binnengewässers nicht. Ein Abkommen über Quoten der Wasserentnahme ändert beispielsweise noch nicht die Rechtsstellung eines internationalen Flusslaufs. Wird dieser allerdings internationalisiert, dann liegt ein völkerrechtlicher Statusvertrag vor.

Wasserregime verfolgen auch nicht zwingend ein allgemeines internationales Interesse, sondern primär das Interesse der Vertragsparteien. Darüber hinaus wirken wasserrechtliche Regime nicht *erga omnes*, sie begründen nicht Rechte und Pflichten gegenüber allen. Wasserregime regeln Rechte und Pflichten der Anrainer eines internationalen Binnengewässers und binden somit nicht auch Völkerrechtssubjekte, die keine Unterzeichner des wasserrechtlichen Regimevertrags sind.[184]

2.2.2.4. Einbeziehung von Grundwasser

Bei einem Überblicken der bisherigen Vertragspraxis fällt eine unzureichende Aufnahme des Grundwassers in die bestehenden Wasserregelungen ins Auge. Das weiter reichende *international drainage basin concept*, das auch unterirdische Quellen, Zu- und Abflüsse in den Regelungsinhalt mit einschließt, wird deutlich seltener einer vertraglichen Regelung über Wassernutzung zugrunde gelegt als das *international river basin concept*, das nur Oberflächengewässer eines grenzüberschreitenden Flussbeckens berücksichtigt, oder als das UN-Konzept des *international watercourse*.[185]

Kaum rechtfertigbar ist diese Unzulänglichkeit vor dem Hintergrund des elementaren Anteils, den das Grundwasser am gesamten Wasserkreislauf sowie am weltweiten Süßwasservorkommen ausmacht. Nur 2,5% des gesamten Wasservorkommens auf der Erde ist Süßwasser. Dieser Teil ist darüber hinaus zu über 2/3 in Gletschern und ewigem Eis gebunden, vorwiegend in den polaren Regionen. Gut 30% des Süßwassers der Erde liegt in Grundwasserschichten. Diese 30% decken 1/3 des weltweiten Wasserverbrauchs in Haushalten, Landwirtschaft und Industrie. Die rest-

---

[184] Vgl. aaO, S. 42 ff.

[185] Ausführlich zu diesen Konzepten siehe oben, Kapitel 1, Punkte „International basin concept“ und „International watercourse“.

lichen 2/3 des weltweiten Wasserverbrauchs werden Oberflächengewässern entnommen. So reichlich uns das oberflächige Süßwasservorkommen durch die stete „Sichtbarkeit" in Flüssen und Seen auch erscheinen mag, es stellt gerade einmal 0,3% des verfügbaren Süßwassers der Erde und nur 0,007% des gesamten Wasservorkommens weltweit dar.[186]

Grundwasser ist demnach ein integrales und bedeutungsvolles Element für den gesamten Wasserkreislauf. Wie begründet sich nun die mangelnde Berücksichtigung von Grundwasser in der bisherigen Vertragspraxis? Aus naturwissenschaftlicher Sicht kaum rechtfertigbar liegt aus völkerrechtlicher Sicht eine Erklärung auf der Hand.

Zahlreichen Staaten greift die Einbeziehung des Grundwassers und somit die Anwendung des *international drainage basin concept* schlichtweg zu weit in ihre territoriale Souveränität und Integrität ein. Wasser gilt in Augen mancher Staaten, gerade auch im Nahen Osten, als Symbol der nationalen Souveränität. Eine Unterwerfung der Grundwasservorkommen in eine vertragliche Regelung empfinden sie als einen beachtlichen Einschnitt in die territoriale Souveränität und Integrität. Zahlreiche Staaten sind folglich bestrebt, unterirdische Wasservorkommen nicht vertraglich einbinden zu lassen. Sie wollen alleiniges Verfügungsrecht hierüber bewahren.[187]

Grenzüberschreitende Oberflächengewässer lassen den zwischenstaatlichen Kooperationsbedarf offensichtlich erscheinen. Bei grenzüberschreitenden unterirdischen Wasservorkommen liegt hingegen die Versuchung nahe, sie dem Gebot nachbarlicher Rücksichtnahme zu entziehen. Allerdings kann die Einwirkung auf unterirdische Wasservorkommen in einem Staat zu schädigenden Konsequenzen für den benachbarten Staat führen. Denkbar sind die Senkung des Grundwasserspiegels im Opferstaat aufgrund massiver Grundwasserentnahmen im Ursprungsstaat oder die Veränderung der Fließmengen und Fließgeschwindigkeiten von Oberflächengewässern. Verursachung und Grad von Umwelteinwirkungen an unterirdischen Wasserressourcen zu kontrollieren und zu diagnostizieren, berei-

---

186 Zahlen aus: Eckstein, Gabriel E., *Hydrologic Reality. International Water Law and Transboundary Ground-Water Resources*, American University Center for the Global South, Washington, D.C., 1998, S. 1 f.

187 Vgl. Beyerlin, Ulrich, *Umweltvölkerrecht*, München 2000, S. 84 f., Rz. 174.

tet jedoch weit mehr Schwierigkeiten als an oberirdischen.[188]

Besonders hervorzuheben sind daher diejenigen, wenn auch rarer gesäten Verträge, die ihrem Regelungsinhalt das *international drainage basin concept* zu Grunde legen und somit unterirdische Wasservorkommen einbeziehen. Denn diese Abkommen fordern von den Vertragsparteien einen tieferen Eingriff in ihre einzelstaatliche Souveränität und einen weitreichenderen Einfluss des Nachbarn auf nationale Wasserpolitik als bei der Ausklammerung des Grundwassers und somit Zugrundelegung des *international river basin concept*.[189]

2.3. Sonstige Normen

Neben dem Völkergewohnheitsrecht und dem Völkervertragsrecht werden im Kontext des Internationalen Wasserrechts auch die „von den Kulturvölkern anerkannten allgemeinen Rechtsgrundsätze“ [190] zitiert, da sie für diesen Bereich grundsätzlich anwendbar sind.[191] Im vorliegenden Zusammenhang relevant sind die Prinzipien der optimalen Nutzung, der guten Nachbarschaft und *sic utere tuo ut alienum non laedas*.

2.3.1. Prinzip der optimalen Nutzung

Wurden früher noch Ressourcen mit dem Ziel der maximalen Nutzung behandelt, so änderte sich dies mit dem Prinzip der optimalen Nutzung (*principle of optimal utilization, principle of optimal usage, optimization of the use*). Dieser Grundsatz fordert, Umweltmedien best-möglich zu

---

188 Vgl. Reimann, Markus, *Die nicht-navigatorische Nutzung internationaler Süßwasserressourcen im Umweltvölkerrecht*, Frankfurt am Main u.a. 1999, S. 39 ff. und S. 312 f.

189 Vgl. aaO, S. 39 ff.

190 Art. 38 Abs. 1 c) IGH-Statut.

191 In seiner praktischen Bedeutung sind allerdings die allgemeinen Rechtsgrundsätze dem Völkergewohnheitsrecht eindeutig unterlegen. Zudem spielen sie in Anbetracht des fortgeschrittenen Kodifikationsniveaus im Internationalen Wasserrecht inzwischen nur noch eine „sehr untergeordnete Rolle“. Reimann, Markus, *Die nicht-navigatorische Nutzung internationaler Süßwasserressourcen im Umweltvölkerrecht*, Frankfurt am Main u.a. 1999, S. 102. Vgl. auch Beyerlin, Ulrich, *Umweltvölkerrecht*, München 2000, S. 61, Rz. 129.

nutzen. Wer aber soll Nutznießer der Optimalisierung sein: die Umwelt, die Wirtschaft oder einzelne Begünstigte? Sind Süßwasserressourcen optimal genutzt, wenn ökologischen oder ökonomischen, wenn zwischenstaatlichen, einzelstaatlichen oder einzelmenschlichen Interessen vorrangige Berücksichtigung geschenkt wird? Eine völkerrechtliche Antwort hierauf liefert die UN-Wasserkonvention von 1997:

> „In particular, an international watercourse shall be used and developed by watercourse States with a view to attaining optimal and sustainable utilization thereof and benefits therefrom, taking in to account the interests of the watercourse States concerned".[192]

Der letzte Halbsatz beantwortet die oben gestellten Fragen, indem er die Interessen der Anliegerstaaten eines internationalen Wasserlaufs zitiert. Optimal kann eine Wassernutzung demnach sein, wenn die Interessen aller betroffenen Anliegerstaaten berücksichtigt sind. Der UN-Wasserkonvention liegt somit eine staatsinteressenkonzentrierte Auslegung des Prinzips der optimalen Nutzung zugrunde. Insgesamt bleiben Rechtsnatur und materieller Gehalt des Prinzips dennoch nicht ausreichend bestimmt.[193]

Nicht miteinander zu verwechseln sind das Prinzip der optimalen Nutzung und das Prinzip der gerechten oder angemessenen Nutzung.[194] Denn ein elementarer Unterschied liegt schon darin, dass es sich beim Prinzip der gerechten oder angemessenen Nutzung um eine anerkannte und bedeutungsvolle völkergewohnheitsrechtliche Norm handelt. Das Prinzip der optimalen Nutzung hingegen ist „kein allgemeiner Rechtsgrundsatz im klassischen Rechtsquellenverständnis" und es wird daher nicht eindeutig als eine der anerkannten allgemeinen Rechtsgrundsätze im Sinne des IGH-Statuts eingestuft.[195]

---

192 Art. 5 Abs. 1 Satz 2 der UN-Wasserkonvention von 1997.

193 Vgl. Reimann, Markus, *Die nicht-navigatorische Nutzung internationaler Süßwasserressourcen im Umweltvölkerrecht*, Frankfurt am Main u.a. 1999, S. 78 f.

194 Ausfürlich zum Prinzip der *equitable and reasonable utilization and participation* siehe oben, Kapitel 1, Punkt „Prinzip der gerechten oder angemessenen Nutzung".

195 Reimann, Markus, *Die nicht-navigatorische Nutzung internationaler Süßwasserressourcen im Umweltvölkerrecht*, Frankfurt am Main u.a. 1999, S. 78.

2.3.2. Prinzip der guten Nachbarschaft

Ein weiterer allgemeiner Rechtsgrundsatz im Sinne des Art. 38 IGH-Statut ist das Prinzip der guten Nachbarschaft (*principle of good neighbourliness*). Es verpflichtet Staaten dazu, nachbarstaatliche Interessen angemessen zu berücksichtigen.[196] Einige Autoren sehen im Grundsatz der guten Nachbarschaft auch das Verbot, sein Territorium zum Schaden von Nachbarstaaten zu nutzen.[197] Hierdurch gleichen sie ihn auffallend an den Grundsatz *sic utere tuo ut alienum non laedas* an.[198]

Zitiert ist das Prinzip der guten Nachbarschaft in Art. 74 der Satzung der Vereinten Nationen [199] und in der sogenannten *Friendly Relations Declaration* der UN-Generalversammlung von 1970.[200] Verankert ist es ebenso in allen Rechtsordnungen, wenn auch inhaltlich und in seiner Ausprägung verschiedenartig. [201]

---

196 Vgl. Heintschel von Heinegg, Wolf, *Die außervertraglichen (gewohnheitsrechtlichen) Rechtsbeziehungen im Umweltvölkerrecht*, in: Lorz, Ralph A. / Spies, Ute / Deventer, Wolfgang G. / Schmidt-Schlaeger, Michaela (Hrsg.), *Umwelt und Recht*, 30. Assistententagung des Öffentliches Recht, Marburg 1990, Stuttgart u.a. 1991, S. 122; Beyerlin, Ulrich, *Grenzüberschreitender Umweltschutz und allgemeines Völkerrecht*, in: Heilbronner, Kai / Reuss, Georg / Stein, Thorsten (Hrsg.), *Staat und Völkerrechtsordnung. Festschrift für Karl Doehring*, Berlin u.a. 1989, S. 54.

197 Vgl. Heydte, Friedrich August Freiherr von der, *Das Prinzip der guten Nachbarschaft im Völkerrecht*, in: ders. / Seidl-Hohenveldern, Ignaz / Verosta, Stephan / Zemanek, Karl (Hrsg.), *Völkerrecht und rechtliches Weltbild. Festschrift für Alfred Verdross*, Wien 1960, S. 135 ff.; Dupuy, Pierre-Marie, *International Liability for Transfrontier Pollution*, in: Bothe, Michael (Hrsg.), *Trends in Environmental Policy and Law*, Beiträge zur Umweltgestaltung, Bd. A 69, Berlin 1980, S. 366 f.

198 Zu diesem allgemeinen Rechtsgrundsatz ausführlich siehe nachfolgender Punkt „Sic utere tuo ut alienum non laedas".

199 *Satzung der Vereinten Nationen*, 26. Juni 1945, im Internet unter: http://www.un.org/aboutun/charter/index.html. Deutscher Text abgedruckt in: Sartorius, Band II, *Internationale Verträge – Europarecht*, Stand: 15. Januar 2000, München 2000, 1.

200 *Declaration on Principles of International Law Concerning Friendly Relations and Co-operation among States in Accordance with the Charter of the United Nations*, Annex zu GA-Res. 2625 (XXV), 24. Oktober 1970, in: UNYB 24 (1970), S. 788 ff., im Internet unter: http://www.un.org.

201 Aufgrund dieser Unterschiede argumentierte Friedrich Berber gegen eine Qualifizierung des Prinzips der guten Nachbarschaft als allgemeinen Rechtsgrundsatz. Vgl.

In den nachbarlichen Beziehungen ist der Grundsatz der guten Nachbarschaft ein vorherrschendes Prinzip. Für viele nachbarrechtliche Verträge sowie für die internationale Judikatur und Staatenpraxis bei verschiedenen Umweltkonflikten bildet das Prinzip die Grundlage. Bei grenzüberschreitenden Wassernutzungsdifferenzen dient es als generelle Richtschnur für die Staatenpraxis, fungiert als normative Leitlinie bei der Weiterentwicklung des Rechts und kommt bei der Auslegung in Streitfragen zu Hilfe.[202]

Darüber hinaus gehen von diesem Prinzip jedoch keine weiteren nachbarrechtlichen Gebote oder Verbote aus mit Ausnahme solcher, die inzwischen völkergewohnheitsrechtlich anerkannt sind. Wo demnach nachbarrechtliche Normen dem Völkergewohnheitsrecht zugehören, vermag der Grundsatz der guten Nachbarschaft „nicht mehr substanziell Neues in Form von neuen Regeln zu schaffen".[203]

2.3.3. ‚Sic utere tuo ut alienum non laedas'

Der allgemeine Rechtsgrundsatz *sic utere tuo ut alienum non laedas* verpflichtet Staaten dazu, ihre Rechte auf eine Art und Weise auszuüben, die anderen Staaten nicht zum Schaden gereicht.[204] Regelmäßig wird der Grundsatz aus dem Römischen Recht hergeleitet,[205] mitunter aber auch

---

Berber, Friedrich, *Rivers in International Law*, London / New York 1959, S. 211 ff., besonders S. 222 f.; und ders., *Die Rechtsquellen des internationalen Wassernutzungsrechts*, München 1955, S. 151 ff., besonders S. 159.

202 Vgl. Odendahl, Kerstin, *Die Umweltpflichtigkeit der Souveränität. Reichweite und Schranken territorialer Souveränitätsrechte über die Umwelt und die Notwendigkeit eines veränderten Verständnisses staatlicher Souveränität*, Berlin 1998, S. 205 ff.

203 Vgl. aaO, S. 208.

204 Vgl. Hinds, Caroline, *Das Prinzip „sic utere tuo ut alienum non laedas" und seine Bedeutung im internationalen Umweltrecht*, in: ArchVR, Nr. 3 / 1992, S. 298 ff.; Odendahl, Kerstin, *Die Umweltpflichtigkeit der Souveränität. Reichweite und Schranken territorialer Souveränitätsrechte über die Umwelt und die Notwendigkeit eines veränderten Verständnisses staatlicher Souveränität*, Berlin 1998, S. 208 ff.

205 Beispielsweise bei Beyerlin, Ulrich, *Umweltvölkerrecht*, München 2000, S. 61, Rz. 129, und bei Kiss, Alexandre / Shelton, Dinah, *International Environmental Law*, New York / London 1991, S. 121.

aus dem englischen *Common Law*.[206] Manche Autoren betrachten das Prinzip *sic utere tuo ut alienum non laedas* als allein auf dem Gebiet gemeinsamer natürlicher Ressourcen anwendbar. Denn nur in diesem Bereich hätten Staaten Rechte an ein und derselben Sache.[207]

Wenngleich dieser Grundsatz generell in den nationalen Rechtsordnungen verankert ist,[208] bereitet die Einordnung seines materiellen Gehalts doch Probleme. Wird der kleinste gemeinsame Nenner bezüglich der Reichweite des *sic utere-tuo*-Prinzips zugrunde gelegt, kommt es nicht zum tragen, wenn ein Staat unabsichtlich und unwissentlich schädigt. Insofern kann davon ausgegangen werden, dass lediglich die vorsätzliche Schädigung eines anderen Staates verboten ist. Sehr schwer nachzuweisen ist allerdings, wenn ein Staat Wassernutzung instrumentalisiert, um vorsätzlich einen anderen Staat zu schikanieren oder zu schädigen. Staatenpraxis, Judikatur und Schrifttum liefern hierzu noch keine Erfahrungswerte.[209]

Das Prinzip *sic utere tuo ut alienum non laedas* gilt als eine Ausnahme unter denjenigen allgemeinen Rechtsgrundsätzen, die prozedurale Regeln in Bezug auf den Umweltschutz enthalten. Denn die anderen allgemeinen Rechtssätze sind bereits nahezu ausnahmslos völkergewohnheitsrechtlich anerkannt. Insgesamt übersteigt jedoch das *sic utere tuo*-Prinzip wohl nicht den Pflichtgehalt des Grundsatzes der guten Nachbarschaft und des Verbots grenzüberschreitender Umweltbeeinträchtigungen.[210] Im Internationalen Wasserrecht errang es bislang keine herausgehobene Stellung. Die allgemeine Bedeutung von *sic utere tuo ut alienum non laedas* bei

---

206 So etwa bei Hinds, Caroline, *Das Prinzip „sic utere tuo ut alienum non laedas" und seine Bedeutung im internationalen Umweltrecht*, in: ArchVR, Nr. 3 / 1992, S. 300 f.

207 Vgl. Beyerlin, Ulrich, *Grenzüberschreitender Umweltschutz und allgemeines Umweltvölkerrecht*, in: Heilbronner, Kai / Reuss, Georg / Stein, Thorsten (Hrsg.), *Staat und Völkerrechtsordnung. Festschrift für Karl Doehring*, Berlin u.a. 1989 S., 58 f.

208 Etwa in § 226 BGB, Deutschland; Art. 1382 f. C.C., Frankreich; § 833 Cod. Civ., Italien; § 1295 Abs. 2 ABGB, Österreich. Vgl. Berber, Friedrich, *Die Rechtsquellen des internationalen Wassernutzungsrechts*, München 1955, S. 138 ff.

209 So das Ergebins von Reimann, Markus, *Die nicht-navigatorische Nutzung internationaler Süßwasserressourcen im Umweltvölkerrecht*, Frankfurt am Main u.a. 1999, S. 76 ff.

210 Vgl. Beyerlin, Ulrich, *Umweltvölkerrecht*, München 2000, S. 61, Rz. 129.

grenzüberschreitenden Wassernutzungsdifferenzen ähnelt der des Prinzips der guten Nachbarschaft.[211]

Über die angeführten drei allgemeinen Rechtsgrundsätze hinaus könnten noch weitere in diesem Zusammenhang erläutert werden, etwa das Rechtsmissbrauchsverbot, *equity*, *bona fides* oder *pacta sunt servanda*. Darauf wird hier allerdings verzichtet, da diese Rechtssätze nicht speziell für das Umweltvölkerrecht, sondern für sämtliche Völkerrechtsbereiche verpflichtend sind.[212]

---

211 Zu diesem allgemeinen Rechtsgrundsatz siehe vorangegangener Punkt „Prinzip der guten Nachbarschaft". Vgl. auch Odendahl, Kerstin, *Die Umweltpflichtigkeit der Souveränität. Reichweite und Schranken territorialer Souveränitätsrechte über die Umwelt und die Notwendigkeit eines veränderten Verständnisses staatlicher Souveränität*, Berlin 1998, S. 210 f.

212 Vgl. Beyerlin, Ulrich, *Umweltvölkerrecht*, München 2000, S. 61, Rz. 129.

3. Zwischenergebnis

Anliegen dieses einführenden Kapitels war es, die Grundlagen der internationalen Wasserverteilung darzustellen. Somit ist das Fundament für die vorliegende Untersuchung gelegt. Im weiteren Verlauf kann die Arbeit vertraut Fachtermini, Vertragswerke und Konzepte im Kontext von grenzüberschreitender Wasserverteilung verwenden.

Der erste Teil des Kapitels lieferte Antworten auf die Fragen, wann ein Fluss und ein Flussbecken international sind, wie sich Flussbecken definieren und welche Wasserressourcen zu einem Wassereinzugsbecken zählen. Gehaltvoll ist hierbei vor allem die Frage, welche oberirdischen und unterirdischen Wasserressourcen einem internationalen Flussbecken zugerechnet werden. Denn diese Definitionsfrage steckt den völkerrechtlichen Regelungsbereich und somit die Reichweite eines potentiellen Eingriffs in die staatliche Souveränität ab. Eine weltweit einheitliche Antwort hierauf besteht nicht. Vielmehr bieten die zwei völkerrechtlich relevante Modelle *basin concept* und *international watercourse* die Richtschnur. Sie unterscheiden sich grundsätzlich darin, wie umfangreich sie unterirdische Wasservorkommen einem grenzüberschreitenden Einzugsbecken zurechnen.

Allein schon bei der Begriffserklärung wurde deutlich, dass die Internationalität eines Flussbeckens vielschichtiges Konfliktpotential und Regelungsbedürfnis mit sich bringt. Unausweichlich sind demnach internationale Wasserdiplomatie und internationales Wassermanagement.

Regimebildung

Grundsätzlich ist internationale Wasserpolitik – und allgemein internationale Umweltpolitik – damit konfrontiert, sich nicht auf eine zentrale Herrschaftsgewalt mit verbindlicher Normensetzungskompetenz und Sanktionsgewalt berufen zu können. Darauf angewiesen, ohne Zwang auszukommen, muss sich internationale Wasserpolitik auf Eigeninitiative und Freiwilligkeit der Staaten verlassen. Erfolgreich ist Staatenpraxis bei einem grenzüberschreitenden Wasseranliegen besonders dann, wenn sie über ein Steuerungsinstrument funktioniert: ein internationales Regime.

Ausführlich beschäftigte sich daher der folgende Abschnitt dieses Kapitels mit dem Phänomen des Umweltregimes, zunächst aus politologischer Perspektive. In der Regel besteht ein internationales Umweltregime aus einem völkerrechtlichen Vertrag, den nachfolgende Abkommen (etwa Protokolle), Entscheidungen und Empfehlungen präzisieren und vervollständigen. Regimebedarf besteht in internationalen Flussbecken, wenn die beteiligten Anliegerstaaten zuwiderlaufende sowie gemeinsame Interessen verfolgen. Vorbedingungen für die Herausbildung von Umweltregimen sind zum Beispiel Problemdruck, katalytische Ereignisse, Handlungskapazitäten, wechselseitig verschränkte Interessenskonstellationen oder auch aktive Umweltaußenpolitik einflussreicher Akteure.

Staaten sind Hauptakteure und Hauptadressaten bei einem internationalen Umweltregime. Sie legen das Fundament, indem sie völkerrechtliche Verträge abschließen und an sie wendet sich die Mehrzahl der vereinbarten Verhaltensnormen. Internationale Umweltregime können statisch oder dynamisch, hegemonial/oligopolitisch oder nicht-hegemonial sein. In der Regel sind sie viergliedrig strukturiert. Sie bestehen aus Prinzipien, Normen, Regeln und Verfahren. Mitunter verfallen Regime, denn vielfältige Faktoren fordern ihr Bestehen heraus, etwa technologische, demographische, ökonomische und politische Veränderungen oder eine Interessen-, Macht- und Ressourcenverschiebung. Vermehrt entwickeln sich internationale Regime aber fort und gleichen sich veränderten Rahmenbedingungen an.

Internationales Wasserrecht

Nach der einführenden Begriffserklärung richtete sich der Blick auf international-rechtliche Regeln über die Nutzung von Wasser. Aus dem umfassenden Normenkatalog des Völkerrechts für verschiedene Bereiche der Wassernutzung ist für die vorliegende Untersuchung das Internationale Wasserrecht von Relevanz. Der Begriff Internationales Wasserrecht umfasst die Gesamtheit derjenigen völkerrechtlichen Regeln, die sich auf die Nutzung internationaler fließender oder stehender Binnengewässer beziehen. Innerhalb des Internationalen Wasserrechts fokussiert die Untersuchung speziell auf den Bereich der nicht-navigatorischen Nutzung internationaler Süßwasserressourcen.

Als gewohnheitsrechtlich anerkannt sind im Internationalen Wasserrecht folgende Grundsätze: das Prinzip der beschränkten territorialen Souveränität und Integrität, das Prinzip der gerechten und angemessenen Nutzung, das Verbot erheblicher grenzüberschreitender Umweltbeeinträchtigungen sowie Pflichten zu Information und Warnung. Ihr Gehalt und ihre Schranken wurden vorgestellt. Die meisten Normen in Bezug auf internationale Wassernutzung finden sich im Völkervertragsrecht. Denn mittlerweile bestehen zahllose zwischenstaatliche nicht-navigatorische Wassernutzungsvereinbarungen, sei es als Einzelbestimmungen in umfangreicheren internationalen Vertragswerken oder als spezifisch wasserrechtliche Abkommen. Sie regeln einzelne Arten der Wassernutzung, beispielsweise die konsumtive, oder die Nutzung eines internationalen Binnengewässers im Gesamten. Wasserrechtliche Verträge lassen sich in die zwei Kategorien allgemeine Rahmenabkommen und Regime für bestimmte Flussläufe einordnen.

Aus der ersten Kategorie stellte das Kapitel ein globales und ein regionales Rahmenabkommen vor: die UN-Konvention über das Recht der nicht-navigatorischen Nutzung internationaler Wasserläufe von 1997 (UN-Wasserkonvention) und das in Europa geschlossene Übereinkommen zum Schutz und zur Nutzung grenzüberschreitender Wasserläufe und internationaler Seen von 1992 (ECE-Übereinkommen). Beide der jungen wasserrechtlichen Rahmenübereinkommen legen es der bi- und multilateralen Ebene in die Hand, die vorgegebenen Rahmenbestimmungen weiter auszugestalten und durchzusetzen. Bei Konkretisierung und Implementierung dienen die wasserrechtlichen Rahmenvereinbarungen den Vertragsstaaten als verbindliche Standards zur Orientierung.

Aus der zweiten Kategorie von wasserrechtlichen Verträgen stellte das Kapitel ausgewählte Wasserregime für verschiedene Kontinente dar: für Europa das Rhein-Regime, für Amerika das Great-Lakes-Regime, für Asien das Indus-Regime und für Afrika das Zambezi-Regime. Der Begriff des völkerrechtlichen Wasserregimes bezeichnet hierbei ein oder mehrere Abkommen zwischen Anliegerstaaten eines grenzüberschreitenden Binnengewässers, das elementare Nutzungs-, Kooperations-, Institutions- und Finanzierungsangelegenheiten regelt.

Ziel war hierbei, an Hand von Beispielen aus der konkreten Vertragspraxis die abstrakten Gemeinsamkeiten bestehender Wasserregime herauszuarbeiten. Als Ergebnis zeichnet sich ab, dass völkerrechtliche Wasserregime regelmäßig eine utilitaristische und kooperative Grundstruktur aufweisen sowie zwischenstaatliche Wasserkommissionen einrichten. Darüber hinaus berücksichtigen die bestehenden Wasserregime in der Regel Grundwasservorkommen in internationalen Einzugsbecken nur unzureichend. Denn zahlreichen Staaten greift die Einbeziehung von unterirdischen Wasservorkommen zu weit in ihre territoriale Souveränität und Integrität ein.

Ausreichend Aufschluss über die Frage, welche Rechte Ober- und Unterlieger von internationalen Flussläufen nun konkret besitzen, geben die bisherigen Prinzipienkataloge des Völkerrechts zwar nicht. Auch geht von ihnen keine rechtliche Bindungswirkung aus, sie sind als *soft law* letztlich nicht durchsetzbar. Doch gerade dies kann insofern zum Vorteil gereichen, als an die vorgegebenen, ausreichend allgemein gehaltenen Minimalstandards angeknüpft werden kann, um sie mit einer Wasserdiplomatie und einem Wassermanagement zu ergänzen, die den spezifischen Gegebenheiten der jeweiligen Region Rechnung tragen.

Kapitel 2

Wasserpolitik und Wasserrecht im Jordanbecken

„The next war in the Middle East will be fought over water, not politics." [1]

Das erste Kapitel stellte die Grundlagen der internationalen Wasserverteilung dar. Es eröffnete die politische Perspektive ebenso wie die rechtliche. Das zweite Kapitel kann nun diesen politisch-rechtlichen Bewertungsrahmen nutzen, um die konkrete Wassersituation im Jordanbecken zu analysieren. In seinem ersten Teil stellt es das Wassersystem im Jordanbecken mit seinem Hauptfluss, den Quellflüssen, Nebenflüssen und Grundwasservorkommen sowie die daraus resultierende Ober-Unterlieger-Struktur vor.

Dabei verläuft sich die Untersuchung nicht zu sehr in Details, liefert aber ausreichend Zahlenmaterial, um die Wassersituation sorgfältig zu illustrieren. Zu beachten gilt, dass je nach Quelle die Zahlen voneinander differieren können. Außerdem erschweren jährliche und saisonale Schwankungen eine Konstanz in der Zahlenerhebung. Kommen geologische Fachtermini im Text vor, erklärt sie der Fußnotenapparat.

Sobald die geo- und hydrologische Ausgangslage vorgestellt ist, analysiert die Untersuchung die Interessen- und Konfliktlage im Jordanbecken. Wie wir sehen werden, schafft das Jordanbecken ein hydropolitisches Ober-Unterlieger-Geflecht mit konkurrierenden Interessen. Sie liefern reichlich Nährstoff für Differenzen unter den fünf Jordananrainern Israel, Jordanien, Libanon, Palästinensergebiete und Syrien. Folgende Fragen werden beantwortet: Welche Wasserverbrauchsgewohnheiten pflegen die Anlieger? Wo stehen Nutzungen miteinander in Konkurrenz? Wessen Interessen setzen sich durch? Wie ist das zu bewerten? Anlieger für Anlieger stellt das Kapitel 2 die einzelnen Wasserpolitiken dar. Es ergibt sich ein Szenario, das darauf drängt, die Wasserverteilung im Nahen Osten in multilateral-vertragliche Bahnen zu leiten.

Nachdem dies die regionalen Konfliktparteien bislang nicht geschafft haben, bestehen nur bilaterale Wasservereinbarungen zwischen manchen Jordananliegern. Welche Anrainer haben nun Wasservereinbarungen getroffen? Welche Qualitäten oder Schwachstellen weisen die Regelun-

---

1 Boutros Boutros-Ghali, ehemaliger UN-Generalsekretär, zitiert nach: Dichter, Harold, *The Legal Status of Israel's Water Policies in the Occuopied Territories*, HarvardIJL, Nr. 35 / 1994, S. 566.

gen auf? Warum sind andere Staaten noch nicht überein gekommen? Das Zwischenergebnis zu Ende des Kapitels fasst die vorangegangenen Ausführungen nochmals zusammen, wertet sie aus und zieht Schlussfolgerungen für das darauf folgende und letzte Kapitel der Untersuchung.

1. Wassersystem im Jordanbecken

Das Jordanbecken ist ein Längstal im vorderen Nahen Osten.[2] Es erstreckt sich über 18.300 km² vom Berg Hermon im Norden bis zum Toten Meer im Süden mit nördlichen und flankierenden Gebirgsketten sowie Schwemmebenen im mittleren Bereich.[3] Anlieger des Flusssystems sind die Hauptparteien im Nahost-Friedensprozess – Israel, Jordanien, der Libanon, Syrien und die palästinensischen Autonomiegebiete.[4] 80% des Beckens liegen auf israelischem, jordanischem und palästinensischem Gebiet.[5] Das Flusssystem liegt in einer klimatischen Übergangszone von semi-ariden bis ariden Verhältnissen.[6] Der geringe Niederschlag unterliegt regionalen, saisonalen und jährlichen Schwankungen. Ein Großteil der Oberflächengewässer und die wichtigsten Grundwasservorkommen sind im Jordanbecken grenzüberschreitend.[7]

---

2 Der Begriff ‚vorderer Naher Osten' umschließt Israel, Jordanien, den Libanon, Syrien und die palästinensischen Gebiete. Auch Ägypten und Zypern fallen unter diesen Begriff, sie gehören geologisch allerdings nicht zum Jordanbecken. Der hier verwendete Begriff ‚Naher Osten' wird demnach bewusst von dem weiter gefassten Begriff des Mittleren Ostens abgegrenzt. Für eine Unterscheidung der Begriffe vgl. Ferdowsi, Mir A., *Naher und Mittlerer Osten*, in: Opitz, Peter J., *Der globale Marsch. Flucht und Migration als Weltproblem*, München 1997, S. 223.

3 Siehe hierzu Karte „Wassersystem im Jordanbecken".

4 Die Bezeichnung „Core Parties in the Middle East Peace Process" verwendet beispielsweise die *Declaration on Principles for Cooperation on Water-Related Matters and New and Additional Water Resources*, 13. Februar 1996, erarbeitet von der *Multilateral Working Group on Water Ressources* der multilateralen Verhandlungsschiene im Nahost-Friedensprozess, im Internet unter: http://www.us-israel.org/jsource/Peace/waterdec.html.

5 Vgl. Lowi, Miriam R., *Water and Power. The Politics of a Scarce Resource in the Jordan River Basin*, Cambridge 1993, S. 20.

6 *Arid*: aus dem Lateinischen *aridus* trocken, dürr. Im ariden Klima ist die Verdunstung größer als der Niederschlag. *Semiarid*: auch subarid. Ein trockenes Klima mit Jahresniederschlägen von 25-50 cm. Spärlicher Pflanzenwuchs ist möglich. Aride und humide Verhältnisse wechseln sich in einem semiariden Gebiet ab. Mehr als sechs Monate im Jahr sind die Verhältnisse jedoch arid. Vgl. Spektrum Akademischer Verlag (Hrsg.), *Lexikon der Geowissenschaften*, Heidelberg 2000-2002, im Internet unter: http://www.xipolis.net.

7 Siehe hierzu die Abbildung „Das Wassersystem im Jordanbecken" im Anhang. Vgl. Dombrowsky, Ines, *The Jordan River Basin. Prospects for Cooperation within the*

1.1. Oberflächengewässer und Grundwasser

1.1.1. Jordanquellflüsse und -nebenflüsse

Primärer Wasserlauf des Flussbeckens ist der Jordan, der in Nord-Süd-Richtung verläuft. Seine drei Quellflüsse mit ausgezeichneter Wasserqualität – Dan, Hasbani und Banias – entspringen in etwa 2000 m Höhe am Berg Hermon.[8] Dan ist der größte unter den Jordanquellflüssen. Er verläuft vollständig in Israel und stellt eine ganze Hälfte des oberen Jordanwassers (relativ konstant 245 mcm/a). Hasbani, der zweite Jordanquellfluss (stark schwankend durchschnittlich 138 mcm/a), entspringt im Libanon, etwa 50 km vor der Grenze zu Israel. Für zwei Kilometer fließt er durch Syrien. Auch Banias, der schwächste der Jordanquellflüsse (ebenfalls stark schwankend durchschnittlich 121 mcm/a), verläuft über knapp zwei Kilometer durch Syrien, bevor er nach Israel fließt. Für den oberen Jordan liefern die drei Quellflüsse jährlich etwa 500 mcm.[9]

Am unteren Flussabschnitt fließt Wasser aus Nebenflüssen und Wadis [10] von Osten und Westen zum Jordan hinzu. Zu den größten Jordannebenflüssen zählen Yarmuk und Zerka, die in Ost-West-Richtung verlaufen. Als Hauptnebenfluss vom Jordan gilt der Yarmuk, zugleich Jordaniens bedeutendster Flusslauf. Der Yarmukhauptarm bildet zunächst über 40 km die syrisch-jordanische Staatsgrenze und später die israelisch-jordanische, bevor er in den Jordan mündet. Nach der Mündungsstelle bildet der Jordan über 40 km die israelisch-jordanische Staatsgrenze. Der unterste Jordanabschnitt trennt Jordanien von der Westbank und bildet die Linie,

---

Middle East Peace Process?, in: Scheumann, Waltina / Schiffler, Manuel (Hrsg.), *Water in the Middle East. Potential for Conflicts and Prospects for Cooperation*, Berlin/Heidelberg 1998, S. 91.

8 Siehe hierzu die Abbildung „Das Wassersystem im Jordanbecken" im Anhang.

9 Vgl. Lowi, Miriam R., *Water and Power. The Politics of a Scarce Resource in the Jordan River Basin*, Cambridge 1993, S. 25.

10 *Wadi*: aus dem Arabischen *wadi* es floss: Trockental, Flussbett in der Wüste, das nur nach heftigen Regenfällen Wasser führt, besonders in Nordafrika und im Vorderen Orient. Vgl. *Duden. Deutsches Universalwörterbuch*, und *Duden. Das große Fremdwörterbuch*, im Internet unter: http://www.duden.de.

die Israel und Jordanien im Friedensvertrag von 1994 vereinbarten.[11]

Zweiter Hauptnebenfluss des Jordans ist der Zerka. Sein Beitrag zum Wassersystem im Jordanbecken ist allerdings mangelhaft. Minderwertige Wasserqualität lässt allenfalls salztolerierende Gewächse zu. Insgesamt gilt der Zerka als Umweltdesaster. Er ist nicht nur „terribly polluted, but during the summer months, its flow consists almost entirely of sewage effluent“.[12]

1.1.2. Jordanverlauf

Auf israelischem Staatsterritorium fließen die drei Quellflüsse zum oberen Jordan zusammen.[13] Nach den ersten 25 km mündet der Jordan in den See Genezareth (auch genannt See of Galilee, Lake Tiberias oder Kinneret). Seine Ufer liegen vollständig auf israelischem Staatsterritorium oder unter israelischer Besetzung.[14] Der See Genezareth umfasst 170 km^2 und fängt Wasser aus einem Umkreis von 2.730 km^2 auf. Als einziger natürlicher Süßwasserspeicher in der Region ist er von immensem Wert. Seine Bedeutung, nicht zuletzt für die Forschung, liegt auch darin, dass sich an seiner Wasserqualität und Seegrundsituation zahlreiche Umweltveränderung im gesamten Einzugsgebiet ablesen lassen.[15]

---

11 Vgl. Lowi, Miriam R., *Water and Power. The Politics of a Scarce Resource in the Jordan River Basin*, Cambridge 1993, S. 25.

12 AaO, S. 155.

13 Siehe hierzu die Abbildung „Das Wassersystem im Jordanbecken” im Anhang.

14 Israel hält eisern an seiner Kontrolle über das gesamte Ufer des See Genezareth fest: “The entire Sea of Galilee, including the northeastern shore, must remain under full Israeli sovereignty,” bekräftigt der seinerzeitige israelische Außenminister, David Levy, im April 2000. Sprecher des Auswärtigen Amtes Israels (Hrsg.), *The Sea of Galilee Will Remain under Israeli Sovereignty*, 10. April 2000, im Internet unter: http://www.mfa.gov.il/mfa/go.asp?MFAH0h6n0, zitiert am 27. Februar 2003. Genauer zu diesem israelisch-syrischen Konfliktpunkt siehe unten, Kapitel 2, Punkt „Syrien und Libanon“.

15 Vgl. Israeli Ministry of National Infrastructures (Hrsg.), *Water and Natural Resources / Management of the Lake Kinneret Watershed*, ohne Jahresangabe im Internet unter: http://www.mfa.gov.il/mfa/go.asp?MFAH00hz0#kinneret, zitiert am: 27. Februar 2003.

Süßwasser zu speichern, wird für Staaten vor allem dann essentiell, wenn sie starke saisonale Schwankungen, Dürrejahre oder Angebots-Nachfrage-Diskrepanzen ausgleichen müssen. Allerdings verfügt der See Genezareth nur über eine Speicherkapazität von 520 mcm. Für kritische klimatische Zeiten ist diese Speicherkapazität nicht ausreichend. Dennoch bedeutet der See Genezareth für Israel ein signifikanter Vorteil zum Beispiel gegenüber Jordanien, das über kein natürliches Wasserreservoir innerhalb seiner Staatsgrenzen verfügt.[16]

Unterhalb des See Genezareth schlängelt sich der Jordan über 110 km zum Toten Meer, das 408 Meter unter dem Meeresspiegel liegt.[17] Der Salzgehalt des unteren Jordan ist derart hoch, dass er für landwirtschaftliche Zwecke weitgehend unbrauchbar ist. So weit südlich wird der Jordan also eher zur Abwasserableitung genutzt: „In fact, over the years it has become little more than a drainage ditch.“ [18]

1.1.3. Aquifere

Weitere Süßwasserlieferanten im Jordansystem sind Aquifere – Grundwasserleiter oder Gesteinskörper, die Grundwasser aufnehmen und weiterleiten können.[19] Unter der Westbank zwischen dem Bet She'an Tal im Norden und dem Toten Meer im Süden liegen drei bedeutende Grundwasserbecken. Zusammen bilden sie das West Bank Mountain Aquifer.[20]

---

16 Vgl. Lowi, Miriam R., *Water and Power. The Politics of a Scarce Resource in the Jordan River Basin*, Cambridge 1993, S. 29 ff.

17 Vgl. Baim, Karen A., *Come Hell or High Water. A Water Regime for the Jordan River Basin*, in: Wash.U.L.Q., Vol. 75, No. 2 / 1997, S. 2.

18 So das ernüchternde Fazit von Lowi, Miriam R., *Water and Power. The Politics of a Scarce Resource in the Jordan River Basin*, Cambridge 1993, S. 32.

19 *Grundwasser*: „unterirdisches Wasser, das die Hohlräume der Lithosphäre zusammenhängend ausfüllt“. *Lithosphäre*: „in sich relativ starre, oberste Schicht der festen Erde“. Spektrum Akademischer Verlag (Hrsg.), *Lexikon der Geographie*, Heidelberg 2001, im Internet unter: http://www.xipolis.net. Eine knappe, lexikonartige Schilderung des Fließsystems von Grundwasser mit graphischen Darstellungen siehe The World Bank Group (Hrsg.), *Groundwater Flow System*, im Internet unter: http://lnweb18.worldbank.org/ESSD/essdext.nsf/18ByDocName/GroundwaterFlow Systems/$FILE/ GroundwaterFlowSystems.pdf.

20 Die Wasserscheide sowie Nord-, Ost- und Westaquifer in der Westbank zeigt die

Es liefert jährlich bis zu 600 mcm Süßwasser von hoher Qualität.[21]

Entlang der zentralen Bergkette der Westbank verläuft in Nord-Süd-Richtung die Wasserscheide durch die Mitte des Mountain Aquifers. Östlich von der Wasserscheide fließt vom Ostaquifer Wasser in Richtung Jordantal, westlich von der Wasserscheide vom Westaquifer in Richtung israelische Küstenebene. Im Norden der Westbank spaltet sich die Wasserscheide in Richtung Nordwesten und Nordosten entzwei. Das in der Mitte liegende Dreieck bildet das Nordaquifer, dessen Wasser in Richtung Nordisrael fließt.[22] Die Ressourcen im Nord- und Westaquifer überschreiten damit die 1949er Waffenstillstandslinie zwischen Israel und dem Westjordanland.[23]

Erneuerbare unterirdische Süßwasserressourcen werden für die südlichen Jordananlieger, Israel, Jordanien und die Palästinensergebiete, auf insgesamt 1.460 mcm/a geschätzt. Ihre Wasserqualität ist unterschiedlich. Wird Oberflächenwasser zu knapp, wird Grundwasser oft übernutzt [24],

---

Karte „Das Wassersystem im Jordanbecken“ im Anhang.

21 Je nach Quelle differieren die Mengenangaben leicht. Vgl. Baim, Karen A., *Come Hell or High Water. A Water Regime for the Jordan River Basin*, in: Wash.U.L.Q., Vol. 75, No. 2 / 1997, S. 2.

22 Die Fließrichtung und Fließmengen des Grundwassers in der Westbank zeigt die Karte 8.2. „West Bank groundwater: quantities and direction of flow" bei Lowi, Miriam R., *Water and Power. The Politics of a Scarce Resource in the Jordan River Basin*, Cambridge 1993, S. 184.

23 Bei dieser sogenannten Grünen Linie handelt es sich nicht um eine Grenze und die Westbank ist kein Staat. Daher können die Wasserressourcen in Nord- und Westaquifer der Westbank nicht als grenzüberschreitend oder international bezeichnet werden. Insofern ist Vorsicht bei Formulierungen in der einschlägigen Literatur geboten. Die Bezeichnung ‚Grüne Linie' geht darauf zurück, dass die Waffenstillstandlinien 1949 nach dem ersten arabisch-israelischen Krieg, dem Unabhängigkeitskrieg von 1948, in den Waffenstillstandsverträgen zwischen Israel, Jordanien, Syrien und dem Libanon auf der Landkarte mit einem grünen Stift eingetragen wurden. Vgl. Dachs, Gisela, *Retuschen an der Grünen Linie. Wo verläuft die Grenze zwischen Israel und Palästina?*, in: Die Zeit, Nr. 40, 30. September 1999. Waffenstillstandsverträge 1949: zwischen Israel und Ägypten am 24. Februar, Israel und Libanon am 24. März, Israel und Transjordanien am 3. April sowie Israel und Syrien am 20. Juli. Vgl. Harttung, Arnold (Hrsg.), *Zeittafel zum Nahostkonflikt. 1920-1979. Dokumentation*, Berlin 1979, S. 53 ff.

24 Übernutzung bedeutet, die durchschnittliche Grundwasserentnahme übersteigt die durchschnittliche Wiederauffüllungsrate des Aquifers. In der Literatur finden sich

was eine Reihe reversibler aber auch irreversibler Schäden für das Wassersystem nach sich zieht.[25] Eine anhaltende Verringerung des Wasservolumens in unterirdischen Speichern senkt den Grundwasserspiegel. Einfließen von salzigem Meerwasser und steigender Salzgehalt im Boden drohen. Wasser und Boden versalzen zunehmend und werden graduell unbrauchbarer für die Landwirtschaft. Nur salztolerierende Gewächse können in diesen Gebieten noch standhalten.[26]

1.2. Wasserführung und -nutzung

1.2.1. Geringe Wasserführung

Wie erwähnt, liefern die drei Jordanquellflüsse Dan, Hasbani und Banias aus dem Libanon, Syrien und Israel für den oberen Jordan zusammen 500 mcm/a. Mit 400 mcm/a speisst auch der Yarmuk, aus Syrien und Jordanien hinzufließend, den Jordan. 94 mcm/a trägt der Zerka bei, der vollständig auf jordanischem Staatsgebiet verläuft. Wadis am Ost- und Westufer des Jordans liefern zusätzliche 300 mcm/a.[27]

In den internationalen Kontext gestellt führt der Jordan trotz bedeutender Zuflüsse mit 1.200 bis 1.800 mcm/a vor seiner Mündung ins Tote Meer ausgesprochen wenig Wasser.[28] Dies wird besonders deutlich im Ver-

---

hierfür die Bezeichnungen *excessive groundwater abstraction*, *groundwater overdraft*, *groundwater over-exploitation* oder *groundwater mining*, da es sich tatsächlich um einen Verbrauch von Reserven handelt. Vgl. Foster, Stephen, *Evaluation of Groundwater Resources Status*, hrsg. von der World Bank Group, ohne Jahresangabe im Internet unter: http://lnweb18.worldbank.org/ESSD/essdext.nsf/18ByDocName/EvaluationofGroundwaterResourceStatus/$FILE/EvaluationofGroundwaterResourcesStatus.pdf.

25 Essentiell ist die Unterscheidung von reversiblen und irreversiblen Auswirkungen von Grundwasserübernutzung für das Umweltprinzip der Nachhaltigkeit und für Kosten-Nutzen-Berechnungen in Bezug auf Grundwassernutzung. Vgl. aaO.

26 Vgl. Lowi, Miriam R., *Water and Power. The Politics of a Scarce Resource in the Jordan River Basin*, Cambridge 1993, S. 31.

27 Siehe hierzu Abbildung „Wasserführung im Jordanbecken in mcm/a" im Anhang.

28 Zudem steigt der Salzgehalt im Boden in Richtung Süden zunehmend, denn das Tote Meer (80 km lang Nord-Süd) an der Grenze zwischen Israel und Jordanien führt um ein Zehnfaches salzigeres Wasser als sonstige Meere. Für Lebewesen oder zur Trinkwassergewinnung ist dieser Salzgehalt im Boden deutlich zu hoch. Der Wert

gleich zu anderen grenzüberschreitenden Flüssen wie dem Euphrat mit einer über zwanzigfachen Wasserführung und dem Rhein oder Nil, die je über das Fünfzigfache an Wasser führen.[29] Schiffbar ist der Jordan somit allein schon aufgrund seiner geringen Wasserführung nicht.[30]

Zudem unterliegt die Wasserführung des Jordans extremen saisonalen Schwankungen. Ein satter Fluss im Winter und Frühling (bis zu 40% seines Jahresgesamtflusses in einem Monat) wechselt sich regelmäßig mit einem dünnen, trägen Bach im Sommer und Herbst ab (etwa 4% seines Jahresgesamtflusses in einem Monat). Doch gerade in den Sommermonaten liegt der regionale Wasserverbrauch am höchsten. Überdies plagen die Region Dürrejahre, von denen immer wieder mehrere aufeinander folgen.[31] Rapides Bevölkerungswachstum und steigender Lebensstandart „are driving water demand inexorably upward" und liefern somit einen weiteren Beitrag zur Verschärfung der Situation.[32]

Über natürliche Süßwasserressourcen verfügen außer Syrien und dem Libanon die Anlieger des Jordanbeckens also nur in sehr begrenztem Maß. Sie sind auf die knappe Wasserführung des Jordans, seiner Seitengewässer und der Grundwasserschichten angewiesen. Einige der Jordananlieger zählen sogar zu den wasserärmsten Staaten der Erde. Laut Berechnungen von Experten werden innerhalb der nächsten zehn Jahre Industrie- und Bevölkerungswachstum sämtliches Süßwasser in dieser Region aufgebraucht haben.[33]

---

des Toten Meeres liegt allerdings in seinen kostbaren Mineralien. Sie werden unter anderem für Kosmetika weiterverarbeitet. Vgl. Baim, Karen A., *Come Hell or High Water. A Water Regime for the Jordan River Basin*, in: Wash.U.L.Q., Vol. 75, No. 2 / 1997, Fn. 10.

29 Zahlen im Text aus Tabelle „Major Transboundary Water Resources of the World" des *International Water Law Project*, im Internet unter:

http://www.internationalwaterlaw.org, zitiert am: 13. März 2003.

30 Zur Schiffbarkeit eines Flusses als Kriterium der Internationalität siehe oben, Kapitel 1, Punkt „Internationale Flussläufe und internationale Flussbecken".

31 Vgl. Lowi, Miriam R., *Water and Power. The Politics of a Scarce Resource in the Jordan River Basin*, Cambridge 1993, S. 28 f.

32 Amery, Hussein A. / Wolf, Aaron (Hrsg.), *Water in the Middle East. A Geography of Peace*, Austin 2000, Vorwort.

33 Vgl. Baim, Karen A., *Come Hell or High Water. A Water Regime for the Jordan*

1.2.2. Nicht-navigatorische Wassernutzung

Für den vorliegenden Untersuchungsbereich ist die Wasserführung des Jordans richtungsweisend. Nachdem der Jordan bei dieser geringen Wasserführung nicht schiffbar ist, ist allein die nicht-schifffahrtliche oder nicht-navigatorische Wassernutzung im Jordanbecken bedeutsam. Weil Wasser im Jordanbecken derart knapp ist, werden die Wassersysteme bis an die Grenze der Belastbarkeit ausgereizt. Die Nutzungsintensität liegt bei 100% oder sogar höher. Das bedeutet vorhandenes Süßwasser wird vollständig genutzt, auch fossiles, und zusätzlich Meerwasser entsalzt.[34] Dabei ist das Phänomen einer hundertprozentigen oder höheren Wassernutzungsintensität ein regionales. Jegliche Staaten, die derart bedenkliche Zahlen aufweisen, liegen im Nahen Osten.[35]

Insgesamt nutzten Israel, Jordanien und die Palästinenser im Jahr 1994 etwa 3.040 mcm. 265 mcm davon sind wieder aufbereitetes Abwasser. 1.900 mcm nutzten die 5,3 Millionen Israelis, 910 mcm die 4,1 Millionen Jordanier und 230 mcm die 2,2 Millionen Palästinenser. Daraus ergibt sich für 1994 ein unausgeglichener jährlicher Brutto-Pro-Kopf-Verbrauch von 360 m^3/c/a durch Israelis, 220 m^3/c/a durch Jordanier und 110 m^3/c/a durch Palästinenser in den Autonomiegebieten.

Seit Jahren werden die Küstenaquifere in Israel und dem Gazastreifen sowie einige Grundwasserbecken in Jordanien stark übernutzt. Obwohl nur 1.460 mcm/a an erneuerbarem Grundwasser vorhanden sind, pumpten Israel (1.000 mcm), Jordanien (510 mcm) und die Palästinenser (230 mcm) 1994 zusammen etwa 1.740 mcm Süßwasser aus dem Boden. 280 mcm wurden also nicht erneuerbaren Grundwasservorkommen entzogen.[36] Wie erwähnt, sind mögliche irreversible Folgen von Grundwasser-

---

River Basin, in: Wash.U.L.Q., Vol. 75, No. 2 / 1997, S. 1.

34 Vgl. Reimann, Markus, *Die nicht-navigatorische Nutzung internationaler Süßwasserressourcen im Umweltvölkerrecht*, Frankfurt am Main u.a. 1999, S. 313 f.

35 Vgl. Libiszewski, Stephan, *Internationale Konflikte um die Nutzung fließender Gewässer*, in: Bächler / Böge / Klötzli / Libiszewski / Spillmann (Hrsg.), *Kriegsursache Umweltzerstörung*, Bd. II, Abschlußbericht des Environment and Conflict Project ENCOP, S. 126 und 134.

36 Vgl. Dombrowsky, Ines, *The Jordan River Basin. Prospects for Cooperation within the Middle East Peace Process?*, in: Scheumann, Waltina / Schiffler, Manuel

übernutzung eine Versalzung des Grundwassers und des Bodens sowie zunehmende Unbrauchbarkeit für landwirtschaftliche Zwecke.[37]

(Hrsg.), *Water in the Middle East. Potential for Conflicts and Prospects for Cooperation*, Berlin/Heidelberg 1998, S. 94.

37 Bereits eingetretene und absehbare Schäden an Boden, Wasser und anderen Umweltressourcen westlich vom Jordan kalkuliert Hadas, A., *Water Balance, Modes of Water Utilization, and Soil-Water-Environment Resources Preservation. (Within the Area West of the Jordan River)*, Division of Environmental Physics, Institute of Soil, Water and Environmental Sciences, A.R.O., Volcani Center, Bet Dagan, März 2000, im Internet unter: http://lnweb18.worldbank.org/ESSD/essdext.nsf/26DocByUnid/ 11112DA88DA1B 14185256B8B0069B775/$FILE/ HadasWaterWeek.pdf.

2. Interessen- und Konfliktlage im Jordanbecken

Im Jordanbecken finden wir eine international verzweigte Ober-Unterlieger-Struktur. „Nahezu alle relevanten Wasservorkommen des Jordanbeckens überqueren international anerkannte Grenzen bzw. Waffenstillstandslinien." [38] Dieses Ober-Unterlieger-Geflecht schafft Interdependenz, Konkurrenz und bietet reichlich Nährstoff für zwischenstaatliche Differenzen. Denn Oberlieger können in wasserarmen Regionen wie dem Jordanbecken ihre vorteilhafte Position beispielsweise als politische Waffen ausgespielen.

Ober- und Unterlieger-Positionen erfuhren im Verlauf der konfliktreichen Geschichte im Nahen Osten immer wieder dramatische Veränderungen. Die fünf militärischen Auseinandersetzungen zwischen Israel und seinen arabischen Nachbarstaaten schoben zwischenstaatliche Waffenstillstandslinien und Grenzen hin und her.[39] Ein bedeutender Teil der Wasservorkommen im Jordanbecken liegt nun auf politisch umstrittenen Territorien. „Die Kontrolle über diese Vorkommen wird auf Grundlage von Macht, nicht von Recht ausgeübt." [40]

---

[38] Johannsen, Margret, *Das Konfliktkonglomerat im Jordanbecken*, in: Barandat, Jörg (Hrsg.), *Wasser – Konfrontation oder Kooperation? Ökologische Aspekte von Sicherheit am Beispiel eines weltweit begehrten Rohstoffs*, Baden-Baden 1997, S. 55.

[39] Einfach nachvollziehen lassen sich die Territorialverschiebungen im Zuge der Nahostkriege mit der Flash-Animation (Kartensequenz) auf den Websites der Zeitschrift ‚Der Spiegel', im Internet unter: http://www.spiegel.de/politik/ausland/0,1518,112176,00.html, zitiert am: 27. März 2003. Ausführlich zum israelisch-arabischen Konflikt: eine politisch-rechtliche Untersuchung bei Gainsborough, J. Russell, *The Arab-Israeli Conflict. A Politico-Legal Analysis*, Vermont 1986; eine mehrfach aktualisierte Analyse bei Tophoven, Rolf, *Der israelisch-arabische Konflikt*, 5., aktualisierte Auflage, Bonn 1999; ein prägnanter Überblick bei Pappe, Ilan, *Von Lausanne nach Oslo. Zur Geschichte des israelisch-palästinensischen Konflikts*, in: APuZ, Beilage zur Wochenzeitung ‚Das Parlament', B 14 / 1998, S. 30-38; sowie Harttung, Arnold (Hrsg.), *Ursprung und Entwicklung des arabisch-israelischen Konflikts und der Palästina-Teilungsplan der Vereinten Nationen*, Berlin 1993.

[40] Johannsen, Margret, *Das Konfliktkonglomerat im Jordanbecken*, in: Barandat, Jörg (Hrsg.), *Wasser – Konfrontation oder Kooperation? Ökologische Aspekte von Sicherheit am Beispiel eines weltweit begehrten Rohstoffs*, Baden-Baden 1997, S. 55.

Heute finden wir folgende Ober-Unterlieger-Struktur: An den Jordanquellflüssen Hasbani und Banias sind der Libanon und Syrien Oberlieger Israels. Dan, der bedeutendste der Jordanquellflüsse, verläuft vollständig auf israelischem Staatsterritorium. Am oberen Jordan ist Israel Oberlieger gegenüber den Palästinensern der Westbank und den Jordaniern. An den Jordannebenflüssen Yarmuk und Zerka sind wiederum Jordanien und Syrien Oberlieger Israels. In der gebirgigen Westbank sind die Palästinenser gegenüber den Israelis der Küstenebene Oberlieger.[41]

Für alle Anlieger hat das Jordanbecken elementare Bedeutung. Die nationalen Perzeptionen des Wertes von Jordanwasser differieren allerdings. Teilweise wird dem Wasser im Jordansystem existentieller Wert und teilweise strategischer beigemessen. Der folgende Abschnitt analysiert die Interessen- und Konfliktlage im Jordanbecken, indem er Anlieger für Anlieger die grundlegenden hydrologischen, politischen und rechtlichen Aspekte vorstellt.

2.1. Palästinensergebiete

Entsprechend dem geschilderten israelisch-palästinensischen Ober-Unterlieger-Geflecht müsste sich das Verhältnis als hydrologische Interdependenz gestalten. Gegenwärtig handelt es sich indes um eine einseitige Abhängigkeit der Palästinenser.[42] Denn Israel kontrolliert als Besetzungsmacht [43] die Wasservorkommen in den Palästinensergebieten und folglich

---

41 Vgl. Schiffler, Manuel, *Konflikte um Wasser – ein Fallstrick für den Friedensprozeß im Nahen Osten?*, in: APuZ, B 11 / 1995, S. 13.

42 Vgl. Renger, Jochen, *The Middle East Peace Process. Obstacles to Cooperation over Shared Waters*, in: Scheumann, Waltina / Schiffler, Manuel (Hrsg.), *Water in the Middle East. Potential for Conflicts and Prospects for Cooperation*, Berlin/Heidelberg 1998, S. 52 f.

43 Wenn die vorliegende Untersuchung die Palästinensergebiete als „Besetzungsgebiet" und Israel als „Besetzungsmacht" bezeichnet, dann ist das nicht eine politische Meinung, sondern eine völkerrechtliche Qualifizierung der betreffenden Territorien und der israelischen Kontrolle hierüber. Die Bezeichnungen finden sich nicht nur in der einschlägigen völkerrechtlichen Literatur sondern auch in der Staatenpraxis. Zum Beispiel die UN-Resolutionen betreffend die Palästinensergebiete und die Besetzung durch Israel verwenden den Begriff *occupied territories* (besetzte Gebiete). An dieser völkerrechtlichen Wertung kann auch der in Israel gern verwendete Begriff *disputed territories* (strittige Gebite) nichts ändern. Im Mai 2003 hatte der israelische

auch den palästinensischen Wasserkonsum.[44] Als „Raubbau" bezeichnet Fawzy Naji, Berater bei der palästinensischen Wasserbehörde, die israelische Wasserpolitik in den besetzten Gebieten.[45] Der Wirtschsafts- und Sozialrat der Vereinten Nationen berichtet:

> „Israeli occupation is strictly affecting and undermining the Palestinians' supply of drinking water as well as its quality".[46]

2.1.1. Vergleichsdaten Gazastreifen und Westjordanland

Als hydrologisches Krisengebiet gilt der Gazastreifen. Im weltweiten Vergleich ist er eines der dichtesten Siedlungsgebiete, das allerdings über

---

Premierminister, Ariel Sharon, zum ersten Mal in der Öffentlichkeit das Wort ‚Besetzung' im Kontext der Palästinensergebiete benutzt: „Holding 3.5 Million Palestinians under occupation is a bad thing for Israel, for the Palestinians and for the Israeli economy." Nach scharfer Kritik aus seinem eigenen rechten politischen Lager verwendete Sharon den Ausdruck ‚Besetzung' nicht mehr in der Öffentlichkeit. Zitat aus: Bennet, James, *Sharon Laments 'Occupation' and Israeli Settlers Shudder*, in: The New York Times, 1. Juni 2003, im Internet unter: http://www.nytimes.com/2003/06/01/international/middleeast/01MIDE.html?th. Vgl. auch Myre, Greg, *In the Middle East, Even Words Go to War*, in: The New York Times, 3. August 2003, im Internet unter: http://www.nytimes.com/2003/08/03/weekinreview/03MYRE.html.

44 Der Wasserverteilungskonflikt ist unmittelbar mit der Frage nach der Rückkehr der palästinensischen Flüchtlinge nach den israelisch-arabischen Kriegen verwoben. Denn die Aufnahmefähigkeit eines potentiellen späteren Palästinenserstaats ist auch davon abhängig, in welchem Umfang er Zugang zu Wasser haben wird. Vgl. Dachs, Gisela, *Wasser für alle. Die trockene Wirklichkeit der Region zwingt Israelis und Palästinenser zur Zusammenarbeit*, vierteilige Serie über die Grundprobleme im Nahen Osten, hier: Teil 4, in: Die Zeit, Nr. 45, 4. November 1999. Grundlegend aus völkerrechtlicher Sicht zur palästinensischen Flüchtlingsfrage siehe Takkenberg, Lex, *The Status of Palestinian Refugees in International Law*, Oxford 1998.

45 Zitiert nach Dachs, Gisela, *Wasser für alle. Die trockene Wirklichkeit der Region zwingt Israelis und Palästinenser zur Zusammenarbeit*, vierteilige Serie über die Grundprobleme im Nahen Osten, hier: Teil 4, in: Die Zeit, Nr. 45, 4. November 1999.

46 United Nations General Assembly – Economic and Social Council (Hrsg.), *Economic and social repercussions of the Israeli occupation on the living conditions of the Palestinian people in the occupied Palestinian territory, including Jerusalem, and the Arab population in the occupied Syrian Golan*, A/54/152-E/1999/92, Annex, 25. Juni 1999, Punkt II. A. 35., im Internet unter: http://www.un.org/documents/ecosoc/docs/1999/e1999-92.htm.

nahezu kein nutzbares Oberflächenwasser verfügt. In Küstennähe liegt eine Grundwasserschicht, die chronisch überbeansprucht ist, woran überwiegend Israel Schuld tragen soll. Die Vereinten Nationen gaben Berechnungen bekannt, denen gemäß „the 3,000 to 4,000 [Jewish] settlers living in the Gaza Strip used 75 per cent of the available ground water, while the approximately 1 million Palestinians used less than 25 per cent".[47]

Als Folge hat der Gazastreifen mit oben genannten irreversiblen Schäden für das Wassersystem zu kämpfen: Salzwasser vom Mittelmeer dringt in die Grundwasserschicht ein, Salze und Nitrate von städtischer und landwirtschaftlicher Nutzung verschmutzen zusätzlich. Heute sind 20% der Grundwasserschicht entlang der Gaza-Küste verdreckt. Abzusehen ist, dass zahlreiche Brunnen still gelegt werden müssen.[48]

Im Gegensatz zum Gazastreifen ist in der Westbank mit dem Jordan, mit Wadis und Quellen Oberflächenwasser vorhanden. Zugang zu diesen Ressourcen bekommen die Palästinenser des Westjordanlandes aufgrund israelischer Besetzungspolitik allerdings nur eingeschränkt.[49] Israel entnimmt den wasserführenden Erdschichten in der Westbank „den weitaus größten Teil des Wassers".[50] Laut Angaben der Weltbank nützt die

---

47 UN-Press Release, GA/SPD/152, 18. November 1998, unter: http://www.un.org, zitiert am: 13 März 2003. Vgl. auch Dachs, Gisela, *Wasser für alle. Die trockene Wirklichkeit der Region zwingt Israelis und Palästinenser zur Zusammenarbeit*, vierteilige Serie über die Grundprobleme im Nahen Osten, hier: Teil 4, in: Die Zeit, Nr. 45, 4. November 1999.

48 Vgl. Reimann, Markus, *Die nicht-navigatorische Nutzung internationaler Süßwasserressourcen im Umweltvölkerrecht*, Frankfurt am Main u.a. 1999, S. 316.

49 Vgl. United Nations General Assembly – Economic and Social Council (Hrsg.), *Economic and Social Repercussions of the Israeli Occupation on the Living Conditions of the Palestinian People in the Occupied Palestinian Territory, including Jerusalem, and of the Arab Population in the Occupied Syrian Golan*, A/57/63 – E/2002/21, 17. Mai 2002, Punkte 35-45, im Internet unter: http://ods-dds-ny.un.org/doc/UNDOC/GEN/N02/392/74/PDF/N0239274.pdf?OpenElement. Vgl. auch Renger, Jochen, *The Middle East Peace Process. Obstacles to Cooperation over Shared Waters*, in: Scheumann, Waltina / Schiffler, Manuel (Hrsg.), *Water in the Middle East. Potential for Conflicts and Prospects for Cooperation*, Berlin/Heidelberg 1998, S. 53.

50 Reimann, Markus, *Die nicht-navigatorische Nutzung internationaler Süßwasserressourcen im Umweltvölkerrecht*, Frankfurt am Main u.a. 1999, S. 316. Vgl. auch Elmusa, Sharif S., *Dividing Common Water Resources According to International*

Besetzungsmacht 90% der Wasserressourcen des Westjordanlandes, gesteht den Palästinensern hingegen nur 10% zu.[51] Zum Wassersystem des Jordans selbst ist den Palästinensern der Zugang sogar ganz verwehrt: „It's highly unfair," sagt Wasserexperte Yehezkel Lein von der israelischen Menschenrechtsorganisation *B'tselem*, „Regarding the Jordan River system, the Palestinians do not have any access." [52] Daran zeigt sich, dass die palästinensische Wasserkrise weniger eine natürlich determinierte, sondern vielmehr eine politisch konstruierte ist.[53]

Die Palästinenser verwenden 64% ihres Wasserhaushalts für die Landwirtschaft und 36% in Haushalten und Kleinbetrieben. In den landwirtschaftlichen Sektor fließt somit in den Palästinensergebieten (150 mcm/a) bedeutend weniger Wasser als in Israel (1180 mcm/a) und Jordanien (670 mcm/a). Der Agrarsektor trägt in den Palästinensergebieten mit 9% allerdings mehr als zweimal so viel zum Bruttoinlandsprodukt bei wie in Jordanien (4%) und dreimal so viel wie in Israel (3%).[54] Wassersparende Tröpfchenbewässerung verwenden die Palästinenser auf 60% ihrer Bewässerungsfläche.[55]

Water Law. The Case of the Palestinian-Israeli Waters, NRJ Nr. 35 / 1995, S. 230.

51 Siehe hierzu die Abbildung „Täglicher Pro-Kopf-Trinkwasserverbrauch. Israelis und Palästinenser im weltweiten Vergleich" im Anhang. Vgl. Chesnot, Christian, *Pénurie d'eau au Proche-Orient. Un enjeu méconnu des négociations israélo-arabes*, in: Le Monde Diplomatique, 15. Februar 2000.

52 *Water war leaves Palestinians thirsty. Like many other things in the region, water is in hot dispute between the Israelis and the Palestinians*, in: BBC, 16. Juni 2003, im Internet unter: http://news.bbc.co.uk/1/hi/world/middle_east/2982730.stm

53 Dieser Auffassung ist auch der deutsche Hydrologe Messerschmid, Clemens, *Der westliche Bergaquifer*, in: INAMO, Nr. 27, Herbst 2001, S. 15.

54 Zahlen von 2001 aus Central Intelligence Agency (Hrsg.), *The World Factbook 2002*, im Internet unter: http://www.cia.gov/cia/publications/factbook/geos/we.html#Econ für die Westbank, unter: http://www.cia.gov/cia/publications/factbook/geos/gz.html#Econ für den Gazastreifen, unter: http://www.cia.gov/cia/publications/factbook/geos/is.html#Econ für Israel und unter: http://www.cia.gov/cia/publications/factbook/geos/jo.html#Econ für Jordanien.

55 Vgl. Dombrowsky, Ines, *The Jordan River Basin. Prospects for Cooperation within the Middle East Peace Process?*, in: Scheumann, Waltina / Schiffler, Manuel (Hrsg.), *Water in the Middle East. Potential for Conflicts and Prospects for Cooperation*, Berlin/Heidelberg 1998, S. 96.

Verglichen mit Israel (360 m³/c/a) und Jordanien (220 m³/c/a) ist der jährliche Brutto-Pro-Kopf-Wasserverbrauch der Palästinenser (110 m³/c/a) sehr niedrig.[56] Ein Grund liegt in der israelischen Besetzungspolitik in den Palästinensergebieten: „since 1967, the Palestinians had not only been prevented from the development of additional water resources in general, but also from gaining water resources data or having access to existing information."[57]

2.1.2. Israelische Besetzungspolitik

Unmittelbar nach der Eroberung von Westjordanland und Gazastreifen im Sechstagekrieg im Juni 1967 verwaltete Israel die dortigen Wasserressourcen über *military orders* (MO), militärische Anweisungen. Beispielsweise mit MO 92 von August 1967 übertrug Israel die Befehlsgewalt über die Wasserressourcen im Gebiet dem militärischen Befehlshaber vor Ort, MO 158 von November 1967 verbot die ungenehmigte Errichtung neuer Wasserinfrastruktur und mit MO 291 von Dezember 1968 konfiszierte Israel alle Wasservorkommen im Besetzungsgebiet und erklärte sie zu Staatseigentum.[58] *Water officers*, israelische Wasserbeamte, entschieden über Brunnenbohrungen und Wasserentnahmen. Ab 1982 verwalteten sodann die halbstaatliche *Israeli Water Company* (*Mekorot*) und die *Water Planning for Israel Company* (*Tahal*) die Wasserressourcen im Westjordanland und Gazastreifen.[59]

Der israelisch-palästinensische Friedensprozess seit Anfang der 1990er Jahre strukturierte die bilaterale Wasserpolitik um – allerdings eher for-

---

56 Zahlen von 1994.

57 Dombrowsky, Ines, *The Jordan River Basin. Prospects for Cooperation within the Middle East Peace Process?*, in: Scheumann, Waltina / Schiffler, Manuel (Hrsg.), *Water in the Middle East. Potential for Conflicts and Prospects for Cooperation*, Berlin/Heidelberg 1998, S. 93.

58 Vgl. Palestinian Academic Society for the Study of International Affairs (Hrsg.), *Water. The Blue Gold of the Middle East*, Special Bulletin, Juli 2002, Punkt „Historical Background", im Internet unter: http://www.passia.org/publications/bulletins/water-eng/water.pdf.

59 Vgl. Reimann, Markus, *Die nicht-navigatorische Nutzung internationaler Süßwasserressourcen im Umweltvölkerrecht*, Frankfurt am Main u.a. 1999, S. 318.

mell.[60] Die palästinensische Autonomiebehörde ist nach wie vor in einer auffallend schwachen Position: „without pressure from the United States on Israel, the Palestinian Authority is helpless and powerless“ in Bezug auf ihre Wasserressourcen.[61]

Die israelische Besetzungsmacht verordnet den palästinensischen Bewohnern von Westbank und Gazastreifen eine strenge Wasserrationierung. Wiederholt verwehren israelische Behörden den Palästinensern der Autonomiegebiete die Wasserzufuhr. Ein Bericht der israelischen Menschenrechtsorganisation *B'tselem* beklagt, „Mekorot, Israel's national water company, drastically cuts water to Palestinian communities in the West Bank during the summer to meet increased consumption in Israel and its settlements in the territory.” [62] Von den drastischen Rationierungsmaßnahmen sind nicht allein Palästinenser, sondern in gleicher Weise in den Palästinensergebieten ansässige Nichtregierungsorganisationen oder Auslandsvertretungen betroffen.[63]

Jüdische Siedlungen in der Westbank und im Gazastreifen bleiben von den Wasserrationierungsmaßnahmen allerdings nicht nur verschont. Sondern sie sind sogar Begünstigte, nachdem eine Kürzung des palästinensischen Wasserbedarfs eine Befriedigung des israelischen bedeutet.[64]

---

60 Ausführlich zu den Wasservereinbarungen zwischen Israel und den Palästinensern siehe unten, Kapitel 2, Punkt „Israelisch-palästinensische Abkommen seit 1993“.

61 Renger, Jochen, *The Middle East Peace Process. Obstacles to Cooperation over Shared Waters*, in: Scheumann, Waltina / Schiffler, Manuel (Hrsg.), *Water in the Middle East. Potential for Conflicts and Prospects for Cooperation*, Berlin/Heidelberg 1998, S. 52.

62 Bericht der israelischen Menschenrechtsorganisation *B'tselem*, 9. September 1998, sinngemäß wiedergegeben in: United Nations General Assembly – Economic and Social Council (Hrsg.), *Economic and social repercussions of the Israeli occupation on the living conditions of the Palestinian people in the occupied Palestinian territory, including Jerusalem, and the Arab population in the occupied Syrian Golan*, A/54/152-E/1999/92, Annex, 25. Juni 1999, Punkt II. A. 35., im Internet unter: http://www.un.org/documents/ecosoc/docs/1999/e1999-92.htm. Die Menschenrechtsorganisation *B'tselem* ist im Internet unter: http://www.btselem.org, zitiert am : 11 Mai 2003.

63 Vgl. Bremer, Jörg, *„Entweder Krise oder Durchbruch“. Ungeduld der Palästinenser*, in: FAZ, 29. Juni 2000.

64 AaO.

Gemessen an der Gesamtbevölkerung in der Region ist der Wasserverbrauch der jüdischen Siedler und der Israelis überproportional hoch. Ihr Tageskonsum von 350 Litern steht in scharfem Kontrast zu den 60 Litern Wasser pro Tag, die den Palästinensern in den besetzten Gebieten zugestanden werden.[65] Die Mindestmenge für Haushalte und städtischen Verbrauch, empfohlen von der amerikanischen Entwicklungshilfeorganisation *United States Agency for International Development* (*USAID*), liegt allerdings bei 100 Litern/Tag/Kopf und somit bei fast dem Doppelten einer palästinensischen Tagesration.[66]

Nur in Ausnahmefällen genehmigen die israelischen Behörden der *Palestinian Authority* neue Brunnenbohrungen in den Autonomiegebieten, jüdischen Siedlern hingegen durchaus Tiefbrunnenprojekte, die mehr und hochwertigeres Wasser als die palästinensischen Brunnen fördern.[67] So ist es knapp 2/3 der jüdischen Siedlungen im Gazastreifen möglich, bewässerungsintensive Landwirtschaft aufrecht zu erhalten.[68] Als Kosequenz trocknen die flacheren Brunnen in den palästinensischen Gemeinden partiell aus.[69] Eine Pressemitteilung der Vereinten Nationen formuliert es drastisch:

---

65 Diese Zahlen liefert eine Studie der israelischen Menschenrechtsorganisation *B'tselem* von August 2001, im Internet unter: http://www.btselem.org. Vgl. Freund, Andrea / Rößler, Hans-Christian, *Dem Nahen Osten geht das Wasser aus*, in: FAZ, Nr. 204, 3. September 2001.

66 Siehe hierzu Graphik „Täglicher Pro-Kopf-Trinkwasserverbrauch. Israelis und Palästinenser im weltweiten Vergleich“. Vgl. auch United Nations General Assembly – Economic and Social Council (Hrsg.), *Economic and Social Repercussions of the Israeli Occupation on the Living Conditions of the Palestinian People in the Occupied Palestinian Territory, including Jerusalem, and of the Arab Population in the Occupied Syrian Golan*, A/57/63 – E/2002/21, 17. Mai 2002, Punkt 38, im Internet unter: http://ods-dds-ny.un.org/doc/UNDOC/GEN/N02/392/74/PDF/N0239274.pdf?OpenElement.

67 Vgl. Reimann, Markus, *Die nicht-navigatorische Nutzung internationaler Süßwasserressourcen im Umweltvölkerrecht*, Frankfurt am Main u.a. 1999, S. 318.

68 Vgl. Dichter, Harold, *The Legal Status of Israel's Water Policies in the Occupied Territories*, in: HarvardILJ, Nr. 35 / 1994, S. 572 f.

69 Vgl. Schiffler, Manuel, *Konflikte um Wasser. Ein Fallstrick für den Friedensprozeß im Nahen Osten?*, in: APuZ, B 11 / 1995, S. 14.

> „Settlers have unlimited supplies of water and are estimated to consume five times as much as Palestinians. Many maintain swimming pools, even at times when Palestinians face severe water shortages." [70]

Vor dem Hintergrund des geltenden Kriegsvölkerrechts ist die israelische Wasserpolitik im Westjordanland und Gazastreifen völkerrechtswidrig. Heranzuziehen sind hier Art. 43, 46 und 52 des IV. Haager Abkommens.[71] Gegen Art. 46 der Haager Landkriegsordnung [72] verstößt beispielsweise, dass Israel bislang privat jordanisch bewirtschaftete Wasserressourcen im Westjordanland enteignet und zwangsverwaltet hat.[73]

2.1.3. Jüdische Siedlungen

Israel hat inzwischen knapp 242 jüdische Siedlungen in der Westbank errichtet, in denen 187.000 Israelis leben. Weitere knapp 177.000 Juden wohnen in 29 Siedlungen in Ost-Jerusalem. Im Gazastreifen leben zusätzlich über 5.000 jüdische Siedler in 25 Siedlungen. Weitere 20.000 Israelis siedeln in 42 Gemeinden auf dem syrischen Golan. Für 2003 liefert die *Central Intelligence Agency* (*CIA*) geschätzte Zahlen von knapp 340 Siedlungen und zivil genutzten Landflächen mit knapp 390.000 jüdischen Siedlern, die Israel seit seiner Besetzung von Westbank, Ost-Jerusalem, Gazastreifen und Golanhöhen freigegeben hat.[74]

---

70 UN-Press Release, GA/SPD/152, 18. November 1998, unter: http://www.un.org.

71 Abkommen betreffend die Gesetze und Gebräuche des Landkrieges, (Haager Landkriegsordnung), 18. Oktober 1907, RGBl. 1910, S. 107, im Internet mit Schnellzugriff auf die Artikel unter: http://provinz-sachsen.de/krr/rechtsfundstellen/1871-1914/hlko.html; Art. 43: Wiederherstellung der öffentlichen Ordnung; Art. 46: Schutz des Einzelnen und des Privateigentums; Art. 52: Natural- und Dienstleistungen.

72 Haager Landkriegsordnung Art. 46, Schutz des Einzelnen und des Privateigentums: „Die Ehre und die Rechte der Familie, das Leben der Bürger und das Privateigentum sowie die religiösen Überzeugungen und gottesdienstlichen Handlungen sollen geachtet werden. Das Privateigentum darf nicht eingezogen werden." Text im Internet unter: http://provinz-sachsen.de/krr/rechtsfundstellen/1871-1914/hlko.html#46.

73 Eine ausführliche rechtliche Analyse der israelischen Wasserpolitik gegenüber den Palästinensern siehe unten, Kapitel 2, Punkt „Israelisch-palästinensische Abkommen seit 1993", besonders Unterpunkt „Bewertung der Wasserklauseln".

74 Zahlen für 2002 und 2003 aus Central Intelligence Agency (Hrsg.), *The World*

Vor dem Hintergrund des Völkerrechts sind die jüdischen Siedlungen illegal. Die große Mehrheit der Staaten betrachtet sie als Verstoß von Art. 49 Abs. 6 der Vierten Genfer Konvention. Er verbietet einer Besetzungsmacht, Teile ihrer eigenen Zivilbevölkerung in das von ihr besetzte Gebiet zu verschleppen oder zu verschicken.[75] Zahllose Resolutionen der UN-Generalversammlung, aber auch des UN-Sicherheitsrats verurteilen seit 1971 die israelische Siedlungspolitik als völkerrechtswidrig.[76] Mitunter legt die Besetzungsmacht Israel Konventionsrecht allerdings so aus, dass es „einseitig zu ihrem Vorteil" ausfällt, sie weist es als nicht anwendbar in Bezug auf die 1967 besetzten Gebiete aus oder sie missachtet es gänzlich, indem sie politischen Erwägungen Priorität gewährt.[77]

2.2. Israel

Als Israel im Sechstagekrieg 1967 die jordanisch kontrollierte Westbank [78] und den syrischen Golan erobert, verbessert der Staat seine hydrostrate-

---

Factbook 2002, im Internet unter: http://www.cia.gov/cia/publications/factbook/fields/2125.html.

75 „The Occupying Power shall not deport or transfer parts of its own civilian population into the territory it occupies." Art. 49 Abs. 6 *Geneva Convention Relative to the Protection of Civilian Persons in Time of War*, 12. August 1949, abgedruckt in: UNTS, Vol. 75, No. 973; im Internet auf den Websites des *United Nations Office of the High Commissioner for Human Rights* unter: http://www.unhchr.ch/html/menu3/b/92.htm. Zur Anwendbarkeit der Genfer Konventionen in diesem Bezug vgl. Gasser, Hans-Peter, *The Geneva Conventions and the Autonomous Territories in the Middle East*, in: Bowen, Stephen (Hrsg.), *Human Rights, Self-determination and Political Change in the Occupied Palestinian Territories*, The Hague 1997, S. 291-300. Zur völkerrechtlichen Bewertung israelischer Siedlungspolitik insgesamt vgl. Gnesa, Edi, *Die von Israel besetzten Gebiete im Völkerrecht. Eine besetzungsrechtliche Analyse*, Zürich 1981, S. 201 ff.

76 United Nations General Assembly – Economic and Social Council (Hrsg.), *Economic and Social Repercussions of the Israeli Occupation on the Living Conditions of the Palestinian People in the Occupied Palestinian Territory, including Jerusalem, and of the Arab Population in the Occupied Syrian Golan*, A/57/63 – E/2002/21, 17. Mai 2002, Punkt 42, im Internet unter: http://ods-dds-ny.un.org/doc/UNDOC/GEN/N02/392/74/PDF/N0239274.pdf?OpenElement.

77 Gnesa, Edi, *Die von Israel besetzten Gebiete im Völkerrecht. Eine besetzungsrechtliche Analyse*, Zürich 1981, S. 209.

78 Von 1948-1967 unterstand das Westjordanland jordanischer Herrschaft. 1967 eroberte Israel im Sechstagekrieg das Gebiet und hielt es fortan besetzt. Nach gut 20

gische Lage erheblich. Israel gewinnt mit der Eroberung Kontrolle über neue Wasserressourcen, aus denen es heute etwa die Hälfte seines Wasserbedarfs deckt.[79] Die 1967er Gebietsgewinne umschließen Zuflüsse des Jordans, den unteren Jordan, ein weiteres Stück am Yarmuk, Westbankaquifere und Westbankwasser, das in die Grundwasserspeicher der Küstenebene Israels fließt.[80]

2.2.1. Wasserpolitik

Israel wird vorgeworfen, seither wie ein absolutistischer Herrscher die Wasserressourcen des Jordanbeckens bis an seine hydrologischen Grenzen ausgereizt zu haben. „Israel has since been taking advantage of its new hydrostrategic position and acted as if it was an absolute sovereign in the basin. It has drawn as much water from the Jordan basin as has essentially been possible within the hydrologic constraints." [81]

Aus dem See Genezareth, dem einzigen oberflächigen Süßwasserspeicher in der Region, pumpt Israel via *National Water Carrier* [82] Wasser in seine Küstengebiete und für landwirtschaftliche Zwecke bis in die Wüste Negev im Süden des Landes.[83] In seinem Wasserstand deutlich ärmer ist

---

Jahren israelischer Besetzung trat Jordanien das Westjordanland 1988 rechtlich und administrativ ab. Vgl. Ibrahim, Waleed, *Die palästinensische Selbstregierung nach dem internationalen Gaza-Jericho-Abkommen vom 13. September 1993. Eine völkerrechtliche Studie*, Frankfurt a. M. u.a. 1998, S. 14 f.

79 Eine Rückgabe von besetzten Gebieten bedeutet für Israel demnach auch einen Verlust von Zugang zu Wasser. Hier zeigt sich, wie verzahnt der Wasserverteilungs- mit dem Territorialkonflikt im Nahen Osten ist.

80 Vgl. Renger, Jochen, *The Middle East Peace Process. Obstacles to Cooperation over Shared Waters*, in: Scheumann, Waltina / Schiffler, Manuel (Hrsg.), *Water in the Middle East. Potential for Conflicts and Prospects for Cooperation*, Berlin/ Heidelberg 1998, S. 48.

81 Elmusa, Sharif S., *Negotiating Water. Israel and the Palestinians*, Institute for Palestine Studies, Washington, D.C., 1996, S. 14.

82 Ausführliche Informationen zum *National Water Carrier* auf den Websites des israelischen Ministry of National Infrastructures (Hrsg.), *The Water Sector. Israel National Water Supply System - National Water Carrier*, unter: http://www.mni.gov.il/english/units/Water/IsraelNationalWaterSupplySystem-NationalWaterCarrier.shtml, zitiert am: 27. Februar 2003.

83 Eine ausführliche Reportage zu Wassermanagement in der Wüste Negev bei Gross-

der Jordan unterhalb vom See Genezareth. Palästinenser der Westbank und Jordanier sind hier Unterlieger der Israelis.[84]

Seit Mitte der 1950er Jahre nahm 1/4 bis 1/3 des in Israel konsumierten Wassers seinen Ursprung in Niederschlag über den Westhängen der palästinensischen Westbank. Diese Menge entziehen Israelis also dem selben Wassersystem, auf das auch die Westbanker selbst zugreifen. Westlich von der Westbank-Wasserscheide niedergehend, fließt dieses Regenwasser in Richtung israelische Küstenebene. Schon vor dem Sechs-Tage-Krieg hatte Israel Zugriff auf diese Wasservorkommen, die in seine Küstenspeicher fließen. Dennoch bringt die israelische Besetzung im Westjordanland seit 1967 den Vorteil, den palästinensischen Zugriff auf das Westbanksystem zu überwachen und letztlich den freien Durchfluss nach Israel durchzusetzen.[85]

2.2.2. Vergleichsdaten

Die Bevölkerung Israels hat sich seit der Staatsgründung 1949 in den ersten 40 Jahren bis 1989 vervierfacht, die Bewässerungsfläche versiebenfacht und der Wasserkonsum verachtfacht. Nachdem seit Mitte der 1970er Jahre in Israel die Nachfrage das Angebot übersteigt, wird Grundwasser übernutzt [86] (seit 1980 etwa 200 mcm/a). Grundwasser stellt 3/5 von Israels gesamtem Wasserpotential.[87]

Wie in den Palästinensergebieten fließt auch in Israel ein signifikanter Anteil von 62% des Wasserhaushalts in die Landwirtschaft (1180 mcm/a,

---

bongardt, Annette, *Fische in der Wüste*, in: Der Spiegel, Nr. 21 / 2000, S. 168-172.

84 Vgl. Schiffler, Manuel, *Konflikte um Wasser – ein Fallstrick für den Friedensprozeß im Nahen Osten?*, in: APuZ, B 11 / 1995, S. 13.

85 Vgl. Lowi, Miriam R., *Water and Power. The Politics of a Scarce Resource in the Jordan River Basin*, Cambridge 1993, S. 147 ff.

86 Übernutzung bedeutet, die durchschnittliche Grundwasserentnahme übersteigt die durchschnittliche Wiederauffüllungsrate des Aquifers. Vgl. Foster, Stephen, *Evaluation of Groundwater Resources Status*, hrsg. von der World Bank Group, ohne Jahresangabe im Internet unter: http://lnweb18.worldbank.org/ESSD/essdext.nsf/18ByDocName/EvaluationofGroundwaterResourceStatus/$FILE/EvaluationofGroundwaterResourcesStatus.pdf.

87 Vgl. Lowi, Miriam R., *Water and Power. The Politics of a Scarce Resource in the Jordan River Basin*, Cambridge 1993, S. 29 ff.

wovon 210 mcm/a aufbereitetes Abwasser ist). Wasserpreise und Wasserzuteilung für diesen Wirtschaftssektor sind in Israel stark subventioniert. Die hohe Subventionierung von Wasser als elementarer Bestandteil der Agrarwirtschaft wird auf die Idealisierung dieses Sektors durch die sozialistisch-zionistische Bewegung zurückgeführt.[88] Die Zionisten perzipierten landwirtschaftliche Entwicklung von jeher als Schlüsselfaktor bei der Realisierung des sozialistischen Menschenidealbildes, für die Steigerung von Bodenbindung, Bodenbesetzung und Siedlungsausweitung durch Juden in Palästina sowie für jüdische Staatsbildung und Selbstversorgung. „Agricultural development has remained a national goal embodying a socially accepted value and dictated by ideology." [89]

In den letzten Jahren hat Israel seine Wassereffektivität mittels festgesetzter Allokation und wassersparender Bewässerungstechnologie steigern können. Sprenkel- oder Tröpfchenanlagen bedienen mehr als 90% der Bewässerungsfläche. Zusätzlich verwendet der landwirtschaftliche Sektor immer mehr aufbereitetes Abwasser. Der durchschnittliche Wasserbedarf pro Landeinheit ist seit 1975 von 8.700 cum/ha auf 5.500 cum/ha gesunken. Bei seither nahezu gleichbleibendem Wassergesamtkonsum konnte der landwirtschaftliche Sektor seinen Output um ein Zwölffaches steigern.[90]

Israel gilt außerdem als Musterbeispiel für Länder, die Wasser in Form von Lebensmitteln importieren. Denn der Staat importiert Grundnah-

---

88 Die moderne jüdische Nationalbewegung Zionismus kam gegen Ende des 19. Jahrhunderts in Mittel- und Osteuropa auf. Zionismus verfolgt das Ziel, „den Juden der Diaspora in Israel mit Zion (Teil des Osthügels von Jerusalem) als rel.-polit. Mittelpunkt eine Heimat zu geben"; „geistiger Vater" dieser Bewegung ist Theodor Herzl. Glossar der Zeitung ‚Das Parlament', Nr. 14 / 1998, S. 12. Vgl. auch Herder (Hrsg.), *Herder Lexikon. Politik*, Freiburg 1995, S. 252 f. Ausführlich zu den verschiedenen Bedeutungen des Begriffs Zionismus vgl. Diner, Dan, *Ein Land, ein Grundkonsens und viele Stimmen. Variationen des Zionismus in Israel*, in: Das Parlament Nr. 14 / 1998, Thema: Fünfzig Jahre Israel 1948-1998, S. 1.

89 Lowi, Miriam R., *Water and Power. The Politics of a Scarce Resource in the Jordan River Basin*, Cambridge 1993, S. 51 f., Zitat S. 52.

90 Vgl. Israeli Ministry of National Infrastructures (Hrsg.), *The Water Sector. Water Conservation and Water Use Efficiency*, im Internet unter: http://www.mni.gov.il/english/units/Water/WaterConservationandWaterUseEfficiency.shtml, zitiert am 27. Februar 2003.

rungsmittel größten Teils und finanziert dies über andere leistungsfähige Wirtschaftssektoren wie Tourismus, Industriegüter oder Export von Agrarprodukten mit vorteilhafter Handelsertrag-Wasserverbrauch-Relation.[91]

Insgesamt bleibt der Beitrag der Agrarwirtschaft zum israelischen Bruttoinlandsprodukt mit 3% allerdings denkbar gering.[92] Diese Zahlen verdeutlichen, „that although the productive water efficiency in Israel's irrigated agriculture is high, the allocative (or economic) water efficiency, the efficiency of the inter-sectoral water allocation, appears to be low." [93] Israels bewässerte Landwirtschaft weist demnach eine hohe Produktivität auf. Die allokative Wassereffizenz, also die Effizienz der Wasserverteilung unter den einzelnen Wirtschaftssektoren, schneidet hingegen schlecht ab.

Israels Wassersituation überblickend, lässt sich abschließend festhalten, dass der Staat einen beträchtlichen Teil seines Wasserhaushalts Gebieten außerhalb seines völkerrechtlich legitimen Staatsterritoriums entzieht, Israelis pro Kopf signifikant mehr Wasser als anderen Jordananrainern zur Verfügung steht und die israelische Landwirtschaft ihre Wassereffektivität deutlich steigern konnte. Dennoch erklärt eine Pressemitteilung des israelischen Außenministeriums: „Israel's water economy is on the brink of a crisis." [94]

---

91 Vgl. *Für wie viele Menschen reicht das Wasser? Wasserversorgung wird zum Wirtschaftsfaktor*, in: NZZ, Nr. 145, 26. Juni 2001.

92 Zahl von 2001 aus Central Intelligence Agency (Hrsg.), *The World Factbook 2002*, im Internet unter: http://www.cia.gov/cia/publications/factbook/geos/is.html#Econ.

93 Dombrowsky, Ines, *The Jordan River Basin. Prospects for Cooperation within the Middle East Peace Process?*, in: Scheumann, Waltina / Schiffler, Manuel (Hrsg.), *Water in the Middle East. Potential for Conflicts and Prospects for Cooperation*, Berlin/Heidelberg 1998, S. 96.

94 Israeli Ministry of National Infrastructures - The Water Commission (Hrsg.), *Israel's Water Economy. Thinking of future generations*, August 2002, im Internet unter: http://www.mfa.gov.il/mfa/go.asp?MFAH0mb00, zitiert am 27. Februar 2003.

2.3. Jordanien

2.3.1. Wasservorkommen

Im Sechstagekrieg 1967 gingen zusammen mit der Westbank die West Ghor Wadis von jordanische in israelische Kontrolle über.[95] Der Verlust der West Ghor Wadis bedeutete für Jordanien 140 mcm/a weniger in seiner Wassergesamtbilanz. Die Westbank hatte zwar nur 6% des jordanisch kontrollierten Territoriums ausgemacht, allerdings 25% der landwirtschaftlich genutzten Fläche in Jordanien, 60% der landwirtschaftlichen Erzeugnisse erbracht und 45% zum Bruttoinlandsprodukt beigetragen.[96]

Jordanien stehen heute weit weniger Wasserressourcen zur Verfügung als Israel. Knapp 90% des Haschemitischen Königreiches bestehen aus Wüste und Steppe. Von den verbleibenden 10% des Staatsgebiets sind aus geographischen Gründen nur etwa 5% kultivierbar. Landwirtschaft ist selbst in diesem schmalen Landstrich im Nordwesten Jordaniens problematisch, denn die dort niedergehenden gut 200 mm Regen pro Jahr

---

95 Das damalige Transjordanien eroberte im Zuge des israelisch-arabischen Kriegs von 1948 das Westjordanland. Obwohl gemäß der Waffenstillstandsverträge zwischen Israel und den arabischen Staaten nach dem Unabhängigkeitskrieg von 1948 die vereinbarten Demarkationslinien ausdrücklich nicht als Grenzen ausgelegt werden durften, annektierten Israel und Transjordanien ihre Gebietsgewinne. Durch diesen Annexionsakt verstießen Israel und Transjordanien nicht nur gegen die Waffenstillstandsabkommen. Sondern sie missachteten auch das völkerrechtliche Annexionsverbot, das sich nach heutigem Völkerrecht aus dem generellen Kriegsverbot ergibt. Mit der Annexion verwirklichte Transjordanien territoriale Ambitionen in Palästina, bemühte sich aber um innerarabische Legitimation unter dem Vorwand der Befreiung Palästinas. Durch die transjordanische Annexion entstand *de iure* am 24. April 1950 der Neustaat „Haschemitisches Königreich von Jordanien". Erst 1988, nachdem die israelische Besetzung infolge des Sechstagekriegs 1967 schon seit über 20 Jahren andauerte, kündigte Jordanien die Herrschaft über die Westbank auf. Vgl. Gainsborough, J. Russell, *The Arab-Israeli Conflict. A Politico-Legal Analysis*, Vermont 1986, S. 52 ff.; Baumgarten, Helga, *Palästina. Befreiung in den Staat. Die palästinensische Nationalbewegung seit 1948*, Frankfurt 1991, S. 50; Kimminich, Otto / Hobe, Stephan, *Einführung in das Völkerrecht*, Tübingen/Basel 2000, S. 88 f.

96 Zahlen für 1966. Die Jahreszahl ist sinnvoll vor dem Hintergrund der israelischen Besetzung der Westbank ab 1967. Vgl. Lowi, Miriam R., *Water and Power. The Politics of a Scarce Resource in the Jordan River Basin*, Cambridge 1993, S. 32 und 149.

unterliegen signifikanten Schwankungen. Der untere Jordan, der Yarmuk und der Zerka sind Jordaniens einzige beständige Oberflächengewässer. Allerdings gilt der Zerka, wie bereits angesprochen, als Umweltdesaster. Seine mangelhafte Wasserqualität lässt allenfalls salztolerierende Gewächse zu.[97]

2.3.2. Vergleichsdaten

Verglichen mit den palästinensischen Gebieten und Israel ist der Anteil der Landwirtschaft am Wasserhaushalt in Jordanien deutlich höher (74% oder 670 mcm/a, wovon 50 mcm/a aufbereitetes Abwasser sind). Der landwirtschaftliche Sektor trägt 4% zum Bruttoinlandsprodukt bei.[98] Wie auch in Israel hat sich der Wasserverbrauch der jordanischen Agrarwirtschaft in den letzten Jahren signifikant erhöht.

Wenig effiziente Oberflächenbewässernungstechnik kommt auf etwa 25% der jordanischen Bewässerungsfläche zum Einsatz. Vergleichsweise effizient ist Jordaniens Bewässerungstechnologie im Hochland, wo die Landwirte private Grundwasserbrunnen betreiben und die gesamten Kosten der Wasserproduktion zahlen müssen. Besonders niedrig ist die produktive Effizienz im Jordantal und in den südlichen Ghors.[99]

2.4. Syrien und Libanon

Während die drei südlichen Jordananlieger – Israel, Jordanien und die palästinensischen Autonomiegebiete – hauptsächlich auf Oberflächenwasser und Grundwasser aus dem Jordanbecken angewiesen sind, beziehen Syrien und der Libanon nur wenige Prozent ihres nationalen Wasserhaushalts aus dem Jordanbecken. Die beiden Staaten können auch auf

---

97 Vgl. Lowi, Miriam R., *Water and Power. The Politics of a Scarce Resource in the Jordan River Basin*, Cambridge 1993, S. 29 ff.

98 Zahl von 2001 aus Central Intelligence Agency (Hrsg.), *The World Factbook 2002*, im Internet unter: http://www.cia.gov/cia/publications/factbook/geos/jo.html#Econ.

99 Vgl. Dombrowsky, Ines, *The Jordan River Basin. Prospects for Cooperation within the Middle East Peace Process?*, in: Scheumann, Waltina / Schiffler, Manuel (Hrsg.), *Water in the Middle East. Potential for Conflicts and Prospects for Cooperation*, Berlin/Heidelberg 1998, S. 96.

andere bedeutende Wassereinzugsgebiete zugreifen.[100]

2.4.1. Syriens und Libanons Schlüsselposition

Dennoch hat Süßwasser aus dem Jordanbecken für den Libanon und Syrien einen hohen Stellenwert. Sie betrachten den Wasserkonflikt „more as a part of (...) primarily security-oriented concerns than a genuine issue on its own".[101] Sie perzipieren Wasser aus dem Jordanbecken weniger als existentielle Ressource denn als strategisch-politische Waffe gegenüber Israel.[102] Umleitungspläne für die Jordanquellwasser im Südlibanon und auf dem Golan in den 1960er Jahren waren daher politisch und nicht ökonomisch motiviert.[103] Allgemein gilt der Libanon als weisungsgebunden gegenüber Syrien. Der syrische Kurs ist demnach richtungsweisend in der libanesischen Israelpolitik und Wasserpolitik im Jordanbecken.[104]

Der Libanon ist ein „water-surplus state in a water-deficit region".[105] Er zapft hauptsächlich Wasserressourcen außerhalb des Jordansystems an. Libanons Hauptquelle ist der Fluss Litani, dessen Wasserführung derart reichhaltig ist, dass der Libanon Wasser sogar in trockenere Regionen exportieren kann. Nur am Hasbani, einem der Jordanquellflüsse, greift

---

100 Vgl. aaO, S. 93.

101 Libiszewski, Stephan, *Water Disputes in the Jordan Basin Region and their Role in the Resolution of the Arab-Israeli Conflict*, ENCOP Occasional Paper No. 13., Center for Security Policy and Conflict Research / Swiss Peace Foundation, Zürich / Bern 1995, S. 40, im Internet unter: http://www.fsk.ethz.ch/encop/13/en13-ch0.htm.

102 Vgl. Baim, Karen A., *Come Hell or High Water. A Water Regime for the Jordan River Basin*, in: Wash.U.L.Q., Vol. 75, No. 2 / 1997, S. 4 f.

103 Ausführlich zu den Umleitungsplänen in den 1960er Jahren, lanciert von der Arabischen Liga, siehe Libiszewski, Stephan, *Water Disputes in the Jordan Basin Region and their Role in the Resolution of the Arab-Israeli Conflict*, ENCOP Occasional Paper No. 13., Center for Security Policy and Conflict Research / Swiss Peace Foundation, Zürich / Bern 1995, S. 41, im Internet unter: http://www.fsk.ethz.ch/encop/13/en13-ch0.htm.

104 Von „Lebanon's vassal-like relation towards the Syrian regime" spricht Libiszewski, Stephan, aaO, S. 40.

105 Central Intelligence Agency (Hrsg.), *The World Factbook 2002*, Link „Lebanon", im Internet unter: http://www.cia.gov/cia/publications/factbook/geos/le.html#People.

der Libanon begrenzt auf Ressourcen aus dem Jordanbecken zu.

Dem Libanon kommt im Jordanbecken allerdings eine Schlüsselstellung zu. Denn der Jordanquellfluss Hasbani entspringt im Südosten des Libanons und verläuft über nahezu 50 km auf libanesischem Staatsterritorium, bevor er den Jordan speist. Diese Oberliegerposition in ihrer Bedeutung nicht zu unterschätzen.[106] Unterbrochen war Libanons Vorteilsstellung am Hasbani allerdings zwischen 1982 und 2000. In diesen Jahren hielt Israel die sogenannte Sicherheitszone im Südlibanon besetzt und übte somit die effektive Kontrolle über den Hasbani aus.[107]

Auch Syrien ist nicht in gleichem Maße wie die drei südlichen Jordananlieger auf Wasser aus dem Jordansystem angewiesen. Syriens Hauptsüßwasserquelle ist der Euphrat. Verglichen mit Israel, Jordanien und den palästinensischen Gebieten (zwischen 62% und 74%) liegt der Wasseranteil für die Landwirtschaft in Syrien mit 90% eklatant höher.[108] Nur knapp 7% des syrischen Wasserhaushalts kommen vom Jordannebenfluss Yarmuk.[109] Politisch bedeutend ist aber Syriens Oberliegerposition am Yarmuk und Banias. Denn auf dem Weg zu kooperativem multilateralen Wassermanagement im Jordanbecken wird Syriens Kontrollstellung und

---

106 Vgl. Baim, Karen A., *Come Hell or High Water. A Water Regime for the Jordan River Basin*, in: Wash.U.L.Q., Vol. 75, No. 2 / 1997, S. 4 f.

107 Sichtlichen Einfluss im Südlibanon hatte Israel bereits seit 1978 gewonnen. Im Juni 2000 gibt UN-Generalsekretär Kofi Annan Israels (bis auf drei strittige, kleinere Gebietsteile) vollständige Räumung der Sicherheitszone im Südlibanon zusammen mit Israels Erfüllung der SC-Resolution 425 von 1978 zu Protokoll. Vgl. Kocher, Victor, *Libanon im Ringkampf mit der Uno. Ruf nach weiteren Abzugsbewegungen durch Israel*, in: NZZ, Nr. 140, 19. Juni 2000. Vgl. auch *For Palestine, bring in Solomon. Israel and the Palestinians are getting nowhere in their pursuit of peace*, in: The Economist, 27. Mai 2000, S. 20. Eine prägnante Chronologie von Israels Besetzung der Sicherheitszone im Südlibanon vgl. *Krisenherd Nahost. Der Konflikt an Israels Nordgrenze. Vom Einmarsch israelischer Truppen im Libanon 1982 bis heute*, in: FAZ, Nr. 82, 9. April 2002.

108 Vgl. Daoudy, Marwa, *Water, Institutions and Development in Syria. A Downstream Perspective from the Euphrates and Tigris*, in: World Commission on Dams, Serial No. env108, Punkt „Conclusion", im Internet unter: http://www.dams.org/kbase/submissions/showsub.php?rec=env108.

109 Eine detaillierte Aufstellung der syrischen Wasserressourcen im Euphrat- und im Tigris-Khabur-Becken siehe aaO, Punkt 2.

mögliche Vetoposition zum Schlüsselfaktor.[110]

Nach wie vor ist das israelisch-syrische Verhältnis stark durch die Nahost-Kriege in der Vergangenheit belastet. Die gegenseitigen Interessen liegen weiterhin in offenem Konflikt. Allein 27 der weltweit 37 Wasserstreitigkeiten unter Einsatz von Waffen in den letzten 50 Jahren trugen Israel und Syrien untereinander aus.[111] Zu den zahlreichen Konfliktpunkten gehören die Banias Quellen. Zusammen mit den Flüssen Dan und Hasbani sind sie die bedeutendsten Jordanquellflüsse. Bis zum Sechstagekrieg 1967 unterstanden die Banias Quellen syrischer Kontrolle. Seit der Besetzung der Golanhöhen im Jahr 1967 hält Israel die Kontrolle hierüber. Die Rückgabe der Banias Quellen an Syrien ist nun aus israelischer Sicht kritisch. Denn Israel verlöre einen seiner essentiellen Süßwasservorräte.[112]

2.4.2. Syriens Zugang zum See Genezareth

Darüber hinaus ist Syriens Zugang zum See Genezareth strittig. Syrien beruft sich auf die reale Grenzziehung von vor dem Sechstagekrieg 1967. Sie ermöglichte Syrien am Nordost-Ufer einen Zugang zum See und seinem Trinkwasser. Israel versucht dies zu unterbinden, indem es sich auf die historische Grenzziehung um das Mandatsgebiet Palästina von 1923 beruft.[113] Gemäß dieser verläuft die syrische Grenze zwar entlang des Seeufers, aber in etwa zehn Metern Abstand davon. Hierdurch ist es heute allein Israel möglich, Süßwasser aus dem See Genezareth zu pumpen.[114]

---

110 Vgl. Baim, Karen A., *Come Hell or High Water. A Water Regime for the Jordan River Basin*, in: Wash.U.L.Q., Vol. 75, No. 2 / 1997, S. 4.

111 Vgl. Kürschner-Pelkmann, Frank, *Wasser im Nahen Osten*, in: Hintergrund-Materialien, Nr. 6, hrsg. von Brot für die Welt, Juli 2003, S. 4, im Internet unter: http://www.menschen-recht-wasser.de/downloads/2_5_2_wasser-nahost.pdf.

112 Vgl. Lowi, Miriam R., *Bridging the Divide. Transboundary Resource Disputes and the Case of West Bank Water*, in: International Security, Vol. 18, Nr. 1 / 1993, S. 115 f. und Baim, Karen A., *Come Hell or High Water. A Water Regime for the Jordan River Basin*, in: Wash.U.L.Q., Vol. 75, No. 2 / 1997, Fn. 11.

113 Vgl. Flottau, Heiko, *Eine Grenze – gezogen von Blut und Wasser. Zwischen Israel und Syrien geht es nicht nur um Land, sondern um den kostbarsten Stoff überhaupt*, in: SZ, Nr. 3, 5./6. Januar 2000.

114 Vgl. Libiszewski, Stephan, *Water Disputes in the Jordan Basin Region and their*

Israelisch-syrische Differenzen am Nordost-Ufer des Sees provozierten wiederholt militärische Zwischenfälle. Hoffnungen auf eine israelisch-syrische Einigung über die Grenzziehung am See Genezareth räumen bislang offizielle Stellungnahmen der Regierung Israels aus: „There is no reason for excessive optimism regarding the renewal of talks with the Syrians. Expectations of an agreement with Syria have already been proved to be illusory. The entire Sea of Galilee, including the north-eastern shore, must remain under full Israeli sovereignty." [115]

2.4.3. Besetzte Golanhöhen

Die genannten Konfliktfaktoren gehen auf den eigentlichen Kern des israelisch-syrischen Konfliktverhältnisses zurück: die israelische Besetzung der syrischen Golanhöhen seit dem Sechstagekrieg von 1967.[116] Israel annektierte den Golan *de facto* 1981.[117] Der UN-Sicherheitsrat und die Staatenmehrheit in der UN-Generalversammlung sind der Auffassung:

> „(...) the Israeli decision of 14 December 1981 to impose its laws, jurisdiction and administration on the occupied Syrian Golan Heights is null and void and without international legal effect".[118]

Role in the Resolution of the Arab-Israeli Conflict, ENCOP Occasional Paper No. 13, Center for Security Policy and Conflict Research / Swiss Peace Foundation, Zürich / Bern 1995, S. 41 f., im Internet unter: http://www.fsk.ethz.ch/encop/13/en13-ch0.htm.

115 So bekräftigt der seinerzeitige israelische Außenminister, David Levy, im April 2000. Sprecher des Auswärtigen Amtes (Hrsg.), *The Sea of Galilee Will Remain under Israeli Sovereignty*, 10. April 2000, im Internet unter: http://www.mfa.gov.il/mfa/go.asp?MFAH0h6n0, zitiert am 27. Februar 2003.

116 Vgl. Zunes, Stephen, *The U.S. and the Israeli-Syrian Peace Prozess*, in: Foreign Policy – In Focus, Vol. 5, No. 3 / 2000, S. 1, im Internet unter: http://www.foreignpolicy-infocus.org/pdf/vol5/03ifisr.pdf.

117 „The Law, jurisdiction and administration of the state [of Israel] shall apply to the Golan Heights". Art. 1 *Golan Heights Law*, 5742/1981, 14. Dezember 1981, vom israelischen Parlament, Knesset, mit 63 gegen 21 Stimmen verabschiedet, im Internet unter: http://www.mfa.gov.il/mfa/go.asp?MFAH00kq0.

118 SC-Res. 497, 17. Dezember 1981, im Internet unter: http://ods-dds-ny.un.org/doc/RESOLUTION/GEN/NR0/418/84/IMG/NR041884.pdf?OpenElement, zitiert am: 1. April 2003, sowie stellvertretend für zahlreiche vorangegangene GA-Res. 57/112 „The Syrian Golan", 14. Februar 2003, im Internet unter: http://ods-dds-ny.un.org/

Unterstützt von der Überzeugung der Staatenmehrheit [119] fordert Syrien von Israel, sich vollständig von den besetzten 1.150 km² auf die Grenzen von vor dem Sechstagekrieg zurückzuziehen. Denn für Damaskus ist die Wiederherstellung syrischer Souveränität über das Höhenplateau „the single most critical act that would remove the stigma of the 1967 war and restore Syria's national pride", der entscheidendste politische Schritt, um Syriens ‚Brandnarbe' aus dem Sechstagekrieg verheilen zu lassen und seinen Nationalstolz wieder herzustellen.[120]

Stehen für Syrien psychopolitische Motive im Vordergrund, geht es Israel eher um den geostrategischen Wert des Höhenplateaus. Für Israel ist der Golan „synonymous with national security", das Pfand für nationale Sicherheit.[121] Nur unter der Bedingung völliger Entmilitarisierung der Golanhöhen und Beibehaltung der Kontrolle über das Nordostufer des See Genezareth ist Israel zu einem Rückzug vom Golan bereit.[122] Israel beharrt damit auf einer „more hard-line posture than its autocratic neighbor".[123] Der Kampf um einen israelisch-syrischen Frieden ist „tough and furious because it is not a battle over real estate but about what that „real estate" represents".[124]

---

doc/UNDOC/GEN/N02/545/22/PDF/N0254522.pdf?OpenElement, zitiert am: 1. April 2003.

119 Erst 2003 wiederholte die UN-Generalversammlung in einer Resolution, sie sei "*Deeply concerned* that Israel has not withdrawn from the Syrian Golan, which has been under occupation since 1967, contrary to the relevant Security Council and General Assembly resolutions". GA-Res. 57/112 „The Syrian Golan", 14. Februar 2003, im Internet unter: http://ods-dds-ny.un.org/doc/ UNDOC/GEN/N02/545/22/ PDF/N0254522.pdf?OpenElement, zitiert am: 1. April 2003.

120 Ben-Meir, Alon, *The Israeli-Syrian Battle for Equitable Peace*, Alon Ben-Meir Institute, Middle East Policy, Vol. III, No. 1, New York 1994, Einführung, im Internet unter: http://www.alonben-meir.com/essay/syra-syri_for_equit_peace-1.html.

121 AaO.

122 Vgl. *Von Dschihad bis Wasser. Ein kleines Nahostlexikon*, Stichwort „Wasser", in: Der Spiegel Online, Dossier „Ein Land – zwei Völker. Die Nahostkrise", im Internet unter: http://www.spiegel.de/politik/ausland/0,1518,111838,00.html.

123 Zunes, Stephen, *The U.S. and the Israeli-Syrian Peace Prozess*, in: Foreign Policy – In Focus, Vol. 5, No. 3 / 2000, S. 1, im Internet unter: http://www.foreignpolicy-infocus.org/pdf/vol5/03ifisr.pdf.

124 Ben-Meir, Alon, *The Israeli-Syrian Battle for Equitable Peace*, Alon Ben-Meir

Abgesehen von der psychopolitischen und der geostrategischen Bedeutung hat der Golan auch hydropolitische Relevanz. Denn hier entspringen bedeutende Wasserläufe nach Nordisrael (Galilea) sowie in die Flüsse Jordan, Banias und Dan. Zusammen liefern sie Israel mehr als 300 mcm/a.[125]

Seit der Besetzung hat Israel 42 Siedlungen mit 20.000 jüdischen Bewohnern auf dem syrischen Golan errichtet.[126] Sie verstoßen nicht nur gegen das Völkerrecht,[127] sondern hindern auch wirtschaftliche und soziale Entwicklung.[128] Israelisch kontrolliertes Gebiet auf dem Golan umschließt

---

Institute, Middle East Policy, Vol. III, No. 1, New York 1994, Punkt "Overview", im Internet unter: http://www.alonben-meir.com/essay/syra-syri_for_equit_peace-1.html.

125 Vgl. United Nations General Assembly – Economic and Social Council (Hrsg.), *Economic and social repercussions of the Israeli occupation on the living conditions of the Palestinian people in the occupied Palestinian territory, including Jerusalem, and the Arab population in the occupied Syrian Golan*, A/54/152-E/1999/92, 25. Juni 1999, Punkt B. 59., im Internet unter: http://www.un.org/documents/ecosoc/docs/1999/e1999-92.htm.

126 Zum Vergleich: Die einheimische syrische Bevölkerung auf dem Golan umfasst 17.000 Bewohner in fünf Dörfern im Nord-Osten des Gebiets. Vgl. United Nations General Assembly – Economic and Social Council (Hrsg.), *Economic and social repercussions of the Israeli occupation on the living conditions of the Palestinian people in the occupied Palestinian territory, including Jerusalem, and the Arab population in the occupied Syrian Golan*, A/54/152-E/1999/92, 25. Juni 1999, Punkt A. 5. und B. 55., im Internet unter: http://www.un.org/documents/ecosoc/docs/1999/e1999-92.htm.

127 Die Vereinten Nationen werden nicht müde, „the illegality of the Israeli settlement construction and activities in the occupied Syrian Golan since 1967" anzuprangern. Stellvertretend für zahlreiche andere zitiert aus GA-Res. 57/112 „The Syrian Golan", 14. Februar 2003, im Internet unter: http://ods-dds-ny.un.org/doc/UNDOC/GEN/N02/545/22/PDF/N0254522.pdf?OpenElement, zitiert am: 1. April 2003.

Motive und Strategie der jüdischen Besiedlung der besetzten Gebiete sowie eine völkerrechtliche Bewertung der israelischen Siedlungspolitik bei Giannios, Susanne, *Das Werden des Palästinenserstaates. Eine Untersuchung unter besonderer Berücksichtigung des Völkerrechts*, Frankfurt am Main u.a. 2002, S. 108 ff.

128 Vgl. United Nations General Assembly – Economic and Social Council (Hrsg.), *Economic and social repercussions of the Israeli occupation on the living conditions of the Palestinian people in the occupied Palestinian territory, including Jerusalem, and the Arab population in the occupied Syrian Golan*, A/54/152-E/1999/92, 25. Juni 1999, Punkt I. 1., im Internet unter: http://www.un.org/documents/ecosoc/docs/1999/e1999-92.htm.

Naturschutzgebiete (knapp 25.000 Hektar), Kulturland (gut 8.000 Hektar), Weideland (knapp 47.000 Hektar) und Obstplantagen (2.500 Hektar).[129]

Die Vereinten Nationen sehen sich veranlasst, regelmäßig die „inalienable rights of (...) the population of the occupied Syrian Golan over their natural resources, including land and water“ zu bekräftigen; weiter fordert die UNO die Besetzungsmacht Israel auf, „not to exploit, cause loss or depletion of or endanger the natural resources (...) in the occupied Syrian Golan“.[130]

---

129 Von dieser Berechnung ausgenommen sind beträchtliche Militärzonen und Siedlungsgebiete.

130 Stellvertretend für zahlreiche vorangegangene zitiert aus GA-Res. 57/269 „Permanent sovereignty of the Palestinian people in the Occupied Palestinian Territory, including East Jerusalem, and of the Arab population in the occupied Syrian Golan over their natural resources", 20. Dezember 2002, im Internet unter: http://ods-dds-ny.un.org/doc/UNDOC/GEN/N02/557/17/PDF/N0255717.pdf?OpenElement, zitiert am: 2. April 2003.

3. Wasserrechtliche Vereinbarungen im Jordanbecken

3.1. Multilaterale Kooperationsversuche

3.1.1. Bemühungen bis 1991

Differenzen um die Wassernutzung haben im Nahen Osten eine lange Geschichte. In der Literatur über die Wasserfrage in der Region werden gern biblische Zitate angeführt, um zu verdeutlichen, wie weit diese Streitigkeiten zurückreichen.[131] Ist die Nutzung eines Süßwasservorrats im Nahen Osten strittig, handelt es sich schnell um eine Existenzfrage der Länder. Wasserressourcen stehen hier in engem Kontext mit der Souveränitätsfrage. Über Süßwasser zu verfügen, stärkt das nationale Selbstbewusstsein eines Staates dieser Region. Wasserstress paart sich in der Jordanregion mit einem hochsensiblen und vergifteten politischen Klima. Die Staaten gehen sogar so weit, „wasserbezogene Daten (...) als vertraulich und Wasserressourcen als Frage der nationalen Sicherheit“ zu behandeln.[132]

Dennoch gibt es eine Unmenge an Plänen zur regional abgestimmten Wasserverteilung im Jordanbecken.[133] Seit den 1940er Jahren arbeiteten die Anlieger des Jordansystems sowie die UN und die USA mehrere Pläne aus, die allerdings alle nicht realisiert wurden.[134] Nur der Johnston-Plan von 1955 für ein regionales Wasserverteilungsregime am Jordan fand die Zustimmung aller vier beteiligten Staaten.[135] In technischer

---

131 Zum Beispiel bei Reimann, Markus, *Die nicht-navigatorische Nutzung internationaler Süßwasserressourcen im Umweltvölkerrecht*, Frankfurt am Main u.a. 1999, S. 315, Fn. 17, und Baim, Karen A., *Come Hell or High Water. A Water Regime for the Jordan River Basin*, in: Wash.U.L.Q., Vol. 75, No. 2 / 1997, S. 1.

132 Reimann, Markus, *Die nicht-navigatorische Nutzung internationaler Süßwasserressourcen im Umweltvölkerrecht*, Frankfurt am Main u.a. 1999, S. 313.

133 Von „a plethora of plans“ zur Entwicklung des Jordanbeckens spricht Hudes, Karen, *Shared Water Resources in the Jordan River Basin*, Across Borders Gonzaga International Law Journal, Vol. 1, No. 6 / 1998, Punkt „Past Plans", im Internet unter: http://law.gonzaga.edu/borders/water.htm.

134 Ausführlich hierzu vgl. Kally, Elisha, *Water and Peace. Water Resources and the Arab-Israeli Peace Process*, Connecticut/London 1993, S. 15 ff.

135 Seinen Namen verdankt dieser Plan Eric Johnston, in den 1950er Jahren Spezialge-

Hinsicht hatten Israel, Jordanien, Libanon und Syrien diesen Initiativen zu einem Jordanregime bereits akzeptiert. Aus politischen Gründen erbaten sich die arabischen Staaten allerdings mehr Zeit, die Konsequenzen des Vertragswerks zu prüfen.[136] Die Suez-Krise 1956 verwarf schließlich die Anstrengungen zur koordinierten gemeinschaftlichen Nutzung des Jordanwassers. Israel und die arabischen Länder regelten in der Folgezeit ihre Wasserversorgung wieder einzelstaatlich.[137]

3.1.2. Nahost-Friedensprozess seit 1991

Als die Nahoststaaten im Jahr 1991 Friedensverhandlungen in Madrid aufnehmen, entwerfen sie zusammen mit den Schirmherren USA und UdSSR gleich zu Beginn eine spezifische Verhandlungsarchitektur. Sie soll den dringlichsten Problemfeldern der Region weitgehend Rechnung tragen. Neben bilateralen Verhandlungen zwischen Israel und den Palästinensern sowie seinen Nachbarstaaten Libanon, Syrien und Jordanien entsteht eine multilaterale Verhandlungsschiene. Sie umfasst die fünf Arbeitsgruppen (1) wirtschaftliche Zusammenarbeit und Entwicklung, (2) Sicherheits- und Rüstungsfragen, (3) Flüchtlinge, (4) Umwelt sowie (5) Wasser.[138]

Aufgaben der *Multilateral Working Group on Water Resources* sind Wassermanagement und Wasserschutz, Verbesserung des Wasserangebots und des Zugangs zu Daten, sowie in Wasserfragen eine Kooperation aufzubauen.[139] Im Bereich der Entspannungsdiplomatie zwischen Israel

---

sandter des 34. US-Präsidenten, Dwight David Eisenhower. Wortlaut der abschließenden Version des Johnston-Plans im Internet unter: http://ocid.nacse.org/qml/research/tfdd/toTFDDdocs/92ENG.htm. Ausführlich behandelt den Johnston-Plan Lowi, Miriam R., *Water and Power. The Politics of a Scarce Resource in the Jordan River Basin*, Cambridge 1993, S. 79 ff.

136 Vgl. Vorwort zur Schlussversion des Johnston-Plans, im Internet unter: http://ocid.nacse.org/qml/research/tfdd/toTFDDdocs/92ENG.htm

137 Vgl. Pfetsch, Frank R. (Hrsg.), *Konflikte seit 1945. Daten – Fakten – Hintergründe. Die Arabisch-Islamische Welt*, Würzburg 1991, S. 21 f.

138 Vgl. The American-Israeli Cooperative Enterprise – The Jewish Virtual Library (Hrsg.), *Multilateral Talks Resume*, 31. Januar 2000, im Internet unter: http://www.us-israel.org/jsource/Peace/multi2000.html.

139 Vgl. Beck, Martin, *Der israelisch-palästinensische Friedensprozeß*, in: APuZ, B 18 /

und arabischen Staaten mag die multilaterale Verhandlungsschiene sicher wirkungsvoll gewesen sein.[140] Greifbare Erfolge der Arbeitsgruppe Wasser stehen allerdings bis heute aus.[141]

Ein Grund liegt offensichtlich in der Natur multilateraler Verhandlungsforen als Teil komplexerer Prozesse. Die Bedeutung des multilateralen Forums schrumpft, je mehr Vereinbarungen über die bilaterale Schiene geschlossen werden. „The dynamic of the Middle East peace negotiations implied that, with the signing of first agreements on the bilateral track, a series of further forums also dealing with functional cooperation were established outside of the multilaterals." [142]

Darüber hinaus verweigerten von Anfang an Syrien und der Libanon ihre Teilnahme. Nach Mai 1996 brachen die offiziellen Treffen der multilateralen Arbeitsgruppe letztlich ab.[143] Erst drei Jahre später, im Januar 2000, gelang es den Konfliktparteien, die multilaterale Verhandlungs-

---

1996, S. 3, und The American-Israeli Cooperative Enterprise – The Jewish Virtual Library (Hrsg.), *The Water Resources Working Group*, im Internet unter: http://www.us-israel.org/jsource/Peace/water.html, sowie American-Israeli Cooperative Enterprise – The Jewish Virtual Library (Hrsg.), *From Contention to Cooperation. A Case Study of the Middle East Multilateral Working Group on Water Resources*, im Internet unter: http://www.us-israel.org/jsource/Peace/water1.html.

140 Zu Errungenschaften im Bereich der Normalisierung zwischen Israel und arabischen Ländern ausführlich vgl. Libiszewski, Stephan, *Water Disputes in the Jordan Basin Region and their Role in the Resolution of the Arab-Israeli Conflict*, ENCOP Occasional Paper No. 13., Center for Security Policy and Conflict Research / Swiss Peace Foundation, Zürich / Bern 1995, S. 82 ff., im Internet unter: http://www.fsk.ethz.ch/encop/13/en13-ch0.htm.

141 Allerdings geben die beteiligten Staaten als nennbaren Erfolg gern das Middle East Desalination Research Center in Oman an, das 1996 auf Initiative der Arbeitsgruppe Wasser zustandegekommen ist. Vgl. The American-Israeli Cooperative Enterprise – The Jewish Virtual Library (Hrsg.), *Multilateral Talks Resume*, 31. Januar 2000, im Internet unter: http://www.us-israel.org/jsource/Peace/multi2000.html, zitiert am: 9. Mai 2003.

142 Libiszewski, Stephan, *Water Disputes in the Jordan Basin Region and their Role in the Resolution of the Arab-Israeli Conflict*, ENCOP Occasional Paper No. 13., Center for Security Policy and Conflict Research / Swiss Peace Foundation, Zürich / Bern 1995, S. 85 ff., im Internet unter: http://www.fsk.ethz.ch/encop/13/en13-ch0.htm.

143 Nur auf technischer Ebene wurden Projekte teilweise fortgeführt, so Dombrowsky, Ines, *Die Wasserkrise im Nahen Osten*, in: APuZ, Nr. 48-49 / 2001, S. 37.

schiene wieder neu zu beleben. Syrien und der Libanon boykottieren aber nach wie vor das Forum – gleichwohl sie eine „standing invitation to the talks“ haben.[144] Bis heute brachte die multilaterale Wasserkommission noch kein multilaterales Abkommen zur Wasserverteilung im Jordanbecken zustande.[145] Daher gilt es, in der Region bestehende bilaterale Vertragswerke mit Wasserbezug zu untersuchen.

Bislang handelten einige der Jordananrainer bereits Vertragswerke oder zumindest Vertragsklauseln über die bilaterale Wasserverteilung aus. Jordanien und Syrien konnten als erste einen Vertrag über die Wasserrechte am Jordannebenfluss Yarmuk im Jahr 1953 aufweisen. Jordanien regelte darüber hinaus mit Israel die bilaterale Wasserverteilung an Yarmuk und Jordan im Friedensvertrag von 1994. Israel einigte sich auch mit der Palästinensischen Autonomiebehörde über Wasserklauseln in den israelisch-palästinensischen Friedensabkommen.[146]

Welche Prinzipien, Regeln, Normen und Verfahren enthalten nun die Wasserklauseln zwischen den Jordananrainern (*law in the books*)? Wie respektieren, interpretieren und implementieren diese Staaten die Wasservereinbarungen in der Praxis (*law in action*)? Wie ist der *status quo* der vertraglichen Wasserverteilung zu bewerten? Und warum bestehen noch keine Wasserregelungen zwischen den verbleibenden Jordananliegern? Antworten auf diese Fragen liefert nun der folgende letzte Abschnitt des zweiten Kapitels.

3.2. Israelisch-jordanischer Friedensvertrag von 1994

Eine der bedeutendsten Errungenschaften im Nahost-Friedensprozess ist der Friedensvertrag zwischen Israel und dem Haschemitischen König-

---

144 The American-Israeli Cooperative Enterprise – The Jewish Virtual Library (Hrsg.), *Multilateral Talks Resume*, 31. Januar 2000, im Internet unter: http://www.us-israel.org/jsource/Peace/multi2000.html, und The Jerusalem Post, 31. Januar 2000, im Internet unter: http://www.jpost.com.

145 Karen Baim geht sogar davon aus, dass die Unterhändler des Nahost-Friedensprozesses die Wasserfrage nicht einmal „on a comprehensive level“ diskutierten. Vgl. Baim, Karen A., *Come Hell or High Water. A Water Regime for the Jordan River Basin*, in: Wash.U.L.Q., Vol. 75, No. 2 / 1997, S. 2.

146 Siehe Abbildung „Wasserrechtliche Vereinbarungen im Jordanbecken“ im Anhang.

reich von Jordanien aus dem Jahr 1994.[147] Er beendet formell den Kriegszustand zwischen den beiden Staaten. Seither trennen sie nicht mehr Waffenstillstandslinien, sondern Grenzen voneinander.

Der Friedensvertrag von 1994 legt auch den bilateralen Wasserverteilungskonflikt bei. Vergleichsweise umfangreich und für beide Seiten scheinbar zufriedenstellend regelt er die Wasserrechte an den Flüssen Jordan und Yarmuk und an Grundwasser im Arava-Tal.[148] Artikel 6 des Friedensvertrags legt die Verpflichtungen beider Vertragsparteien zunächst programmatisch fest. Annex II regelt die Umsetzung der Verpflichtungen sodann detailliert.[149]

3.2.1. Programmatische Verpflichtungen

Allgemein vereinbaren Israel und Jordanien, „to recognize the rightful allocations of both of them in Jordan River and Yarmouk River waters and Araba/Arava ground water".[150] Jordan- und Yarmuk-Oberflächenwasser sowie Arava-Grundwasser soll demnach rechtmäßig verteilt werden. Hierbei fällt die Wendung „rightful allocation" auf. Dem Internationalen Wasserrecht ist sie nicht geläufig. Es verwendet für das Prinzip der gerechten und angemessenen Nutzung die Begriffe *equitable utilization* oder *equitable and reasonable utilization and participation*.[151]

---

147 *Treaty of Peace Between the State of Israel and the Hashemite Kingdom of Jordan*, (israelisch-jordanischer Friedensvertrag), 26. Oktober 1994, in: I.L.M. 34 (1995), bzw. im Internet unter: http://www.mfa.gov.il/mfa/go.asp?MFAH00pa0.

148 Art. 6 (Water) und Annex II (Water Related Matters) des israelisch-jordanischen Friedensvertrags.

149 Neben dem Friedensvertrag von 1994 schlossen Israel und Jordanien 1995 das *Agreement on Cooperation in Environmental Protection and Nature Conservation Between Israel and Jordan*, (*Environmental Agreement*), ab. Auch dieses Abkommen ruft zu einem kooperativen Ansatz für die Entwicklung des Jordanflussbeckens auf. Es wurde allerdings nicht ratifiziert. Vgl. Civic, Mélanne Andromecca, *Water Scarcity in the Jorden River Basin*, USIS Global Issues, März 1999, im Internet unter: http://greennature.com/article84.html.

150 Art. 6 Abs. 1 des israelisch-jordanischen Friedensvertrags.

151 Art. 5 Abs. 1 der *Convention on the Law of the Non-navigational Uses of International Watercourses*, (UN-Wasserkonvention), 8. Juli 1997, abgedruckt in: I.L.M. 36 (1997), S. 700-720, und im Internet unter:

Diesem völkerrechtlichen Prinzip inhärent ist ein Kriterienkatalog zur Kalkulation der gerechten Anteile von Nachbarstaaten an der Wasserführung eines internationalen Flussbeckens.[152] Wollten die Vertragsparteien nun diesen Katalog meiden, indem sie einen Begriff verwendeten, der dem Völkerrecht nicht geläufig ist? Die Literatur verneint diese Frage und geht davon aus, „daß der Begriff der *rightful allocation* faktisch dem des *equitable and reasonable apportionment* entspricht".[153]

Mehr politisch als rechtlich von Bedeutung ist die Ansicht, „that the subject of water can form the basis for the advancement of co-operation" zwischen Israel und Jordanien.[154] Sie sehen in einer gelungenen Wasseraufteilung demnach einen Initiator für zwischenstaatliche Kooperation auf anderen Gebieten.

Juristisch bemerkenswert ist wiederum die Verpflichtung der Vertragsparteien, „to ensure that the management and development of their water resources do not, in any way, harm the water resources of the other Party".[155] Denn die Verpflichtung wird nicht nur dem völkerrechtlichen Verbot erheblicher grenzüberschreitender Umweltbeeinträchtigungen gerecht (*obligation not to cause significant harm*).[156] Sondern sie greift mit der Formulierung „not, in any way" sogar noch darüber hinaus. Die Klausel legt keine Kriterien fest, die eine Schädigung qualifizieren soll. Demgemäß verbieten sich Israel und Jordanien jegliche Schädigung, nicht nur erhebliche.[157]

---

http://www.un.org/ga/documents/gares51/ga51-229.htm.

152 Art. 6 Abs. 1 der UN-Wasserkonvention von 1997, Art. 5 der *Helsinki Rules* von 1966. Ausführlich zu diesem Kriterienkatalog siehe oben, Kapitel 1, Punkt „Prinzip der gerechten oder angemessenen Nutzung".

153 Reimann, Markus, *Die nicht-navigatorische Nutzung internationaler Süßwasserressourcen im Umweltvölkerrecht*, Frankfurt am Main u.a. 1999, S. 332 f., zitiert aus S. 333.

154 Art. 6 Abs. 2 des israelisch-jordanischen Friedensvertrags.

155 Art. 6 Abs. 2 des israelisch-jordanischen Friedensvertrags.

156 Art. 7 Abs. 1 der UN-Wasserkonvention von 1997. Ausführlich hierzu siehe oben, Kapitel 1, Punkt „Verbot erheblicher grenzüberschreitender Umweltbeeinträchtigungen".

157 Zum Kriterium der Erheblichkeit siehe oben, Kapitel 1, Punkt „Verbot erheblicher grenzüberschreitender Umweltbeeinträchtigungen".

Israel und Jordanien anerkennen in ihrem Friedensvertrag, wie notwendig es ist, der regionalen Wasserknappheit gemeinschaftlich und ganzheitlich zu begegnen. Hierfür einigen sie sich auf folgende Kooperationsbereiche: (a) neue Wasserressourcen erschließen und Wasserverschwendung minimieren, (b) Wasserverunreinigung vermeiden, (c) gegenseitige Hilfe bei Wasserknappheit, (d) gemeinsame Wasserforschung und -entwicklung sowie Datenaustausch.[158]

3.2.2. Materielle und technische Vorschriften

Die Verpflichtungen aus Art. 6 regelt Annex II des israelisch-jordanischen Friedensvertrags sodann detailliert. Hier finden sich die materiellen und technischen Vorschriften. Annex II Artikel I enthält die Allokation von Jordan- und Yarmukwasser. Hierbei sind gesondert für eine Winterzeit (Oktober bis Mai) und eine Sommerzeit (Mai bis Oktober) fixe Wasserquoten aufgeführt, die Israel und Jordanien den Flüssen jeweils entziehen dürfen.[159] Jordanien schränkt seine Wassernutzung am Jordan ein, Israel seine am Yarmuk. Ferner wollen die Vertragsparteien in Kooperation zusätzliches Trinkwasser für Jordanien erschließen.[160] Israel und Jordanien koppeln hier „eine begrenzte Umverteilung mit der Erschließung und Exploitation zusätzlicher Wasserressourcen durch ein kooperatives Wassermanagement.“ [161]

Annex II Art. II thematisiert die Speicherung von Wasser. Bislang noch verweigert, gibt Israel hier die gemeinschaftliche Errichtung eines Staudammes frei, der die Winterwasser des Yarmuk auffängt und sie in den jordanischen König-Abdallah-Kanal [162] leitet.[163] Am mittleren Jordan pla-

---

158 Art. 6 Abs. 3 und 4 des israelisch-jordanischen Friedensvertrags.

159 Vgl. Annex II Artikel I Abs. 1 und 2 des israelisch-jordanischen Friedensvertrags.

160 Annex II Artikel I Abs. 3 des israelisch-jordanischen Friedensvertrags.

161 Reimann, Markus, *Die nicht-navigatorische Nutzung internationaler Süßwasserressourcen im Umweltvölkerrecht*, Frankfurt am Main u.a. 1999, S. 334.

162 Der jordanische König-Abdallah-Kanal verläuft zunächst parallel zum unteren Yarmuk und nach dessen Zusammenfluss mit dem Jordan parallel zu diesem bis etwa auf die Höhe des Toten Meeres. Der Kanal bildet die Hauptlebensader für die meisten Bewässerungsprojekte im Jordantal und den südlichen Ghors. Dennoch ist „the flow in the southern extension (...) a mere trickle“. Lowi, Miriam R., *Water and*

nen Israel und Jordanien entlang ihrer gemeinsamen Grenze ein zweites Staudammprojekt.[164] Für weitere Speicherungspläne in gegenseitigem Einvernehmen sind beide Vertragsparteien offen.[165]

Bemerkenswert bei der Verteilung des Arava-Grundwassers in Annex II Art. IV ist ein zusätzlicher Pachtvertrag mit 25 jähriger Laufzeit. Hierin gestattet Jordanien israelischen Siedlern auch künftig die landwirtschaftliche Nutzung eines Grenzstreifens von 330 km² in der Arava-Ebene – ein Gebiet, das Israel im Friedensvertrag an Jordanien abtritt.[166] Auch bereits gebohrte Brunnen in diesem nun jordanischen Gebietsstreifen dürfen die israelischen Siedler weiterhin nutzen.[167] Die Nutzungsrechte an den Brunnen kann Israel nach gemeinschaftlicher Vereinbarung sogar noch weiter ausdehnen.[168]

Für Regimeerhalt und -evolution interessant ist das *Joint Water Committee* (*JWC*), das Israel und Jordanien im Friedensvertrag errichten.[169] Ähnlich bestehender Wasserregime weltweit entsteht hiermit ein Koordinations-, Implementierungs- und Kontrollinstrument, mit dessen Hilfe die beiden Staaten ihre grenzüberschreitenden Wasservorkommen gemeinschaftlich verwalten wollen.[170]

Power. The Politics of a Scarce Resource in the Jordan River Basin, Cambridge 1993, S. 155 und Karte S. 156 f.

163 Annex II Art. II Abs. 1 des israelisch-jordanischen Friedensvertrags.

164 Annex II Art. II Abs. 2 des israelisch-jordanischen Friedensvertrags.

165 Annex II Art. II Abs. 3 des israelisch-jordanischen Friedensvertrags.

166 Vgl. Johannsen, Margret, *Das Konfliktkonglomerat im Jordanbecken*, in: Barandat, Jörg (Hrsg.), *Wasser – Konfrontation oder Kooperation? Ökologische Aspekte von Sicherheit am Beispiel eines weltweit begehrten Rohstoffs*, Baden-Baden 1997, S. 64.

167 Annex II Art. IV Abs. 1 und 2 des israelisch-jordanischen Friedensvertrags.

168 Annex II Art. IV Abs. 3 des israelisch-jordanischen Friedensvertrags.

169 Annex II Art. VII (Joint Water Committee) des israelisch-jordanischen Friedensvertrags. Aufgaben des *JWC* finden sich zusätzlich in Annex II Art. I Abs. 2c, Art. I Abs. 3 Satz 1, Art. III Abs. 2, Art. IV Abs. 3, Art. V Abs. 2 und Art. VI Abs. 1 des israelisch-jordanischen Friedensvertrags.

170 Ausführlich zu bestehenden wasserrechtlichen Regimen für internationale Flusssysteme siehe oben, Kapitel 1, Punkt „Wasserrechtliche Regime für bestimmte Flussläufe“.

Die gemeinsame Wasserkommission besteht aus je drei Mitgliedern der Vertragsstaaten.[171] Arbeitsablauf, Arbeitsbereich und Häufigkeit der Zusammenkünfte definiert das Komitee selbst.[172] Nach Bedarf kann es Expertenrat hinzuziehen und Subkomitees mit technischen Aufgaben bilden. Unter den Subkommitees soll jedenfalls ein nördliches und ein südliches sein (*northern sub-committee, southern sub-committee*), die für das Wassermanagement im jeweiligen Gebiet verantwortlich sind.[173]

3.2.3. Bewertung der Wasserklauseln

Mittlerweile hat sich das wasserbezogene Verhältnis zwischen Israel und Jordanien also fundamental gewandelt. Im Vordergrund stehen nun nicht mehr rein politische Motive wie etwa „to keep water away from the Israelis in order to frustrate the socio-economic development of their society." [174] Vielmehr prägen Pragmatismus und Technokratie das bilaterale Wassermanagement, entstanden aus der Notwendigkeit, den Zugang zu immer knapper werdenden Wasserressourcen zu maximieren. Priorität genießt heute schlichtweg, eine gerechte Wasserverteilung an Yarmuk und Jordan zu sichern.[175]

Die Wasserklauseln im israelisch-jordanischen Friedensvertrag etablieren eine längst fällige Verständigung, die auf Kompromissen von beiden Vertragsparteien basiert. Die Nutzungsrechte am gemeinsamen Oberflächen- und Grundwasser sind aufgeteilt und vielseitige Kooperationsprojekte, Datenaustausch sowie gemeinschaftliche Forschung und Entwicklung vereinbart. Damit werden die Wasserklauseln im Friedensvertrag den anerkannten Grundsätzen des Internationalen Wasserrechts gerecht, wenngleich die Grundsätze nicht explizit genannt sind.[176]

---

171 Annex II Art. VII Abs. 1 des israelisch-jordanischen Friedensvertrags.

172 Annex II Art. VII Abs. 2 des israelisch-jordanischen Friedensvertrags.

173 Annex II Art. VII Abs. 3 des israelisch-jordanischen Friedensvertrags.

174 Lowi, Miriam R., *Water and Power. The Politics of a Scarce Resource in the Jordan River Basin*, Cambridge 1993, S. 149.

175 Vgl. aaO, S. 149 f.

176 Vgl. Reimann, Markus, *Die nicht-navigatorische Nutzung internationaler Süßwasserressourcen im Umweltvölkerrecht*, Frankfurt am Main u.a. 1999, S. 335.

So sehr die israelisch-jordanischen Wasservereinbarungen auch als exemplarisch gepriesen werden,[177] dürfen ihre Schattenseiten dennoch nicht unter den Tisch gekehrt werden. Ein erschreckend hohes Bevölkerungswachstum in der Region zieht einen steigenden Wasserbedarf nach sich. Klimatische Schwankungen beeinflussen die Wasserführung und können die Wasserverknappung weiter zunehmen lassen. Dementsprechend nachteilig ist am Friedensvertrag die Festlegung von fixen Wasserquoten in Millionenkubikmeter.

Schon wenige Jahre nach Unterzeichnung des Friedensvertrags sah sich Israel damit überfordert, die vereinbarten Wasserquoten an Jordanien zu liefern. Anfang 1999 gab die israelische Regierung bekannt, dass sie trotz 25% Kürzung der Wasserversorgung der heimischen Landwirtschaft die vertragsmäßigen Quoten aus dem See Genezareth, dem Jordan und dem Yarmuk nicht an Jordanien liefern kann.[178]

Bedenklich ist außerdem, dass die israelisch-jordanischen Wasserregelungen einen ungehinderten konstanten Fluss des Yarmuk durch Syrien voraussetzen. Es besteht aber keine Garantie dafür, dass Syrien seine Wasserentnahme am Yarmuk nicht erhöht. Sicherer wäre daher gewesen, wenn Israel und Jordanien in die Wasserverteilung am Yarmuk Syrien miteingebunden hätten. Mag dieser Schritt auch ehrgeizig erscheinen, so ist politisch hingegen leichter möglich, in die israelisch-jordanischen Wasservereinbarungen die palästinensische Autonomiebehörde mit einzubeziehen. Denn als weiterer Jordananlieger beansprucht natürlich auch sie Nutzungsrechte.[179]

---

177 Der Beispielcharakter und die Geeignetheit als Anknüpfungspunkt für ein regionales Wasserregime ist hervorgehoben bei Schiffler, Manuel, *Konflikte um Wasser. Ein Fallstrick für den Friedensprozeß im Nahen Osten?*, in: Aus Politik und Zeitgeschichte, B 11 / 1995, S. 15. Vgl. auch Elmusa, Sharif S., *The Jordan-Israel Water Agreement. A Model or an Exception?*, in: Cotran, Eugene / Mallat, Chibli (Hrsg.), *The Arab-Israeli Accords. Legal Perspectives*, The Hague u.a. 1996, S. 199 ff.

178 Vgl. Civic, Mélanne Andromecca, *Water Scarcity in the Jorden River Basin*, USIS Global Issues, März 1999, Einführung, im Internet unter: http://greennature.com/article84.html.

179 Vgl. Reimann, Markus, *Die nicht-navigatorische Nutzung internationaler Süßwasserressourcen im Umweltvölkerrecht*, Frankfurt am Main u.a. 1999, S. 335. Ausführlich zu „Perspektiven für ein multilaterales Wasserregime im Jordanbecken“ siehe unten, gleichnamiges Kapitel 3.

3.3. Israelisch-palästinensische Abkommen seit 1993

Wie oben ausgeführt sind die Wasserressourcen im Jordanbecken zwischen Israel und den Palästinensern drastisch ungleich verteilt. Auch israelisch-palästinensische Abkommen, die im Verlauf des Nahost-Friedensprozesses zustande kamen, räumten die signifikante Ungleichheit in der Verteilung nicht beiseite, milderten sie hingegen leicht ab. Welche der bilateralen Übereinkommen enthalten nun Wasserklauseln und wie sind diese zu bewerten?

3.3.1. ‚Declaration of Principles'

Israel und die Palästinenser behandeln die Wasserfrage gleich im Grundsatzabkommen des Friedensprozesses, in der *Declaration of Principles* von 1993.[180] In Art. VII Abs. 4 *DOP* vereinbaren sie, dass ein nachfolgendes *Interim Agreement* eine *Palestinian Water Administration Authority* schafft. Deren Kompetenzen sind allerdings nicht weiter spezifiziert. So bleibt zunächst offen, ob Israel den Palästinensern effektive Kontrollfunktionen oder lediglich Abwassermanagement überträgt.

Weiter behandelt ist die Wasserfrage sodann in Annexen zur *Declaration of Principles*. Als Annex III ist ein *Protocol on Israeli-Palestinian Cooperation in Economic and Development Programs* angehängt. Wasserpolitisch bedeutsam ist dessen Abs. 1, der eine zukünftige Wasserkooperation weiter konkretisiert. Im Rahmen eines Wasserentwicklungsprogramms sollen Experten beider Vertragsparteien die gegenseitigen Wasserrechte (*water rights of each party*) und eine gerechte Verteilung (*equitable utilization*) gemeinsamer Wasserressourcen erörtern.[181]

Auf den ersten Blick mutet die Vereinbarung schwammig an. Allerdings enthält sie zwei essentielle Formulierungen. Einerseits geht sie davon aus, dass die Palästinenser grundsätzlich über Wasserrechte verfügen. Somit kann nicht mehr ausschliesslich die israelische Militär- und Zivilver-

---

180 *Declaration of Principles on Interim Self-Government Arrangements*, (*Declaration of Principles, DOP*), 13. September 1993, abgedruckt in: I.L.M., 32 (1993), S. 1525, und im Internet unter: http://www.mfa.gov.il/mfa/go.asp?MFAH00q00.

181 Annex III Abs. 1 *DOP*.

waltung gemeinsame Wasservorkommen verwalten. Das bedeutet „im Vergleich zu dem unter der Militärbesetzung geltendem Recht eine erhebliche Verbesserung der palästinensischen Position.“ [182]

Darüber hinaus legt Annex III Abs. 1 *DOP* künftigen Wasservereinbarungen das völkergewohnheitsrechtlich anerkannte Prinzip der *equitable utilization* zu Grunde.[183] Demzufolge verpflichten sich Israel und die Palästinenser auch auf den Kriterienkatalog zur Kalkulation der gerechten Anteile von benachbarten Anrainern, der dem völkerrechtlichen Prinzip inhärent ist.[184]

Auch Annex IV der *DOP*, das *Protocol on Israeli-Palestinian Cooperation Concerning Regional Development Programs*, thematisiert Wasser. Es erwähnt Wasser allerdings nur abstrakt als Bestandteil komplexerer Entwicklungsprogramme.[185]

3.3.2. ‚Interim Agreement'

Wie in der *Declaration of Principles* angekündigt, greift das israelisch-palästinensische *Interim Agreement* von 1995 [186] die Wasserfrage wieder auf. Es ist ein umfangreiches Vertragswerk über Koexistenz und Kooperation zwischen Israel und den Palästinensern. Von Bedeutung in Bezug auf Wasser sind Annex III Appendix 1 Art. 40 (*Water and Sewage*) und Schedule 8 (*Joint Water Committee*) bis 11, die Art. 40 weiter konkretisieren.

---

182 Reimann, Markus, *Die nicht-navigatorische Nutzung internationaler Süßwasserressourcen im Umweltvölkerrecht*, Frankfurt am Main u.a. 1999, S. 320.

183 Vgl. Art. 6 Abs. 1 der UN-Wasserkonvention von 1997 und Art. 5 der *Helsinki Rules* von 1966.

184 Ausführlich hierzu siehe oben, Kapitel 1, Punkt „Prinzip der gerechten oder angemessenen Nutzung“.

185 *Economic Development Program for the West Bank and the Gaza Strip* und *Regional Economic Development Program*, vgl. Annex IV Abs. 2 A (3), B (2) und (4) *DOP*.

186 *Israeli-Palestinian Interim Agreement on the West Bank and the Gaza Strip*, (*Interim Agreement*, *IA*), 28. September 1995, abgedruckt in: I.L.M., 36 (1997), S. 551, und im Internet unter: http://www.mfa.gov.il/mfa/go.asp?MFAH00qa0.

Allgemein behandelt Annex III Appendix 1 Art. 40 IA die israelisch-palästinensische Wasserkooperation in der Westbank. Eine der beiden essentiellen wasserbezogenen Kernaussagen der *Declaration of Principles* [187] bestärkt gleich Abs. 1:

> „Israel recognizes the Palestinian water rights in the West Bank.“ [188]

Auch das *Interim Agreement* geht somit davon aus, dass den Palästinensern grundsätzlich Wasserrechte zustehen. Verwaltungs- und Nutzungsrechte sollen in den autonomen Palästinensergebieten von der israelischen Militärregierung und Zivilverwaltung auf die Palästinenser übergehen (*Transfer of Authority*).[189]

Wenngleich Israel den Palästinensern hiermit rein formell Wasserrechte zusagt, so stehen deren Aushandlung, Konkretisierung und Verbriefung noch aus. Dies soll im Zuge der Endstatusverhandlungen geschehen: [190]

> „These [Palestinian water rights] will be negotiated in the permanent status negotiations and settled in the Permanent Status Agreement relating to the various water resources.“ [191]

Schädigungsverbot

Gehaltvoll sind wiederum die Vereinbarungen in Art. 40 Abs. 3. Sie verpflichten Israel und die Palästinenser auf das völkergewohnheits-

---

[187] Siehe hierzu vorangegangener Punkt „Declaration of Principles“.

[188] Annex III Appendix 1 Art. 40 Abs. 1 Satz 1 *IA*.

[189] Annex III Appendix 1 Art. 40 Abs. 1, 3 und 4 *IA*.

[190] Israel und die Palästinenser haben sich vertraglich verpflichtet, ein „permanent settlement based on Security Council Resolutions 242 and 338“ auszuhandeln (Art. I *DOP* und Art. XXXI Abs. 6 und 7 *IA*.). Wie vertraglich vorgesehen (Art. V Abs. 2 *DOP*), nahmen Israel und die Palästinensische Befreiungsorganisation PLO die Verhandlungen über einen Endstatus zwar im Mai 1996 auf. Dennoch ist es weder bis zum anvisierten Mai 1999, noch bis heute gelungen, eine abschließende Einigung in den verbleibenden Endstatusfragen zu erzielen. Die nach wie vor ungelösten Konfliktpunkte sind die bilaterale Wasserverteilung, der Status Jerusalems, die jüdischen Siedlungen in den Palästinensergebieten und die palästinensischen Flüchtlinge infolge der israelisch-arabischen Kriege. Vgl. Asseburg, Muriel, *Palästina auf dem Weg zum Staat. Determinanten, Entwicklungen, Szenarien*, Ebenhausen bei München 1999, S. 25.

[191] Annex III Appendix 1 Art. 40 Abs. 1 Satz 2 *IA*.

rechtliche Verbot erheblicher grenzüberschreitender Umweltbeeinträchtigungen (*obligation not to cause significant harm*).[192] Wortgetreu ist das Verbot im *Interim Agreement* zwar nicht aufgeführt. Inhaltlich gleich kommen ihm allerdings verschiedene Formulierungen wie „preventing the deterioration of water quality in water resources" [193] oder „prevent any harm to the water and sewage systems" [194]. Israel und die Palästinenser wollen folglich eine Minderung der Wasserqualität bzw. jegliche Schädigung der Wasser- und Abwassersysteme verhindern.

Wie auch im israelisch-jordanischen Friedensvertrag [195] ist im israelisch-palästinensischen *Interim Agreement* die Qualifizierung von Schädigungen bemerkenswert. Denn mit der Formulierung „prevent any harm" [196] greift das *Interim Agreement* noch über das völkergewohnheitsrechtliche Verbot erheblicher grenzüberschreitender Umweltbeeinträchtigungen hinaus. Die Vertragsklausel legt keine Kriterien fest, die eine Schädigung qualifizieren sollen. Demgemäß verbieten sich Israel und die Palästinenser jegliche Schädigung, nicht nur erhebliche.

Angemessene Nutzung

Einen weiteren Grundsatz des Internationalen Wasserrechts haben Israel und die Palästinenser wiederum nicht wortgetreu aber inhaltlich aufgenommen. Das völkergewohnheitsrechtliche Prinzip der gerechten und angemessenen Nutzung (*equitable and reasonable utilization and participation*) [197] findet sich in den Verpflichtungen zur Beibehaltung bestehender Wassernutzungen,[198] zu Gewässerschutz [199] sowie zur Anpas-

---

192 Art. 7 Abs. 1 der UN-Wasserkonvention von 1997, Art. 10 der *Helsinki Rules* von 1966, Grundsatz 21 der Stockholm-Deklaration von 1972, Grundsatz 2 der Rio-Deklaration von 1992, und ausführlich hierzu siehe oben, Kapitel 1, Punkt „Verbot erheblicher grenzüberschreitender Umweltbeeinträchtigungen".

193 Annex III Appendix 1 Art. 40 Abs. 3 b *IA*.

194 Annex III Appendix 1 Art. 40 Abs. 3 h, ähnlich e *IA*.

195 Art. 6 Abs. 2 des israelisch-jordanischen Friedensvertrags. Ausführlich hierzu siehe oben, Kapitel 2, Punkt „Israelisch-jordanischer Friedensvertrag von 1994".

196 Annex III Appendix 1 Art. 40 Abs. 3 e und h, Art. 21, Schedule 11 Art. 1 *IA*.

197 Art. 5 Abs. 1 der UN-Wasserkonvention von 1997.

198 Annex III Appendix 1 Art. 40 Abs. 3 a *IA*.

sung der Wassernutzung an die sich wandelnden klimatischen und hydrologischen Bedingungen.[200]

Wie schon der israelisch-jordanische Friedensvertrag [201] spricht auch das israelisch-palästinensische *Interim Agreement* die Notwendigkeit an, zusätzliche Wasserressourcen zu erschließen:

> „Both sides recognize the necessity to develop additional water for various uses.“ [202]

Während Israel mit Jordanien jedoch genau festlegt, in welcher Menge sie zusätzliches Wasser erschließen wollen, lässt sich aus der Formulierung des *Interim Agreement* noch nicht einmal ein Anspruch auf die Erschließung selbst ableiten. Die israelisch-palästinensische Absprache birgt daher „eine eher programmatische Dimension“.[203]

Den künftigen Wasserbedarf der Palästinenser in der Westbank anerkennend, widmen sich weitere Artikel des *Interim Agreement* dem Thema *Addtional Water*.[204] Israelische Zugeständnisse (*Israeli Commitment*) [205] und palästinensische Verantwortlichkeiten (*Palestinian Responsibility*) [206] sind detailliert festgelegt. [207] Sie sollen gewährleisten, dass von den künftig notwendigen 70-80 mcm/a [208] den Palästinensern zumindest die

---

199 Annex III Appendix 1 Art. 40 Abs. 3 b, e, f und h *IA*. Der Gewässerschutz ist weiter konkretisiert in Abs. 21 bis 24 (Protection of Water Resources and Water and Sewage Systems).

200 Annex III Appendix 1 Art. 40 Abs. 3 d *IA*. Vgl. auch Reimann, Markus, *Die nicht-navigatorische Nutzung internationaler Süßwasserressourcen im Umweltvölkerrecht*, Frankfurt am Main u.a. 1999, S. 322 f.

201 Annex II Artikel I Abs. 3 des israelisch-jordanischen Friedensvertrags.

202 Annex III Appendix 1 Art. 40 Abs. 2 *IA*.

203 Reimann, Markus, *Die nicht-navigatorische Nutzung internationaler Süßwasserressourcen im Umweltvölkerrecht*, Frankfurt am Main u.a. 1999, S. 321.

204 Annex III Appendix 1 Art. 40 Abs. 6 bis 10 *IA*.

205 Annex III Appendix 1 Art. 40 Abs. 7a *IA*.

206 Annex III Appendix 1 Art. 40 Abs. 7b *IA*.

207 Sie umfassen beispielsweise Brunnenbohrungen und Pipelineprojekte.

208 Annex III Appendix 1 Art. 40 Abs. 6 *IA*.

unverzüglich erforderlichen 28,6 mcm/a [209] während der Interimsphase [210] bereit stehen.

Joint Water Committee

Auch Israel und die Palästinenser errichten institutionelle Strukturen für Regimeerfüllung. Im *Interim Agreement* schaffen sie das *Joint Water Committee* (*JWC*), [211] das üblicherweise als Koordinations-, Implementierungs- und Kontrollinstrument fungiert und mit dessen Hilfe Israel und die Palästinenser ihre Wasservorkommen für die Interimsperiode gemeinschaftlich verwalten wollen. In den Kompetenzbereich des *JWC* fallen "all water and sewage related issues in the West Bank",[212] wie zum Beispiel Management und Schutz von Wasser, Wasserressourcen und Abwassersystemen (einschließlich Brunnenlizensierung und -bohrung oder Genehmigungen zur Erhöhung von Wasserentnahmen), [213] Informationsaustausch und Konfliktlösung.[214] Beide Vertragsparteien entsenden eine gleiche Anzahl von Mitgliedern ins *JWC*.[215] Dem *Joint Water Committee* unterstehen *Joint Supervision and Enforcement Teams*

---

209 Annex III Appendix 1 Art. 40 Abs. 7 Satz 1 *IA*.

210 Israel und die Palästinenser haben sich vertraglich verpflichtet, den Interimszustand zu beenden und ein „permanent settlement based on Security Council Resolutions 242 and 338" auszuhandeln (Art. I *DOP* und Art. XXXI Abs. 6 und 7 *IA*.). Eingeläutet hat die Interimsphase das israelisch-palästinensische Gaza-Jericho-Abkommen vom 4. Mai 1994. Sie war ursprünglich auf maximal fünf Jahre festgelegt, also bis Mai 1999 (Art. I *DOP*). Im Mai 1996 nahmen wie vertraglich vorgesehen (Art. V Abs. 2 *DOP*) Israel und die PLO die Endstatusverhandlungen auf. Dennoch ist es weder bis zum anvisierten Mai 1999, noch bis heute gelungen, eine abschließende Einigung in den schärfsten Konfliktpunkten zu erzielen. Vgl. Asseburg, Muriel, *Palästina auf dem Weg zum Staat. Determinanten, Entwicklungen, Szenarien*, Ebenhausen bei München 1999, S. 25. Näher zum Gaza-Jericho-Abkommen vgl. Steinbach, Udo, *Das Gaza-Jericho-Abkommen. Wegmarke im Friedensprozeß*, in: APuZ, B 21-22 / 1994, S. 3 ff.

211 Annex III Appendix 1 Art. 40 Abs. 11 bis 15 und Schedule 8 (Joint Water Committee) *IA*.

212 Annex III Appendix 1 Art. 40 Abs. 12 *IA*.

213 Annex III Appendix 1 Schedule 8 Art. 1 Abs. a *IA*.

214 Annex III Appendix 1 Art. 40 Abs. 12 a bis j *IA*.

215 Annex III Appendix 1 Art. 40 Abs. 13 *IA*.

(*JSET*).[216] Sie beaufsichtigen und forcieren die Implementierung der Übereinkünfte beispielsweise auf dem Feld von Wasserentnahme, Brunnenbohrung, Gewässerschutz und Wasserqualitätsanalysen.[217]

3.3.3. Bewertung der Wasserklauseln

Wie sind nun die israelisch-palästinensischen Wasservereinbarungen zu bewerten? Israels Wasserpolitik gegenüber den Palästinensern in der Zeit vor den bilateralen Abkommen wird als Verstoß gegen das Internationale Wasserrecht bewertet. Nachdem noch keine israelisch-palästinensischen Wasservereinbarungen bestanden, war die Wasserfrage gemäß dem Internationalen Wasserrecht zu beurteilen. Israels Völkerrechtsbruch während dieser Zeit lässt sich anhand des Schädigungsverbots (*obligation not to cause significant harm*) [218] und anhand des Prinzips der gerechten und angemessenen Nutzung (*equitable utilization*) [219] belegen.[220]

Vor den bilateralen Wasservereinbarungen

Gegen den Grundsatz der *equitable utilization* verstieß die eklatant unverhältnismäßige Wasserverteilung zwischen Israelis und Palästinensern in der Westbank und dem Gazastreifen.[221] Sozioökonomische Bedürfnisse der Palästinenser missachtete Israel ebenso wie hydrologisch-geographische. Denn Israels Art des Wassergebrauchs führte zu Übernutzung

---

216 Annex III Appendix 1 Art. 40 Abs. 16- 17 und Schedule 9 (Supervision and Enforcement Mechanism) *IA*.

217 Annex III Appendix 1 Schedule 9 Art. 4 *IA*.

218 Ausführlich zur *obligation not to cause significant harm* siehe oben, Kapitel 1, Punkt „Verbot erheblicher grenzüberschreitender Umweltbeeinträchtigungen".

219 Ausführlich zur *equitable utilization* siehe oben, Kapitel 1, Punkt „Prinzip der gerechten oder angemessenen Nutzung".

220 Diese Einschätzung legt allgemein zu Grunde, dass das Völkerrecht auf das Verhältnis zwischen Israel und den Palästinensern anwendbar ist. Zur (partiellen) Völkerrechtssubjektivität der Palästinenser bzw. ihrer Volksvertretung PLO siehe Giannios, Susanne, *Das Werden des Palästinenserstaates. Eine Untersuchung unter besonderer Berücksichtigung des Völkerrechts*, Frankfurt am Main u.a. 2002, S. 28 ff., 38 f. und 45 ff.

221 Ausführlich hierzu siehe oben, Kapitel 2, Punkt „Palästinensergebiete".

der Ressourcen [222] mit den genannten irreparablen Schäden für das Wassersystem.[223] Die Übernutzung steht ebenso wenig mit dem Prinzip der gerechten und angemessenen Nutzung in Einklang wie Israels Primat gegenwärtiger Nutzung vor künftiger.

In Widerspruch zur *equitable utilization* steht ferner, dass sich Israel nicht ausreichend darum bemüht hat, alternative Ressourcen zu erschließen. Bei den gegebenen hydrologischen und ökonomischen Zwängen im Westjordanland und Gazastreifen sind die Palästinenser auf die begrenzten Wasservorkommen in allein diesen Gebieten angewiesen. „The Palestinian Authority has not been able to cope financially with the burden of high population growth and extremely limited economic resources." [224] Teure Meerwasserentsalzung oder Wasserimport sind also schon allein aus Kostengründen für die Palästinenser kaum möglich.[225]

---

222 Zur Übernutzung von Wasserressourcen im Jordanbecken siehe oben, Kapitel 2, Punkt „Nicht-navigatorische Wassernutzung".

223 Zu den irreparablen Schäden bei Übernutzung siehe oben, Kapitel 2, Punkt „Aquifere im Jordanbecken".

224 United Nations General Assembly – Economic and Social Council (Hrsg.), *Economic and social repercussions of the Israeli occupation on the living conditions of the Palestinian people in the occupied Palestinian territory, including Jerusalem, and the Arab population in the occupied Syrian Golan*, A/54/152-E/1999/92, Annex, 25. Juni 1999, Punkt II. A. 25., im Internet unter: http://www.un.org/documents/ecosoc/docs/1999/e1999-92.htm.

225 Die *Palestinian Authority* ist in hohem Maße von internationalen Unterstützungszahlungen abhängig. Das Pro-Kopf-Einkommen sank von 1992-1996 um mehr als 36%. Die Arbeitslosigkeit stieg von 5% in den 80er Jahren auf über 14% Ende der 90er Jahre. Im zweiten Halbjahr 2000 ist durch israelische Abriegelung infolge der Gewaltausbrüche seit September 2000 die Arbeitslosigkeit sogar auf knapp 30% hochgeschnellt. Ausführliche Wirtschaftsdaten über die Autonomiegebiete in Bundesministerium für wirtschaftliche Zusammenarbeit und Entwicklung (Hrsg.), *Palästinensische Gebiete. Länderbericht*, Bonn 2000; Der Delegierte der Deutschen Wirtschaft in Palästina (Hrsg.), *Wirtschaftsbericht Palästina*, Ramallah 1998; Der Delegierte der Deutschen Wirtschaft in den palästinensischen Gebieten (Hrsg.), *Leitfaden für Geschäftsreisende in den palästinensischen Gebieten*, Ramallah 1997, besonders Kapitel 4. Wirtschaftsberichte mit Hinweisen zu weiterführenden Internetlinks bei: Palestinian Development InfoNet, im Internet unter: http://www.arts.mcgill.ca/mepp/PDIN/pdfront.html; Kurzübersichten in: Central Intelligence Agency (Hrsg.), *The World Factbook 2002*, im Internet unter: http://www.cia.gov/cia/publications/factbook/geos/we.html für die Westbank und unter: http://www.cia.gov/cia/publications/factbook/geos/gz.html für den Gazastreifen;

Israel hingegen kann eher auf alternative Quellen zugreifen, zum Beispiel andere natürliche Vorkommen als die in den besetzten Gebieten oder aufbereitetes Brack- und Meerwasser.

Auch gegen das Verbot erheblicher grenzüberschreitender Umweltbeeinträchtigungen verstieß Israel. „Den Palästinensern wurde zwar kein nicht mehr brauchbares oder verschmutztes Wasser zugeleitet, jedoch in erheblichem Maße brauchbares Wasser durch die extensive israelische Nutzung vorenthalten." [226] Die bekannten Umweltschädigungen sind bereits oben diskutiert. Zudem paralysiert unzureichende Wasserversorgung die wirtschaftliche und soziale Entwicklung der Palästinenser.

Nach den bilateralen Wasservereinbarungen

Israels geschilderter Verstoß gegen das Internationale Wasserrecht gilt für die Zeit vor den israelisch-palästinensischen Wasservereinbarungen. Wie ist nun die gegenwärtige Wasserpolitik vor dem Hintergrund der vereinbarten Wasserregelungen zu bewerten? Israel anerkennt Wasserrechte der Palästinenser – rein formell zumindest. Zwar nicht wortgetreu, aber in inhaltlicher Umschreibung finden sich in den israelisch-palästinensischen Wasserklauseln die Grundsätze des Internationalen Wasserrechts *equitable and reasonable utilization* sowie *obligation not to cause significant harm*.

Die palästinensischen Wasserrechte sind allerdings im Zuge der Endstatusverhandlungen noch zu präzisieren und im ausstehenden Endstatusvertrag zu verbriefen. Für die Interimsphase überträgt Israel der Palästinensischen Autonomiebehörde derweil Kompetenzen im Wasserverwaltungsbereich. Darunter fallen zum Beispiel Abwassermanagement und Mitspracherechte in einem neu eingerichteten israelisch-palästinensischen *Joint Water Committee* (*JWC*), das für jegliche Entscheidungen im Wassersektor zuständig ist.

---

sowie Munzinger-Archiv/IH-Länder aktuell, Infobase Land, Land: Palästina, Kapitel: Wirtschaft.

226 Reimann, Markus, *Die nicht-navigatorische Nutzung internationaler Süßwasserressourcen im Umweltvölkerrecht*, Frankfurt am Main u.a. 1999, S. 329.

Zu beachten ist hierbei, dass die übertragenen Kompetenzen nicht mit palästinensischer Souveränität über Wasserressourcen gleichgesetzt werden können. Diese aber fordern die Vereinten Nationen nachdrücklich in Jahr für Jahr wiederkehrenden Resolutionen:

> „The General Assembly, (...)
> *Reaffirming* the principle of the permanent sovereignty of peoples under foreign occupation over their natural resources, (...)
> *Reaffirms* the inalienable rights of the Palestinian people (...) over their natural resources, including land and water".[227]

Außerdem ist die Zusammenarbeit im Rahmen des *Joint Water Committee* nicht als Kooperation gleichberechtigter Partner auszuweisen. Jegliche neue Wasserprojekte sind von israelischer Zustimmung abhängig, selbst in Zone A der Palästinensergebiete, in der die *Palestinian Authority* laut israelisch-palästinensischer Abkommen volle Kompetenz in Zivilangelegenheiten haben sollte.[228] Nach wie vor diktiert die Besetzungsmacht der palästinensischen Seite die Zuteilung und Preise der Wasserkontingente.[229] „Israel has imposed obstacles to the drilling of new wells, established quotas on the water drawn from wells, expropriated wells owned by Palestinians and neglected to maintain water systems," schildert ein Bericht der israelischen Menschenrechtsorganisation *B'tselem*.[230]

---

227 Exemplarisch zitiert aus GA-Res. 56/204, 21. Dezember 2001, im Internet unter: http://www.un.org/Depts/dhl/resguide/r56.htm, vgl. auch GA-Res. 57/269, 20. Dezember 2002, GA-Res. 55/209, 20. Dezember 2000, und vorangehende.

228 Vgl. United Nations General Assembly – Economic and Social Council (Hrsg.), *Economic and Social Repercussions of the Israeli Occupation on the Living Conditions of the Palestinian People in the Occupied Palestinian Territory, including Jerusalem, and of the Arab Population in the Occupied Syrian Golan*, A/57/63 – E/2002/21, 17. Mai 2002, Punkt 37, im Internet unter: http://ods-dds-ny.un.org/doc/UNDOC/GEN/N02/392/74/PDF/N0239274.pdf?OpenElement. Ausführlich zur Einteilung der palästinensischen Gebiete in die Zonen A, B und C siehe Giannios, Susanne, *Das Werden des Palästinenserstaates. Eine Untersuchung unter besonderer Berücksichtigung des Völkerrechts*, Frankfurt am Main u.a. 2002, Punkt C. a. „Territoriale Fragmentierung durch Kompetenzabstufung", S. 75 ff.

229 Vgl. Renger, Jochen, *The Middle East Peace Process. Obstacles to Cooperation over Shared Waters*, in: Scheumann, Waltina / Schiffler, Manuel (Hrsg.), *Water in the Middle East. Potential for Conflicts and Prospects for Cooperation*, Berlin/ Heidelberg 1998, S. 48 f.

230 Bericht vom 9. September 1998, sinngemäß wiedergegeben in: United Nations

Insgesamt wirken die Wasserklauseln darauf hin, den *status quo* der israelischen Wassernutzung von vor den Vereinbarungen mit den Palästinensern aufrecht zu erhalten. Somit beutet Israel weiterhin die Wasserressourcen in den besetzten Palästinensergebieten aus. Auch nach den Wasservereinbarungen finden wir hier eine „unfair division of resources shared by Israel and the Palestinians. Israel created a system of restrictions that prevents the Palestinians from utilizing water resources in a manner that meets their basic needs and population's birth rate." [231]

Die soziale, wirtschaftliche und ökologische Lage in den Palästinensergebieten drängt allerdings auf eine Umstrukturierung der momentanen Verbrauchspraxis. Die in die Verträge aufgenommene Schadensvermeidungspflicht und das Prinzip der gerechten und angemessenen Nutzung erscheinen vor diesem Hintergrund zahnlos.[232] Wiederholt sehen sich daher die Vereinten Nationen veranlasst, die Besetzungsmacht Israel aufzufordern, „not to exploit, to cause loss or depletion of or to endanger the natural resources in the Occupied Palestinian Territory, including Jerusalem".[233]

Da Israel im Verlauf des Friedensprozesses seit 1991 seine Interessen gegenüber der schwachen palästinensischen Verhandlungsposition weitgehend konsolidieren konnte, sieht es keine Dringlichkeit zu weiteren Konzessionen, etwa eine Erhöhung der Wasserrationen oder Genehmigungen von Brunnenbohrungen für die Bevölkerung in den autonomen Gebieten.[234]

General Assembly – Economic and Social Council (Hrsg.), *Economic and social repercussions of the Israeli occupation on the living conditions of the Palestinian people in the occupied Palestinian territory, including Jerusalem, and the Arab population in the occupied Syrian Golan*, A/54/152-E/1999/92, Annex, 25. Juni 1999, Punkt II. A. 35., im Internet unter: http://www.un.org/documents/ecosoc/docs/1999/e1999-92.htm.

231 Bericht der israelischen Menschenrechtsorganisation *B'tselem* von 1998, zitiert nach aaO.

232 Vgl. Reimann, Markus, *Die nicht-navigatorische Nutzung internationaler Süßwasserressourcen im Umweltvölkerrecht*, Frankfurt am Main u.a. 1999, S. 329 f.

233 Exemplarisch zitiert aus GA-Res. 56/204, 21. Dezember 2001, im Internet unter: http://www.un.org/Depts/dhl/resguide/r56.htm, vgl. auch GA-Res. 57/269, 20. Dezember 2002, GA-Res. 55/209, 20. Dezember 2000, und voran gehende.

234 Vgl. Renger, Jochen, *The Middle East Peace Process. Obstacles to Cooperation over*

Bei aller Kritik ist positiv festzuhalten, dass mittlerer Weile wasserbezogene Vertragsklauseln zwischen Israel und den Palästinensern immerhin existieren. Sie mögen zwar als *soft law* qualifiziert werden, da ihre Regelungen auslegungsbedürftig sind und in Einzelbestimmungen noch konkretisiert werden müssen. Der Wert der bestehenden israelisch-palästinensischen Wasserklauseln liegt aber darin, dass sie wenigstens einen ersten Schritt bei einem Kernproblem bezeugen, das gegenwärtig noch nicht für umfassenden Kompromiss reif ist.[235]

3.4. Jordanisch-syrische Abkommen seit 1953

Jordanien und Syrien leiteten die bilaterale Wasserverteilung am Jordannebenfluss Yarmuk schon vor einem halben Jahrhundert in vertragliche Bahnen.[236] Motiviert durch die Aussicht auf „the advantages which the two countries would derive from the efficient collection and use of the waters of the Yarmuk Basin for the irrigation of arable lands and the generation of electric power" [237] schlossen die beiden Staaten 1953 das *Yarmuk Waters Agreement* ab.

3.4.1. ‚Yarmuk scheme' 1953

Hierin einigen sich Jordanien und Syrien darauf, das sogenannte *Yarmuk scheme* zu errichten. Es ist ein komplexes System aus einem gemein-

---

Shared Waters, in: Scheumann, Waltina / Schiffler, Manuel (Hrsg.), *Water in the Middle East. Potential for Conflicts and Prospects for Cooperation*, Berlin/Heidelberg 1998, S. 52 ff.

235 Aus völkerrechtlicher Sicht sind die Kernprobleme und Lösungsoptionen behandelt bei Giannios, Susanne, *Die Palästina-Frage. Völkerrechtliche Aspekte der israelisch-palästinensischen Kontroverse um den Endstatus*, in: Universität der Bundeswehr München (Hrsg.), Ordo Inter Nationes. Internationale Politik – Analysen, Nr. 17, München 2001. Im Internet findet sich ein prägnanter Überblick bei Maison de l'Orient et de la Méditerranée (Hrsg.), *La Négociation Internationale. Les Grands Dossiers*, letzte Aktualisierung am 2. Mai 2003, im Internet unter: http://www.mom.fr/guides.

236 *Agreement between the Republic of Syria and the Hashemite Kingdon of Jordan Concerning the Utilization of the Yarmuk Waters*, (*Yarmuk Waters Agreement*), 4. Juni 1953, im Internet unter: http://www.internationalwaterlaw.org.

237 Präambel *Yarmuk Waters Agreement* von 1953.

samen Damm und Reservoir, gemeinsamen Kraftwerken und dazwischen liegendem Kanal, einem Bewässerungskanal, weiteren Dämmen zur Wassersammlung und -umleitung sowie anderen Konstruktionen und Installationen.[238] Diese sogenannten *Maqarin*-Anlagen (*Maqarin installations*) sollen Jordanien mit erforderlichem zusätzlichen Wasser und beide Staaten mit der benötigten Elektrizität versorgen.[239] Bilaterale Kooperation und Verantwortlichkeiten für die Errichtung des *Yarmuk scheme* regelt das Abkommen ebenso wie Landkauf, Enteignung und Entschädigungsmaßnahmen.[240]

Das *Yarmuk Waters Agreement* teilt in Artikel 8 Wassernutzungsrechte (Abs. a und b) und Elektrizitätsanteile (Abs. c) auf. Syrien erhält demgemäß 75%, Jordanien 25% der erzeugten Energie. Benötigt eine der Vertragsparteien ihren Energieanteil nicht vollständig, kann sie den Überschuss verkaufen (Abs. d). Ein Energiehandel ist allerdings nur zwischen Jordanien und Syrien selbst zulässig. Dritte, wie zum Beispiel Staaten oder Privatakteure außerhalb des Rechtssprechungsbereichs einer der beiden Staaten, können vom Energieüberschuss nur nach Einvernehmen beider Vertragsparteien begünstigt werden.[241]

Auch die Kostenfrage zur Errichtung der *Maqarin*-Anlagen ist geregelt. Vertragsgemäß trägt Jordanien nahezu alle Kosten: die Forschungskosten zu 100%, die Konstruktionskosten zu 95%, Syrien zu 5%. Die Betriebs- und Unterhaltungskosten sind noch zu bestimmen, sollen sich allerdings an der Konstruktionskostenverteilung orientieren.[242]

3.4.2. Gemeinsame Kommission

Wie auch die israelisch-jordanischen und die israelisch-palästinensischen Wasservereinbarungen richtet das jordanisch-syrische *Yarmuk Waters*

---

238 Art. 1 *Yarmuk Waters Agreement* von 1953.

239 Art. 2 *Yarmuk Waters Agreement* von 1953.

240 Art. 3 und 4 *Yarmuk Waters Agreement* von 1953.

241 Art. 8 *Yarmuk Waters Agreement* von 1953.

242 Art. 9 *Yarmuk Waters Agreement* von 1953.

Agreement eine gemeinsame Kommission ein.[243] Die *Joint Syro-Jordanian Commission* fungiert als Implementationskontrolle und Überwachungsorgan, um alle Fragen in Zusammenhang mit dem Abkommen, besonders den *Maqarin*-Anlagen, beizulegen. Sie ist aus je 3 Vertretern beider Staaten zusammengesetzt. Ihnen stehen Privilegien und Immunitäten wie dem diplomatischen Corps des jeweils anderen Staates zu. Ihre Geschäftsordnung entwirft die gemeinsame Kommission selbst. Zu ihren Pflichten zählen konkret u.a. die Genehmigung von Forschungs- und Untersuchungsprogrammen, von Installationsplänen und Ausgaben, die Kostenverteilung für Betrieb und Unterhaltung sowie Maßnahmenempfehlungen zur Qualitätssicherung.[244]

Ist die Konsensfindung in der Kommission blockiert, wird die Angelegenheit auf Regierungsebene gehoben. Die Kommissionsmitglieder legen den Fall ihren Regierungen vor und diese treten sofort miteinander in Kontakt (*immediate contact*). Falls selbst die Regierungen Jordaniens und Syriens unfähig sind, den Streitpunkt beizulegen, bilden sie *ad hoc* ein Streitschlichtungsorgan (*arbitration committee*). Es setzt sich aus zwei Schiedsrichtern zusammen, je einer ernannt von einer Vertragspartei, und darüber hinaus einem Oberschiedsrichter, den Jordanien und Syrien per Vereinbarung ernennen. Der zusätzliche Oberschiedsrichter garantiert, dass sich eine Pattsituation im Abstimmungsprozess nicht wiederholt.[245]

3.4.3. Bewertung der Wasserverträge

Bis heute sind die *Maqarin*-Anlagen nicht in die Tat umgesetzt. Die ersten beiden Anläufe scheiterten, weil sich Jordanien und Syrien nicht über einen Änderungsantrag zum *Yarmuk Waters Agreement* einigen konnten. Drei Anläufe unternahmen die USA, um die *Maqarin*-Pläne wieder zu beleben (in den Jahren 1963, 1978 und 1988).[246] Nachdem Syrien in der Folgezeit des *Yarmuk Waters Agreement* von 1953 seine

---

243 Art. 10 *Yarmuk Waters Agreement* von 1953.

244 Art. 10 Abs. 1-4 und 5 a-j *Yarmuk Waters Agreement* von 1953.

245 Art. 10 Abs. 5 *Yarmuk Waters Agreement* von 1953.

246 Vgl. Hudes, Karen, *Shared Water Resources in the Jordan River Basin*, Across Borders Gonzaga International Law Journal, Vol. 1, No. 6 / 1998, Punkt „Distribution", im Internet unter: http://law.gonzaga.edu/borders/water.htm.

Wassernutzung am Yarmuk erhöht hatte, war eine erste Überarbeitung des Vertragswerks unumgänglich.[247] 1987 schlossen daher Jordanien und Syrien das *Al Wehdah Dam Agreement* ab, das die Anliegerrechte am Yarmuk neu ausarbeitet.[248]

Aber auch dieses 1987er Abkommen über die Anliegerrechte am Yarmuk versprach zuviel. Einerseits verstieß Syrien gegen das Abkommen, indem es am Yarmuk weit mehr Dämme errichtete als vertragsgemäß zulässig.[249] Darüber hinaus manövrierten Syriens ausgeweitete Grundwasserbohrungen und Kulturlandbewässerung das gemeinsame Staudammprojekt nahezu ins Unmögliche. Andererseits benötigt Jordanien mehr Wasser als im 1987er Vertrag zugestanden.[250] Politische Kontroversen stehen also bis heute Syrien und Jordanien im Weg, das seit 1953 vereinbarte *Yarmuk scheme* und die *Maqarin*-Anlagen in die Tat umzusetzen.[251]

Die beiden Staaten arbeiten indes an einer Revision des 1987er Abkommens. Es soll Jordanien einen größeren Wasserfluss des Yarmuk gewährleisten und somit den höheren Wasserbedarf decken. Zusätzlich wird es dem Haschemitischen Königreich mit dem neuen Staudamm am Yarmuk endlich möglich sein, seine Flutwasser vom Winter aufzufangen.[252]

---

247 Vgl. aaO, Einleitung.

248 *Al Wehdah Dam Agreement*, 23. November 1987, Law No. 32 (Syrien), Official Gazette, 9. Dezember 1987.

249 Es handelt sich hierbei um kleinere Dämme. Mehrere kleine Dämme ziehen zwar nicht die gleichen ökologischen Folgen nach sich wie ein einziger großer. In Bezug auf Quantität sind sie mit einem großen Staudammprojekt aber durchaus vergleichbar. So eine der Thesen bei Elmusa, Sharif S., *Dams, Power and International Water Law*, in: World Commission on Dams, Serial No. ins108, im Internet unter: http://www.dams.org/kbase/submissions/showsub.php?rec=ins108

250 Vgl. Farawati, Oula Al, *Jordan, Syria enter new round of water talks*, in: The Jordan Times, 5. Juli 2001, im Internet unter: http://www.jordanembassyus.org/07052001004.htm, zitiert am: 11. März 2003.

251 Vgl. Elmusa, Sharif S., *Dams, Power and International Water Law*, in: World Commission on Dams, Serial No. ins108, im Internet unter: http://www.dams.org/kbase/submissions/showsub.php?rec=ins108

252 Laut einem Bericht der Weltbank von 2001 über den Wassersektor in Jordanien ist der *Wahdeh*-Damm inzwischen in Bau. Vgl. The World Bank – Rural Development, Water and Environment Group & Infrastructure Group – Middle East and North Africa Region (Hrsg.), *The Hashemite Kingdom of Jordan Water Sector Review*

3.5. Rechtsverhältnis Israels zu Syrien und Libanon

Im Verhältnis Israel-Syrien sind keine Wasservereinbarungen zu finden. Die beiden Staaten haben bislang noch nicht einmal den Kriegszustand beendet. Seit Ende des ersten israelisch-arabischen Krieges, des israelischen Unabhängigkeitskrieges von 1948, besteht zwischen Israel und Syrien noch kein Friedensvertrag. Syrien verweigert immer noch, Israels Existenzrecht anzuerkennen.[253]

Nach wie vor beziehen sich die beiden Staaten auf das Waffenstillstandsabkommen von 1949.[254] Die Trennlinien zwischen israelischem und syrischem Staatsgebiet sind demnach nicht als Grenzen zu qualifizieren, sondern lediglich als Waffenstillstandslinien. Nachdem das Friedensvölkerrecht immer noch suspendiert ist, unterliegen die bilateralen Beziehungen dem Kriegsvölkerrecht.

Mitte der 1990er Jahre lag eine israelisch-syrische Einigung noch in greifbarer Nähe. Unterhändlern beider Staaten war es beinahe gelungen, ein formelles Abkommen zu unterzeichnen. Es basierte auf einem vollständigen Rückzug Israels vom Golan im Gegentausch für umfassende Friedens- und Sicherheitsgarantien seitens Syrien.[255]

Update. Main Report, 15. Februar 2001, Report No. 21946-JO, S. 7, im Internet unter: http://www.countryanalyticwork.net/CAW/Cawdoclib.nsf/vewAsiaPacific/17A1E16B21AA136F85256C5E005EB108/$file/Jordan21946.pdf. Allgemein vgl. Hudes, Karen, *Shared Water Resources in the Jordan River Basin*, Across Borders Gonzaga International Law Journal, Vol. 1, No. 6 / 1998, Punkt „Distribution", im Internet unter: http://law.gonzaga.edu/borders/water.htm.

253 Erst bei der Unterzeichnung und Ratifizierung der UN-Wasserkonvention von 1997 beharrte Syrien erneut darauf, dies solle „not under any circumstances be taken to imply recognition of Israel and shall not lead to its entering into relations therewith that are governed by its provisions". Syriens Vorbehalt (Reservation) und Israels Einspruch (Objection) dagegen sind im Internet abrufbar unter: http://untreaty.un.org/ENGLISH/bible/englishinternetbible/partI/chapterXXVII/treaty39.asp, zitiert am: 19. Juni 2003. Ausführlich zur Unterzeichnung und Ratifizierung der Konvention durch die Jordananlieger siehe oben, Kapitel 1, Punkt „UN-Wasserkonvention von 1997".

254 *Israel-Syria Armistice Agreement*, 20. Juli 1949, im Internet unter: http://www.mfa.gov.il/mfa/go.asp?MFAH018t0.

255 Vgl. Young, Ronald J., *Completing the Middle East Peace Process. What Role for Americans?*, U.S. Interreligious Committee for Peace in the Middle East, 1999, im

Auch mit dem Libanon hat Israel den Kriegszustand noch nicht beendet. Ein Friedensvertrag steht also ebenso in diesem Verhältnis aus. Ein israelisch-libanesischer Verhandlungserfolg wird allgemein in Abhängigkeit von einem israelisch-syrischen gesehen. „The agreement we aim to conclude with our Syrian neighbors is the sort that will also end the conflict with Lebanon and include effective and diverse mechanisms to maintain security at all times and to safeguard the state of peace between our countries," erklärt Ehud Barak 1999, seinerzeit israelischer Premierminister, vor der Knesset, dem israelischen Parlament.[256]

Auch sein Amtsnachfolger, Ariel Sharon, bekräftigt in den Regierungsrichtlinien von 2003: „The Government will strive to achieve permanent peace agreements with Syria and the Palestinians based on UN Security Council Resolutions 242 and 338. (...) The Government of Israel calls upon Lebanon to enter into a peace agreement with Israel." [257]

In Bezug auf einen formellen Friedensschluss zwischen Israel und seinen Nachbarn Syrien und Libanon liefert auch die jüngste Nahost-Friedensinitiative der US-Administration keinen nachhaltigen Impuls. Die sogenannte *Roadmap* unter der Schirmherrschaft des Nahot-Quartetts – EU, UNO, USA, Russland – schlägt für das Verhältnis Syrien-Libanon-Israel nur eine internationale Konferenz für Anfang 2004 vor. Sie zielt darauf ab, „to support progress toward a comprehensive Middle East settlement between Israel and Lebanon and Israel and Syria, to be achieved as soon as possible.“ [258]

Internet unter: http://www.usicpme.org/amerrole.html.

[256] Israeli Ministry of Foreign Affairs (Hrsg.), *Statement to the Knesset by Prime Minister Ehud Barak on the Renewal of Israel-Syria Negotiations*, 13. Dezember 1999, im Internet unter:
http://www.mfa.gov.il/mfa/go.asp?MFAH0gb50, zitiert am 12. März 2003.

[257] *Basic Guidelines of the 30th Government of Israel*, Februar 2003, im Internet unter: http://www.mfa.gov.il/mfa/go.asp?MFAH0n6l0.

[258] *A Performance-Based Roadmap to a Permanent Two-State Solution to the Israeli-Palestinian Conflict*, 30. April 2003, hrsg. vom U.S. Department of State – Office of the Spokesman, im Internet unter:
http://usinfo.state.gov/regional/nea/summit/text2003/0430roadmap.htm,
Punkt „Phase III: Permanent Status Agreement and End of the Israeli-Palestinian Conflict – 2004-2005“, erster Spiegelstrich. Ausführlich ist die *Roadmap* in Kapitel 3, unten, Punkt „‚Roadmap' zur Eigenstaatlichkeit“ besprochen.

4. Zwischenergebnis

Zusammenfassend ist nochmals hervorzuheben, dass wir am internationalen Flusslauf Jordan eine interdependente und komplexe Ober-Unterlieger-Struktur finden. Der Hauptwasserlauf Jordan, seine Quell-, Neben- und Zuflüsse sowie die Grundwasservorkommen im Jordanbecken weisen nach Weltstandard eine bedenklich geringe Wasserführung auf. Daraus ergeben sich zwischen den Anliegern Interdependenz und Konkurrenz um die knappen Wasservorkommen. Verschärfend kommen hohes Bevölkerungswachstum, steigender Lebensstandard und ein wasserverschlingender landwirtschaftlicher Sektor in den regionalen Wirtschaften hinzu.[259] 60-75% ihres Wasserhaushalts verwenden Palästinenser, Israelis und Jordanier für ihre Landwirtschaft, Syrier sogar 90%.[260] Der Löwenanteil des Wassers fließt somit in Agrarprodukte, „die oft weniger Wert haben als das verbrauchte Wasser" selbst.[261] Einsparungspotentiale wären durchaus vorhanden, indem die Jordananrainer verstärkt modernere Technologien einsetzten oder den bewässerungsintensiven Anbau und den Agrarsektor allgemein zugunsten der Industrie [262] und des Dienstleistungsgewerbes einschränkten.[263]

---

[259] Bewässerungsfläche: Syrien 12.130 km², Israel 1.990 km², Libanon 1.200 km², Jordanien 750 km², Gazastreifen 120 km², Westbank keine Angaben. Zahlen aus: Central Intelligence Agency (Hrsg.), *The World Factbook 2002*, im Internet unter: http://www.cia.gov/cia/publications/factbook/fields/2125.html.

[260] Etwa 80% des weltweiten jährlichen Wasserverbrauchs fließen in landwirtschaftliche Bewässerungflächen, die 30-40% der Weltnahrungserzeugnisse auf nur 17% der gesamten landwirtschaftlichen Nutzfläche produzieren. Vgl. World Bank – Consultative Group on International Agricultural Research (Hrsg.), *The World Water and Climate Atlas. Powerful New Computer Tool Examines Earth in Detail*, Pressemitteilung vom 23. November 1998, im Internet unter: http://www.worldbank.org/html/cgiar/press/watatlas.html.

[261] Dachs, Gisela, *Wasser für alle. Die trockene Wirklichkeit der Region zwingt Israelis und Palästinenser zur Zusammenarbeit*, vierteilige Serie über die Grundprobleme im Nahen Osten, hier: Teil 4, in: Die Zeit, Nr. 45, 4. November 1999.

[262] Kritische Anmerkungen in Hinblick auf eine Industrialisierung agrarischer Gesellschaften führt Karen Baim an. Eine Verstärkung des industriellen Sektors müsse nicht zwingend die Notlage in wasserarmen Regionen mildern. „Industrialization often increases water demand and environmental damage. Industrializing an agrarian society can also damage social structure." Baim, Karen A., *Come Hell or High Water. A Water Regime for the Jordan River Basin*, in: Wash.U.L.Q., Vol. 75, No. 2

Notwendiger Strukturwandel

In Israel wirken einem derartigen Strukturwandel jedoch einerseits die einflussreiche Landwirtschaftslobby entgegen. Andererseits ist in der Gesellschaft insgesamt noch immer die zionistische Ideologie der Landwirtschaft verankert, die auf Bodenbesetzung, Siedlungsausweitung, Staatskonsolidierung und Selbstversorgung hinarbeitet. Auch die arabischen Anliegerstaaten sind auf einen hohen Grad an Autarkie bedacht. Sie rechtfertigen dies unter Hinweis auf die politische Instabilität der Region und daraus resultierendem zwischenstaatlichen Misstrauen. „Die Gestaltung der außenpolitischen Beziehungen unter den meisten Anrainerstaaten entspringt dem „Sicherheitsdilemma“ und folgt den Regeln eines strategischen Nullsummenspiels. Die wechselseitigen Bedrohungsperzeptionen folgen einem Denken im Rahmen von „worst-case“-Szenarien.[264]

In Anbetracht der Wasserknappheit konkurrieren Interessen der Jordananrainer miteinander. Kooperationspotential ist durchaus vorhanden, wie konstruktive Dialoge zwischen Unterhändlern und Wasseringenieuren in der Vergangenheit zeigen. Welcher Anliegerstaat seine Interessen tatsächlich realisieren kann, hängt allerdings vom Machtfaktor ab. Denn Wasser steht im Nahen Osten in engem Zusammenhang mit politischen Machtstrukturen. „The region's water crisis is not merely a question of supply. It has always been linked to power structures in the region, which maintain inequality among those who share the water.” [265] Politisierung der Verhandlungen untergräbt nun oft deren Ertrag. Vertragliche Regelungen, die sich am Internationalen Wasserrecht orientieren, sind aber unverzichtbar.

/ 1997, S. 10.

263 Vgl. Schiffler, Manuel, *Konflikte um Wasser. Ein Fallstrick für den Friedensprozeß im Nahen Osten?*, in: APuZ, B 11 / 1995, S.16 ff., und Lowi, Miriam R., *Water and Power. The Politics of a Scarce Resource in the Jordan River Basin*, Cambridge 1993, S. 159 f.

264 Johannsen, Margret, *Das Konfliktkonglomerat im Jordanbecken*, in: Barandat, Jörg (Hrsg.), *Wasser – Konfrontation oder Kooperation? Ökologische Aspekte von Sicherheit am Beispiel eines weltweit begehrten Rohstoffs*, Baden-Baden 1997, S. 56.

265 Palestinian Academic Society for the Study of International Affairs (Hrsg.), *Water. The Blue Gold of the Middle East*, Special Bulletin, Juli 2002, Punkt „Introduction”, im Internet unter: http://www.passia.org/publications/bulletins/water-eng/water.pdf.

Jordanien-Syrien

Bislang handelten einige der Jordananrainer bereits Vertragsklauseln zur bilateralen Wasserverteilung aus. Jordanien und Syrien konnten als erste einen bilateralen Wasservertrag aufweisen. 1953 regelten sie die Nutzungsrechte im Yarmukbecken. 1987 unterzeichneten die beiden Staaten eine überarbeitete Fassung dieses Vertragswerks. Bis heute sind dessen Bestimmungen allerdings nicht vollständig umgesetzt oder eingehalten.

Jordanien-Israel

Jordanien hat darüber hinaus mit Israel die bilaterale Wasserverteilung vertraglich geregelt. Im Friedensvertrag von 1994 teilen Israel und Jordanien die Nutzungsrechte am Yarmuk und Jordan, einschließlich Grundwasser, unter sich auf. Wird der israelisch-jordanische Friedensvertrag von 1994 im Hinblick auf seine Wasserklauseln auch als exemplarisch gerühmt, sind seine Schwachstellen doch evident. Die festgelegten Wasserquoten sind bezüglich saisonaler und jährlicher Schwankungen im regionalen Wasserdargebot nicht flexibel. Außerdem ist die Palästinensische Autonomiebehörde als weiterer Anlieger an den behandelten Ressourcen nicht mit in die Wasservereinbarungen integriert.

Israel-Palästinenser

Mit der Palästinensischen Autonomiebehörde handelte Israel indes eigene Wasserklauseln im Verlauf des Osloer Friedensprozesses aus. Die 1991er Prinzipienerklärung und das 1995er Zwischenabkommen enthalten Wasserklauseln, die zwar den Palästinensern formelle Rechte und Verantwortlichkeiten zugestehen. Allerdings räumen die Abkommen die eklatante Ungleichheit in der bilateralen Wasserverteilung und die unverhältnismäßige Ausbeutung der palästinensischen Wasservorkommen durch Israel nicht beiseite. Vielmehr institutionalisieren sie Israels weitgehende Kontrolle über die Wassernutzung der Palästinenser und das daraus hervorgehende diskriminierende Allokationssystem.

Israel-Syrien-Libanon

Bleibt die Frage, ob die israelisch-palästinensische Option die schlechtere im Vergleich mit dem Verhältnis Israel-Syrien-Libanon ist. Denn mit Syrien oder dem Libanon hat Israel noch gar keine vertraglichen Vereinbarungen über die Nutzungsrechte im Jordanbecken getroffen. Über die Jordanquellflüsse Banias, Dan und Hasbani sowie den Jordanhauptnebenfluss Yarmuk stehen aber auch diese Staaten in wasserbezogenem Kontext. Das politisch vergiftete Klima zwischen den zwei arabischen Staaten und Israel ließ bislang noch nicht einmal die Überführung des Kriegszustands in den Friedenszustand zu.

Von Bilateralismus zu Multilateralismus

Wir sehen demnach, dass manche Anliegerstaaten des Jordanbeckens dem dringenden Bedarf bereits nachgekommen sind, der grenzüberschreitenden Wasserproblematik auch grenzüberschreitend zu begegnen. Denn teilweise bestehen bereits Wasserverträge oder Verträge mit wasserbezogenen Klauseln zwischen einigen Jordananrainern. Allerdings berechtigt die bloße Existenz von Wasservereinbarungen noch nicht zu Enthusiasmus. Denn neben ihren Qualitäten weisen die Abkommen auch unübersehbare Schwachstellen auf. Sie tauchen im Bereich der Rechtsnormen (*law in the books*) sowie der Rechtswirklichkeit (*law in action*) auf.

Neben den genannten normativen Problemen ist für die politische Praxis problematisch, dass alle Übereinkommen bilateraler Natur sind und in manchen bilateralen Verhältnissen sogar noch gar keine Wasserabkommen bestehen (Israel-Syrien, Israel-Libanon, Jordanien-Palästinensische Autonomiebehörde). Regeln Staaten oder Staatengruppen denselben Gegenstand in verschiedenen Verträgen, besteht die Gefahr inkohärenter Vertragsregelungen, noch verstärkt, wenn den Verträgen unterschiedliche Regelungsstrategien zugrunde liegen. Sollen verschiedene Abkommen mit demselben Regelungsgegenstand nun miteinander in Einklang gebracht werden, drohen Normenkollision und Normenwidersprüche. Sie abzuwenden fordert von den Vertragsparteien in hohem Maße Koordinationsgeschick.

Aufgrund des internationalen Ober-Unterlieger-Geflechts und der daraus resultierenden wechselseitigen Abhängigkeit sollten die Jordananlieger ihr Wassermanagement dringend multilateral abstimmen. Denn nur ein multilaterales Wasserregime, orientiert am Internationalen Wasserrecht, kann beispielsweise Benachteilung nichtbeteiligter Dritter oder Inkompatibilität einzelner Wasserklauseln verschiedener bilateraler Verträge vermeiden.

Kapitel 3

Perspektiven für ein multilaterales Wasserregime im Jordanbecken

„Water has the power to move millions of people –
let it move us in the direction of peace." [1]

Es sei einfach, eine Lösung für den Nahost-Konflikt zusammenzureimen, ohne den Betroffenen in der Region selbst die Feder in die Hand zu geben: „Those bothersome folks on the ground, with all their historical myths and nationalist narratives, always seem to get in the way of a good plan", so zynisch Pulitzer-Preis-Träger und früherer Chef des Jerusalem-Büros der New York Times, David K. Shipler, [2] in seiner Analyse der *Roadmap.*[3] Die U.S. Administration hatte die *Roadmap* als neuen Plan für Frieden im Nahen Osten im April 2003 lanciert.[4] „It's so much more efficient to go ahead without them", parodiert Shipler weiter über den US-Ansatz.

An diese mehrfach vertretene Kritik lehnt sich der Ansatz des letzten Kapitels über Perspektiven der internationalen Wasserverteilung im Jordanbecken an. Das Schlusskapitel trachtet nicht etwa danach, den Nahost-Parteien ein bis in minutiöse Details ausgefeiltes Lösungskonzept zu verordnen. Sondern es erkennt an, dass diese Kompetenz in den Händen der Unterhändler verbleiben muss. Denn jegliches Konzept, das nicht der Feder der Beteiligten selbst entspringt, läuft Gefahr, als aufoktroyiert empfunden und abgeschmettert zu werden.

Vielmehr setzt sich das Schlusskapitel zum Ziel, zukünftige Perspektiven für eine multilateral abgestimmte Wasserverteilung unter allen Anliegern

---

1 Gorbachev, Mikhail, President, Green Cross International, zitiert nach: UNESCO (Hrsg.), *From Potential Conflict to Co-operation Potential. Water for Peace. Prevention and Resolution of Water Related Conflicts*, im Internet unter: http://www.unesco.org/water/wwap/pccp/pdf/brochure_2.pdf.

2 David K. Shipler gewann den Pulitzer-Preis für seine Publikation „Arab and Jew. Wounded Spirits in a Promised Land".

3 Shipler, David K., *On the Path to Peace, the Process Gets in the Way*, in: The New York Times, 4. Mai 2003, im Internet unter: http://www.nytimes.com/2003/05/04/weekinreview/04SHIP.html.

4 *A Performance-Based Roadmap to a Permanent Two-State Solution to the Israeli-Palestinian Conflict*, 30. April 2003, hrsg. vom U.S. Department of State – Office of the Spokesman, im Internet unter: http://usinfo.state.gov/regional/nea/summit/text2003/0430roadmap.htm. Ausführlich hierzu siehe unten, Kapitel 3, Punkt „‚Roadmap' zur Eigenstaatlichkeit".

im Jordanbecken aufzuzeigen. Hierbei versucht die Arbeit Balance zwischen zwei Polen zu halten: Einerseits verfällt sie nicht in Minimalismus, sie begnügt sich nicht mit dem kleinsten gemeinsamen Nenner. Andererseits verlangt sie den Konfliktparteien nicht zu viel ab, sie überfordert sie nicht. Ausgangsthese ist hierbei, dass im Jordanbecken ein Übergang von der bisherigen subregionalen (bilateralen) Rechts-setzungsebene auf eine regionale (multilaterale) unumgänglich ist. Eine jüngst publizierte Studie der UNESCO über internationale Wasserkonflikte bestätigt:

> „There can be no unilateral solutions to essentially transboundary water problems".[5]

Eine Rechtsetzung auf regionaler Ebene ist nicht zuletzt aufgrund der Gefahr von Unvereinbarkeit bilateraler Vertragsregelungen nötig. Denn behandeln die Jordananlieger weiterhin die Verteilung der internationalen Wasserressourcen in verschiedenen, jeweils bilateralen Verträgen, riskieren sie Inkompatibilität und Kollision von Normen. Sie abzuwenden verlangt den Vertragsparteien in hohem Maße Koordinationsgeschick ab.[6]
In einer Prinzipienerklärung der multilateralen Wassergruppe im Nahost-Friedensprozess [7] bekennen sich die Jordananlieger bereits dazu, wie bedeutend bei Wassermanagement rechtliche, wirtschaftliche und institutionelle Kompatibilität ist: [8]

---

5 United Nations Educational Scientific and Cultural Organization (Hrsg.), *From Potential Conflict to Co-operation Potential. Water for Peace. Prevention and Resolution of Water Related Conflicts*, 2003, S. 19, unter: http://www.unesco.org/water/wwap/pccp/pdf/brochure_2.pdf.

6 Vgl. Beyerlin, Ulrich, *Umweltvölkerrecht*, München 2000, S. 37 f., Rz. 78 f.

7 *Declaration on Principles for Cooperation on Water-Related Matters and New and Additional Water Resources*, (*WaterDOP*), 13. Februar 1996, Multilateral Peace Process in the Middle East – Multilateral Working Group on Water Resources, im Internet unter: http://www.us-israel.org/jsource/Peace/waterdec.html.

8 Die Bedeutung der Wasserprinzipienerklärung ist allerdings nur sekundär, nachdem sie den bestehenden bilateralen Wasservereinbarungen im Jordanbecken nachgeordnet ist: „The Core Parties agree that this Declaration and the cooperation thereunder will not affect or alter in any form or manner any of the bilateral or other agreements or undertakings among them, nor does it prohibit or constrain any bilateral arrangements, understandings or agreements aimed at enhancing cooperation in water-related matters.". Einleitung zur *WaterDOP*.

> „The Core Parties view this Declaration as an expression of: (...) The importance of water resources management on the basis of locally compatible legal, economic and institutional frameworks and principles." [9]

Ausgehend vom zuvor analysierten *de lege lata* in Kapitel 2 behandelt Kapitel 3 *de lege ferenda.*[10] Ziel ist hierbei nicht, neue hydrologische Konzepte zu diskutieren oder zu entwerfen, die rein technisch möglich oder wünschenswert sind. In beachtlicher Zahl und vielfältigen Variationen existieren derartige wassertechnische Untersuchungen bereits seit Jahrzehnten.[11] Selbst der neuere Ansatz, die verschiedenartigen Projekte zu einem Gesamtkonzept zu integrieren, ist in der bisherigen Literatur schon vertreten.[12]

Die hier angeführten Vorschläge basieren vielmehr auf dem Konzept des *Integrated Water Resource Management* (*IWRM*) der Vereinten Nationen.[13] Der *IWRM*-Ansatz verficht „a move towards a much more integrated and coordinated water development and management process" als gegenwärtig praktiziert wird.[14] Denn die Vereinten Nationen sind der Überzeugung:

---

9 Einleitung zur *WaterDOP*.

10 *De lege lata*, lateinisch für: nach geltendem Recht. *De lege ferenda*, lateinisch für: Vom Standpunkt des künftigen Gesetzes aus; der Begriff wird benutzt, wenn Rechtsentwicklungen diskutiert werden. Vgl. Juracafe (Hrsg.), *Rechtslexikon*, Buchstabe D, im Internet unter: http://www.juracafe.de/mandant/glossar/index.htm.

11 Die Studien gehen sogar auf das frühe 20. Jahrhundert zurück. Theodor Herzl, geistiger Vater des politischen Zionismus, publizierte 1902 sein Werk *Altneuland* mit verschiedenen Ideen, etwa Transfer von Süßwasser aus benachbarten Flussbecken mit Angebotsüberschuss. Vgl. Herzl, Theodor, *Altneuland. Novel. Translated by Paula Arnold*, Haifa 1960.

12 Zum Beispiel bei Kally, Elisha, *Water and Peace. Water Resources and the Arab-Israeli Peace Process*, Connecticut / London 1993, Teil III. Allgemein zur Quellenlage im vorliegenden Kontext siehe oben, Einführung, Punkt „Übersicht über die Quellen".

13 Ausführlich zu diesem Ansatz siehe die Websites des UN-Entwicklungsprogramms, im Internet unter: http://www.undp.org/seed/water/resource.htm und der Global Water Partnership, im Internet unter: http://www.gwpforum.org/servlet/PSP, beide zitiert am: 29. Juni 2003.

14 United Nations Development Programme (Hrsg.), *Water Resource Management*, im Internet ohne Datumsangabe unter: http://www.undp.org/water/resource.html.

> „The solution to current and future crises will not for the most part be found in new and extraordinary technological advances or supply oriented approaches. Instead, they will be found through changing the way we use and manage water." [15]

Die Antwort auf aktuelle und künftige Wasserkrisen liege zum Großteil weder im technologischen Fortschritt noch in hochtechnologischer Wasserangebotsausweitung, sondern in der Stärkung von Wasserdiplomatie und Wassermanagement.[16]

Daher liefert das folgende Kapitel Vorschläge für eine regional abgestimmte Wasserverteilung im Rahmen eines multilateralen Wasserregimes im Jordanbecken. Wie es ihrem interdisziplinären Ansatz im Gesamten entspricht, entwickelt die Untersuchung Optionen auf sowohl international-politischer wie auch völkerrechtlicher Ebene. Das bedeutet, Vorschläge aus rechtlicher Sicht sind auf ihre politische Machbarkeit überprüft. Bei politischen Perspektiven ist zugleich bedacht, in welchem rechtlichen Rahmen sie in die Realität umgesetzt werden können.

Das Kapitel ist hierbei in drei große Abschnitte unterteilt. Der erste Abschnitt diskutiert die geeignete Regelungsstrategie. Warum besteht eigentlich Bedarf der Jordananlieger an einem multilateralen Wasserregime? Was kann den Bedarf zu Tage fördern? Nach welcher Verhandlungsstrategie sollten die Jordananrainer vorgehen? Welcher Regelungsbereich ist in Anbetracht der hydrologischen Gegebenheiten sinnvoll? Wie sollten die Nahost-Akteure mit offenen Territorialfragen umgehen? Der zweite Abschnitt beantwortet Fragen zur konkreten Vertragsgestaltung. Welche Rangfolge unter den verschiedenen Nutzungsarten sollten die Jordanbeckenanlieger etablieren? In welchem Umfang sind Umweltschutzstandards als Bestandteil des Vertrags ratsam? Was kann den Nahost-Parteien den Vertragsabschluss erleichtern? Welche Vorteile bietet eine Beteiligung Internationaler Organisationen?

Der dritte Abschnitt widmet sich schließlich der Regimeevolution und dem Regimeerhalt. Wie können die Regimepartner mit absehbaren rechtlichen, politischen und hydrotechnischen Weiterentwicklungen umgehen?

---

15 AaO.

16 United Nations Development Programme (Hrsg.), *Water Resource Management*, im Internet ohne Datumsangabe unter: http://www.undp.org/water/resource.html.

Wer ist geeignet, in solchen Situationen verbindliche Entscheidungen zu treffen? Welche Mittel stehen den Regimepartnern zur Verfügung, um eventuelle Streitfälle beizulegen? Abgerundet ist dieses dritte und letzte Kapitel wieder mit einer knappen Zusammenfassung der vorangegangenen Ausführungen.

1. Vertragliche Regelungsstrategie

1.1. Regimebedarf der Jordananlieger

Vor dem Hintergrund des anarchischen internationalen Systems steht grundsätzlich die Frage im Raum: Warum gehen Staaten eigentlich internationale Kooperation ein? Um die Klärung dieser Frage hat sich die *International Relations* - Theorie mit einiger Anstrengung bemüht.[17] Für das Jordanbecken geht die vorliegende Untersuchung vom Ansatz der Neoliberalen aus. Sie stellen auf eine Nachfrage der Betroffenen nach Regimen ab. Ihnen zufolge sind im Rahmen eines Regimes vereinbarte Normen nicht bloß "a reflection of sheer power", sondern "norms will enable states to, more accurately, estimate the costs and benefits of action".[18] Nach dem Ansatz der Neoliberalen fragen Akteure Normen also zum Beispiel deshalb nach, weil sie ihnen eine präzisere Kalkulationsbasis für Kosten-Nutzen-Abwägungen bieten.

Bereits vorangegangenes Kapitel 2 hatte zahlreiche regionale Faktoren herauskristallisiert, die belegen, wie offensichtlich der Regimebedarf der Jordananrainer ist: rapides Bevölkerungswachstum, steigender Lebensstandard und ein bedeutender bewässerungsintensiver Agrarsektor in den regionalen Ökonomien bei anhaltender Wasserknappheit und durch Übernutzung fortschreitender Wasserverknappung.[19] Diese Faktoren kurbeln logischer Weise auch eine Nachfrage nach einer international abgestimmten Wasserverteilung an. Nachdem sich laut Prognosen die alarmierende Entwicklung über die kommenden Jahre noch verschärfen wird, steigt zugleich auch die Regimenachfrage im Jordanbecken.[20]

---

[17] Vgl. Jägerskog, Anders, *The Jordan River Basin. Explaining Interstate Water Cooperation through Regime Theory*, University of London, School of Oriental and African Studies, Occasional Paper, No. 31, London 2001, S. 1.

[18] AaO, S. 3.

[19] Siehe hierzu oben, Kapitel 2, Punkt „Wassersystem im Jordanbecken", besonders Unterpunkt „Wasserführung und -nutzung".

[20] Die Berechnungen prognostizieren absolute Wasserknappheit nicht nur für den Nahen Osten, sondern auch für Nord- und Südafrika. Wird der Kreis der betroffenen Staaten größer, schmälert das die Wasserknappheit im Jordanbecken zwar nicht, stellt sie aber in einen relativierenden Kontext. Vgl. *Für wie viele Menschen reicht das Wasser? Wasserversorgung wird zum Wirtschaftsfaktor*, in: NZZ, Nr. 145, 26.

Wollen die Anrainer diesem Regimebedarf begegnen, kommen ihnen eine ganze Reihe von Faktoren zu Hilfe, die allgemein als notwendige Vorbedingungen für die Herausbildung von internationalen Regimen gelten: Problemdruck, eine wechselseitig verschränkte Interessenskonstellation, Handlungskapazitäten, Kooperationsbefürworter/-unterstützer und kooperative Institutionen.[21]

1.1.1. Begünstigungsfaktoren

Problemdruck

Der Problemdruck in der Jordanregion ist nicht von der Hand zu weisen. Die genannten hydrologischen, geographischen, klimatischen und demographischen Determinanten und die alarmierenden Prognosen für die nahe Zukunft erzwingen eine baldige Kooperation auf regionaler Ebene. Außerdem sind Wasserentwicklungsprogramme Prozesse, die sich über Jahrzehnte erstrecken. Allein von der Unterzeichnung eines Regimevertrags darf nicht schlagartig die Lösung der Wasserproblematik im Nahen Osten erwartet werden. Vielmehr ist erforderlich, weit im Voraus Wasserprobleme zu identifizieren und zu adressieren, noch bevor sie krisenhafte Züge annehmen:

> „Since water resource development programs typically require twenty years or more to bring to fruition, it is important to anticipate problems and take appropriate actions well in advance, before they reach a crisis state". [22]

Juni 2001.

[21] Diese Faktoren nennen Young, Oran R., *Political Leadership and Regime Formation. On the Development of Institutions in International Society*, in: International Organization, Nr. 41/2, Frühjahr 1987, S. 173 ff., Lang, Winfried, *Auf der Suche nach einem wirksamen Klima-Regime*, in: ArchVR, Nr. 1-2 / 1993, S. 15; sowie Müller, Harald, *Die Chance der Kooperation. Regime in den internationalen Beziehungen*, Darmstadt 1993, S. 36. Grundlegend zu den Entstehungsbedingungen von internationalen Regimen siehe oben, Kapitel 1, Punkt „Regimebildung", Unterpunkt „Entstehung".

[22] So Dr. Ismail Serageldin, Vizepräsident der Weltbank und Vorsitzender der Global Water Partnership sowie der *World Commission on Water for the 21st Century*. Zitiert nach: World Bank – Consultative Group on International Agricultural Research (Hrsg.), *The World Water and Climate Atlas. Powerful New Computer Tool Examines Earth in Detail*, Pressemitteilung vom 23. November 1998, im Internet

Interessenskonstellation

Auch die wechselseitig verschränkte Interessenskonstellation ist evident. Die Jordananrainer verfolgen konkurrierende sowie gemeinsame Interessen. Je knapper ein Gut – in unserem Fall Süßwasser – desto intelligenter müssen es die Interessenten unter sich verteilen. Nutzung soll effizient gestaltet sein, Verschwendung unterbunden und Wassersystemschädigung nachhaltig verhindert werden. Alle Beteiligten wollen sich einen relativ angemessenen und gerechten Anteil sichern. „The hydrological interdependence, i.e. the transnational nature, of inter-national river basins (...) provides a rationale for co-operation." [23]

Gemeinschaftlich können Inhaber desselben Gutes diesen Verteilungs-, Unterhaltungs- und Erhaltungsaufgaben besser gerecht werden. Eine friedliche und vertragliche Beilegung des Wasserverteilungskonflikts unter Maßgabe des Internationalen Wasserrechts liegt daher im Interesse aller Anlieger. Sie alle können sich fortan im Rahmen eines multilateralen Vertragswerks auf verbriefte Rechte und Pflichten verlassen und berufen.

Handlungskapazitäten

Dass Handlungskapazitäten in der Region vorhanden sind, ist bereits völkervertraglich bewiesen. Jordanien und Syrien lenkten schon vor einem halben Jahrhundert die bilaterale Wasserverteilung am Jordannebenfluss Yarmuk in vertragliche Bahnen.[24] Neue Projekte und zusätzliche Verträge kamen in der Zwischenzeit hinzu. Jordanien und Israel konnten die bilaterale Verteilungsfrage im Friedensvertrag von 1994 – zumindest für die damaligen Verhältnisse und die beiden Vertragsparteien – zufriedenstellend regeln.[25] Auch zwischen Israel und den Palästinen-

---

unter: http://www.worldbank.org/html/cgiar/press/watatlas.html.

23 Jägerskog, Anders, *The Jordan River Basin. Explaining Interstate Water Cooperation through Regime Theory*, University of London, School of Oriental and African Studies, Occasional Paper, No. 31, London 2001, S. 1.

24 Ausführlich hierzu siehe oben, Kapitel 2, Punkt „Jordanisch-syrische Abkommen seit 1953".

25 Ausführlich hierzu siehe oben, Kapitel 2, Punkt „Israelisch-jordanischer Friedensver-

sern kamen bereits Wasservereinbarungen zustande.[26]

Wenn die genannten Wasserabkommen auch ihre Schwachstellen aufweisen, belegen sie doch die Bereitschaft der Flussbeckenanlieger, die grenzüberschreitende hydrologische Interdependenz zunächst einmal anzuerkennen und ihr folgerichtig auch grenzüberschreitend zu begegnen.[27] Soll Wasserdiplomatie und Wassermanagement von der bilateralen auf die multilaterale Ebene ausgeweitet werden, ist diese Bereitschaft eine unverzichtbare Grundvoraussetzung.

Kooperationsbefürworter

Den vorhandenen Handlungskapazitäten stehen Kooperationsbefürworter in der Region unterstützend zur Seite. Mit Konfliktbearbeitung auf ziviler Ebene und intensiven Publikationsaktivitäten wirken zahllose Organisationen friedensunterstützend auf den Meinungsbildungsprozess in Gesellschaft und Regierung ein. Über innenpolitischen Druck könnten diese öffentlichkeitswirksamen Bewegung durchaus in der Lage sein, die Regierungen der Jordananlieger zu Kooperationswilligkeit in der Wasserfrage zu bewegen.[28]

Die israelische Menschenrechtsorganisation *B'tselem* beispielsweise verleiht ihrer Forderung nach Frieden im Nahen Osten Nachdruck, indem sie rigoros über israelische Völkerrechtsverletzungen – nicht nur in den Palästinensergebieten – berichtet.[29] *Ariga* [30], *Peace Now* [31], *Seeds of*

---

trag von 1994".

26 Ausführlich hierzu siehe oben, Kapitel 2, Punkt „Israelisch-palästinensische Abkommen seit 1993".

27 Vgl. Schiffler, Manuel, *Konflikte um Wasser. Ein Fallstrick für den Friedensprozeß im Nahen Osten?*, in: Aus Politik und Zeitgeschichte, B 11 / 1995, S. 15.

28 Über innenpolitischen Druck in der Bundesrepublik Deutschland kam beispielsweise die Luftreinhalterichtlinie der Europäischen Gemeinschaft zustande. *Pressure groups* waren in diesem Fall BUND, BBU und weitere Organisationen, die mit ihren Aktionen gegen das Waldsterben die Deutsche Bundesregierung zu Kooperationswilligkeit veranlassten. Vgl. Müller, Harald, *Die Chance der Kooperation. Regime in den internationalen Beziehungen*, Darmstadt 1993, S. 37.

29 Die israelische Menschenrechtsorganisation *B'tselem* ist im Internet unter: http://www.btselem.org, zitiert am: 22. Juli 2003.

Peace [32], das *Peres Center for Peace* [33], das *Palestinian Conflict Resolution Center – Wi'am* [34] und zahlreiche andere bemühen sich, auf der Basis gewaltfreien Konfliktmanagements gesellschaftliche Feindschaften und Agressionen zu entkrampfen.[35] Zur Aussöhnung und Annäherung auf ziviler Ebene laufen verschiedenste Projekte, zum Bei-spiel themenspezifisch (Wasser, Umwelt, Terror u.a.) oder gesellschafts-

---

30 Die israelische Friedensorganisation *Ariga* ist im Internet unter: http://www.ariga.com, zitiert am: 22. Juli 2003.

31 Peace Now ist „one of Israel's most dovish groups". Sie ist auch unter ihrem hebräischen Namen *Shalom Ahshav* bekannt. Die Organisation ist im Internet unter: http://www.peacenow.org.il/English.asp, zitiert am: 22. Juli 2003. Zitiert aus Bennet, James, *Sharon Laments 'Occupation' and Israeli Settlers Shudder*, in: The New York Times, 1. Juni 2003, im Internet unter: http://www.nytimes.com/2003/06/01/international/middleeast/01MIDE.html?th.

32 *Seeds of Peace* unterhält seine Hauptgeschäftsstelle in New York City und weitere Büros in Washington, D.C., und Jerusalem. Ihr Anliegen formuliert die Organisation folgendermaßen: „Treaties are negotiated by governments. Peace is made by people. Seeds of Peace is doing what no government can. It is sowing the seeds of peace among children who have grown up with the horror of war. By teaching teenagers to develop trust and empathy for one another, Seeds of Peace is changing the landscape of conflict. It is enabling people blinded by hatred to see the human face of their enemies. It is equipping the next generation with the tools to end the violence and become the leaders of tomorrow." Im Internet unter: http://www.seedsofpeace.org, zitiert am: 22. Juli 2003.

33 Das *Peres Center for Peace* gründete der ehemalige israelische Premierminister, Shimon Peres. Im Internet unter: http://www.peres-center.org, zitiert am: 22. Juli 2003.

34 Das *Palestinian Conflict Resolution Center – Wi'am* ist im Internet unter: http://www.planet.edu/~alaslah, zitiert am: 22. Juli 2003.

35 Dabei müssen die Organisationen nicht unbedingt pazifistisch sein. *New Profile* und *Yesh Gvul* zum Beispiel verstehen sich weniger als generelle Friedens-, sondern als spezifische Verweigererorganisationen. Sie betreuen und unterstützen Soldatinnen und Soldaten der *Israeli Defense Forces* (*IDF*, israelische Armee), die einzelne menschenrechtswidrige Befehle oder den Dienst in den Palästinensergebieten im Gesamten verweigern. Betreuung ist notwendig, weil die Verweigerer ihre Überzeugung nicht nur in Form von Inhaftierung (nicht selten Schikanehaft), sondern auch in Bezug auf ihren Status in der israelischen Gesellschaft („Kameradenschwein") bezahlen müssen. Hierüber berichten ausführlich Schmidt, Christian / Wiedenhöfer, Kai, *Der Preis der Überzeugung*, mehrseitige Reportage im Ressort Zeitbilder, in: NZZ, Nr. 27, 2./3. Februar 2002. *New Profile* ist im Internet unter: http://www.newprofile.org/english, *Yesh Gvul* unter: http://www.yesh-gvul.org, beide zitiert am: 22. Juli 2003.

gruppenspezifisch (Frauen, Jugendliche, Kinder u.a.) oder.[36]

Kooperative Institutionen

Flankierend unterstützen bereits vorhandene kooperative Institutionen das Herausbilden eines Wasserregimes im Jordanbecken. 1991 legten die Nahost-Konfliktparteien auf der Friedenskonferenz in Madrid die Struktur des Nahost-Friedensprozesses an.[37] Als eines der „key regional problems" identifizierten die Parteien die Wasserfrage in der Region und schufen hierfür ein multilaterales Verhandlungsforum.[38] Aus der allgemeinen Einsicht, dass die Konfliktparteien für grenzüberschreitende Wasservorkommen auch eine grenzüberschreitende Lösung finden müssen, entstand die *Multilateral Working Group on Water Resources*. Ihre Aufgaben bestehen in:

- Datenzugang fördern
- Wasserangebot fördern
- Wassermanagement und -schutz
- Regionale Kooperationskonzepte [39]

---

36 Eine ausführliche Liste von zahlreichen weiteren Organisationen mit Kurzbeschreibung ihrer Aktivitäten ist im Internet unter: http://www.cin.org/archives/al-bushra/199709/0022.html, zitiert am: 19. Mai 2003.

37 Zu dieser Kooperationsinitiative ausführlich siehe oben, Kapitel 2, Punkt „Multilaterale Kooperationsinitiativen".

38 American-Israeli Cooperative Enterprise – The Jewish Virtual Library (Hrsg.), *From Contention to Cooperation. A Case Study of the Middle East Multilateral Working Group on Water Resources*, Punkt „Introduction", im Internet unter: http://www.us-israel.org/jsource/Peace/water1.html.

39 Detailliert zu den Aufgaben vgl. American-Israeli Cooperative Enterprise – The Jewish Virtual Library (Hrsg.), *The Water Resources Working Group*, im Internet unter: http://www.us-israel.org/jsource/Peace/water.html. Detailliert zu den Aktivitäten vgl. die Pressemitteilungen zu den jeweiligen Zusammenkünften: Multilateral Working Group on Water Resources (Hrsg.), *Press Statement of the Gavelholder*, 17.-19. April 1994, Muscat / Oman, im Internet unter: http://www.us-israel.org/jsource/Peace/multiwater94a.html; ders. (Hrsg.), *Press Statement of the Gavelholder*, 9. November 1994, Vouliagmeni / Greece, im Internet unter: http://www.us-israel.org/jsource/Peace/multiwater94.html; ders. (Hrsg.), *Press Statement of the Gavelholder*, 22. Juni 1995, Amman / Jordan, im Internet unter: http://www.us-israel.org/jsource/Peace/multiwater95.html; ders. (Hrsg.), *Press Statement of the Gavelholder*, 16. Mai 1996, Hammamet / Tunesien, im Internet

Das multilaterale Wasserforum im Nahost-Friedensprozess ist aber nicht die einzige kooperative Institution, die hilft, die vorhandenen Handlungskapazitäten in der Region zu Tage zu fördern. Im Laufe des Friedensprozesses kamen auch bilaterale Kooperationsinstitutionen hinzu. Israel richtete mit den Palästinensern [40] und mit Jordanien [41] jeweils ein bilaterales *Joint Water Committee* ein. Mit Hilfe dieser Koordinations-, Implementierungs- und Kontrollinstitutionen verwalten Israel, Jordanien und die Palästinenser ihre grenzüberschreitenden Wasservorkommen bereits gemeinschaftlich. Auf diese schon bestehenden institutionellen Strukturen in der Region können die Partner eines multilateralen Jordanregimes nun zurückgreifen, bewährte Elemente übernehmen und aus negativen Erfahrungen lernen.[42]

Umweltaußenpolitik

Dass die Jordananrainer die vorhandenen Handlungskapazitäten für eine multilaterale Lösung auch tatsächlich nutzen, können einflussreiche Akteure voranbringen, zum Beispiel über aktive Umweltaußenpolitik.[43] Das Haschemitische Königreich Jordanien ist als direkter Jordananlieger beispielsweise ein geeigneter Wasserkooperationsförderer. Hierbei kann sich der Staat auf seine intakten Beziehungen sowohl zur israelischen (Friedensvertrag von 1994) [44] als auch zur arabischen Seite (Mitglied-

---

unter: http://www.us-israel.org/jsource/Peace/multiwater96.html.

40 Israel und die Palästinenser schufen ihr bilaterales *Joint Water Committee* im *Interim Agreement* von 1995, Annex III Appendix 1 Art. 40 Abs. 11 bis 15 und Schedule 8. Ausführlich hierzu siehe oben, Kapitel 2, Punkt „Israelisch-palästinensische Abkommen seit 1993“, Unterpunkte „Interim Agreement“ und „Bewertung der Wasserklauseln“.

41 Israel und Jordanien richteten das bilaterale *Joint Water Committee* im Friedensvertrag von 1994 ein, Annex II Art. VII. Ausführlich hierzu siehe oben, Kapitel 2, Punkt „Israelisch-jordanischer Friedensvertrag von 1994“, Unterpunkt „Materielle und technische Vorschriften“.

42 Zu bestehenden Wasserkommissionen in der Staatenpraxis siehe oben, Kapitel 1, Punkt „Wasserrechtliche Regime für bestimmte Flussläufe“.

43 Kommen Regime auf diesem Weg zustande, nennen sie sich hegemonial oder oligopolitisch. Ausführlich hierzu siehe oben, Kapitel 1, Punkt „Arten“.

44 Ausführlich hierzu siehe oben, Kapitel 2, Punkt „Israelisch-jordanischer Friedensvertrag von 1994“.

schaft in der Arabischen Liga,[45] Wasservertragspartner von Syrien am Yarmuk [46]) stützen. Indem Jordanien auf Syrien einwirkt, nimmt es gleichzeitig Einfluss auf Syriens ‚Vasall', den Libanon.[47]

Auch das saudische Königshaus hat in jüngerer Zeit in Form einer Nahost-Friedensinitiative Einsatzbereitschaft bewiesen. Als bemerkenswert positiver und konstruktiver Schritt galt die unerwartete Nahost-Friedensinitiative des saudischen Kronprinzen Abdullah von 2002. Das saudische Königshaus setzte sich auf dem Gipfeltreffen der Arabischen Liga im März 2002 in Beirut für die Aufnahme umfassender Friedensbeziehungen aller arabischen Länder mit Israel ein. Die Initiative sei ein „vital element of international efforts to promote a comprehensive peace on all tracks, including the Syrian-Israeli and Lebanese-Israeli tracks", so die Anerkennung von Seiten des U.S. State Department.[48] Kronprinz Abdullah gilt in der arabischen Welt politisch und finanziell einflussreich, und könnte seine Autorität freilich auch im Bereich dieses einen der verbleibenden vier Kernprobleme im Nahost-Konflikt, in der Wasserfrage, geltend machen.[49]

---

45 Die Arabische Liga ist ein 1945 gegründeter Verbund zur politischen, kulturellen, wirtschaftlichen und militärischen Kooperation. Gegenwärtig gehören ihm 21 arabische und afrikanische Staaten an (darunter alle Nachbarstaaten Israels). Die Arabische Liga hat Beobachterstatus bei den Vereinten Nationen. Die Palästinafrage sowie der Nahost-Konflikt im allgemeinen stellen von jeher ein dominierendes Anliegen der Arabischen Liga dar. Vgl. Andersen, Uwe / Woyke, Wichard (Hrsg.), *Handwörterbuch Internationale Organisationen*, Opladen 1995, S. 286 ff.

46 Wasserverträge zwischen Jordanien und Syrien sind oben behandelt, Kapitel 2, Punkt „Jordanisch-syrische Abkommen seit 1953".

47 "Lebanon's vassal-like relation towards the Syrian regime" nennt es Libiszewski, Stephan, *Water Disputes in the Jordan Basin Region and their Role in the Resolution of the Arab-Israeli Conflict*, ENCOP Occasional Paper No. 13., Center for Security Policy and Conflict Research / Swiss Peace Foundation, Zürich / Bern 1995, S. 40, im Internet unter: http://www.fsk.ethz.ch/encop/13/en13-ch0.htm.

48 Zitiert aus *A Performance-based Roadmap to a Permanent Two-State Solution to the Israeli-Palestinian Conflict*, (*Roadmap*), hrsg. vom U.S. Department of State – Office of the Spokesman, 30. April 2003, im Internet unter: http://usinfo.state.gov/regional/nea/summit/text2003/0430roadmap.htm. Ausführlich ist die *Roadmap* unten behandelt, Kapitel 3, Punkt „Sukzessionsproblematik der Palästinensischen Autonomiebehörde".

49 Vgl. Meier, Reinhard, *Was spricht gegen Abdullahs Friedensplan?*, Leitartikel in:

1.1.2. Finanzhebel der USA

Wasserpolitisch aktiv können auch die USA werden. Als institutioneller Rahmen bietet sich beispielsweise die Arbeitsgruppe Wasser im Rahmen der multilateralen Verhandlungsschiene des Nahost-Friedensprozesses an. Denn in diesem Gremium haben die USA den Vorsitz inne.[50] Im Verlauf des Nahost-Friedensprozesses konnte Israel seine Positionen weitgehend konsolidieren.[51] Ohne Druck von Seiten der USA wird sich der Staat daher kaum zu Konzessionen bereit erklären.

Schmerzlichen aber wirkungsvollen Druck können die USA leicht über den Finanzhebel ausüben. Bisher stärken massive US-Finanztransfers von 1,8 Milliarden US-Dollar jährlich Israels Militärmacht, die als drittstärkste der Welt eingestuft wird. Insgesamt belaufen sich die staatlichen amerikanischen Finanzhilfen und Darlehen an Israel sogar auf 5,5 Milliarden US-Dollar pro Jahr.[52] US-Finanzhilfe an Israel verschlingt somit

---

NZZ, Nr. 57, 9./10. März 2002.

50 Die Bundesrepublik Deutschland ist ebenfalls am *Water Committee* beteiligt. Vgl. Schiffler, Manuel, *Konflikte um Wasser. Ein Fallstrick für den Friedensprozeß im Nahen Osten?*, in: Aus Politik und Zeitgeschichte, B 11 / 1995, S. 14; und American-Israeli Cooperative Enterprise – The Jewish Virtual Library (Hrsg.), *From Contention to Cooperation. A Case Study of the Middle East Multilateral Working Group on Water Resources*, im Internet unter: http://www.us-israel.org/jsource/Peace/water1.html.

51 Vgl. Renger, Jochen, *The Middle East Peace Process. Obstacles to Cooperation over Shared Waters*, in: Scheumann, Waltina / Schiffler, Manuel (Hrsg.), *Water in the Middle East. Potential for Conflicts and Prospects for Cooperation*, Berlin / Heidelberg 1998, S. 52 ff.

52 Diese Zahl setzt sich wie folgt zusammen: 1,8 Mrd. US$ Militärhilfe, 1,2 Mrd. US$ Wirtschaftshilfe, 525,8 Mio. US$ aus verschiedenen anderen öffentlichen US-Haushalten, 2 Mrd. US$ Kreditbürgschaften. Werden Zuschüsse, Darlehen, Beteiligungen und Steuerabzüge zusammen gerechnet, kostete die „special relationship with Israel" den amerikanischen Steuerzahler sogar über 10 Mrd. US$ im Jahr 1997. Zitiert aus Malthaner, Tom, *U.S. Aid to Israel. What U.S. Taxpayers Should Know*, in: Washington Report on Middle East Affairs, ohne Datumsangabe im Internet unter: http://www.wrmea.com/us_aid_to_israel/index.htm. Vorangegangene Zahlen ebenfalls für 1997 aus Curtiss, Richard H., *The Cost of Israel to U.S. Taxpayers. True Lies About U.S. Aid to Israel*, in: Washington Report on Middle East Affairs, ohne Datumsangabe im Internet unter: http://www.wrmea.com/us_aid_to_israel/index.htm.

knapp ein Drittel des gesamten Haushalts amerikanischer Auslandshilfe.[53] Die Zahl erscheint noch kolossaler vor dem Hintergrund, dass der Staat Israel nur 0,001 % der Weltbevölkerung umfasst und eines der höheren Pro-Kopf-Einkommen weltweit verzeichnet.[54] Vordergründig helfen die Finanzmittel Israel, seine nationale Sicherheit zu garantieren. In letzter Konsequenz bedeutet das aber auch Israels Fähigkeit, die Besetzungspolitik in den arabischen Gebieten mit all ihren Konsequenzen aufrecht zu erhalten.

Trotzdem Israel nun Hauptempfängerstaat von US-Finanzhilfen ist, belasten den Staat die horrenden Ausgaben für die Besetzung und zur Sicherung der jüdischen Siedlungen im Besetzungsgebiet wirtschaftlich enorm. „The Israeli economy is very fragile now" und sei stark auf die amerikanische Hilfe angewiesen, so Professor Yaron Ezrahi von der Hebrew University in Jerusalem.[55] „Only secretly of course, only behind the scenes", so Prof. Ezrahi, könnten die USA nun über den wirkungsvollen Finanzhebel die israelischen Maximalpositionen enthärten.[56] Im Kontext der Wasserfrage bedeutet das konkret, Israel vom „Raubbau" [57] an Wasserressourcen im Besetzungsgebiet abzubringen.

---

53 Die Lobby-Strukturen, „that Israel and its supporters have built in the United States to make all this aid happen, and to ban discussion of it from the national dialogue", erläutert Curtiss, Richard H., *The Cost of Israel to U.S. Taxpayers. True Lies About U.S. Aid to Israel*, in: Washington Report on Middle East Affairs, ohne Datumsangabe im Internet unter: http://www.wrmea.com/us_aid_to_israel/index.htm.

54 Israels Bruttoinlandsprodukt ist allein sogar höher als die Summe der Bruttoinlandsprodukte von Ägypten, Jordanien, dem Libanon, Syrien, der Westbank und dem Gazastreifen. Vgl. Zunes, Stephen, *The Strategic Functions of U.S. Aid to Israel*, in: Washington Report on Middle East Affairs, ohne Datumsangabe im Internet unter: http://www.wrmea.com/us_aid_to_israel/index.htm.

55 Prof. Ezrahi lehrt Politikwissenschaften. Zitiert nach Shipler, David K., *On the Path to Peace, the Process Gets in the Way*, in: The New York Times, 4. Mai 2003. Vgl. auch Dachs, Gisela / Kleine-Brockhoff, Thomas / Klingst, Martin, *Fahrplan nach Jerusalem. Vom Osloer Abkommen bis zur neuesten Nahost-Mission*, in: Die Zeit, Nr. 19, 30. April 2003.

56 Zitiert nach aaO.

57 So bezeichnet es Fawzy Naji, Berater bei der palästinensischen Wasserbehörde. Zitiert nach Dachs, Gisela, *Wasser für alle. Die trockene Wirklichkeit der Region zwingt Israelis und Palästinenser zur Zusammenarbeit*, vierteilige Serie über die Kernprobleme im Nahen Osten, hier: Teil 4, in: Die Zeit, Nr. 45, 4. November 1999.

Hierbei könnten die USA auf verschieden weitreichende Weise Druck auf Israel ausüben. Sie müssen nicht zwingend soweit gehen, Finanzhilfe für Israel vollkommen einzufrieren. Das Risiko, in einen Tiefpunkt in den bilateralen Beziehungen abzurutschen, wollen die USA sicher nicht ein weiteres Mal riskieren.[58] Denkbar sind eher eine generelle Reduzierung der jährlichen Transfers oder zumindest der Bürgschaften, eine streng zweckgebundene Vergabe der Mittel oder eine kontinuierliche Prüfung der Legalität der Mittelverwendung. Im letzteren Fall könnten die USA ihre Finanzhilfe spontan um den Betrag kürzen, den Israel für völkerrechtswidrige Zwecke einsetzt.[59]

„Such pressure on Israel seems unlikely to come from the Bush administration," so allerdings die Einschätzung von Pulitzer-Preisträger David K. Shipler.[60] Die US-Regierung gab Ende 2002 sogar bekannt, dass sie

---

[58] Die letzte US-Administration, die Finanzhilfen an Israel eingefroren hatte, war unter George Bush (senior) und verursachte einen solchen Tiefpunkt im amerikanisch-israelischen Verhältnis. Vgl. Weisman, Steven R., *U.S. May Reduce Aid to Get Israel to Halt Barrier*, in: The New York Times, 4. August 2003, im Internet unter: http://www.nytimes.com/2003/08/05/international/middleeast/05DIPL.html?th.

[59] Im Juli/August 2003 erwog die US-Administration zum Beispiel, Kürzungen an den bereits vom US-Kongress genehmigten 9 Milliarden US-Dollar Bürgschaften für Israel vorzunehmen. Mit diesen Kürzungen wollten die USA erwirken, dass Israel den Bau einer acht Meter hohen Barriere aus Beton, Stacheldrahtzaun, Gräben, Sensoren, Wachtürmen und anderen Vorrichtungen zur Abriegelung der Palästinensergebiete abbricht. *De facto* präjudiziere die Barriere eine spätere Grenze zwischen Israel und einem zukünftigen Palästinenserstaat und annektiere 12% des Westjordanlands, argumentieren Kritiker. Israel und die Palästinenser haben sich in den Osloer Abkommen vertraglich dazu verpflichtet, auf dem Verhandlungsweg – und nicht unilateral – die Grenzfrage zu lösen (vgl. Art. XXXI Abs. 7 *Israeli-Palestinian Interim Agreement on the West Bank and the Gaza Strip* von 1995). Vgl. Weisman, Steven R., *U.S. May Reduce Aid to Get Israel to Halt Barrier*, in: The New York Times, 4. August 2003, im Internet unter: http://www.nytimes.com/2003/08/05/international/middleeast/05DIPL.html?th; *Eine Mauer schafft kein Vertrauen. Bush kritisiert Israel*, in: Der Spiegel Online, 25. Juli 2003, im Internet unter: http://www.spiegel.de/politik/ausland/0,1518,258760,00.html; *Bush enttäuscht die Palästinenser. Streit über Israels Sicherheitszaun*, in: Der Spiegel Online, 30. Juli 2003, im Internet unter: http://www.spiegel.de/politik/ausland/0,1518,259244,00.html.

[60] Shipler, David K., *On the Path to Peace, the Process Gets in the Way*, in: The New York Times, 4. Mai 2003, im Internet unter:

ihre Militärhilfe für Israel noch erhöhen möchte.[61] Abzuwarten bleibt insbesondere, wie stark die Neo-Konservativen aus Präsident Bushs Wählerbasis ihre pro-israelischen Positionen durchsetzen können. Für den Erhalt Israels als den ‚Brückenkopf der Demokratie im Nahen Osten' ist den sogenannten *neo-cons* die Palästina-Politik von US-Außenminister, Colin L. Powell, eindeutig zu nachgiebig.[62] „Aus Rücksicht auf jüdische Interessengruppen und die zumeist proisraelisch eingestellten christlichen Konservativen in seiner Partei wird Bush [bezüglich Druck auf Israel] wohl kaum allzu weit gehen, zumal er sich im nächsten Jahr der Wiederwahl stellen muss.“ [63] Bleibt folglich abzuwarten, wie sich die nächste US-Administration nach George Bushs – möglicherweise zweiter – Amtszeit um die verbleibenden Kernfragen im Nahen Osten bemühen wird.

Will die US-Regierung nicht so weit gehen, über den Finanzhebel Druck auf Israel auszuüben, so ist doch wenigstens wünschenswert, dass die augenfällige Blockade von israelkritischen Resolutionen im UN-Sicherheitsrat einen Kurswechsel vornimmt und die USA im Gleichklang mit der internationalen Staatengemeinschaft kontinuierlich die Völkerrechtslage klarstellt und energisch deren Einhaltung fordert.

Ein derartiger erstrebenswerter US-Diplomatiewandel verstärkte zugleich auch den internationalen Druck auf Israel und signalisierte, dass die Staatengemeinschaft die gänzliche Missachtung oder die beständige Auslegung völkerrechtlicher Normen und Verpflichtungen in Konformität mit den eigenen nationalen Interessen in keiner Weise toleriert. Dies ist insbesondere vor dem Hintergrund der gegenwärtigen Instabilität der politischen Lage im Nahen Osten bedeutungsvoll, um zu verhindern, dass

---

http://www.nytimes.com/2003/05/04/weekinreview/04SHIP.html

61 Vgl. Rüesch, Andreas, *Washingtons Nahost-Vision als Fata Morgana. Geringe Priorität der Palästinafrage für Präsident Bush*, in: NZZ, Nr. 279, 30. November 2002, im Internet unter: http://krisen-und-konflikte.de/palaestina/archiv/nzz__Nahost_vison_301102.htm.

62 Vgl. Dachs, Gisela / Kleine-Brockhoff, Thomas / Klingst, Martin, *Fahrplan nach Jerusalem. Vom Osloer Abkommen bis zur neuesten Nahost-Mission*, in: Die Zeit, Nr. 19, 30. April 2003.

63 Rüesch, Andreas, *Washington lanciert seine Nahost-Initiative. Den Friedensplan präsentiert. Powell reist in die Region*, in: NZZ, 2. Mai 2003.

Israel sich berechtigt glaubt, unter Berufung auf die *clausula rebus sic stantibus* [64] durch Rückeroberung und erneute *occupatio bellica* von Westbank und Gazastreifen den *status quo ex ante* wieder herzustellen.[65]

1.1.3. Notwendiger Perzeptionswandel

Um zu erkennen, dass diese Konditionen das Herausbilden eines multilateralen Wasserregimes begünstigen, muss den Jordananliegern allerdings ein Perzeptionswandel gelingen. Die Graphik „Positionen – Interessen – Bedürfnisse" stellt Heterogenität und Homogenität in Verhandlungen zwischen Staaten vereinfacht dar. Sie illustriert, dass Staaten mit Grundpositionen in Verhandlungen starten, die inhaltlich noch weit entfernt von denen der anderen Verhandlungsparteien liegen können. Eine Annäherung unter Aufrechterhaltung dieser Vorstellungen ist nicht oder nur dann möglich, wenn andere Parteien von ihren Positionen vollkommen auf die des Beharrenden umschwenken.

Wenn die Verhandlungspartner aber von ihren Maximalpositionen heruntersteigen und sich von ihren eigentlichen Interessen leiten lassen, werden sie bald schon Schnittflächen mit ihren Verhandlungspartner identifizieren – wenn auch nur in begrenztem Maße. Weit größer ist die Überlappung mit den Vorstellungen der anderen Parteien letztlich, wenn es in Verhandlungen gelingt, die wahren Bedürfnisse der Beteiligten herauszukristallisieren. Konsens ist auf der Bedürfnisstufe am ehesten erzielbar – ganz im Gegensatz zu der Realität nicht selten entrückten Staatspositionen.

Was bedeutet nun die Logik Positionen-Interessen-Bedürfnisse auf das Jordanbecken angewendet? Keine Chance zu einem multilateralen Was-

64 Die Völkerrechtstheorie kennt die Lehre von der *clausula rebus sic stantibus* als einen Mittelweg zwischen den beiden Extremen, der Maxime *pacta sunt servanda* und einer leichtfertigen unilateralen Aufkündigung völkerrechtlicher Verträge. Sie ermöglicht als „*Notventil* für unvorhergesehene und unvorhersehbare Fälle" ein legitimes Zurücktreten oder Aufkündigen von völkerrechtlichen Verträgen, allerdings nur aufgrund von gewichtigen Ursachen. Vgl. Seidl-Hohenveldern, Ignaz, *Völkerrecht*, Köln u.a. 1997, S. 99 ff., Rz. 380 ff., zitiert aus Rz. 389.

65 Ausführlich hierzu vgl. Giannios, Susanne, *Das Werden des Palästinenserstaates. Eine Untersuchung unter besonderer Berücksichtigung des Völkerrechts*, Frankfurt am Main u.a. 2002, S. 48 f.

serregime nach Maßgabe des Internationalen Wasserrechts besteht freilich, wenn die Jordananrainer eisern auf maximalen Wassernutzungsrechten ohne Respekt für die Bedürfnisse der anderen Anlieger beharren.[66] Ein Wasservertrag zwischen den Flussanliegern kann in dieser Situation zwar zustande kommen. Er würde aber nicht dem Internationalen Wasserrecht gerecht. Denn ein Nachgeben einer schwachen Verhandlungspartei (in diesem Fall wohl der Palästinenser) und völliges Eingehen auf die Position einer resoluten Partei (höchst-wahrscheinlich Israel) könnte schnell eine Verletzung des völkergewohnheitsrechtlichen Grundsatzes der gerechten oder angemessenen Nutzung bedeuten.[67]

Gilt das Internationale Wasserrecht als Richtschnur, werden die Jordananrainer ihre maximalen Grundpositionen kaum aufrechterhalten und durchsetzen können. Vielmehr müssen sie von den hocherhobenen Eingangspositionen abrücken und sich auf das konzentrieren, was an wirklichen Interessen dahintersteht. Interessenübereinstimmungen lassen sich in diesem Stadium bereits erkennen.

Konkret bedeutet das in der Praxis beispielsweise, dass Israel die Eingangsposition vertritt, die momentane Ausbeutung der Wasserressourcen in den besetzten Gebieten in vollem Umfang weiterzupraktizieren und auch künftig die Wasserinfrastruktur im Besetzungsgebiet zu vernachlässigen, was gleichzeitig den Wasserkonsum der palästinensischen Volksgruppe niedrig hält.[68] Hinter dieser völkerrechtswidrigen Position [69] steht Israels Interesse, sei-ne nationale Sicherheit zu garantieren, im Schrifttum

---

[66] Die „Interessen- und Konfliktlage im Jordanbecken" behandelt ausführlich gleichnamiger Punkt oben, Kapitel 2.

[67] Ausführlich zu diesem Grundsatz siehe oben, Kapitel 1, Punkt „Prinzip der gerechten oder angemessenen Nutzung".

[68] Der Alltag der Palästinenser und die Wirtschaftsentwicklung im Besetzungsgebiet sind dadurch paralysiert, dass sie nicht an eine funktionsfähige Wasserinfrastruktur angebunden sind. In welchem Ausmaß schildern Freund, Andrea / Rößler, Hans-Christian, *Dem Nahen Osten geht das Wasser aus*, in: FAZ, Nr. 204, 3. September 2001.

[69] Zur Herleitung siehe oben, Kapitel 2, Punkt „Interessen- und Konfliktlage im Jordanbecken", besonders Unterpunkt „Palästinensergebiete", sowie „Israelisch-palästinensische Abkommen seit 1993", besonders Unterpunkt „Bewertung der Wasserklauseln".

auch bezeichnet als „Israel's exaggerated security concerns".[70] Hierfür braucht es neben einer leistungsstarken Armee eben auch ausreichend Wasser.[71] Hinter dem offen artikulierten Interesse Israels nach nationaler Sicherheit verbirgt sich also unter anderem das Bedürfnis nach zufriedenstellender Wasser-versorgung für das Überleben des jüdischen Staats – in wirtschaftlicher wie gesellschaftlicher Hinsicht.

Liegen die überzogenen Ausgangspositionen auch noch weit voneinander entfernt, so bestehen bezüglich der nationalen Sicherheit bereits durchaus Interessensüberlappungen zwischen den Jordananrainern. Auch Jordanien, der Libanon, Syrien und die Palästinenser haben selbstverständlich ein vitales Interesse am politischen Überleben. Hierfür bedürfen sie alle ausreichender Wasserversorgung. In diesem Punkt besteht somit Bedürfnisidentität.

Lenken die Jordananrainer ihren Fokus also weg von den hocherhobenen Eingangspositionen hin zu den dahinterstehenden Interessen und letztlich auf die sie begründenden wirklichen Bedürfnisse, so liegt die Bedürfnisgemeinschaft der Jordananlieger klar auf der Hand. Allerdings sollten alle Parteien tatkräftig auf einen Perzeptionswandel hinwirken. Sie müssen von ihrer Furcht abkommen, die Bereitschaft zu Kompromissen schwäche ihre Verhandlungsposition.

1.2. Verknüpfung von ‚piecemeal approach' und ‚protocol approach'

Sind die Jordananrainer so weit fortgeschritten, der multilateralen Wasserfrage auch multilateral begegnen zu wollen, stellen sich folgende Fragen: Wie können sie bei der Regimeaushandlung vorgehen? Welche rechtliche Regelungsstrategie wird am ehesten den regionalen Spezifika im Jordanbecken gerecht, wie etwa der politischen Kultur und den rechtlichen Regelungsgegenständen? Besonders geeignet ist in unserem Fall, den *piecemeal approach* anzuwenden und ihn mit dem *protocol*

---

70 Zunes, Stephen, *The U.S. and the Israeli-Syrian Peace Prozess*, in: Foreign Policy – In Focus, Vol. 5, No. 3 / 2000, S. 2, Kasten, im Internet unter: http://www.foreignpolicy-infocus.org/pdf/vol5/03ifisr.pdf.

71 Vgl. Flottau, Heiko, *Eine Grenze – gezogen von Blut und Wasser. Zwischen Israel und Syrien geht es nicht nur um Land, sondern um den kostbarsten Stoff überhaupt*, in: SZ, Nr. 3, 5./6. Januar 2000.

approach zu verknüpfen.[72]

1.2.1. ‚Piecemeal' Wasserfrage

Demzufolge konzentrieren sich die Nahost-Akteure zunächst rein auf die Verteilung der Süßwasserressourcen im Jordanbecken. Schließlich liegt angesichts der akuten Wasserknappheit dringlicher Regelungsbedarf in der verbindlichen Aufteilung der Wassernutzungsrechte. Die Beilegung des Teilelements Wassernutzung kann nun eine Signalwirkung in zweierlei Richtung entfalten.

Aus ökologischer Sicht würde im Idealfall ein umfassendes, umweltmedienübergreifendes Umweltschutzabkommen für den Nahen Osten folgen. Es könnte der weitreichenden Betrachtung Rechnung tragen, dass das Jordanbecken ein nicht allein hydrologisches System bildet (beschränkt auf den Wasserkreislauf), sondern ein ökologisches Gesamtsystem (Fauna und Flora mit eingeschlossen). Angesichts der Tatsache, dass es Israel und Syrien sowie Israel und dem Libanon bis heute nicht gelungen ist, ihr nachbarliches Verhältnis auf die Basis eines Friedensvertrags zu stellen, mutet die Idee eines vertraglichen Umweltschutzregimes für den Nahen Osten allerdings recht weit gegriffen an. Dennoch darf nicht vergessen werden, dass es mittlerweile auch vergleichsweise normalisierte nachbarliche Verhältnisse gibt, so etwa zwischen Israel und seinen Nachbarn Jordanien (Friedensvertrag seit 1994) und Ägypten (Friedensvertrag seit 1979).

Aus politologischer Sicht steht hingegen die Sorge um den politischen Nahost-Konflikt im Vordergrund. Die Staaten der Region im allgemeinen, sowie Israel und die Palästinenser im besonderen, ringen um die verbleibenden Kernfragen im Nahost-Konflikt: die jüdischen Siedlungen außerhalb des israelischen Staatsterritoriums (Golan und Palästinensergebiete), der Status Jerusalems, die Zukunft der palästinensischen Flüchtlinge und die Verteilung der knappen Süßwasserressourcen. Die Wasserfrage ist demnach *piecemeal* im Gesamtkontext des Nahost-Konflikts.[73]

---

[72] Diese beiden rechtlichen Regelungsstrategien behandeln ausführlich oben, Kapitel 1, Punkte „Framework convention and protocol approach" und „Piecemeal approach".

[73] Aus völkerrechtlicher Sicht sind die Kernprobleme und Lösungsoptionen behandelt

Widmen sich die Konfliktparteien zunächst der Beilegung der Wassernutzungsdifferenzen durch ein neu zu gründendes Wasserregime, finden Information und Konsultation, Verhandlung und Kompromissfindung, Vertragsausarbeitung und Institutionenbildung statt. Diese Kooperationsformen können nun eine vertrauensbildende Signalwirkung auf den Annäherungsprozess in den übrigen Kernfragen des Nahost-Konflikts ausstrahlen. Vertrauensbildung war von Anfang an Intention der zweigleisigen Verhandlungsstruktur des Nahost-Friedensprozesses: „Build confidence among the parties to create a dynamic that reinforces cooperation and peace" wurde ebenso anvisiert wie „Support the bilateral talks of the Peace Process" und „Explore solutions to key regional problems".[74]

Den Unterhändlern kommt hierbei zugute, dass die Wasserfrage eine existentiell dringliche, aber nicht künstlich emotionalisierte oder instrumentalisierte Kernfrage im Nahost-Konflikt ist.[75] Vertrauensbildung ist im Rahmen der Wasserfrage bei Weitem eher erfolgversprechend als in den hochstilisierten anderen *piecemeals* des Nahost-Konflikts. Im Idealfall aus politologischer Perspektive kann in einem gereiften Stadium des *piecemeal approach* die Vertrauensbildung im Rahmen des einen Teilaspekts eine vertragliche Beilegung in den anderen nach sich ziehen.

---

bei Giannios, Susanne, *Die Palästina-Frage. Völkerrechtliche Aspekte der israelisch-palästinensischen Kontroverse um den Endstatus*, in: Universität der Bundeswehr München (Hrsg.), Ordo Inter Nationes. Internationale Politik – Analysen, Nr. 17, München 2001. Im Internet findet sich ein prägnanter Überblick bei Maison de l'Orient et de la Méditerranée (Hrsg.), *La Négociation Internationale. Les Grands Dossiers*, letzte Aktualisierung am 2. Mai 2003, im Internet unter: http://www.mom.fr/guides.

74 American-Israeli Cooperative Enterprise – The Jewish Virtual Library (Hrsg.), *From Contention to Cooperation. A Case Study of the Middle East Multilateral Working Group on Water Resources*, im Internet unter: http://www.us-israel.org/jsource/Peace/water1.html.

75 Ganz anders verhält es sich hingegen mit der Jerusalemfrage (Unter dem Deckmantel der Religion hochstilisiert), den jüdischen Siedlern (fundamentalistisch-religiös motiviert) oder den palästinensischen Flüchtlingen (als Schachbrettfiguren anti-israelischer Interessen arabischer Staaten hin und her manövriert). Ausführlich zu den ungelösten Kernproblemen im Nahost-Konflikt vgl. Giannios, Susanne, *Das Werden des Palästinenserstaates. Eine Untersuchung unter besonderer Berücksichtigung des Völkerrechts*, Frankfurt am Main u.a. 2002, Kapitel III.

Eine Lösung des gesamten Komplexes Nahost-Konflikt durch Hydro-Solidarität, Wasser als Friedenkatalysator? Auch die *international-relations*-Theorie rechnet damit, „an awareness of the positive prospects of basinwide co-operation through the development of a water regime might spur an increased hydrosolidarity. Or, as a leading water professional put it "water may be a catalyst for peace"." [76]

1.2.2. Wasserrahmenkonvention und Durchführungsprotokolle

Dabei müssen die Jordananlieger den Problemkomplex Wasserverteilung nicht etwa *uno actu* beilegen. Sind sie erst einmal übereingekommen, den Bereich der Wasserverteilung multilateral vertraglich zu regeln, bietet sich die Strategie *framework convention and protocol approach* an. Zunächst schließen sie ein Rahmenabkommen ab (*framework convention*), das nachfolgende Protokolle sodann Schritt für Schritt ausfüllen (*protocol approach*).[77]

Wasserrechtliches Rahmenabkommen

Mit einem wasserrechtlichen Rahmenabkommen für das Jordanbecken einigen sich die Nahost-Staaten ohne rechtliche Bindung zunächst auf eine politische Absichtserklärung. Die Rahmenkonvention enthält abstrakte Ziele, allerdings nur ungenau formulierte Verpflichtungen. Zu den abstrakten Zielen gehört etwa die grundsätzliche Bereitschaft der Jordananlieger zur internationalen Wasserverteilung nach Maßgabe des Internationalen Wasserrechts. Auch die Reichweite der einzubeziehenden Gewässer kann die Rahmenkonvention abstecken und somit festlegen, welches *basin concept* dem Wasserregime zugrunde liegt.[78]

---

76 Jägerskog, Anders, *The Jordan River Basin. Explaining Interstate Water Cooperation through Regime Theory*, University of London, School of Oriental and African Studies, Occasional Paper, No. 31, London 2001, Einführung, S. 1.

77 Vgl. Beyerlin, Ulrich, *Umweltvölkerrecht*, München 2000, S. 41ff, Rz. 88 ff.

78 Welches *basin concept* sich in unserem Fall empfiehlt, zeigt der nachfolgende Punkt „Regelungsbereich". Grundsätzlich zu den Konzepten für Flussbecken siehe oben, Kapitel 1, Punkte „International basin concept" und „International watercourse".

Das Rahmenabkommen für das Jordanbecken wäre als Absichtserklärung lediglich ein *soft-law*-Instrument. Ihr unmittelbarer Wert liegt darin, dass sie die Nahost-Staaten „in den prozeduralen Handlungsrahmen einer Vertragsgemeinschaft" einbindet.[79] Wie weit das Rahmenabkommen mit seinen abstrakten Regelungen praktische Wirkung in der Folgezeit erlangt, hängt davon ab, wie sehr es das künftige Prozedere der Regimepartner rechtlich bestimmt, ob es eine unmittelbare prozedurale Handlungspflicht enthält. Hierzu dürfen sich die Jordananlieger nicht vor einem *pactum de negotiando* scheuen, das die Regimepartner rechtlich dazu verpflichtet, ernsthafte Verhandlungen aufzunehmen.[80]

Dieser Vorschlag orientiert sich am Abkommen über die biologische Vielfalt von 1992, der sogenannten Biodiversitätskonvention (CBD). Es ist eines der wichtigsten Abkommen der UN-Konferenz für Umwelt und Entwicklung in Rio de Janeiro 1992. In seinem Artikel 28 appelliert es an die Vertragspartner: „The Contracting Parties shall cooperate in the formulation and adoption of protocols to this Convention" und „Protocols shall be adopted at a meeting of the Conference of the Parties". [81]

Implementierungsprotokolle

Erfahrungswerte aus der bisherigen Vertragspraxis zugrunde legend, ist damit zu rechnen, dass bereits ein abstraktes Rahmenübereinkommen den Jordananliegern ein gutes Quantum an Durchhaltevermögen abverlangen wird. Noch zäher werden die nachfolgenden Verhandlungsmarathons für die Durchführungsprotokolle verlaufen. Denn sie enthalten konkrete und substantielle Regelungen.

In der Regel muss die Rahmenkonvention noch keine obligatorischen Protokollziele und auch noch keinen starren Zeitplan vorgeben, wann welches Implementierungsprotokoll verabschiedet werden soll.[82] Sind die

---

79 Beyerlin, Ulrich, *Umweltvölkerrecht*, München 2000, S. 42, Rz. 89.

80 Vgl. aaO, S. 43, Rz. 90.

81 Art. 28 Abs. 1 und 2 *Convention on Biological Diversity*, 1992, Text abgedruckt in: BGBl. 1993 II, 1742, und in: ILM 31 (1992), 818, im Internet unter: http://www.biodiv.org/convention/articles.asp.

82 Vgl. Beyerlin, Ulrich, *Umweltvölkerrecht*, München 2000, S. 43, Rz. 91.

politischen Beziehungen in ein ausreichend gereiftes Stadium vorangeschritten, können die Jordanregimepartner sukzessiv die Präzisierung und Verbriefung der einzelnen Elemente von internationaler Wasserdiplomatie und internationalem Wassermanagement angehen. Hier konkretisieren Unterhändler und Experten die Verfahrenspflichten (Information, Warnung, Konsultation), berechnen die gerechten und angemessenen Wasseranteile, richten eine multilaterale Wasserkommission ein und etablieren Schlichtungsmechanismen für künftige Wasserstreitigkeiten.[83]

Ziel der nachfolgenden Protokolle ist, die abstrakten Formulierungen der Rahmenkonvention für die internationale Wasserverteilung im Jordanbecken mit ‚Zähnen' ausstatten. Damit die Durchführungsprotokolle ihr Ziel nicht verfehlen, müssen sich die Nahost-Staaten mit ihnen auf handfeste und präzise Standards und Prinzipien einlassen.[84]

1.3. Regelungsbereich

Noch bevor die Jordananlieger ihre spezifischen Nutzungsrechte aushandeln können, stellen sich ihnen prinzipielle Fragen zum Regelungsbereich: In welchem Umfang sollen sie ihre Wasservorkommen einer vertraglichen Regelung unterwerfen? Welche Oberflächengewässer (Zuflüsse, Kanäle, Seen) und welche Grundwasservorkommen wollen sie dem Jordanflusssystem zurechnen?

1.3.1. Vorzug des ‚international drainage basin concept'

Diese Definitionsfrage ist von grundlegender Bedeutung, da sie den völkerrechtlichen Regelungsbereich und somit die Reichweite eines potentiellen Eingriffs in die staatliche Souveränität absteckt. Bereits in einem frühen Stadium der Verhandlungen müssen sich die Staaten der Region in dieser Frage festlegen. Definitions- und Interpretationsdivergenzen in einem späteren Stadium können sie somit vermeiden. Heikel ist die Frage besonders im Hinblick auf die Grundwasservorkommen, speziell wenn sie nicht in physikalischem Zusammenhang mit dem Fluss-

---

83 Grundlegend zu diesen Punkten siehe oben, Kapitel 1, „Grundlagen der internationalen Wasserverteilung".

84 Vgl. aaO.

system selbst stehen.[85]

Wie das zweite Kapitel ausführt, umschließt das Jordanflusssystem nicht nur Zuläufe aus dem Libanon, Syrien und Jordanien, sondern auch verschiedene Grundwasservorkommen, besonders in der Westbank. Nun ist sinnvoll, nicht nur die Zuflüsse des Jordans, sondern auch diese unterirdischen Wasservorkommen in multilaterale Vertragsregelungen mit einzubinden und somit den Blick auf das gesamte grenzüberschreitende hydrologische Einzugsbecken zu richten.

Einem internationalen Wasserregime sollten die Jordananlieger hierfür das *international drainage basin concept* zugrunde zu legen.[86] Denn dieses Modell rechnet zu einem internationalen Wassereinzugsgebiet neben allen Oberflächengewässern wie Flüssen (Jordan, Yarmuk, Zerka, Banias, Dan, Hasbani) [87], Seen (See Genezareth) [88], und Kanälen (König-Abdallah-Kanal) [89] auch das Grundwasser (West Bank Mountain Aquifer, Arava-Tal).[90]

Staaten greift die Einbeziehung des Grundwassers und somit die Anwendung des *international drainage basin concept* in der Regel zu weit in ihre territoriale Souveränität und Integrität ein. Wasser gilt gerade im Nahen Osten als Symbol nationaler Souveränität. Eine Unterwerfung von Grundwasservorkommen in eine vertragliche Regelung empfinden sie als einen schmerzlichen Souveränitäts- und Integritätseinschnitt. Warum sollten sich die Jordananlieger also auf das *international drainage basin concept* einlassen? [91]

---

85 Grundlegend zur Problematik des physikalischen Zusammenhangs siehe oben, Kapitel 1, Punkt „Konzepte".

86 Ausführlich zu diesem Definitionskonzept für internationale Flussläufe siehe oben, Kapitel 1, Punkt „International basin concept".

87 Zu den Jordanquellflüssen Banias, Dan und Hasbani siehe oben, Kapitel 2, Punkt „Jordanquellflüsse und -nebenflüsse".

88 Zum See Genezareth siehe oben, Kapitel 2, Punkt „Jordanquellflüsse und -nebenflüsse".

89 Zum König-Abdallah-Kanal siehe oben, Kapitel 2, Punkt „Materielle und technische Vorschriften".

90 Zum West Bank Mountain Aquifer siehe oben, Kapitel 2, Punkt „Aquifere".

91 Ausführlich zur Problematik, Grundwasservorkommen in eine vertragliche Regelung

1.3.2. Begründung

In einer Studie über nationale Souveränität und internationale Wasserläufe mahnt das Internationale Grüne Kreuz [92], unbedingt Grundwasservorkommen in eine Kooperationsregelung mit einzubinden. Denn die Alternative sei oft, dass Staaten die Aquifere wie im Wettrennen ausbeuteten und die Folgen von irreversibler Verschmutzung kaum berücksichtigten:

> „Groundwaters are particularly vulnerable, and cooperation over their use and protection even more imperative as the alternative is often a race between states to exploit the aquifer and little consideration for the consequences of its irreversible contamination." [93]

Darüber hinaus rechtfertigt die akute Wasserknappheit im Jordanbecken einen derart umfassenden Regelungsbereich. Wie vorangegangene Kapitel ausführen, ist das regionale Wassersystem bis an die Grenze seiner Belastbarkeit ausgereizt. Die Nutzungsintensität liegt bei 100% oder sogar höher. Vorhandenes Süßwasser wird demnach – einschließlich unterirdischer Vorkommen – vollständig genutzt und zusätzlich noch Meerwasser entsalzt.

Die Wasserknappheit lässt die Jordananrainer kontinuierlich nach alternativen und zusätzlichen Wasserquellen suchen. Bisherige Vertragswerke in der Region belegen diese beständige Suche.[94] Vor dem Hintergrund der eklatanten Wasserknappheit können es sich die Jordananrainer schlichtweg nicht leisten, der Souveränitätswahrung Priorität vor der Grundversorgung der Bevölkerung einzuräumen.

---

einzubinden, siehe oben, Kapitel 1, Punkt „Einbeziehung von Grundwasser".

92 Das International Green Cross ist im Internet unter: http://www.greencrossinternational.net, zitiert am: 23. Juli 2003.

93 Green Cross International (Hrsg.), *National Sovereignty and International Watercourses*, 2000, S. 18, im Internet unter: http://webworld.unesco.org/water/wwap/pccp/cd/pdf/background_documents/national_sovereignty%20_international_watercourses_2000.pdf.

94 Zum Beispiel Teil 2 „Principles of Cooperation on New and Additional Water Resources" der 1996er *Declaration on Principles for Cooperation on Water-Related Matters and New and Additional Water Resources* (*WaterDOP*) der Multilateral Working Group on Water Ressources des Nahost-Friedensprozesses von 1996; sowie Annex II, Art. I Abs. 3 (Additional Water) des israelisch-jordanischen Friedensvertrags von 1994.

Jede verfügbare Süßwasserressource im Jordaneinzugsgebiet in eine vertragliche Lösung mit einzubinden, ist auch deshalb geboten, weil manche Flussanrainer über Alternativen bei der Wasserversorgung verfügen und andere wiederum nicht. Hauptsüßwasserquelle vom Libanon ist der Fluss Litani und von Syrien der Euphrat.[95] Schon die völkerrechtlichen Kriterienkataloge zur Bestimmung der gerechten oder angemessenen Wassermenge je Anlieger eines internationalen Flussbeckens (*equitable utilization*) [96] stellen auf die „availability of other resources“ [97] und die „availability of alternatives, of comparable value, to a particular planned or existing use“ [98] ab. Auch die vertraglichen Wasservereinbarungen zwischen Israel, Jordanien und den Palästinensern belegen, wie bedeutungsvoll alternative Quellen sind.[99]

Im Übrigen ist die weiter gefasste Region bei der internationalen Wasserverteilung bereits darin erprobt, das *international drainage basin concept* zugrunde zu legen. Auf dem afrikanischen Kontinent und somit in der Nachbarregion des Nahen Ostens bestehen bereits internationale Wasserregime, die vom *international drainage basin concept* ausgehen.[100]

1.4. Umgang mit offenen Territorialfragen

Wie das zweite Kapitel ausführt, sind im israelisch-arabischen Verhältnis bestimmte Territorien strittig. Neben der Westbank mit seinen bedeuten-

---

95 Siehe oben, Kapitel 2, Punkt „Syriens und Libanons Schlüsselposition“.

96 Ausführlich zum völkergewohnheitsrechtlichen Prinzip der *equitable utilization* siehe oben, Kapitel 1, Punkt „Prinzip der gerechten oder angemessenen Nutzung“.

97 Art. 5 Abs. 2 Satz 8 der *Helsinki Rules*. Die *Helsinki Rules* sind eine subsidiäre Völkerrechtsquelle. Mit dem Friedensvertrag zwischen Israel und Jordanien von 1994 wurden die *Helsinki Rules* zu echtem Völkervertragsrecht.

98 Art. 6 Abs. 1 g der UN-Wasserkonvention.

99 Vgl. wiederum Teil 2 „Principles of Cooperation on New and Additional Water Resources” der 1996er *Declaration on Principles for Cooperation on Water-Related Matters and New and Additional Water Resources* (*WaterDOP*) der Multilateral Working Group on Water Ressources des Nahost-Friedensprozesses von 1996; sowie Annex II, Art. I Abs. 3 (Additional Water) des israelisch-jordanischen Friedensvertrags von 1994.

100 Vgl. Beyerlin, Ulrich, *Umweltvölkerrecht*, München 2000, S. 84, Rz. 174. Siehe hierzu auch oben, Kapitel 1, Punkt „Wasserrechtliche Regime für bestimmte Flussläufe“.

den Grundwasservorkommen [101] zählen zu den offenen Territorialfragen auch der syrische Golan und der genannte Gebietsstreifen von 10 Metern am Nordostufer des See Genezareth zwischen Israel und Syrien.

1.4.1. Interimslösung

Ein Friedensvertrag zwischen Israel und Syrien, der den Grenzkonflikt seit 1967 endlich beilegen würde, steht bis heute aus. Anlass zu Optimismus, die verfeindeten Staaten könnten ein derartiges Vertragswerk in naher Zukunft schließen, bietet die gegenwärtige politische Lage im Nahen Osten nicht. Auch im Rahmen eines multilateralen Wasserregimes ist eine Klärung der Souveränitätsverhältnisse freilich nicht leichter Hand erzielbar.

Um in der Zeit bis zu einer verbindlichen Grenzregelung im Rahmen eines israelisch-syrischen Friedensvertrags zumindest die drängende Wasserfrage zu behandeln, müssen die beiden Staaten eine Interimsregelung finden. Sie kann zunächst für die Zeit bis zur Aushandlung eines Friedensvertrags gelten oder, wenn sie sich als Modell außerordentlich bewährt hat, auch für die Endstatusregelung zwischen Israel und Syrien.

Eine realistische Interimsoption ist, dass Israel Gebietstreifen am See Genezareth least oder pachtet. Dem israelisch-arabischen Verhältnis ist die Idee des Landpachten oder -leasen nicht unbekannt. Bereits der israelisch-jordanische Friedensvertrag von 1994 enthält eine Pachtlösung. Israel und Jordanien einigten sich hier darauf, dass israelische Siedler weiterhin einen Grenzstreifen von 330 km^2 innerhalb eines Gebiets nutzen dürfen, das Israel im Friedensvertrag an Jordanien abtritt. Die israelischen Rechte umfassen hierbei landwirtschaftliche sowie Wassernutzung.[102] Der Pachtvertrag läuft für 25 Jahre und ist flexibel.[103] Nach gemeinsamer Vereinbarung kann Israel beispielsweise die Nutzungs-

---

[101] Siehe hierzu oben, Kapitel 2, Punkte „Aquifere“ und „Palästinensergebiete“ , sowie unten, Kapitel 3, Punkt „Sukzessionsproblematik der Palästinensischen Autonomiebehörde“.

[102] Annex II Art. IV Abs. 1 und 2 des israelisch-jordanischen Friedensvertrags.

[103] Vgl. Johannsen, Margret, *Das Konfliktkonglomerat im Jordanbecken*, in: Barandat, Jörg (Hrsg.), *Wasser – Konfrontation oder Kooperation? Ökologische Aspekte von Sicherheit am Beispiel eines weltweit begehrten Rohstoffs*, Baden-Baden 1997, S. 64.

rechte der jüdischen Siedler an den Brunnen noch ausweiten.[104]

1.4.2. Vorteile

Ein ähnlicher Pachtvertrag zwischen Israel und Syrien birgt verschiedene Vorteile in sich. Ein israelisches Pachten des strittigen Gebietsstreifens am Nordostufer des See Genezareth bringt Syrien, das auf Wasser aus dem See nicht angewiesen ist, zunächst schlichtweg einen finanziellen Gewinn. Israel im Gegenzug ist garantiert, dass kein weiterer Staat Wasser aus dem See abzapft. Die Süßwasservorkommen dieses einzigen Oberflächenspeichers in der Region wären somit rechtmäßig unter alleiniger israelischer Kontrolle. Erstreckt der Pachtvertrag sich auch über den syrischen Landstreifen, durch den der Jordanzufluss Banias fließt, kann Israel mit Hilfe des Pachtvertrags den ungehinderten Wasserdurchfluss bis in den Jordan garantieren.[105]

Was Israel und Syrien auf dem Weg zu einer solchen Pachtlösung zugute kommt, ist, dass die Differenzen um den Golan von beiden Seiten verschiedenartig motiviert sind. Während für Israel strategische Sicherheitsaspekte im Vordergrund stehen, geht es Syrien eher um den symbolischen Wert, um Nationalstolz.[106] Ein Leasingvertrag kann nun beide Grundanliegen befriedigen. Einerseits wäre Syriens rechtmäßige Souveränität über den Golan *de iure* wieder hergestellt, dem beständigen Frustrieren des Nationalstolzes Einhalt geboten und das Stigma vom Sechstagekrieg von 1967 revidiert. Andererseits trägt Israels Präsenz auf dem Golan als Konsequenz des Pachtens *de facto* dem israelischen Sicherheitsbedürfnis Rechnung. Israel behielte seine strategischen und hydrologischen Garantien.

Auch dritte, an einem wasserrechtlichen Vertrag nicht Beteiligte würden einen Nutzen von einer solchen Pachtregelung ziehen. Die Vereinten Nationen und somit die Staatengemeinschaft sähen mit einer Wieder-

---

[104] Ausführlich hierzu siehe oben, Kapitel 2, Punkt „Israelisch-jordanischer Friedensvertrag von 1994“, Unterpunkt „Materielle und technische Vorschriften”.

[105] Ausführlich zum Wassersystem im Jordanbecken siehe oben, Kapitel 2, Punkt „Oberflächengewässer und Grundwasser“.

[106] Ausführlich hierzu siehe oben, Kapitel 2, Punkt „Syrien“.

herstellung der syrischen Souveränität über den Golan endlich ihre Aufforderungen in den einschlägigen Resolutionen befriedigt.[107] Einer späteren endgültigen Grenzregelung in einem israelisch-syrischen Friedensvertrag wäre eine Leasinglösung am Golan zudem ein positives Moment verleihen. Die israelische Besetzung der syrischen Golanhöhen seit dem Sechstagekrieg 1967 wird in der Literatur als der eigentliche Kern des israelisch-syrischen Konfliktverhältnisses ausgewiesen.[108] Wird dieser Kern durch eine pragmatische Leasinglösung aufgeweicht, können Israel und Syrien, sodann bereits Vertragspartner, auf dieser vertrauensbildenden Basis auch an die anderen verbleibenden Konfliktfelder herantreten.

---

107 Zu den UN-Resolutionen siehe oben, Kapitel 2, Punkt „Syrien".

108 Vgl. Zunes, Stephen, *The U.S. and the Israeli-Syrian Peace Prozess*, in: Foreign Policy – In Focus, Vol. 5, No. 3 / 2000, S. 1, Kasten, im Internet unter: http://www.foreignpolicy-infocus.org/pdf/vol5/03ifisr.pdf.

2. Vertragsgestaltung

Sind die Nahost-Staaten schließlich zu internationalem Flussbeckenmanagement bereit, sollten sie es nach Maßgabe des Internationalen Wasserrechts gestalten. Das Recht der nicht-navigatorischen Nutzung internationaler Wasserläufe repräsentiert einen anerkannten gemeinsamen Nenner der Staatengemeinschaft. Für multilaterales Wassermanagement im Jordanbecken steht es als neutrale Autorität zur Verfügung.

Zwar ist die Leistungsfähigkeit des Internationalen Wasserrechts in seine Grenzen gewiesen. Als kleinster gemeinsamer Nenner liefern die bisherigen Prinzipienkataloge des Internationalen Wasserrechts keine ausreichende Antwort auf die Frage, welche Rechte Ober- und Unterlieger von internationalen Flussläufen konkret besitzen. Die Abstraktheit bietet Interpretationsdivergenzen einen Nährboden. Rechtliche Bindungswirkung geht von diesen *soft law* - Instrumenten auch nicht aus.

Den Jordananliegern kann aber gerade dies zum Vorteil gereichen. Sie können bei der Aushandlung ihres Jordanregimes an die ausreichend allgemein gehaltenen Minimalstandards anknüpfen und sie mit einer Wasserdiplomatie und einem Wassermanagement ergänzen, die den spezifischen hydrologischen, sozioökonomischen oder politischen Gegebenheiten des Nahen Ostens Rechnung tragen.

Zusätzlich zu den völkergewohnheitsrechtlichen Grundsätzen des Internationalen Wasserrechts können die Regimepartner im Fall von Unklarheiten die bisherige Auslegungspraxis in der internationalen Judikatur zu Hilfe nehmen. Am Völkervertragsrecht können sie sich weitere positive Entwicklungen abschauen, wie etwa die kooperative und utilitaristische Struktur von Umweltregimen oder die Gestaltung internationaler Wasserkommissionen.

2.1. Rangfolge einzelner Nutzungen

Besonders wenn die vorhandenen Süßwasserressourcen knapp sind, wie im Jordanbecken, macht es Sinn, die einzelnen Nutzungsarten in eine Rangfolge zu ordnen. Der notwendigste Bedarf wird hierdurch zunächst gestillt, weniger dringliche kommen erst an nachgeordneter Stelle.

2.1.1. Orientierung an der Praxis

Die Vertragspraxis liefert hierfür das Beispiel der USA und Mexiko. In ihrem Vertrag über die *Utilization of Waters of the Colorado and Tijuana Rivers and of the Rio Grande* von 1944 [109] legen sich Nordamerika und Mexiko auf folgende Rangfolge fest:

> „1. Domestic an municipal uses.
> 2. Agriculture and stockraising.
> 3. Electric power.
> 4. Other industrial uses.
> 5. Navigation.
> 6. Fishing and hunting.
> 7. Any other beneficial uses which may be determined by the Commission.“ [110]

Die Wasserversorgung der Bevölkerung stellen die USA und Mexiko in ihrem Wasserregime am Colorado, Tijuana und Rio Grande also an erste Stelle. Versorgung der Landwirtschaft, Tränk- und Bewässerungszwecke kommen erst an zweiter Stelle. Gewinnung elektrischer Energie folgt an dritter. Danach kommen andere industrielle Nutzungen, Schiffahrt etc., die für den Jordan und somit für die vorliegenden Zwecke nicht von Bedeutung sind.[111]

2.1.2. Konkrete Rangfolge

In Anlehnung an den *U.S.-Mexico Water Treaty* empfiehlt sich daher für das Jordanbecken folgende Rangordnung:

1. Versorgung der Bevölkerung (Trinkwasser, Hygiene etc.)
2. Versorgung der Landwirtschaft (Bewässerung, Viehzucht etc.)

---

[109] *Treaty Between the United States of America and Mexico, Utilization of Waters of the Colorado and Tijuana Rivers and of the Rio Grande*, (*U.S.-Mexico Water Treaty*), 3. Februar 1944, im Internet auf den Websites der International Boundary and Water Commission – United States and Mexico – U.S. Section unter: http://www.ibwc.state.gov/html/treaties.html.

[110] Art. 3 *U.S.-Mexico Water Treaty*.

[111] Vgl. Reimann, Markus, *Die nicht-navigatorische Nutzung internationaler Süßwasserressourcen im Umweltvölkerrecht*, Frankfurt am Main u.a. 1999, Fn. 77.

3. Industrielle Nutzung
4. Energiewirtschaftliche Nutzung (derzeit im Yarmuk-Becken) [112]

Im Angesicht der bedenklichen Wasserknappheit und Wasserkonkurrenz im Jordanbecken muss ein Jordanregime der Versorgung der Bevölkerung klar Priorität einräumen. Ohnehin verschlucken die privaten Haushalte nur den geringsten Anteil am Gesamtwasserverbrauch in der Region.[113] Auch eine Wasserprinzipenerklärung zwischen Israel, Jordanien und den Palästinensern hält diesen Ansatz fest.[114] Als einen der gemeinsamen Nenner (*Common Denominators*) identifizieren die drei Jordananrainer in ihren jeweiligen Wasserallokationsystemen sowie als Basis für künftige Kooperation:

> „Domestic uses occupy the first priority in the allocation of water resources." [115]

Der größte Wasserschlucker, der Agrarsektor (Ackerbau, Viehzucht, Fischerei etc.), muss bei der Nutzungsrangfolge im Jordanbecken auf den zweiten Platz weichen. Allgemein sollten die Jordananlieger den Wasserverbrauch in der Landwirtschaft reduzieren, um die Wasserallokationseffizienz zu steigern.[116]

2.2. Umweltschutzstandards

Zunehmend thematisiert wird, Umweltschutzstandards in internationale Flussbeckenregime aufzunehmen.[117] In Anbetracht des weltweit steigen-

---

112 Ausführlich hierzu siehe das ‚Yarmuk scheme' von 1953, oben, Kapitel 2, Punkt „Jordanisch-syrische Abkommen seit 1953".

113 Zu den Zahlen im Einzelnen siehe oben, Kapitel 2, Punkt „Interessen- und Konfliktlage im Jordanbecken".

114 *Declaration on Principles for Cooperation on Water-Related Matters and New and Additional Water Resources*, (*WaterDOP*), 13. Februar 1996, hrsg. vom Multilateral Peace Process in the Middle East – Multilateral Working Group on Water Resources, im Internet unter: http://www.us-israel.org/jsource/Peace/waterdec.html, zitiert am: 9. Mai 2003.

115 Punkt „Common Denominators" *WaterDOP*.

116 Siehe hierzu oben, Kapitel 2, Punkt „Zwischenergebnis".

117 Zur Problematik, eine ökologische Komponente in ein bestehendes Wasserregime nachträglich zu integrieren, etwa in Form einer "minute", siehe als Beispiel die

den Umweltbewusstseins ist eine solche Entwicklung kaum verwunderlich. Internationale Flussregime ohne umfassende Umweltschutzstandards sind oft Zielscheibe von Kritik. Enthält ein Wasserregime allerdings verschiedenste Standards und Mechanismen zum Schutz der Beckenumwelt, ist ihm eine Qualifizierung als vorbildlich sicher.

Den modernsten Standard unter den bestehenden Wasserregimen bescheinigt die Literatur dem internationalen Regime für den Fluss Zambezi auf dem afrikanischen Kontinent.[118] Im *Agreement on the Action Plan for the Environmentally Sound Management of the Common Zambezi River System* (ZACPLAN) von 1987 regeln Botswana, Mozambique, Tansania, Sambia und Zimbabwe zusammen mit der Wassernutzung auch Umweltaspekte am Zambezi.[119] Primäres Anliegen ist ein ökologisches Wassermanagement.[120] Das Vertragswerk gilt hiermit als eine der ambitioniertesten Bemühungen um Flussbeckenschutz in Afrika.[121]

2.2.1. Empfehlenswerte Reichweite

Vor dem Hintergrund der belasteten politischen und wirtschaftlichen Situation im Nahen Osten ist mit Umweltschutzbestimmungen allerdings Vorsicht geboten. Denn substantielle Vertragspflichten einzugehen,

---

Diskussion um den *U.S.-Mexico Water Treaty* von 1944 bei Snape, William. J., III, *Adding an Environmental Minute to the 1944 Water Treaty. Impossible or Inevitable?*, Appendix D in Workshop Proceedings, Water and Environmental Issues of the Colorado River Border Region Roundtable Workshop, San Luis Rio Colorado, Sonora, Mexico, 1998, im Internet unter: http://www.sci.sdsu.edu/salton/Snape1998EnvironMinute.html.

118 Vgl. Birnie, Patricia W. / Boyle Alan E., *International Law and the Environment*, Oxford 1992, S. 248.

119 *Agreement on the Action Plan for the Environmentally Sound Management of the Common Zambezi River System*, (*ZACPLAN*), 28. Mai 1987, abgedruckt in: ILM 27 (1988), S. 1109.

120 Vgl. Reimann, Markus, *Die nicht-navigatorische Nutzung internationaler Süßwasserressourcen im Umweltvölkerrecht*, Frankfurt am Main u.a. 1999, S. 50.

121 Vgl. Beyerlin, Ulrich, *Umweltvölkerrecht*, München 2000, S. 103 f., Rz. 214. Ausführlich zum Zambezi-Regime siehe oben, Kapitel 1, Punkt „Wasserrechtliche Regime für bestimmte Flussläufe“.

scheuen Staaten unter anderem aus zwei elementaren Gründen.[122] Zunächst gilt, je umfassender die Vertragsregelungen die Parteien in die Pflicht nehmen, desto tiefer greifen sie auch in ihre nationale Souveränität ein. Souveränitätsverzichte schmerzen Staaten in einem konfliktgeladenen, misstrauensgezeichneten Umfeld wie dem Nahen Osten freilich noch mehr als in einem politisch normalisierten, entspannten, freundschaftlichen. Hinzu kommt, dass die regionalen Ökonomien schwach sind.[123] Verschont von der regionalen Wirtschaftsschwäche ist nicht einmal Israel, das finanziell schwer durch die Besetzung seit 1967 belastet ist.[124]

Für Umweltverbände, etwa mit Beraterstatus in den Nahost-Wasserverhandlungen, mag nun die Versuchung groß sein, die Jordananlieger zu weitreichenden Umweltschutzverpflichtungen zu überreden. Neben selbstverständlich erwünschtem Flussbeckenschutz arbeiten sie hiermit im Gegenzug aber auch auf ein Risiko hin: Schlichtweg aus finanzieller Überforderung werden die wirtschaftlich geschwächten Regimepartner in der Folgezeit der Regimeunterzeichnung die Umweltauflagen möglicher Weise nicht einhalten können. Sie verkämen damit zu einer leeren Chimäre. Für das Jordanregime bedeutete dies einen empfindlichen Prestigeverlust.

Auf Umweltaspekte sollten die Jordananlieger deswegen aber nicht ganz verzichten. Denn die bestgemeinten Regimevereinbarungen für ein

---

122 Vgl. Beyerlin, Ulrich, *Umweltvölkerrecht*, München 2000, S. 42, Rz. 89.

123 Siehe hierzu Graphik „Wirtschaftslage im Jordanbecken". Für fortlaufend aktualisierte Kurzabrisse der Wirtschaftslage im Nahen Osten siehe Central Intelligence Agency (Hrsg.), *The World Factbook 2002*, im Internet unter: http://www.cia.gov/cia/publications/factbook/index.html.

124 „Holding 3,5 Million Palestinians under occupation is a bad thing for Israel, for the Palestinians and for the Israeli economy", so der israelische Premierminister, Ariel Sharon, im Mai 2003. Die israelische Tageszeitung Haaretz zitiert Ariel Sharon ebenfalls im Mai 2003 mit seiner Einschätzung, die Besetzung der Palästinensergebiete sei „a very heavy burden on the public, and it raises ethical problems and heavy economic problems". Erstes Zitat aus: Bennet, James, Sharon Laments 'Occupation' and Israeli Settlers Shudder, in: The New York Times, 1. Juni 2003, im Internet unter: http://www.nytimes.com/2003/06/01/international/middleeast/01MIDE.html?th. Zweites Zitat aus: Shipler, David K., Sharon Has a Map. Can He Redraw It?, in: The New York Times, 1. Juni 2003.

internationales Wassermanagement des Internationalen Wasserrechts erübrigen sich in der Zukunft schlichtweg, wenn die Regimepartner nicht Vorkehrungen zum Erhalt des Flussbeckensystems als Trinkwasserlieferant treffen.[125] Von der Reichweite der Umweltschutzvereinbarungen sollten sich die Regimepartner nur nicht überfordert fühlen, die Vertragsaushandlung sollte sich nicht unnötig hinauszögern oder verkomplizieren.

In moderater Weise können die Jordananlieger durchaus ökologische Aspekte einbauen, etwa Mechanismen für Wasserschutz, Standards für Wasserqualität, Richtwerte für Schadstoffkonzentrationen in Wasser und Boden, oder auch Unterbindung von Wasserübernutzung. Umweltschutzstandards in ein Jordanregime nur in moderater Weise aufzunehmen, fällt dabei keineswegs aus der Reihe. Vielmehr entspricht es der mehrheitlich utilitaristischen Grundstruktur von bereits bestehenden Wasserregimen.[126] Wirtschaftliche Wassernutzung im Sinne der Vertragsparteien und angemessene Abwägung der nachbarlichen Wassernutzungsinteressen ist Grundintention von internationalen Wasserregimen. In der Regel drängt sie Umweltschutzgedanken allerdings in den Hintergrund, denn die Nutzung genießt regelmäßig Priorität vor dem Schutz des Wassers.[127] Nimmt das Jordanregime ökologische Aspekte folglich nur sekundär und abstrakt auf, ist das kein Mangel, sonder eine logische Einreihung in die bisherige Vertragspraxis.[128]

2.2.2. Orientierung an der Praxis

Ermutigend ist hierbei, dass auf einem abstrakten Level durchaus Konsenspotential zwischen den Jordananrainern vorhanden ist. Das belegt die

---

125 Vgl. United Nations Educational Scientific and Cultural Organization (Hrsg.), *From Potential Conflict to Co-operation Potential. Water for Peace. Prevention and Resolution of Water Related Conflicts*, 2003, S. 20, im Internet unter: http://www.unesco.org/water/wwap/pccp/pdf/brochure_2.pdf.

126 Die weitgehend utilitaristische Charakterisierung der bestehenden Wasserregime trifft nicht oder nur beschränkt auf das Zambezi-Regime in Afrika zu. Denn wie erwähnt fanden Umweltschutzaspekte in Anlehnung an die weltweite Entwicklung auf diesem Sektor weitgehend Eingang in das afrikanische Flussregime.

127 Vgl. Reimann, Markus, *Die nicht-navigatorische Nutzung internationaler Süßwasserressourcen im Umweltvölkerrecht*, Frankfurt am Main u.a. 1999, S. 51 f.

128 Vgl. aaO, S. 37 f.

Declaration on Principles for Cooperation on Water-Related Matters and New and Additional Water Resources,[129] die 1996 die Arbeitsgruppe Wasser der multilateralen Verhandlungsschiene im Nahost-Friedensprozess verabschiedet hat.[130] Israel, Jordanien und die Palästinensische Autonomiebehörde als Hauptparteien dieser Prinzipienerklärung über Wasserkooperation[131] identifizieren in diesem Dokument die „common denominators in their water resources management systems".[132] Einer dieser gemeinsamen Nenner zwischen den jeweiligen Wassermanagementsystemen der Nahost-Parteien betrifft Wasserqualität und Wasserschutz:

> „Water quality standards for various water uses have been adopted by each of the Core Parties; water preservation is an overriding concern, and enforcement powers exist in the hands of competent authorities to prevent water pollution, and to mitigate any negative environmental impacts on them at the expense of the polluters."[133]

In der Prinzipienerklärung einigten sich die Parteien auch auf gemeinsame Kooperationsleitlinien für neue und zusätzliche Wasserressourcen (*Principles of Cooperation on New and Additional Water Resources*). In Bezug auf Umweltmanagement legt die Wasserprinzipienerklärung fest:

> „6.1 All Projects will be based on environmentally sound principles.
> 6.2 The Cooperating Parties give preference to those Projects which

[129] *Declaration on Principles for Cooperation on Water-Related Matters and New and Additional Water Resources*, (*WaterDOP*), 13. Februar 1996, Multilateral Peace Process in the Middle East – Multilateral Working Group on Water Resources, im Internet unter: http://www.us-israel.org/jsource/Peace/waterdec.html.

[130] Vgl. Civic, Mélanne Andromecca, *Water Scarcity in the Jorden River Basin*, USIS Global Issues, März 1999, Gliederungspunkt „Inroads to Regional Management", im Internet unter: http://greennature.com/article84.html.

[131] „Although the Core Parties in the Middle East Peace Process are considered to be Jordan, Syria, Israel, Lebanon and the PLO for the benefit of the Palestinian Authority, for the purposes of this Declaration, the term the *Core Parties* are those who are signatories to this Declaration", stellt die Wasserprinzipienerklärung in ihrer Einführung klar. Hiermit spielt sie zweifellos auf Syriens und Libanons Verweigerung an, sich an jeglicher Verhandlungsrunde der multilateralen Wassergruppe zu beteiligen. Zu dieser Problematik siehe auch oben, Kapitel 2, Punkt „Multilaterale Kooperationsinitiativen".

[132] Einführung zur *WaterDOP*.

[133] Teil 1 „Common Denominators" *WaterDOP*.

utilize advanced technological water usage methods.

6.3 Each Cooperating Party is responsible for the protection of the Project against environmental pollution originating within its jurisdiction." [134]

Betreffend den Wasserschutz verfügt die Prinzipiendeklaration:

„7.1 Each Cooperating Party is responsible for the prevention of harm to those parts of the Projects under its jurisdiction.

7.2 Such responsibility includes *inter alia* the preservation of water quality and the prevention of unauthorized withdrawals." [135]

Diese Deklarationsausschnitte stärken den Optimismus, dass die selben Aktuere im Rahmen eines Jordanregimes voraussichtlich problemlos auf einem derart abstrakten Niveau in Umweltschutzangelegenheiten übereinkommen werden. Denn unter den nationalen Wassermanagementsystemen haben sie bereits gemeinsame Nenner bei Wasserqualität, Wasserschutz und Umweltmanagement herauskristallisiert.

Den Optimismus über das Konsenspotential zwischen den Nahost-Staaten bremst allerdings die Tatsache, dass nicht alle Jordananlieger kooperationsbereit sind. Syrien und der Libanon verweigern bislang ihre Teilnahme an den gemeinsamen Verhandlungsrunden der Arbeitsgruppe Wasser im Rahmen des Nahost-Friedensprozesses. Dementsprechend sind sie (noch) nicht Vertragsstaaten der Wasserprinzipiendeklaration. Dennoch sind Syrien und der Libanon nach wie vor zu den multilateralen Verhandlungsrunden eingeladen.[136]

2.3. Einbeziehen Internationaler Organisationen

Akteure mit zunehmendem Gewicht in den internationalen Umweltbeziehungen sind Nichtregierungsorganisationen. Staaten beteiligen sie an der Implementierung von Verträgen sowie auch mittelbar an der inter-

---

[134] Teil 2 „Principles of Cooperation on New and Additional Water Resources" Punkt "6. Environmental Management" *WaterDOP*.

[135] Teil 2 „Principles of Cooperation on New and Additional Water Resources" Punkt „7. Water Protection" *WaterDOP*.

[136] „Syria and Lebanon have a standing invitation to the talks, but continue to boycott the talks." American-Israeli Cooperative Enterprise – The Jewish Virtual Library (Hrsg.), *Multilateral Talks Resume*, 31. Januar 2000, im Internet unter: http://www.us-israel.org/jsource/Peace/multi2000.html.

nationalen Rechtssetzung.[137] Die Jordananlieger sollten nun diese bereitwillige Tendenz der Staaten aufgreifen und ebenfalls Internationale Organisationen am Jordanregime beteiligen.[138]

2.3.1. Vorteile

Hierfür eignen sich Entwicklungsorganisationen wie die *World Bank Group* [139] sowie Unter- oder Partnerorganisationen der Vereinten Nationen mit entwicklungspolitischem oder wasserspezifischem Mandat wie z.B. folgende:

- *Economic and Socail Council* (ECOSOC) [140]
- *United Nations Environment Programme* (UNEP)[141]
- *United Nations Development Programme* (UNDP)[142]
- *UNEP Freshwater Portal of the Environment Network* [143]
- *UNDP Environmentally Sustainable Development Group* (ESDG) [144]
- *UNICEF Water, Environment and Sanitation Programme* (WES) [145]
- *UNESCO International Hydrological Programme* (IHP) [146]

---

137 Vgl. Beyerlin, Ulrich, *Umweltvölkerrecht*, München 2000, S. 339, Rz. 671.

138 Internationale Organisationen dürfen an dieser Stelle nicht mit supranationalen Organisationen gleichgesetzt werden. Supranationale Organisationen diskutiert dieser Untersuchungspunkt nicht. Für ihre Einbindung bestünde organisationsrechtlich ein anderer Hintergrund.

139 Die Weltbank Gruppe ist im Internet unter: http://www.worldbank.org, zitiert am: 25. Juni 2003.

140 Der Wirtschafts- und Sozialrat der Vereinten Nationen ist im Internet unter: http://www.un.org/esa/coordination/ecosoc, zitiert am: 25. Juni 2003.

141 Das Umweltprogramm der Vereinten Nationen ist im Internet unter: http://www.unep.org, zitiert am: 25. Juni 2003.

142 Das Entwicklungsprogramm der Vereinten Nationen ist im Internet unter: http://www.undp.org, zitiert am: 25. Juni 2003.

143 Das Süßwasserportal des Umweltnetzwerks des UNEP ist im Internet unter: http://freshwater.unep.net.

144 Die Gruppe für Nachhaltige Umweltentwicklung des UNDP ist im Internet unter: http://www.undp.org/seed/unso/aboutus/ddc.htm, zitiert am: 25. Juni 2003.

145 Das Wasser-, Umwelt- und Hygieneprogramm des UNICEF ist im Internet unter: http://www.unicef.org/wes/index.html, zitiert am: 25. Juni 2003.

146 Das Internationale Hydrologische Programm der UNESCO ist im Internet unter:

- *World Bank Water Resources Management Group* [147]
- *International Bank for Reconstruction and Development* (IBRD) [148]
- *WHO Water, Sanitation and Health Programme* (WSH) [149]

Warum sollten die Nahost-Parteien nun Akteure mit in ihr Jordanregime einbeziehen, die nicht unmittelbar Betroffene der Wasserverteilungsproblematik in der Region sind? Welche Vorteile können Regimepartner abschöpfen, wenn sie geeignete Internationale Organisationen auswählen und sie in die Regimeverhandlungen und späteren Regimestrukturen mit aufnehmen? Spezialisierte Organisationen sammeln, bündeln und bewerten Daten und transformieren sie zu Informationen. Ihre bemerkenswerte fachspezifische Expertise können sie den Regimestaaten zur Verfügung stellen und ihnen somit die Belastung abnehmen, selbst Spezialwissen aufzubauen.

Auch wenn die Regimepartner bereits über eigene Datenbanken verfügen, bringt das Potential der einbezogenen Internationalen Organisationen allemal eine Wissensausweitung. Die Mischung aus dem Fachwissen der Spezialorganisationen und den Kompetenzen der Regimestaaten ermöglicht, systematisch an die Wasserverteilung im Jordanbecken heranzugehen. Die Regimepartner können mit den beteiligten Organisationen eine Art Aufgaben- und Arbeitspartnerschaft eingehen. Ein umfassendes Wasserverteilungsproblem verspricht auf diese Kooperation gestützt leichter bezwingbar zu sein.[150]

Außerdem wirken integrierte Internationale Organisationen wie *watch dogs*: Sie schaffen eine (Welt-)Öffentlichkeit für das entstehende Flussbeckenregime. Das bringt nicht nur Transparenz sondern auch Erfolgs-

---

http://www.unesco.org/water/ihp, zitiert am 25. Juni 2003.

[147] Die Gruppe Wasserressourcen ist im Internet unter: http://lnweb18.worldbank.org/ESSD/essdext.nsf/18ByDocName/WaterResourcesManagement, zitiert am: 25. Juni 2003.

[148] Die Internationale Bank für Wiederaufbau und Entwicklung der Weltbank Gruppe ist im Internet unter: www.worldbank.org/ibrd, zitiert am: 25. Juni 2003.

[149] Das Wasser-, Hygiene- und Gesundheitsprogramm der Weltgesundheitsorganisation ist im Internet unter: http://www.who.int/water_sanitation_health/en, zitiert am: 25. Juni 2003.

[150] Reimann, Markus, *Die nicht-navigatorische Nutzung internationaler Süßwasserressourcen im Umweltvölkerrecht*, Frankfurt am Main u.a. 1999, S. 208 f.

druck für die versammelten Flussbeckenanlieger. Ist erst einmal die Weltöffentlichkeit für das Verteilungsproblem im Flussbecken sensibilisiert, wird es für die zusammen gekommenen Anliegerstaaten schwer, sich ohne Ergebnis wieder zurück zu ziehen.[151]

2.3.2. Formen

Wollen sich Internationale Organisationen an einem multilateralen Wasserregime im Jordanbecken beteiligen, bieten sich hierfür verschiedene Formen. Am weitesten geht wohl ihr Einfluss, wenn eine Internationale Organisation selbst originäre Vertragspartei ist und mit den Jordanstaaten ein Wasserabkommen schließt. Eine weitere Beteiligungsoption ist, eine Internationale Organisation als gleichberechtigte Vertragspartei aufzunehmen. In beiden Fällen kann die Organisation Rechte und Pflichten wie die Vertragsstaaten selbst besitzen.[152]

Derart weitreichenden Optionen stehen die Jordananrainer möglicherweise skeptisch gegenüber. Als weniger einflussnehmende Beteiligung bietet sich daher an, Internationalen Organisationen im Jordanregime Beobachter- und Beraterstatus einzuräumen.[153] Sie können Informations- und Partizipationsfunktionen wahrnehmen und somit im Rahmen ihrer Kompetenzen auf Normsetzung und Rechtswirklichkeit einwirken. Außerdem können die beteiligten Internationalen Organisationen der Regimegemeinschaft ihre institutionellen und finanziellen Strukturen zur Verfügung stellen, zum Beispiel zur Umsetzung der zu erwartenden Aktionspläne.[154]

---

151 Vgl. Beyerlin, Ulrich, *Umweltvölkerrecht*, München 2000, S. 339, Rz. 671.

152 Vgl. Kilian, Michael, *Umweltschutz*, in: Wolfrum, Rüdiger (Hrsg.), *Handbuch Vereinte Nationen*, München 1991, S. 70, und Reimann, Markus, *Die nicht-navigatorische Nutzung internationaler Süßwasserressourcen im Umweltvölkerrecht*, Frankfurt am Main u.a. 1999, S. 209 f.

153 Vgl. Beyerlin, Ulrich, *Umweltvölkerrecht*, München 2000, S. 339, Rz. 671.

154 Diese Option nahmen zum Beispiel die Vertragsstaaten des Zambezi-Regimes in Afrika wahr. Einbezogene Organisationen sind hier die South-West Africa People's Organiszation (SWAPO) und die Southern African Development Co-ordination Conference (SADCC) neben einigen UN-Gremien, Regierungs- und Nichtregierungsorganisationen. Vgl. Reimann, Markus, *Die nicht-navigatorische Nutzung internationaler Süßwasserressourcen im Umweltvölkerrecht*, Frankfurt am Main u.a.

Eine Beteiligung dritter Akteure kann den Regimeparteien im Jordanbecken außerdem aus einer Pattsituation helfen, die die bisherige Vertragspraxis mitunter belastet oder sogar zum Erlahmen bringt. In der Regel richten Wasserregimestaaten eine multilaterale Wasserkommission als Koordinations-, Implementierungs- und Kontrollinstrument ein. Diese Wasserkommissionen sind regelmäßig paritätisch aus Regierungsvertretern der Vertragsstaaten besetzt.[155] Hier können sich beim Abstimmungsprozess Pattsituationen ergeben, die die Entscheidungsfindung verzögern oder verhindern.[156]

Eine Beteiligung Internationaler Organisationen mit einem den Staaten ungleichen Stimmengewicht kann dieses Patt aber verhindern. Nehmen die Regimeparteien gleich mehrere verschiedene Organisationen auf, minimieren sie das Risiko, dass eine Internationale Organisation – genau wie andere Vertragsparteien auch – von einem der Vertragsstaaten in seinem Abstimmungsverhalten korrumpiert wird.

2.4. Erleichterungen für den Vertragsabschluss

Generell scheuen sich Staaten, weitreichende Vertragspflichten einzugehen, wenn bei deren Implementierung hohe Kosten auf sie zukommen.[157] Diese Abneigung trifft insbesondere auf Vertragsparteien zu, die wirtschaftlich schwach sind.[158]

1999, S. 213.

155 Ausführlich hierzu siehe oben, Kapitel 1, Punkt „Wasserrechtliche Regime für bestimmte Flussläufe“, Unterpunkte „Überblick“ und „Merkmale“.

156 In der Vertragspraxis finden sich Erfahrungswerte mit Pattsituationen in internationalen Vertragsstaatenkommissionen. Die nahöstliche Vertragspraxis liefert den Beleg dafür, dass auch diese Region mit solchen Konsensblockaden rechnet. Zum Beispiel enthalten die jordanisch-syrischen Wasservereinbarungen prozedurale Vorschriften, wie Jordanien und Syrien eine Konsensblockade in der gemeinsamen Wasserkommission managen sollen (Art. 10 Abs. 5 *Yarmuk Waters Agreement* von 1953). Ausführlich hierzu siehe oben, Kapitel 2, Punkt „Jordanisch-syrische Abkommen seit 1953“, Unterpunkt „Gemeinsame Kommission“.

157 Vgl. Beyerlin, Ulrich, *Umweltvölkerrecht*, München 2000, S. 42, Rz. 89.

158 Wie weit die wirtschaftliche Kluft zwischen den Jordananrainern und führenden Industrienationen klafft, illustriert die Abbildung „Die Wirtschaftslage im Jordanbecken. Jordananlieger im Vergleich zu führenden Industrienationen“ im Anhang.

2.4.1. Geeignete Bereiche

Solche finanziell belastenden Verpflichtungen wären im Rahmen des Jordanregimes komplexe Umweltschutzmaßnahmen, Neuerschließung von Ressourcen oder auch Anwendung modernster Bewässerungstechnologien in der Landwirtschaft. Denkbar ist etwa, dass die palästinensische Autonomiebehörde sich scheut, vertraglich zu garantieren, eine Übernutzung und Austrocknung von Brunnen oder eine Versalzung von Grundwasser und Boden zu verhindern. Denn die technischen und finanziellen Möglichkeiten der Palästinensischen Autonomiebehörde für Datenerhebung und -verwaltung sowie Schadensbegrenzung und -prävention sind deutlich begrenzt.[159]

Wirtschaftsschwachen Vertragspartein darf bei mangelnder Vertragserfüllung nicht automatisch Fahrlässigkeit oder Absichtlichkeit unterstellt werden. Die wirkliche Ursache hierfür ist „– insbesondere bei Vertragspartnern aus der Dritten Welt – wohl meist nicht böser Wille, sondern infrastrukturbedingtes Unvermögen.“ [160] Vor dem Hintergrund der israelischen Abriegelungspolitik als Reaktion auf die palästinensischen Selbstmordattentate ist eine Besserung der Wirtschaftslage in den Palästinensergebieten wohl kaum zu erwarten. Was kann eine solche schwache Regimepartei nun dazu veranlassen, kostenintensive Vertragspflichten einzugehen und deren Implementierung auch ernst zu nehmen?

Hier ist die internationale Gemeinschaft gefordert. Sie kann dem Hemmnis bei der Regimeaushandlung Abhilfe schaffen, indem sie technisch und finanziell den Jordananrainern unter die Arme greift. Die technische Hilfe kann hierbei Geräte und Experten umfassen. Die finanzielle Hilfe sollten die Sponsoren zweckgebunden vergeben. In folgenden Feldern ist eine Erfüllungshilfe sinnvoll:

- Erfüllung der Vertragspflichten allgemein
- Implementierung der Projekte / der konkreten Aktionspläne
- Betrieb und Erhalt der Wassersysteme
- Einhalten der Umweltschutzstandards

---

159 Für Wirtschaftsdaten der Palästinensergebiete siehe Graphik „Wirtschaftslage im Jordanbecken. Jordananlieger im Vergleich zu führenden Industrienationen“.

160 Beyerlin, Ulrich, *Umweltvölkerrecht*, München 2000, S. 338, Rz. 670.

- Verwaltung der bestehenden Ressourcen
- Neuerschließung von Ressourcen
- Verbesserung der Datenerhebung und Informationslage

Können sich die Jordananlieger in der Folgezeit der Regimeunterzeichnung auf eine internationale Gebergemeinschaft verlassen, wird es ihnen weit leichter fallen, substantielle Regimepflichten zu unterzeichnen und auch umsetzen zu wollen.

Eine Gebergemeinschaft ist aber keine selbstverständliche Gegebenheit, von der die Nahost-Akteure nur Gebrauch machen müssen. Um in den Genuss dieser Erleichterung beim Regimeabschluss zu kommen, ist von ihnen vielmehr Eigeninitiative gefordert. Vereint müssen sie eine internationale Gebergemeinschaft einwerben. Gemeinsam müssen sie potentielle Geberstaaten von ihrer Gutwilligkeit und ihrem Zusammenhalt in der Wasserfrage überzeugen. Den Jordananliegern gelingt auf diesem kooperativen Weg, mehr Vertrauen der Gebergemeinschaft und höhere Hilfsmittel einzuwerben. Dass das Kooperationserfordernis den Nahost-Parteien nicht zu viel abverlangt, zeigen bisherige erfolgreiche Versuche.

2.4.2. Bisherige Initiativen

Mit der Idee, in Wasserfragen eine Gebergemeinschaft anzuwerben, sind die Nahost-Akteure bereits vertraut. Grundsätzlich ist der Ansatz in der Wasserprinzipienerklärung von 1996 festgehalten:

> „The Cooperating Parties agree to participate jointly in the raising of the funds needed for the Project implementation, and to secure the funds needed for the operation and maintenance of the new water system." [161]

In der Praxis ist es Israel, Jordanien und der Palästinenservertretung gelungen, im Rahmen der *Multilateral Working Group on Water Resources* [162] „donor nations" um sich zu versammeln.[163] Deren Rolle ist „proactive

---

[161] *Declaration on Principles for Cooperation on Water-Related Matters and New and Additional Water Resources*, (*WaterDOP*), 13. Februar 1996, Multilateral Peace Process in the Middle East – Multilateral Working Group on Water Resources, im Internet unter: http://www.us-israel.org/jsource/Peace/waterdec.html., Punkt „Principles of Cooperation on New and Additional Water Resources". Zu dieser Prinzipienerklärung siehe auch oben, Kapitel 3, Punkt „Beleg aus der Praxis".

[162] Ausführlich zur multilateralen Wassergruppe im Nahost-Friedensprozess siehe oben,

and not limited to financing or occasional mediation"; sie bedeutet ein „international commitment to create a long-term solution to Middle East water problems".[164] Die Gebergemeinschaft, die Israel, Jordanien und die Palästinenser für Wasserangelegenheiten angeworben haben, hat sich also langfristig auf eine Lösung für die Wasserproble-matik im Nahen Osten verpflichtet.

Zu Beginn des Nahost-Friedensprozesses, Anfang der 1990er Jahre, beschränkte sich die Rolle der internationalen Gemeinschaft noch auf „shepherding", Schirmherrschaften für neue Projekte.[165] Heute allerdings stellt die internationale Gemeinschaft sogar die finanziellen Ressourcen für neue Wasserprojekte. Ein konkretes Beispiel ist das *data banks project*, das sich über Israel, Jordanien, die Westbank und den Gazastreifen erstreckt. Canada, die EU, Norwegen und die USA stellen die finanziellen Ressourcen für das Projekt. Eines der substantiellen Resultate ist, dass die palästinensischen Kapazitäten beim Sammeln und Managen von Wasserdaten entwickelt wurden.[166]

Kapitel 2, Punkt „Multilaterale Kooperationsinitiativen".

163 American-Israeli Cooperative Enterprise – The Jewish Virtual Library (Hrsg.), *From Contention to Cooperation. A Case Study of the Middle East Multilateral Working Group on Water Resources*, im Internet unter: http://www.us-israel.org/jsource/Peace/water1.html.

164 AaO.

165 AaO.

166 Vgl. Multilateral Working Group on Water Resources (Hrsg.), *Press Statement of the Gavelholder*, 16. Mai 1996, Hammamet / Tunesien, im Internet unter: http://www.us-israel.org/jsource/Peace/multiwater96.html, zitiert am: 9. Mai 2003.

3. Vertragsänderung und -garantien

3.1. Regimeevolution

Einigen sich die Jordananlieger erst einmal auf ein multilaterales Flussbeckenregime, so soll es auch dauerhaft Bestand haben. Politischer, rechtlicher und technologischer Wandel können für die Beständigkeit eines Wasserregimes allerdings zur Herausforderung werden.

3.1.1. Rechtliche und technologische Weiterentwicklungen

Zu erwarten ist, dass sich im Folgezeitraum der Regimeunterzeichnung das Internationale Wasserrecht weiterentwickeln wird. Auch von technologisch-wissenschaftlicher Seite müssen die Flussbeckenanlieger mit beständiger Fortentwicklung rechnen. Damit wird bei einem multilateralen Jordanregime zum wesentlichen Faktor, ob es zu innerem Wandel fähig ist. Das Regime muss also genügend flexibel sein, um sich an den wissenschaftlich-technischen Forschritt anpassen zu können, „eine Fähigkeit, die die wirtschaftliche Machbarkeit und Zumutbarkeit von Schutz-, Abwehr- und Kontrollmaßnahmen ganz wesentlich mitbestimmt“.[167]

Auch für die Flexibilität in Bezug auf neue Entwicklungen im Internationalen Wasserrecht empfiehlt sich, das Jordanregime nicht statisch anzulegen. Auf neue Normen des Internationalen Wasserrechts kann das Jordanregime wesentlich dynamischer reagieren, wenn es bereits in der Wasserrahmenkonvention [168] spezifische Klauseln aufnimmt. Sie sollen ermöglichen, dass nachfolgende Durchführungsprotokolle [169] neuentwickelte Normen des Internationalen Wasserrechts inkorporieren, wenn die Regimepartner das Wasserregime hierdurch besser implementieren können.

---

167 Lang, Winfried, *Auf der Suche nach einem wirksamen Klima-Regime*, in: Archiv des Völkerrechts, Nr. 1-2 / 1993, S. 14 f.

168 Zur Wasserrahmenkonvention ausführlich siehe oben, Kapitel 3, Punkt „Wasserrahmenkonvention und Durchführungsprotokolle“.

169 Zu den Implementierungsprotokollen ausführlich siehe oben, Kapitel 3, Punkt „Wasserrahmenkonvention und Durchführungsprotokolle“.

Dieser Ansatz orientiert sich wiederum an einem Vorbild aus der internationalen Vertragspraxis. Schon Ungarn und die damalige Tschechoslowakei hatten in ihrem Vertrag über das Donau-Staudammprojekt Gabcíkovo-Nagymaros von 1977 [170] vereinbart, in Nachfolgeabkommen neue Normen des Umweltvölkerrechts in Erwägung zu ziehen. Im Rahmen eines Übereinkommens können die heutigen Vertragsparteien [171] neuentwickelte Normen des Umweltrechts in ihr 1977er Abkommen unter Anwendung der Artikel 15, 19 und 20 inkorporieren.[172]

3.1.2. Aufnahme neuer Regimepartner

Als eine weitere Herausforderung muss das Jordanregime auf Unsicherheit bei der Beteiligtenzahl gefasst sein. Wünschenswert ist vor dem Hintergrund der multilateralen Interdependenz im Jordanbecken freilich, dass alle fünf Nahost-Akteure Partner im Flussbeckenregime werden. Allerdings darf nicht außer Acht gelassen werden, dass Syrien und der Libanon in Allianz die multilateralen Wasserverhandlungen im Nahost-Friedensprozess bislang boykottieren.

---

170 *Treaty Between the Hungarian People's Republic and the Czechoslovak Socialist Republic Concerning the Construction and Operation of the Gabcikovo-Nagymaros System of Locks*, (Gabcikovo-Nagymaros-Vertrag von 1977), 16. September 1977, abgedruckt in: 1109 U.N.T.S. 168, im Internet unter: http://www.gabcikovo.gov.sk/doc/it1977en.

171 Die heutigen Vertragsparteien des Gabcíkovo-Nagymaros-Vertrags von 1977 sind aufgrund der Staatennachfolge in Verträge und der daran orientierten Rechtssprechung des IGH Ungarn und die Slowakei. Näher hierzu siehe unten, Kapitel 3, Punkt „Rechtliche Erwägungen“.

172 Dies hat auch der Internationale Gerichtshof in seiner Rechtssprechung im Gabcíkovo-Nagymaros-Fall bestätigt: „the Court wishes to point out that newly developed norms of environmental law are relevant for the implementation of the Treaty and that the parties could, by agreement, incorporate them through the application of Articles 15, 19 and 20 of the Treaty. These articles do not contain specific obligations of performance but require the parties (...) to take new environmental norms into consideration when agreeing upon the means to be specified in the Joint Contractual Plan." *Case Concerning the Gabcíkovo-Nagymaros Project (Hungary/Slovakia)*, 25. September 1997, § 112, abgedruckt in: International Court of Justice, General List No. 92, ICJ Reports 1997, 7, im Internet unter: http://www.icj-ij.org/icjwww/idocket/ihs/ihsjudgement/ihs_ijudgment_970925.html. Art. 15, 19 und 20 Gabcikovo-Nagymaros-Vertrag von 1977 sind im Internet abrufbar unter: http://www.gabcikovo.gov.sk/doc/it1977en.

Deswegen müssen die drei kooperationswilligen Jordananrainer – Israel, Jordanien und die Palästinenservertretung – damit rechnen, dass zunächst nur sie Regimepartner werden. Denn bevor ein Jordanregime wegen syrisch-libanesischer Kooperationsverweigerung scheitert, ist die bessere Option immer noch, dass zumindest Israel, Jordanien und die Palästinenser die Nutzung der grenzüberschreitenden Wasservorkommen auf die Basis eines multilateralen Wasserregimes stellen. Ohnehin sind diese drei südlichen Anlieger diejenigen, die am meisten auf die Wasservorkommen aus dem Jordanbecken angewiesen sind.[173]

Von Anfang an sollte das Vertragswerk daher für die Möglichkeit offenbleiben, Syrien und den Libanon in der Folgezeit als weitere Partner hinzutreten zu lassen. Nachteil für die beiden Staaten ist freilich, dass sie in diesem Fall keinen Einfluss auf die Verhandlungen und den Vertragstext ausüben können. Aber sehen Syrien und Libanon, wie sich das multilaterale Flussbeckenmanagement bewährt und Gewinn für alle Regimepartner abwirft, verlockt sie eventuell die Aussicht darauf, auch in deren Genuss zu kommen.

Unterstützung erhält dieser Vorschlag von der Regimetheorie. Sie hat herausgearbeitet, dass der Kreis der Beteiligten nicht zwingend von Anfang an festgelegt und in der Folgezeit unveränderlich sein muss. Sind Syrien und der Libanon nun nicht von Anfang an Regimepartner, erweisen sie sich aber in der Zukunft als kooperationswillig, können sie durchaus zur Vertragsgemeinschaft hinzutreten.[174]

3.2. Sukzessionsproblematik der Palästinensischen Autonomiebehörde

Ein weiterer Unsicherheitsfaktor in Bezug auf die Regimepartner ist das palästinensische Gemeinwesen. Rein geographisch ist es einer der Anlieger am Jordan. Auch wenn die Autonomiebehörde (noch) kein vollwertiges Völkerrechtssubjekt ist, können die anderen Jordananlieger die palästinensische Volksgruppe von einem multilateralen Wasserregime nicht

---

173 Ausführlich hierzu siehe oben, Kapitel 2, Punkt „Syrien und Libanon".

174 Ausfürhlich zur theoretischen Grundlage siehe oben, Kapitel 1, Punkt „Regimebildung".

ausschießen. Ein Ausschluss kommt schon allein deswegen nicht in Frage, weil unter der Westbank die größte Grundwasserader der Region liegt (West Bank Mountain Aquifer).[175] Souveränität über die Wasserressourcen in den besetzten Palästinensergebieten sprechen die Vereinten Nationen in Jahr für Jahr wiederkehrenden Resolutionen den Palästinensern zu:

> „The General Assembly, (...)
> *Reaffirming* the principle of the permanent sovereignty of peoples under foreign occupation over their natural resources, (...)
> *Reaffirms* the inalienable rights of the Palestinian people (...) over their natural resources, including land and water".[176]

Allerdings liegt die politische Zukunft des palästinensischen Gemeinwesens bislang im Ungewissen: [177]

- die Osloer Abkommen zwischen Israel und der PLO in Vertretung des palästinensischen Volkes definieren den Endstatus des palästinensischen Gemeinwesens nicht näher, sondern legen die Problematik in die Hände von speziellen Endstatusverhandlungen; [178]
- die in den Osloer Abkommen vereinbarten Endstatusverhandlungen zwischen Israel und der palästinensischen Führung schreiten vor dem Hintergrund der seit September 2000 anhaltenden Gewaltspirale nicht voran;[179]

---

175 Vgl. Dachs, Gisela, *Wasser für alle. Die trockene Wirklichkeit der Region zwingt Israelis und Palästinenser zur Zusammenarbeit*, vierteilige Serie über die Grundprobleme im Nahen Osten, hier: Teil 4, in: Die Zeit, Nr. 45, 4. November 1999.

176 Exemplarisch zitiert aus GA-Res. 56/204, 21. Dezember 2001, im Internet unter: http://www.un.org/Depts/dhl/resguide/r56.htm, vgl. auch GA-Res. 57/269, 20. Dezember 2002, GA-Res. 55/209, 20. Dezember 2000, und vorangehende.

177 Einen prägnanten Überblick über das vorläufige Institutionengefüge im palästinensischen Staatswerdungsprozess verschafft Maison de l'Orient et de la Méditerranée (Hrsg.), *Guide de Palestine-sur-Web. Les Institutions de l'Etat on Construction*, letzte Aktualisierung am 2. Mai 2003, im Internet unter: http://www.mom.fr/guides/palestine/palestine-Les-3.html.

178 Art. I und V *Declaration of Principles on Interim Self-Government Arrangements*, 13. September 1993, abgedruckt in: International Legal Materials, 32 (1993), S. 1525; und Art. XXXI Abs. 5, 6 und 7 *Israeli-Palestinian Interim Agreement on the West Bank and the Gaza Strip*, 28. September 1995, abgedruckt in: International Legal Materials, 36 (1997), S. 551.

179 Vgl. Bremer, Jörg, *Naher Osten. Nun ist Amerika der Schiedsrichter*, in: FAZ, Nr.

- ein souveräner Palästinenserstaat kann in Anbetracht der derzeit von terroristischer und militärischer Gewalt gezeichneten Lage nicht in kürzester Zeit erwartet werden;[180]
- das bereits erreichte Niveau an Autonomie in Teilen der Westbank und des Gazastreifens muss in Konsequenz der partiellen Wiederbesetzung durch Israel unter der Regierung von Premierminister Ariel Scharon nach unten nivelliert werden.

3.2.1. ‚Roadmap' zur Eigenstaatlichkeit

Auch die Ende April 2003 von den USA veröffentlichte *Roadmap to a Permanent Two-State Solution to the Israeli-Palestinian Conflict* berechtigt nicht zu Enthusiasmus.[181] Das Zwei-Staaten-Modell zur Lösung des israelisch-palästinensischen Konflikts, verabschiedet von der US-Regierung bereits im Dezember 2002 [182] und schon Monate zuvor vom Nahost-Quartett [183] in Grundzügen vereinbart, ist nicht neu. Inhaltlich ähnlich

---

149, 1. Juli 2003.

180 Der jüngst erschienene World Terrorism Index des Londoner Forschungszentrums, World Markets Research Center, stuft unter 186 Staaten weltweit Israel als zweithöchst gefährdetes Land für terroristische Anschläge innerhalb der nächsten zwölf Monate ein – übertroffen im Terrorrisiko nur von Kolumbien und gefolgt von Pakistan und den USA. Das Londoner Forschungszentrum veröffentlichte den World Terrorism Index Mitte August 2003. Vgl. Natta, Don Van, *Report Calls U.S. a Top Target for Terror Attack Within a Year*, in: The New York Times, 17. August 2003.

181 *A Performance-based Roadmap to a Permanent Two-State Solution to the Israeli-Palestinian Conflict*, (*Roadmap*), hrsg. vom U.S. Department of State – Office of the Spokesman, 30. April 2003, im Internet unter: http://usinfo.state.gov/regional/nea/summit/text2003/0430roadmap.htm.
Ein prägnanter Überblick über die Hauptpunkte vgl. *Der neue Nahost-Friedensplan. Eine Zusammenfassung der wichtigsten Punkte*, in: NZZ, 3. Mai 2003, im Internet unter: http://www.nzz.ch/dossiers/2003/nahostfahrplan/2003.05.03-al-article8TXGH.html.

182 Die US-Administration legte die *roadmap* nicht gleich nach Verabschiedung Ende 2002 vor, weil sie zunächst der Irakpolitik Vorrang einräumte und von der palästinensischen Führung forderte, sich vor US-Vermittlungsbemühungen erst noch umzubilden. Vgl. Rüesch, Andreas, *Washington lanciert seine Nahost-Initiative. Den Friedensplan präsentiert. Powell reist in die Region*, in: NZZ, 2. Mai 2003.

183 Das Nahost-Quartett besteht aus der EU, Russland, der UNO und den USA. Vgl. Meier, Reinhard, *Ein „Fahrplan" macht noch keinen Frieden*, in: NZZ, 2. Mai 2003.

sind die früheren Pläne der amerikanischen Vermittler George Tenet und George Mitchell von 2001. Terror und Gewalt der Konfliktparteien hatten den Tenet-Plan [184] und den Mitchell-Plan [185] allerdings scheitern lassen.[186] Auch diesmal scheint es der Konfliktspirale im Nahen Osten zu gelingen, einen neuen Friedensplan zu unterminieren.[187]

Ganz abgesehen von der gegenwärtigen Terroreskalation weist die *Roadmap* schlichtweg inhaltliche Schwachstellen auf. So konnten sich auch die USA nicht der Versuchung entziehen, die Endstatusfragen zwischen Israelis und Palästinensern auf einen späteren Zeitpunkt zu vertagen. In Phase III des Drei-Stufen-Plans sollen Israel und die Palästinenser bis 2005 ein „final and comprehensive permanent status agreement (…) through a settlement negotiated between the parties based on UNSCR 242, 338, and 1397" [188] ausgehandelt haben.[189] Ein solches

---

184 Den *Tenet Report* legte CIA-Direktor George Tenet im Juni 2001 vor. Er versteht sich als israelisch-palästinensischer Waffenstillstands- und Sicherheitsplan („Israeli-Palestinian ceasefire and security plan"). Der Originaltext ist im Internet auf den Websites des Avalon Projects der Yale Law School unter: http://www.yale.edu/lawweb/avalon/mideast/mideast.htm.

185 Die *Mitchell Commission* unter Leitung des vormaligen U.S.-Senators George Mitchell legte ihren *Mitchell Report* im April 2001 vor. Er untergliedert sich in die Hauptpunkte „End of violence", „Rebuild confidence" und „Resume negotiations". Sie sind zusammengefasst in *Mitchell Report. Main Points*, in: BBC, 2. Dezember 2001, im Internet unter: http://news.bbc.co.uk/1/hi/world/middle_east/default.stm, und in *The Mitchell Committee Report*, in: CNN, 21. Mai 2001, im Internet unter: http://www.cnn.com/WORLD. Der Originaltext ist im Internet auf den Websites des Meridian International Center unter: http://www.meridian.org/sheikh.pdf.

186 Vgl. Rüesch, Andreas, *Washington lanciert seine Nahost-Initiative. Den Friedensplan präsentiert. Powell reist in die Region*, in: NZZ, 2. Mai 2003.

187 „So far, as the adversaries here follow the international peace plan known as the road map, the most important gear to each of them is reverse," so zynisch der Jerusalem-Korrespondent der New York Times, James Bennet, *Tiptoeing Along in the Middle East Two-Step*, in: The New York Times, 17. August 2003, im Internet unter: http://www.nytimes.com/2003/08/17/weekinreview/17BENN.html.

188 Punkt „Phase III: Permanent Status Agreement and End of the Israeli-Palestinian Conflict – 2004-2005", fünfter Spiegelstrich, der *Roadmap*.

189 Die UN-Sicherheitsratsresolutionen 242 und 338 gelten wohl als die bekanntesten im Kontext der Palästinenserfrage. Der Sicherheitsrat der Vereinten Nationen verabschiedete sie unmittelbar als Reaktion auf den Sechstagekrieg 1967 und den Jom-Kippur-Krieg 1973. Sie fordern von Israel u.a., sich aus den besetzten Gebieten

Endstatusabkommen soll nach den Vorstellungen der USA eine „agreed, just, fair, and realistic solution to the refugee issue, and a negotiated resolution on the status of Jerusalem" sein.[190]

Ebenso wie bisherige Vereinbarungen oder Friedensinitiativen im Rahmen des Nahost-Konflikts liefert die ‚Straßenkarte' der USA aber keine konkreten Lösungsmodelle mit Handlungsanleitungen, sondern nur Allgemeinplätze für die Endstatusfragen der israelisch-palästinensischen Koexistenz. Jüdische Siedlungsaktivitäten zum Beispiel – die völkerrechtswidrig sind und einer der schwerwiegendsten Hinderungsgründe für einen umfassenden Rückzug aus dem Besetzungsgebiet – solle Israel ‚einfrieren'. Ob sich die USA konkret ein vorübergehendes Ruhen, einen Stop oder einen Abbau von Siedlungen vorstellen, präzisieren sie in ihrer ‚Straßenkarte' allerdings nicht weiter. „The road map offers no schedule or formula" für die Endstatusfragen, „only platitudes on Jerusalem and the refugees." [191]

Trotz Autonomieprozess und jüngster amerikanischer Friedensinitiative harrt die Palästinenserfrage also nach wie vor einer abschließenden Lösung. Ist die politische Zukunft des palästinensischen Gemeinwesens auch ungewiss, so ist doch eines sicher: Der Interimszustand wird nicht endlos andauern. Früher oder später wird sich der rechtliche Status der

---

zurückzuziehen und eine Lösung für das Flüchtlingsproblem zu finden. Gleichwohl sie vielzitiert sind, hinterlassen ihre wenig konkreten Formulierungen Auslegungsspielraum und -divergenzen zwischen den Konfliktparteien. Sie betreffen besonders den Umfang des geforderten israelischen Rückzugs aus den besetzten palästinensischen und arabischen Gebieten. Ausführlich hierzu vgl. Giannios, Susanne, *Das Werden des Palästinenserstaates. Eine Untersuchung unter besonderer Berücksichtigung des Völkerrechts*, Frankfurt am Main u.a. 2002, S. 102 ff. und S. 115 ff. Die UN-Sicherheitsratsresolutionen sind im Internet abrufbar: SC-Res. 242, 22. November 1967, unter: http://www.un.org/documents/sc/res/1967/scres67.htm; SC-Res. 338, 22. Oktober 1973, unter: http://www.un.org/documents/sc/res/1973/scres73.htm; SC-Res. 1397, 12. März 2002, unter: http://www.un.org/Docs/scres/2002/sc2002.htm; alle zitiert am: 23. Mai 2003.

190 Punkt „Phase III: Permanent Status Agreement and End of the Israeli-Palestinian Conflict – 2004-2005", fünfter Spiegelstrich, der *Roadmap*.

191 Shipler, David K., *On the Path to Peace, the Process Gets in the Way*, in: The New York Times, 4. Mai 2003, im Internet unter: http://www.nytimes.com/2003/05/04/weekinreview/04SHIP.html.

palästinensischen Volksvertretung wandeln.

Für die Schaffung eines internationalen Jordanregimes wirft dies allerdings zahlreiche Fragen auf: Gefährdet es die Dauerhaftigkeit eines multilateralen Wasserregimes zwischen allen Anliegern des Jordanbeckens, diesen Akteur mit einzubeziehen? Kann bei einer gravierenden Änderung des rechtlichen Status des palästinensischen Gemeinwesens eine Vertragspartei die Ungültigkeit des Abkommens anhängig machen, da ja einer der Regimepartner nicht mehr als der ursprüngliche existiert? Kann ein späterer Palästinenserstaat die Auflösung und Neuaushandlung des multilateralen Wasserregimes fordern, etwa weil die derzeitige palästinensische Autonomieführung aus einer schwachen Verhandlungsposition heraus Kompromisse einging, die ein späterer souveräner Palästinenserstaat als vollwertiges Völkerrechtssubjekt auf keinen Fall akzeptieren will.[192]

3.2.2. Rechtliche Erwägungen

Diese Bedenken lassen sich unter Hinweis auf die Wiener Konvention über das Recht der Staatennachfolge in Verträge von 1978 beiseite legen.[193] Denn gemäß Artikel 11 ff. der Wiener Konvention von 1978

---

192 Zwar ist allein die Völkerrechtssubjektivität souveräner Staaten unbestritten. Doch besitzt die Palästinensische Befreiungsorganisation PLO, die sich das palästinensische Volk gewählt hat, funktional auf die Verwirklichung des Selbstbestimmungsrechts beschränkte Völkerrechtssubjektivität. Obwohl die PLO keine Institution der palästinensischen Selbstregierung ist, übernimmt sie im Autonomieprozess eine Schlüsselfunktion. Denn die PLO besitzt als einzige palästinensische Körperschaft partielle Völkerrechtssubjektivität.

Vgl. Giannios, Susanne, *Das Werden des Palästinenserstaates. Eine Untersuchung unter besonderer Berücksichtigung des Völkerrechts*, Frankfurt am Main u.a. 2002, S. 46 f. und 87 f. Thomas Giegerich spricht von einem Völkerrechtssubjekt *sui generis*. Vgl. Giegerich, Thomas, *The Palestinian Autonomy and International Human Rights Law. Perspectives on an Ongoing Process of Nation-Building*, in: Shapira, Amos / Tabory, Mala (Hrsg.), *New Political Entities in Public and Private International Law. With Special Reference to the Palestinian Entity*, The Hague u.a. 1999, S. 194 ff. und 215 ff.; Ibrahim, Waleed, *Die palästinensische Selbstregierung nach dem internationalen Gaza-Jericho-Abkommen vom 13. September 1993. Eine völkerrechtliche Studie*, Frankfurt a. M. u.a. 1998, S. 24 ff.

193 *Vienna Convention on Succession of States in respect of Treaties*, (Wiener Konvention über das Recht der Staatennachfolge in Verträge), 23. August 1978, abgedruckt

bleiben Verträge mit territorialem Bezug von einer Staatennachfolge unberührt. Denn die sogenannten radizierten Verträge bleiben mit dem Gebiet verhaftet.[194]

> „ A succession of States does not as such affect:
> (a) obligations relating to the use of any territory, or to restrictions upon its use, established by a treaty for the benefit of a group of States or of all States and considered as attaching to that territory;
> (b) rights established by a treaty for the benefit of a group of States or of all States and relating to the use of any territory, or to restrictions upon its use, and considered as attaching to that territory." [195]

Ein internationales Wasserregime für das Jordanbecken fällt unter die Kategorie radizierte Verträge und bleibt somit mit dem Flussbecken verhaftet. Entstünde aus der Vertragspartei palästinensische Autonomiebehörde ein souveräner Staat, gingen die Rechte und Pflichten des Regimes sodann auf den palästinensischen Neustaat über.

Diese Auffassung lehnt sich an das Urteil des Internationalen Gerichtshofs im *Case concerning Gabcíkovo-Nagymaros Project (Hungary/ Slovakia)* von 1997 an. In seinem Urteil über den 1977er Vertrag zwischen Ungarn und der damaligen Tschechoslowakei über die Aufstauung des Donauwassers befand der IGH, dass der Vertrag ein territoriales Regime im Sinne des Artikel 12 der Wiener Konvention von 1978 errichtet. Der Vertrag bleibe daher von der Sukzessionsfrage der Tschechoslowakei unberührt und sei mit der Entstehung des Neustaates Slowakei sodann für diese bindend geworden.[196]

---

in: United Nations Conference on the Succession of States in respect of Treaties, Official Documents, Volume III, Conference Documents (United Nations Publications, Sales No. F.79.V.10).

194 Vgl. Küng, Manfred / Eckert, Martin K., *Repetitorium zum Völkerrecht*, Bern u.a. 1993, S. 136 ff.

195 Art. 12 der Wiener Konvention über das Recht der Staatennachfolge in Verträge von 1978.

196 „(...) the Court finds that the content of the 1977 Treaty indicates that it must be regarded as establishing a territorial régime within the meaning of Article 12 of 1978 Vienna Convention. It created rights and obligations "attaching to" the parts of the Danube to which it relates; thus the Treaty itself cannot be affected by a succession of States. The Court therefore concludes that the 1977 Treaty became binding upon Slovakia on 1 January 1993." *Case Concerning the Gabcíkovo-Nagymaros Project (Hungary/Slovakia)*, 25. September 1997, § 123, abgedruckt in: International Court

Eine Staatennachfolge in Verträge unterliegt allerdings der *clausula rebus sic stantibus*. Die Nachfolge soll dann nicht gelten, wenn sie für den Nachfolgestaat unzumutbar ist. Gesetzt den Fall, dass das palästinensische Gemeinwesen aufgrund der schwachen Verhandlungsposition einen aus seiner Sicht unvorteilhaften Vertrag unterzeichnet hat, so ist nach einer palästinensischen Staatsgründung die Forderung nach Neuaushandlung des Abkommens denkbar. Denn der neu entstandene palästinensische Staat könnte für sich reklamieren, erst jetzt in den Genuss des Prinzips der Gleichordnung unter den Staaten zu kommen. Verhindert werden kann eine Berufung – nicht nur von palästinensischer Seite – auf die *clausula rebus sic stantibus*, indem sich das Jordanregime entschieden am Internationalen Wasserrecht orientiert. Denn setzen die Regimepartner konsequent die völkergewohnheitsrechtlichen Prinzipien um, vermeiden sie logischer Weise ungerechte oder unangemessene Verteilung sowie mutmaßliche grenzüberschreitende Umweltbeeinträchtigungen.[197]

3.2.3. Politologische Erwägungen

Erwägungen, das Palästinensische Gemeinwesen aufgrund seiner ungewissen politischen Zukunft als potentiellen Destabilisator nicht in ein multilaterales Regime einzubinden, räumen auch politologische Argumente beiseite. Denn die Regimebildungstheorie lehrt, dass weder Problemfelder noch Akteure bei der Aushandlung von internationalen Regimen von Beginn an festgesetzt und fortan unveränderlich sein müssen. Sie können vielmehr dynamisch und flexibel sein.

Neue, kooperationswillige Akteure können zur Vertragsgemeinschaft hinzutreten.[198] Dem Verhandlungsprozess um ein Wasserregime im Jordanbecken verleiht dies unter Umständen ein entscheidendes dynamisches

---

of Justice, General List No. 92, ICJ Reports 1997, 7, im Internet unter: http://www.icj-ij.org/icjwww/idocket/ihs/ihsjudgement/ihs_ijudgment_ 970925.html. Zur Herleitung siehe §§ 177-124.

197 Zum Internationalen Wasserrecht siehe oben, Kapitel 1, Punkt „Internationales Wasserrecht", besonders Unterpunkt „Gewohnheitsrecht".

198 Vgl. Müller, Harald, *Die Chance der Kooperation. Regime in den internationalen Beziehungen*, Darmstadt 1993, S. 34 f.

Moment: „Manchmal gelingt es sogar, Nullsummensituationen (...) durch Augleichszahlungen, geschickte Koppelgeschäfte oder durch die gezielte Veränderung des Kreises der beteiligten Akteure so umzuformen, dass sie kooperationsfähig werden.“ [199]

Vor diesem Hintergrund ist sogar denkbar, dass die palästinensische Vertretung mit Israel ein Koppelungsgeschäft aushandelt. Die strenge Wasserrationierung der israelischen Besetzungsmacht in den Palästinensergebieten beiseite genommen, ist der palästinensische Wasserverbrauch schon allein aufgrund des geringeren Wohlstandsniveaus niedriger. In den Palästinensergebieten finden sich weit weniger Wohlstandssymbole als in Israel, wo sie enorme Wassermengen verschlingen: Tourismus, Hotelkomplexe, Swimmingpools, Parks, Grünanlagen oder Autowaschstraßen. Die palästinensische Führung könnte nun Wasserrechte vertraglich an Israel abtreten und im Gegenzug etwa eine territoriale oder funktionale Ausweitung der Autonomierechte erhalten.[200]

Bei einem solchen *package deal* müssen die Regimepartner im Jordanbecken allerdings darauf achten, nicht an der Oberfläche zu übertönen, was unterschwellig als Dissonanz weiterklingt. Denn findet die Paketlösung nicht vollen Rückhalt bei – in diesem Fall – Israel und den Palästinensern, sind die Chancen einer zuverlässigen Vertragserfüllung logischer Weise unterminiert.[201]

---

199 Gehring, Thomas / Oberthür, Sebastian, *Internationale Regime als Steuerungsinstrumente der Umweltpolitik*, in: Gehring, Thomas (Hrsg.), *Internationale Umweltregime. Umweltschutz durch Verhandlungen und Verträge*, Opladen 1997, S. 14; vgl. auch Sebenius, James K., *Adding and Subtracting Issues and Parties*, in: International Organization, Nr. 37 / 1983, S. 281 ff.; ders., *Challenging Conventional Explanations of International Cooperation. Negotiating Analysis and the Case of Epistemic Communities*, in: International Organization, Nr. 46 / 1992, S. 323 ff.; Scharpf, Fritz W., *Koordination durch Verhandlungssysteme. Analytische Konzepte und institutionelle Lösungen*, in: Benz, Arthur / Scharpf, Fritz W. / Zintl, Reinhard, *Horizontale Politikverflechtung. Zur Theorie von Verhandlungssystemen*, Frankfurt am Main 1992, S. 51 ff.

200 Zum derzeitigen Autonomieniveau in den Palästinensergebieten vgl. Giannios, Susanne, *Das Werden des Palästinenserstaates. Eine Untersuchung unter besonderer Berücksichtigung des Völkerrechts*, Frankfurt am Main u.a. 2002, S. 57 ff.

201 Vgl. Beyerlin, Ulrich, *Umweltvölkerrecht*, München 2000, S. 38, Rz. 80.

3.3. Multilaterale Wasserkommission

Allein die Errichtung des wasserrechtlichen Regimes reicht freilich noch nicht aus. Vielmehr müssen prozedurale und institutionelle Maßnahmen die rechtliche Substanz der Verpflichtungsnormen stärken, um Defiziten bei der Implementierung vorzubeugen.[202] Bei einem Wasserregime im Jordanbecken bieten sich verschiedene Formen der Erfüllungskontrolle an.

Wie die bisherige Staatenpraxis im Nahen Osten zeigt, müssen die regionalen Akteure auf harte Verhandlungen beim Abschluss der Wasserrahmenkonvention und den nachfolgenden Durchführungsprotokollen gefasst sein. „Gerade in komplexen Aushandlungsprozessen stellen kooperative Institutionen im Umfeld eine günstige Voraussetzung dar"; denn sie fungieren „nicht nur als Handlungsrestriktionen für die Staaten" sondern auch als Grundlage, auf der die Staaten ihre vertraglichen Vereinbarungen in die Tat umsetzen.[203] Essentiell ist daher, dass die Jordanregimepartner eine multilaterale Wasserkommission einrichten.

3.3.1. Aufgaben

Aufgabe der multilateralen Wasserkommission wird ganz allgemein sein, die Wasservorkommen im Jordanbecken gemeinschaftlich zu entwickeln. Sie wird als Implementierungs-, Koordinations- und Kontrollinstrument fungieren. In der Folgezeit der Regimevertragsunterzeichnung unterstützt sie die Regimepartner bei der Erfüllung ihrer Vertragspflichten, koordiniert die gemeinschaftlichen Aufgaben und überwacht, ob die Jordananlieger in den Genuss ihrer Rechte kommen, aber auch ihren Pflichten nachkommen. Durch beratende Tätigkeit im hydrologischen, rechtlichen wie politischen Bereich kann sie auf den einzelstaatlichen Entscheidungsfindungsprozess in Wasserfragen einwirken. Auch über Streitfragen in Bezug auf Wasser, für die die Anlieger nicht unbedingt gleich die Regierungsebene oder die gerichtliche Streiterledigungsinstanzen in Anspruch nehmen wollen, kann die multilaterale Jordanbeckenkommission

---

[202] Vgl. aaO, S. 39, Rz. 82.

[203] Müller, Harald, *Die Chance der Kooperation. Regime in den internationalen Beziehungen*, Darmstadt 1993, S. 37.

befinden. Sie kann sich so zu einer gewichtigen und respektierten Autorität für die Vertragspartner entwickeln.

Die Vertragspraxis zeigt, dass internationale Wasserkommissionen mit Kompetenzen ganz unterschiedlicher Reichweite ausgestattet sind. Für die Vertragsstaaten bedeutet dies ein „besonderes Souveränitätsopfer", weshalb nur wenigen der bestehenden internationalen Wasserkommissionen umfassende Befugnisse verliehen wurden.[204] Für die Wasserkommission im Jordanbecken empfiehlt sich aber besonders, ihr weitreichende Kompetenzen zu übertragen. Denn die hitzige politische Kultur im Nahen Osten liefert Grund genug, zu befürchten, dass die Regimepartner leichtfertig Aktionsradius und Effektivität der Kommission aushebeln.

Zum Beispiel bietet sich an, die Jordankommission zu ermächtigen, durch Mehrheitsbeschlüsse bestimmte Vertragsänderungen oder Vertragszusätze (Protokolle) mit unmittelbarer rechtlicher Bindungswirkung für die Vertragsstaaten herbeizuführen. Die Rahmenkonvention abzuschließen, erleichtert ja generell, wenn der operative Teil entlastet ist, zum Beispiel indem bestimmte Regelungssegmente ausgeklammert und auf die sekundäre Rechtssetzungsebene verlagert werden. Bei späterer Konsensfindung in diesen Punkten kann die multilaterale Wasserkommission – eigens hierzu ermächtigt – die betreffenden Regelungen erlassen.

Hilfreich ist hierzu ein erleichtertes Beschlussverfahren in der Kommission. Grundlegend ist von den Regimeparteien jegliche Anstrengung gefordert, sich im Konsens über nachfolgende Implementierungsprotokolle oder Aktionspläne zu einigen. Nicht ungewöhnlich wäre allerdings, dass sich die Regimeparteien zum Beispiel an technischen Details festbeißen und zu keinem Konsens finden.

Für solche Fälle kann sich das Jordanregime erneut an der gegenwärtigen Vertragspraxis orientieren. Im Wiener Übereinkommen zum Schutz der Ozonschicht von 1985 vereinbarten die Vertragsstaaten, dass eine 3/4 Mehrheit der Anwesenden und Abstimmenden einen Anhang beschließt. Sieht sich eine Partei außer Stande, den Anhang zu billigen, muss sie es innerhalb einer bestimmten Frist beim Depositar schriftlich notifizieren. Nach Ablauf der Frist tritt der Anhang für all die in Kraft, die keine

---

[204] Beyerlin, Ulrich, *Umweltvölkerrecht*, München 2000, S. 28, Rz. 58.

Mitteilung gemacht haben.[205]

Für das Jordanregime ist eine 2/3 oder eine 3/5 Mehrheit ratsam. Denn Regimepartner werden entweder die drei südlichen Beckenanlieger Israel, Jordanien und die Palästinenser sein oder alle fünf Anlieger, einschließlich Syrien und der Libanon. In Hinblick auf die syrisch-libanesische Allianz in der Politik gegenüber Israel ist hier eine Koppelung im Abstimmungsverhalten der beiden Staaten zu erwarten.

Als Frist für die schriftliche Notifizierung beim Depositar sind etwa 6 Monate geeignet. Einerseits ist diese Zeitspanne nicht zu weit, um Gefahr zu laufen, dass neue hydrologische Entwicklungen im Jordanbecken die Aktionspläne schlichtweg überholen. Andererseits ist sie weit genug, um den Jordananliegern ausreichend Zeit einzuräumen, über die Anhänge gründlich zu befinden. Schließlich sind die Nahost-Akteure neben der Wasserknappheit mit schwerwiegenden anderen Problemen belastet, wie etwa wirtschaftliche Schwäche und politische Instabilität.

Besonders vorteilhaft erweist sich eine Koppelung von Erfüllungskontrolle mit Erfüllungshilfe im Fall der Palästinenser. Denn ein solches aktives Vertragsmanagement kommt gerade denjenigen Vertragsparteien zugute, die sich möglicherweise unsicher sind, ob sie die Vertragserfüllung ihrerseits gewährleisten können.[206] Gründe für diese Unsicherheit sind im Fall der Palästinenser etwa die desolate ökonomische und die instabile innenpolitische Lage.

3.3.2. Zusammensetzung

Den Namen der zwischenstaatlichen Wasserkommission im Jordanbecken können die Regimepartner frei wählen. In der Regel nennen sich solche internationalen Gremien Wasserkommission, Wasserinstitution oder Vertragsstaatenkonferenz. Am sinnvollsten ist im Nahen Osten eine Bezeichnung, mit der die Jordananlieger bereits vertraut sind, die sie bereits selbst gewählt haben. In den israelisch-jordanischen und in den israelisch-palästinensischen Wasservereinbarungen nennen die Vertrags-

---

205 Vgl. aaO, S. 39 f., Rz. 84.

206 Vgl. aaO, S. 39, Rz. 82.

partner die Wasserkommissionen *Joint Water Committee*.[207] Auch die Namensgebung *Joint Commission* im jordanisch-syrischen Wasserabkommen liegt hiervon nicht weit entfernt.[208]

Ein multilaterales Jordanregime wird die grenzüberschreitende Wasserpolitik im Jordanbecken nun vergemeinschaftlichen. Die vormals bilateralen Wasserkommissionen werden somit in der neu entstehenden multilateralen Kommission aufgehen. Überschneidung oder Missverständnisse zwischen den bestehenden *Joint Committees* und dem neueinzurichtenden multilateralen sind daher nicht zu befürchten. Damit kann sich die multilaterale Jordanbeckenkommission, wie es den Jordananliegern bereits vertraut ist, *Joint Committee* nennen. Um jegliche Befürchtungen in Bezug auf Verwechslungen mit den vormaligen bilateralen Institutionen zu eliminieren, ist aber auch die Präzisierung ‚multilateral' sinnvoll: *Multilateral Committee*.

Die multilaterale Jordanbeckenkommission sollte sich paritätisch aus Entsandten der Regimepartner zusammensetzen. Jeder Regimepartner entsendet eine gleiche Anzahl von Vertretern, die Verhandlungsexperten (Politiker, Juristen) oder auch Fachexperten (Wasser- bzw. Umweltingenieure) sein können. Das schließt eine gleiche Anzahl von palästinensischen Vertretern mit ein, auch wenn das palästinensische Gemeinwesen (noch) kein vollwertiges Völkerrechtssubjekt ist.[209]

Beim Abstimmungsprozess in internationalen Flusskommissionen kann es durchaus zu Pattsituationen kommen. Um dies im Fall des Jordanbeckens zu verhindern, können die Regimepartner Internationale Organisationen mit einer bestimmten Stimmenzahl ausstatten und am Abstimmungsprozess beteiligen.[210] Wenn die Jordananlieger aber nicht derart weit gehen wollen, von der Wasserverteilung im Jordanbecken nicht

---

[207] Ausführlich zur israelisch-jordanischen Wasserkommission siehe oben, Kapitel 2, Punkt „Materielle und technische Vorschriften", und zur israelisch-palästinensischen siehe oben, Kapitel 2, Punkt „Interim Agreement".

[208] Ausfürhlich hierzu siehe oben, Kapitel 2, Punkt „Gemeinsame Komission".

[209] Zur argumentativen Grundlage siehe oben, Kapitel 3, Punkt „Sukzessionsproblematik der Palästinensischen Autonomiebehörde".

[210] Siehe hierzu auch oben, Kapitel 3, Punkte „Einbeziehen Internationaler Organisationen" und „Erleichterungen für den Vertragsabschluss".

direkt betroffene Akteure mit einem bestimmten Stimmengewicht auszustatten, um Blockadesituationen zu bewältigen, können sie auch andere Verfahren in ihr Flussregime aufnehmen.

3.4. Außergerichtliche und gerichtliche Streiterledigung

Patt- oder Blockadesituationen im Abstimmungsprozess der multilateralen Jordankommission sind nicht die einzigen zu erwartenden Streitfälle, die im Regimeverlauf eine internationale Streiterledigung erfordern. Wie kann eine Streitbeilegung zwischen den Jordananliegern nun aussehen? Welche Formen bieten sich an? Die Wasserkonvention der Vereinten Nationen von 1997 liefert vier verschieden weitreichende Vorschläge für die Streiterledigung (*settlement of disputes*):

> „If the Parties concerned cannot reach agreement by negotiation requested by one of them, they may jointly seek the good offices of, or request mediation or conciliation by, a third party, or make use, as appropriate, of any joint watercourse institutions that may have been established by them or agree to submit the dispute to arbitration or to the International Court of Justice." [211]

Einer der Vorschläge für die partnerschaftliche Streiterledigung ist, die gemeinsame Wasserinstitution (*joint watercourse institutions*) heranzuziehen. Bei der Streitvermeidung in diesem institutionellen Forum versuchen die vorbildlichen Regimepartner die säumigen über „kollektive partnerschaftliche Überzeugungsarbeit und Unterstützung zur Rechtstreue zu „bekehren". [212] Dahinter steht die Ansicht, dass die vereinte Anstrengung der Vertragsgemeinschaft zur Erfüllungshilfe für schwächere Vertragspartner die erfolgreichere Erfüllungssicherung zum Vorteil der ganzen Vertragsgemeinschaft ist.[213]

3.4.1. Mediation durch Dritte

Eine weitere partnerschaftliche Art der Streiterledigung sieht die UN-Wasserkonvention in der Mediation durch Dritte (*third party, good*

---

211 Art. 33 Abs. 2 der UN-Wasserkonvention von 1997.

212 Beyerlin, Ulrich, *Umweltvölkerrecht*, München 2000, S. 338, Rz. 670.

213 Siehe hierzu auch oben, Kapitel 3, Punkt „Multilaterale Wasserkommission".

offices, mediation, conciliation).[214] Als institutionelle Mediatoren eignen sich für das Jordanregime die gleichen Internationalen Organisatoren, die bereits oben aufgelistet sind: Partner- und Unterorganisationen mit umwelt- oder wasserbezogener Fachexpertise von den Vereinten Nationen oder der Weltbank.[215]

Als staatlicher Mediator bieten sich üblicher Weise die USA oder als suprastaatlicher die EU an, die sich auch in der Vergangenheit mediativ im Nahen Osten eingesetzt haben. In jüngster Zeit wurde in der Region auch das sogenannte Nahost-Quartett aktiv: Die UNO und die EU im Verbund mit Russland und den USA.[216]

In internationalen Umweltangelegenheiten, zu denen auch Wasserstreitigkeiten gehören, scheuen sich Staaten bislang, die Streitfälle vor Gericht auszutragen. Daher gewinnen partnerschaftliche Mittel der Streitvermeidung an Bedeutung wie etwa der genannte Verhandlungsweg innerhalb der internationalen Flussbeckenkommissionen oder die vorgeschlagene Mediation durch Dritte. Solche modernen partnerschaftlichen Wege berauben die repressiven allerdings nicht ihrer Bedeutung.[217] Im Jordanregime sollten sich daher beide ergänzen, indem die Jordananlieger zunächst erste ausschöpfen und, falls diese erfolglos sind, auf die zweiten zugreifen.

Die Kombination aus beiden Mitteln der Streiterledigung macht insbesondere im Hinblick auf die Schwachstellen Sinn, die die partnerschaftliche Option, Streitfälle über Mediation durch Dritte zu erledigen, impli-

---

214 Grundlegend zum Instrument der Mediation zur Konfliktlösung in politischen Beziehungen vgl. Kleiboer, Marieke, *Understanding Success and Failure of International Mediation*, in: Journal of Conflict Resolution, Vol. 40 No. 2 / 1996, S. 360 ff.; und Regan, Patrick M., *Conditions of Successful Third-Party Intervention in Intrastate Conflicts*, in: Journal of Conflict Resolution, Vol. 40 No. 2 / 1996, S. 336 ff.

215 Siehe oben, Kapitel 3, Punkt „Einbeziehung Internationaler Organisationen".

216 Im Rahmen des Nahost-Quartetts trafen in letzter Zeit die Spitzenpolitiker US-Außenminister Colin Powell, der russische Außenminister Igor Iwanow, der EU-Außenbeauftragte Javier Solana und UN-Generalsekretär Kofi Annan zusammen. Vgl. *Europa pocht auf Mitbestimmung in Nahost*, Bericht in der Tagesschau, 23. Juni 2003, im Internet unter: http://www.tagesschau.de/aktuell/meldungen/0,1185,OID1972112,00.html.

217 Vgl. Beyerlin, Ulrich, *Umweltvölkerrecht*, München 2000, S. 338, Rz. 670.

ziert. Denn entweder müssen sich die Jordananlieger bereits bei der Aushandlung der Wasserrahmenkonvention über die sodann heranzuziehende neutrale Drittpartei einigen. Dies wiederum kann den Aushandlungsprozess verzögern und belasten. Oder die Regimepartner halten sich die Wahl eines Mediators für den konkreten Streitfall offen. Ist die Konsensfindung unter den Regimeparteien aber erst einmal blockiert und verhärten sich die Interessensfronten mehr und mehr, so ist freilich abzusehen, dass auch die Einigung schwerfällt, wer als Mediator fungieren soll.

3.4.2. Internationales Schiedsgericht

Derartige Stolpersteine bei der partnerschaftlichen Streiterledigung im Jordanbecken sind umgehbar, wenn die Jordananlieger von Beginn an Verfahren festlegen, wie sie im Streitfall ein Schlichtungsorgan einberufen. Damit reihte sich das Jordanregime erneut in die moderne völkerrechtliche Vertragspraxis ein. Denn sämtliche modernen multilateralen umweltvölkerrechtlichen Abkommen räumen den Vertragsstaaten die Option schiedsgerichtlicher Streiterledigung ein.[218] Als konkrete Orientierung für das Jordanbecken dient wiederum ein Vorbild aus der regionalen Vertragspraxis: die jordanisch-syrischen Wasservereinbarungen.

Schon im *Yarmuk scheme* von 1953 trafen Jordanien und Syrien Regelungen für den Fall, dass die Konsensfindung in der *Joint Syro-Jordanian Commission* blockiert ist. Im Blockadefall legen die Kommissionsmitglieder den Fall ihren Regierungen vor, woraufhin diese sofort miteinander in Kontakt treten. Sind selbst die Regierungen Jordaniens und Syriens unfähig, den Konfliktpunkt zu lösen, bilden sie *ad hoc* ein *arbitration committee*. Dieses Streitschlichtungsorgan setzt sich aus zwei Schiedsrichtern zusammen, je einer ernannt von einer Vertragspartei, und zusätzlich einem Oberschiedsrichter, den Jordanien und Syrien per Vereinbarung ernennen. Der zusätzliche Oberschiedsrichter garantiert, dass sich die Pattsituation im Abstimmungsprozess nicht wiederholt.[219]

---

218 Vgl. aaO, S. 293, Rz. 574.

219 Art. 10 Abs. 5 *Yarmuk Waters Agreement* von 1953.

Als Alternative zur internationalen Gerichtsbarkeit bietet sich für das Jordanregime nun ein *ad hoc* - Schlichtungsorgan wie in den jordanisch-syrischen Wasservereinbarungen an. Finden die Vertreter im *Multilateral Committee* einmal nicht zu einem Konsens, heben sie die Angelegenheit auf Regierungsebene. Sind auch die zusammentreffenden Regierungsmitglieder nicht im Stande, die Streitfrage beizulegen, können sie *ad hoc* ein Schlichtungsorgan einberufen. Die Jordanregimepartner benennen hierbei je einen Schiedsrichter.

Ein weiterer, gemeinschaftlich per Mehrheitsbeschluss ernannter Oberschiedsrichter wie in den jordanisch-syrischen Vereinbarungen ist nur dann nötig, wenn das Jordanregime eine gerade Anzahl von Mitgliedern hat. Denn nur in diesem Fall kann sich eine Pattsituation bei der richterlichen Abstimmung ergeben. Voraussichtlich wird das Jordanregime aber entweder alle fünf Jordanbeckenanlieger als Mitglieder zählen. Oder wenn Syrien und sein Vasall Libanon jegliche Kooperation weiterhin verweigern, wird das Jordanregime drei Mitglieder haben: Israel, Jordanien und die Palästinensergebiete. Insofern ist unwahrscheinlich, dass ein Streitschlichtungsorgan eines Oberschiedsrichters zur Pattvermeidung bedarf.

Für die Jordananlieger ist die Einberufung eines Schiedsgerichts attraktiv, da sie ihnen zahlreiche Vorteile einerseits gegenüber den außergerichtlichen beziehungsweise diplomatischen und andererseits gegenüber anderen gerichtlichen Mitteln bietet. Im Vergleich zur partnerschaftlichen Erfüllungskontrolle entfaltet der von den Schiedsrichtern gefällte Schiedsspruch die Wirkung eines rechtskräftigen Urteils. Hat das zuständige Gericht ihn für vollstreckbar erklärt, kann der Schiedsspruch vollstreckt werden.[220]

Als Vorteil gegenüber anderen gerichtlichen Mitteln können die Jordananlieger mit Schiedsklauseln langwierige Verfahren vor ordentlichen Gerichten vermeiden. Diese außergerichtliche Streitbeilegung ist in der Regel nicht nur schneller, sondern auch weniger kostspielig. Außerdem sind sie souveränitätsschonender. Die Zusammensetzung des Gerichts, die Wahl des anwendbaren Rechts, die Verfahrensordnung und -einlei-

---

[220] Vgl. Beyerlin, Ulrich, *Umweltvölkerrecht*, München 2000, S. 287 ff., Rz. 565 ff.

tung basieren auf dem Einvernehmen der Regimepartner.[221]

3.4.3. Streiterledigung über den IGH

Falls alle bisher genannten Mittel der Streiterledigung einmal keinen Erfolg herbeiführen, bleibt den Jordananliegern noch eine letzte Möglichkeit. Sie können sich generell oder *ad hoc* der Rechtssprechung des Internationalen Gerichtshofs (IGH) in Den Haag unterwerfen. Der IGH hat angesichts der Entwicklungen auf dem Gebiet des Umweltvölkerrechts 1993 sogar eine eigene Umweltkammer (*Chamber for Environmental Matters*) mit sieben Richtern gemäß Art. 26 Abs. 1 IGH-Statut eingerichtet.[222] Mit der geforderten Expertise kann diese Umweltkammer nun auch über Wasserstreitigkeiten befinden:

> „In view of the developments in the field of environmental law and protection which have taken place in the last few years, and considering that it should be prepared to the fullest possible extent to deal with any environmental case falling within its jurisdiction, the Court has now deemed it appropriate to establish a seven-member Chamber for Environmental Matters". [223]

Ein Beispiel für ein IGH-Urteil im Bereich des Umweltvölkerrechts ist der Streit zwischen Ungarn und der Slowakischen Republik über das Donau-Staudammprojekt Gabcikovo-Nagymaros. Die beiden Staaten legten den Streitfall dem IGH vor und dieser fällte 1997 für beide Parteien verbindlich sein Urteil.[224]

---

221 Nennenswerte Bedeutung unter den Schiedssprüchen zur umweltvölkerrechtlichen Streitbeilegung erlangten der Trail-Smelter-Fall von 1941, der Lac-Lanoux-Fall von 1957 und der Gut-Dam-Fall von 1968. Zu diesen Fällen und ihrer völkerrechtlichen Bedeutung vgl. Beyerlin, Ulrich, *Umweltvölkerrecht*, München 2000, S. 7 ff., Rz. 10 ff.

222 *Statute of the International Court of Justice*, (IGH-Statut), im Internet unter: http://www.icj-cij.org/icjwww/ibasicdocuments/ibasictext/ibasicstatute.htm.

223 So die Begründung des IGH in seiner Pressemitteilung. International Court of Justice (Hrsg.), *Constitution of a Chamber of the Court for Environmental Matters*, Press Communiqué 93/20, 19. Juli 1993, im Internet unter:

http://www.icj-cij.org/icjwww/ipresscom/1991-1995/ipr9320.html.

224 Ausführlich zu den ungarisch-slowakischen Streitpunkten und dem jeweiligen Urteil des IGH darüber siehe *Case Concerning the Gabcíkovo-Nagymaros Project (Hungary/Slovakia)*, 25. September 1997, abgedruckt in: International Court of

Die justizförmige Streiterledigung über den IGH greift allerdings am schmerzlichsten in die staatliche Souveränität ein. Entscheiden sich die Regimeparter im Jordanbecken tatsächlich in der Zukunft einmal, in einer Wasserstreitfrage den IGH anzurufen, haben sie nicht mehr die gleichen Einflussmöglichkeiten auf das Gericht wie bei einem Schiedsgericht. Die Zusammensetzung des Gerichts, die Wahl des anwendbaren Rechts und die Verfahrensordnung können die Jordanregimepartner hier nicht mehr beeinflussen.

Vor diesem Hintergrund versteht sich, warum Staaten bislang die Option gerichtlicher Streiterledigung in zwischenstaatlichen Umweltangelegenheiten nur selten erwogen. „In den meist labilen Umweltbeziehungen zwischen Nachbarstaaten sucht tendenziell jeder Staat die gerichtliche Auseinandersetzung schon deshalb tunlichst zu vermeiden, weil er fürchtet, daß sich der von ihm verklagte Staat bei nächster Gelegenheit mit einer Klage gegen ihn revanchieren könnte." [225] Auch die UN-Wasserkonvention zählt den Gang zum IGH erst als letztes Mittel auf.[226] Dennoch sehen die modernen umweltvölkerrechtlichen Verträge in der Regel die Anrufung der internationalen Gerichtsbarkeit vor.[227] Daher sollten auch die Regimepartner im Jordanbecken die Streiterledigung über den IGH als Möglichkeit einräumen. Denn ihnen bleibt so eine letzte Option der Streitbeilegung, falls die vorangegangenen Mittel erfolglos geblieben sind.

Justice, General List No. 92, ICJ Reports 1997, 7, im Internet unter: http://www.icj-ij.org/icjwww/idocket/ihs/ihsjudgement/ihs_ijudgment_970925.html.

225 Vgl. Beyerlin, Ulrich, *Umweltvölkerrecht*, München 2000, S. 290, Rz. 570 f., zitiert aus Rz. 571.

226 Art. 33 Abs. 2 der UN-Wasserkonvention von 1997.

227 Vgl. Beyerlin, Ulrich, *Umweltvölkerrecht*, München 2000, S. 290, Rz. 570.

4. Zwischenergebnis

Ziel dieses Abschlusskapitels war es, Perspektiven und Rahmenvorschläge für eine internationale Wasserverteilung im Jordanbecken aufzuzeigen. Sie basieren auf der Ausgangsthese, dass ein Übergang von der subregionalen (bilateralen) Rechtssetzungsebene auf eine regionale (multilaterale) erforderlich ist. Soll die Verteilung der knappen Süßwasserressourcen im Jordanbecken international koordiniert werden, muss dies über ein multilaterales Flussbeckenregime geschehen. Ohne sich in Details zu verrennen, deren Aushandlung in der Kompetenz der regionalen Unterhändler verbleiben muss, lieferte das Kapitel Antworten auf die drei vertragspolitischen Fragen: Wie kann ein multilaterales Jordanregime zustande kommen? Wie sollten die Jordananlieger den Regimevertrag konkret gestalten? Was müssen sie für den Regimeerhalt beachten?

Regimebedarf im Jordanbecken

Hierbei hat sich zunächst gezeigt, dass der Nahe Osten einen dringlichen Regimebedarf aufweist. Rapides Bevölkerungswachstum, steigender Lebensstandard und ein bedeutender bewässerungsintensiver Agrarsektor in den regionalen Ökonomien bei anhaltender Wasserknappheit und durch Übernutzung fortschreitender Wasserverknappung sind Faktoren, die unter den interdependenten Jordananliegern eine Nachfrage nach internationalem integriertem Wassermanagement ankurbeln.

Wollen die Jordananrainer diesen Regimebedarf befriedigen, kommen ihnen eine ganze Reihe von Faktoren zu Gute, die allgemein als notwendige Vorbedingungen für die Herausbildung von internationalen Regimen gelten: Problemdruck, eine wechselseitig verschränkte Interessenskonstellation, Handlungskapazitäten, Kooperationsbefürworter und -unterstützer sowie kooperative Institutionen. Diese Konditionen können das Herausbilden eines multilateralen Wasserregimes im Jordanbecken aber nur begünstigen, wenn den Nahost-Akteuren ein Perzeptionswandel gelingt. Sie müssen von nicht selten überzogenen Positionen zu dahinter stehenden Interessen und schließlich elementaren Bedürfnissen herabsteigen.

Rahmenkonvention und Durchführungsabkommen

Sind die Jordananlieger so weit, ein multilaterales Flussbeckenregime auszuhandeln, kombinieren sie im Idealfall den *piecemeal approach* mit dem *protocol approach*. Denn diese rechtlichen Regelungsstrategien werden am geeignetsten den regionalen Spezifika im Jordanbecken gerecht. Demnach trennen sie aus dem Gesamtkomplex Nahost-Konflikt die Wasserfrage heraus und verhandeln sie gesondert. Diese müssen sie allerdings nicht *uno actu* beilegen. Zunächst schließen sie eine Wasserrahmenkonvention ab (*framework convention*), die nachfolgende Protokolle Schritt für Schritt ausfüllen (*protocol approach*).

In der Rahmenkonvention können die Nahost-Parteien bereits den Regelungsbereich abstecken und somit bestimmen, in welchem Umfang sie Wasservorkommen im Jordanbecken in eine multilaterale vertragliche Vereinbarung einbinden wollen. In Anbetracht der akuten Wasserknappheit im Jordanbecken und nachdem manche Flussanrainer über Alternativen bei der Wasserversorgung verfügen (Syrien, Libanon) und andere wiederum nicht (Israel, Jordanien, Palästinenser), empfiehlt sich, das *international drainage basin concept* zugrunde zu legen. Demnach würde neben allen Oberflächengewässern wie Flüssen (Jordan, Yarmuk, Zerka, Banias, Dan, Hasbani), Seen (See Genezareth) und Kanälen (König-Abdallah-Kanal) auch das Grundwasser (West Bank Mountain Aquifer) einer vertraglichen Regelung unterworfen.

Bei der konkreten Vertragsgestaltung versteht sich zunächst, dass die Nahost-Akteure ihr Wasserregime für das Jordanbecken nach Maßgabe des Rechts der nicht-navigatorischen Nutzung von internationalen Wasserläufen gestalten. Empfehlenswert ist im Angesicht der brisanten Wasserknappheit im Jordanbecken außerdem, eine Rangordnung unter verschiedenen Nutzungsarten aufzustellen. Dem Verbrauch in den Haushalten ist dabei unbedingt Priorität einzuräumen.

Bei der Aufnahme von Umweltschutzstandards ist vor dem Hintergrund der belasteten politischen und wirtschaftlichen Situation im Nahen Osten Vorsicht geboten. In moderater Weise können die Jordananlieger durchaus ökologische Aspekte einbauen, etwa Mechanismen für Wasserschutz, Standards für Wasserqualität, Richtwerte für Schadstoffkonzentrationen in Wasser und Boden, oder auch Unterbindung von Wasserübernutzung.

Eine lediglich sekundäre und abstrakte Aufnahme von ökologischen Aspekten ist hierbei kein Mangel, sondern eher die Regel bei internationalen Wasserregimen.

Beitrag der Staatengemeinschaft

Eine weitere Tendenz in der völkerrechtlichen Vertragspraxis sollten die Jordananlieger aufgreifen: Internationale Organisationen in ihr Jordanregime einbeziehen. Hierfür in Frage kommen Unterorganisationen von Entwicklungsorganisationen wie der Weltbank oder von den Vereinten Nationen, die ein wasserbezogenes Mandat haben. Denn Internationale Organisationen können mit ihrer fachspezifischen Expertise zu einer Wissensausweitung der Regimepartner beitragen. Das Fachwissen der Spezialorganisationen und die Kompetenzen der Regimestaaten verbinden sich zu einer fruchtbaren Mischung. Die Regimepartner und die beteiligten Internationalen Organisationen können eine Aufgaben- und Arbeitspartnerschaft eingehen.

Erleichternd auf die Regimeaushandlung kann auch die internationale Staatengemeinschaft einwirken. Die Jordananlieger werden sich voraussichtlich scheuen, weitreichende Vertragspflichten auf sich zu nehmen, wenn deren Implementierung hohe Kosten impliziert. Diese Abneigung ist vor dem Hintergrund der geschwächten Wirtschaftslage in der Region nachzuvollziehen. Die internationale Staatengemeinschaft kann diesem Hemmnis bei der Regimeaushandlung nun Abhilfe schaffen, indem sie technisch und finanziell den Jordananrainern unter die Arme greift. Dabei sind die Nahost-Partner bereits darin erprobt, in Wasserfragen eine Gebergemeinschaft anzuwerben. In der Praxis ist dies bereits Israel, Jordanien und der Palästinenservertretung projektbezogen im Rahmen der *Multilateral Working Group on Water Resources* im Nahost-Friedensprozess gelungen.

Regimeevolution

Um sich in den kommenden Jahrzehnten auf die im Jordanregime abgestimmte multilaterale Wasserverteilung auch verlassen zu können, müssen die Nahost-Akteure verschiedene Vorkehrungen für Regimeevolution treffen. Denn das Jordanregime kann nur dann dauerhaft Bestand haben, wenn es auf zukünftige Wandlungsprozesse vorbereitet ist. Hierzu zählt, dass es ausreichend flexibel gestaltet ist, um sich an den wissenschaftlich-technischen Forschritt anzupassen. Auch auf neu emporkommende Normen des Internationalen Wasserrechts muss das Jordanregime dynamisch reagieren. Diese Dynamik müssen die Jordananlieger schon in der Wasserrahmenkonvention durch spezifische Klauseln anlegen.

Die Anforderung der Flexibilität gilt auch in Bezug auf die Aufnahme neuer Regimepartner. Denn als eine weitere Herausforderung muss das Jordanregime auf Unsicherheit bei der Beteiligtenzahl gefasst sein. Fraglich ist schließlich, ob, wann und wie lange Syrien und der Libanon Regimepartner werden und in welcher Form die Palästinensische Autonomiebehörde integriert wird. Von Beginn an sollte das Vertragswerk daher für die Möglichkeit offenbleiben, Syrien und den Libanon sowie einen möglichen zukünftigen Palästinenserstaat in der Folgezeit als weitere Partner beitreten zu lassen.

Multilaterale Wasserkommission

Um Mängeln bei der Vertragserfüllung vorzubeugen, müssen prozedurale und institutionelle Vorkehrungen die rechtliche Substanz der Verpflichtungsnormen stärken. Hierfür sollten die Jordanregimepartner eine multilaterale Wasserkommission einrichten. Ihre Aufgabe wird sein, die Wasservorkommen im Jordanbecken gemeinschaftlich zu managen. Als Implementierungs-, Koordinations- und Kontrollinstitution unterstützt und überwacht sie die Regimepartner bei der Erfüllung ihrer Vertragspflichten, koordiniert die gemeinschaftlichen Aufgaben und berät im hydrologischen, rechtlichen wie politischen Bereich. Auch über Streitfragen in Bezug auf Wasser, für die die Anlieger nicht gleich die Regierungsebene oder gerichtliche Streiterledigungsinstanzen in Anspruch nehmen wollen, kann die multilaterale Jordanbeckenkommission befinden. Sie kann sich so zu einer gewichtigen und respektierten Institution für die Vertragspartner entwickeln.

Vor dem Hintergrund der Erfahrung in der umweltvölkerrechtlichen Vertragspraxis ist bei der Schaffung der Jordankommission eine paritätische Zusammensetzung aus Entsandten der Regimepartner empfehlenswert. Jeder Regimepartner entsendet eine gleiche Anzahl von Vertretern, die Verhandlungsexperten (Politiker, Juristen) oder auch Fachexperten (Wasser- bzw. Umweltingenieure) sein können. Das schließt eine gleiche Anzahl von palästinensischen Vertretern mit ein, auch wenn das palästinensische Gemeinwesen (noch) kein souveräner Staat ist.

Streiterledigung

Trotz oder gerade wegen der multilateralen Abstimmung der Wasserverteilung im Jordanbecken ist absehbar, dass in der Zukunft Wasserstreitigkeiten die Regimepartner im Jordanbecken herausfordern werden. In solchen Situationen stehen ihnen verschiedene außergerichtliche und gerichtliche Mittel der Streiterledigung zur Verfügung. Eine partnerschaftliche Art der Streitbeilegung kann im Rahmen der gemeinsamen Wasserkommission stattfinden. Vorbildliche Regimepartner versuchen in dieser Institution gemeinschaftlich, die säumigen zur Rechtstreue zu überzeugen und zu unterstützen.

Sind die Regimepartner im Jordanbecken nicht auf diesem Weg bereits erfolgreich, können sie Mediation durch Dritte heranziehen. Als institutionelle Mediatoren eignen sich bereits genannte Internationale Organisationen, die allgemein für eine Beteiligung am Jordanregime in Frage kommen. Als staatlicher Mediator bieten sich üblicher Weise die USA an, als suprastaatlicher die EU oder als zwischenstaatlicher das Nahost-Quartett aus UNO, EU, Russland und USA.

Um eine rechtsverbindliche Entscheidung im Streitfall herbeizuführen, können die Nahost-Akteure auch Schiedsklauseln in ihr Jordanregime aufnehmen. Hierzu legen sie von Beginn an Verfahren fest, wie sie im Streitfall ein Schlichtungsorgan einberufen. Sollten allerdings alle bisher genannten Mittel der Streiterledigung einmal keinen Erfolg herbeiführen, bleibt den Jordananliegern noch, sich der Rechtssprechung des Internationalen Gerichtshofs in Den Haag zu unterwerfen. Die justizförmige Streiterledigung über den IGH greift allerdings am schmerzlichsten in die staatliche Souveränität ein. Die bisherige umweltvölkerrechtliche Praxis belegt die unverkennbare Scheu von Staaten, ihre Streitigkeiten vor dem IGH auszutragen. Partnerschaftliche Mittel haben daher in der modernen Umweltvölkerrechtspraxis die repressiven in den Hintergrund gedrängt.

Schlussbetrachtung

1. Zusammenfassung

Internationale Wasserkonflikte sind heute weltweit ein häufiges Phänomen. Denn erstrecken sich Wasservorkommen über zwei oder mehr Staaten, implizieren sie vielschichtiges Konfliktpotential und Regelungsbedürfnis. Dieses intensiviert sich noch in Regionen, in denen die Wasserressourcen knapp sind und die sozioökonomische Entwicklung die Konkurrenz um Zugang zu Wasser zusätzlich verschärft. Das Jordanbecken im Nahen Osten ist ein Beispiel für diese konfliktgeladenen grenzüberschreitenden Wassereinzugsgebiete. In zahlreichen solchen Gebieten begegnen die Anliegerstaaten den Nutzungsstreitigkeiten nicht in zufriedenstellender Weise.[1]

Internationale Wasserregime

Die Staatenwelt hat inzwischen erkannt, dass sie auf grenzüberschreitende Wasserfragen auch grenzüberschreitende Antworten finden muss. Zu internationaler Wasserdiplomatie und internationalem Wassermanagement gibt es keine Alternative. Ein Beleg für diese Erkenntnis sind die 1.800 Abkommen, die Staaten in den letzten fünf Jahrzehnten zur Beilegung von Nutzungsdifferenzen an internationalen Gewässern abgeschlossen haben. Die völkerrechtlichen Verträge über die nicht-navigatorische Nutzung internationaler Süßwasserressourcen untergliedern sich hierbei in zwei Kategorien: allgemeine wasserrechtliche Rahmenverträge (UN-Wasserkonvention von 1997 u.a.) und wasserrechtliche Regime für bestimmte Flussläufe (Rhein-, Great-Lakes-, Indus-, Zambezi-Regime u.a.).[2]

Diese Wasserregime sind ein hilfreiches und erfolgversprechendes Steuerungsinstrument, wenn Staaten ein grenzüberschreitendes Wasserproblem managen wollen. Denn internationale Wasserpolitik ist damit konfrontiert, sich nicht auf eine zentrale Herrschaftsgewalt mit verbindlicher Normsetzungskompetenz und Sanktionsgewalt berufen zu können. Darauf angewiesen, ohne Zwang auszukommen, muss sich internationale

---

[1] Vgl. Kapitel 2, Punkt „Interessen- und Konfliktlage im Jordanbecken“.

[2] Vgl. Kapitel 1, Punkt „Vertragsrecht“.

Wasserpolitik auf Eigeninitiative und Freiwilligkeit der Staaten verlassen. Sie kann sich zum Beispiel in Form von Aushandlung eines internationalen Wasserregimes zeigen.[3]

Internationales Wasserrecht

Wollen Staaten ein internationales Wasserregime errichten, können sie auf einen umfassenden Normenkatalog zugreifen, den das Völkerrecht für den Bereich der nicht-navigatorischen Nutzung internationaler Wasserläufe aufstellt. Der materielle Normenbestand speist sich hierbei aus allen im Statut des Internationalen Gerichtshofs zusammengefassten Quellen des Völkerrechts, nämlich aus dem Gewohnheitsrecht, dem Vertragsrecht und – sofern diese Lücken offen lassen – auch aus allgemeinen Rechtsgrundsätzen.[4]

Als gewohnheitsrechtlich anerkannt sind im Internationalen Wasserrecht das Prinzip der beschränkten territorialen Souveränität und Integrität, das Prinzip der gerechten und angemessenen Nutzung, das Verbot erheblicher grenzüberschreitender Umweltbeeinträchtigungen sowie Pflichten zu Information und Warnung.[5] Die meisten Normen in Bezug auf internationale Wassernutzung finden sich im Völkervertragsrecht. Denn mittlerweile bestehen zahllose zwischenstaatliche nicht-navigatorische Wassernutzungsvereinbarungen, sei es als spezifisch wasserrechtliche Abkommen (siehe Jordanien-Syrien) oder als Einzelbestimmungen in umfangreicheren völkerrechtlichen Vertragswerken (siehe Israel-Jordanien, Israel-Palästinenser).[6]

Wasserpolitik und Wasserrecht im Nahen Osten

Auch einige Staaten im Nahen Osten haben völkerrechtliche Vereinbarungen über die Wassernutzung im Jordanbecken getroffen. Grundlegend bedeutungsvoll ist daran, dass sie hiermit ihre Bereitschaft belegen, die

---

3 Vgl. Kapitel 1, Punkt „Regimebildung“.

4 Vgl. Kapitel 1, Punkt „Internationales Wasserrecht“.

5 Vgl. Kapitel 1, Punkt „Gewohnheitsrecht“.

6 Vgl. Kapitel 1, Punkt „Vertragsrecht“.

grenzüberschreitende hydrologische Interdependenz zunächst einmal anzuerkennen und ihr folgerichtig auch grenzüberschreitend zu begegnen. Für eine Ausweitung von Wasserdiplomatie und Wassermanagement von der bilateralen auf die multilaterale Ebene ist diese Bereitschaft eine unverzichtbare Grundvoraussetzung.

Jordanien und Syrien handelten als erste einen bilateralen Wasservertrag aus. 1953 regelten sie die Nutzungsrechte am Jordannebenfluss Yarmuk (*Yarmuk Waters Agreement*). 1987 unterzeichneten sie eine überarbeitete Fassung des Vertragswerks. Jordanien hat darüber hinaus mit Israel die bilaterale Wasserverteilung vertraglich geregelt. Im israelisch-jordanischen Friedensvertrag von 1994 teilen die beiden Staaten die Nutzungsrechte an Jordan, Yarmuk und Grundwasservorkommen unter sich auf. Mit der Palästinensischen Autonomiebehörde handelte Israel im Verlauf des Nahost-Friedensprozesses eigene Wasserklauseln aus. Die Prinzipienerklärung von 1991 (*Declaration on Principles*) und das Zwischenabkommen von 1995 (*Interim Agreement*) enthalten Klauseln, die den Palästinensern formelle Rechte und Verantwortlichkeiten im Wassersektor zugestehen.[7]

Neben ihren Qualitäten weisen die Abkommen allerdings deutliche Schwächen auf. Sie sind im Bereich der materiellen Rechtsnormen (*law in the books*) sowie im Bereich der Rechtsanwendung (*law in action*) zu finden. Einige Klauseln zementieren diskriminierende Allokationsrealitäten (Israel-Palästinenser) oder sind nicht ausreichend dynamisch für klimatische und saisonale Schwankungen angelegt (Israel-Jordanien). Teilweise halten Jordananlieger bestehende Wasserabkommen nicht ein (Israel-Jordanien, Syrien-Jordanien) oder sie implementieren sie erst gar nicht (Syrien-Jordanien).[8] Problematisch ist auch, dass alle Übereinkommen bilateraler Natur sind, das bedeutet jeweils zwischen nur zwei Jordanbeckenanliegern unter Ausschluss der anderen getroffen, was das Risiko von Inkompatibilität und Kollision der Vertragsbestimmungen schürt. In manchen bilateralen Verhältnissen bestehen zudem noch gar keine Wasserabkommen (Israel-Syrien, Israel-Libanon, Jordanien-Palä-

---

7 Vgl. Kapitel 2, Punkt „Wasserrechtliche Vereinbarungen im Jordanbecken“.

8 Vgl. Kapitel 2, Punkte „Bewertung der Wasserklauseln“ und „Bewertung der Wasserverträge“.

stinensische Autonomiebehörde).

Thesen der Untersuchung

Hinsichtlich der Normen des Internationalen Wasserrechts und der Regimebildungstheorie,[9] des Wassersystems, der Wasserpolitik und des Wasserrechts im Jordanbecken [10] lassen sich die Ergebnisse der Untersuchung in folgende Thesen zusammenfassen:

- **Multilateralismus statt Bilateralismus:**

Bilaterale, nicht aufeinander abgestimmte Verträge über die Nutzung der knappen Wasserressourcen sind unzureichend, um der konfliktgezeichneten Wassersituation im Jordanbecken zu begegnen. Das regionale Flusssystem mit seinen grenzüberschreitenden Hauptflüssen, Quellflüssen, Zuflüssen und Grundwasservorkommen verursacht eine multi-lateral verwobene und komplexe Ober-Unterlieger-Struktur. Sie verlangt dementsprechend, dass ausnahmslos alle Anlieger in Verhandlungen miteinander treten und die Wassernutzung multilateral koordinieren.

- **Wassermanagement- statt Wasserangebotsausweitung:**

Nicht allein neue, technologisch ausgefeilte Konzepte sind die Antwort auf die Wasserverteilungsdifferenzen im Nahen Osten, sondern vielmehr eine Neugestaltung des regionalen Wassermanagements. Hochtechnologische Wasserangebotsausweitung ist sicher eine Antwort auf die nach Weltstandard bedenklich geringe Wasserführung im Jordanbecken. Sie allein kann aber die Konflikte um die Wassernutzung nicht beilegen oder verhindern. Diesen müssen die Flussbeckenanlieger eher mit einer Ausweitung des Wassermanagements von der subregionalen auf die regionale Ebene begegnen.

- **Regionaler Regimebedarf:**

Die Nutzung der grenzüberschreitenden Wasservorkommen im Nahen Osten multilateral abzustimmen, ist ein komplexer und langwieriger Prozess. Damit er erfolgreich verläuft, muss er über ein Steuerungsinstru-

---

[9] Vgl. Kapitel 1.

[10] Vgl. Kapitel 2.

ment funktionieren. Hierfür empfiehlt sich ein internationales Wasserregime. Denn die Region erfüllt die Kriterien, die die Regimebildungstheorie zur Identifizierung von Regimebedarf herauskristallisiert hat. Die Jordananlieger verfolgen konträre sowie gemeinsame Interessen; es herrscht Problemdruck; Handlungskapazitäten sind vorhanden; und Kooperationsbefürworter und -unterstützer sowie kooperative Institutionen existieren bereits, die sich für integriertes Wassermanagement in der Region einsetzen könnten.[11]

- **Palästinenser als Anlieger:**

Die Palästinensische Autonomiebehörde ist als Jordannalieger mit in ein multilaterales Wasserregime aufzunehmen. Auch wenn das Gemeinwesen (noch) kein vollwertiges Völkerrechtssubjekt ist, so ist es doch autonom beziehungsweise vorstaatlich organisiert und sein Volk ebenso auf die knappen Wasserressourcen im Jordanbecken angewiesen. Zudem liegt unter der Westbank die größte Grundwasserader der gesamten Region (Westbank Mountain Aquifer).

- **Friedensförderer Wasserfrage:**

Trotz des immanenten Konfliktpotentials auf der einen Seite bergen international geteilte Wasserressourcen auf der anderen Seite nicht zu unterschätzendes Kooperationspotential in sich. Zeugen hierfür sind die zahlreichen zwischenstaatlichen Initiativen zum gemeinschaftlichen Flussbeckenmanagement, die weltweit noch zunehmen. Die internationale hydrologische Interdependenz im Nahen Osten bietet daher auch eine mediumübergreifende Konfliktlösungschance. Gegenseitige Information und Konsultation, gemeinsame Verhandlung und Kompromissfindung, Vertragsausarbeitung und Institutionenbildung im Rahmen eines multilateralen Wasserregimes können sich als Friedensförderer für die noch ungelösten Kernfragen im Nahost-Konflikt erweisen.

---

11 Vgl. Kapitel 3, Punkt „Regimebedarf der Jordananlieger“.

2. Ausblick

Von diesen Thesen ausgehend entwickelten wir politische und rechtliche Perspektiven für ein multilaterales Wasserregime im Jordanbecken. Dabei wurden drei vertragspolitische Fragenkomplexe beantwortet: Mit welcher Regelungsstrategie sollten die Jordanbeckenanrainer ihrem Regimebedarf begegnen? Wie sollten sie den Regimevertrag etwa in Hinblick auf Nutzungsprioritäten, Umweltschutzstandards oder Erleichterungen gestalten? Welche institutionellen oder verfahrensmäßigen Maßnahmen können zu Regimeevolution und -erhalt beitragen? Hierbei sprechen wir uns für folgende Empfehlungen aus:

- **Perzeptionswandel:**

Grundlegend müssen die Nahost-Staaten bei der internationalen Abstimmung der Wassernutzung und der Wasserrechte im Jordanbecken von einer konfliktgeneigten Betrachtung abkommen. Anstatt sich beständig die Souveränitätseinbußen vor Augen zu halten, sollten sie vielmehr die unzähligen Vorteile anvisieren, die für alle beteiligten Staaten abfallen, wenn sie sich an integriertes Flussbeckenmanagement heranwagen.

Hierfür muss den Anliegern im Jordanbecken jedoch der Perzeptionswandel weg von überzogenen Positionen über dahinter stehende Interessen hin zu den tatsächlichen Bedürfnissen gelingen. Elementaren Wassernutzungsbedürfnissen der gesamten Staatengruppe ist unbedingt Vorrang vor traumatischer Sicherheitswahrung einzuräumen. Die politische Instabilität und das zwischenstaatliche Misstrauen im Nahen Osten können nicht auf Ewig als Rechtfertigung dafür herhalten, dass die Staaten nicht bereit sind, sich gemeinsam – das schließt Syrien und den Libanon mit ein – an den Verhandlungstisch zu setzen.[12]

- **Normative Leitlinie:**

Wenn die Jordananlieger ihre Wassernutzungsdifferenzen multilateral beilegen, sollte als normative Leitlinie das Recht der nicht-navigatorischen Nutzung internationaler Wasserläufe gelten. Es repräsentiert einen anerkannten gemeinsamen Nenner der Staatengemeinschaft und steht bei der Koordination der Wassernutzung in internationalen Flussbecken als

---

12 Vgl. Kapitel 3, Punkt „Notwendiger Perzeptionswandel“.

neutrale Institution zur Verfügung. Diese völkerrechtlichen Prinzipienkataloge sind zwar abstrakt, anfällig für Auslegungsdivergenzen und rechtlich unverbindlich. Die Eigenschaften können den Jordananliegern jedoch insofern zum Vorteil gereichen, als sie ihnen ausreichend Verhandlungsspielraum lassen, um die allgemein gehaltenen Standards des Internationalen Wasserrechts mit einer Wasserdiplomatie und einem Wassermanagement zu füllen, die den spezifischen Anforderungen im Jordanbecken Rechnung tragen.

Allerdings muss das Völkerrecht gestärkt werden. Um das Bekenntnis zur Kooperationsbereitschaft über geteilte Wasserressourcen zu bestätigen, muss Israel als letzter noch fehlender Staat unter den Jordananliegern umgehend die UN-Wasserkonvention von 1997 unterzeichnen und ratifizieren. Die Palästinenser sollten sich dem anschließen, sobald sie eigenstaatlich organisiert sind und die Unterzeichnung und Ratifikation von Konventionen auch ihnen ermöglicht ist.[13]

- **Regelungsstrategie und -bereich:**

Den umfassenden Problemkomplex Wasserverteilung müssen die Nahost-Staaten nicht *uno actu* bewältigen. Für die Region ist vielmehr der *framework convention and protocol approach* geeignet. Demgemäß handeln die Jordananlieger zunächst eine abstrakte, rechtlich unverbindliche Wasserrahmenkonvention aus, die im Nachhinein konkrete und substantielle Protokolle über die einzelnen Teilfragen schrittweise ausfüllen. In der Rahmenkonvention stecken die Vertragsparteien bereits den Regelungsbereich ab und bestimmen hiermit, in welchem Umfang sie regionale Wasservorkommen in ein multilaterales Vertragswerk einbinden.[14]

Wegen der akuten Wasserknappheit im Jordanbecken und weil manche Flussbeckenanrainer bei der Wasserversorgung über Alternativen zum Jordansystem verfügen (Syrien / Euphrat, Libanon / Litani) und andere wiederum nicht (Israel, Jordanien, Palästinenser), ist bezüglich des Regelungsbereichs das *international drainage basin concept* geeignet. Es

---

13 Vgl. Kapitel 3, Punkt „Vertragsgestaltung“ und Kapitel 1, Punkt „UN-Wasserkonvention von 1997“.

14 Vgl. Kapitel 3, Punkt „Verknüpfung von ‚piecemeal approach‘ und ‚protocol approach‘“.

schließt alle Oberflächengewässer wie Flüsse (Jordan, Yarmuk, Zerka, Banias, Dan, Hasbani), Seen (See Genezareth) und Kanäle (König-Abdallah-Kanal) sowie das Grundwasser (West Bank Mountain Aquifer) in eine vertragliche Regelung mit ein.[15]

- **Institutionenbildung:**

Einen wasserrechtlichen Regimevertrag zu unterzeichnen, reicht freilich noch nicht aus, um Wassernutzungsdifferenzen auszuräumen und für die Zukunft zu verhindern. Vielmehr müssen prozedurale und institutionelle Maßnahmen die rechtliche Substanz der Verpflichtungsnormen stärken. Um Defiziten bei der Implementierung vorzubeugen, sollten die Regimepartner eine multilaterale Wasserkommission als Implementierungs-, Koordinations- und Kontrollinstrument gründen.

Die multilaterale Jordanbeckenkommission unterstützt und kontrolliert in Folgezeit der Regimevertragsunterzeichnung die Nahost-Staaten bei der Erfüllung ihrer Vertragspflichten, koordiniert die gemeinschaftlichen Aufgaben und berät in hydrologischen, rechtlichen und politischen Angelegenheiten, wodurch sie auf den einzelstaatlichen Entscheidungsfindungsprozess einwirken kann. Kommen Wasserstreitfragen auf und wollen die Anlieger nicht gleich die Regierungsebene oder gerichtliche Streiterledigungsinstanzen heranziehen, kann ebenfalls die Kommission darüber befinden. Für die Regimepartner kann sie hiermit zu einer einflussreichen und geachteten Autorität werden.[16]

- **Flussbeckenerhalt:**

Umweltschutz mag Luxus sein. Trotz der angespannten Wirtschaftslage im Nahen Osten sollten die Vertragspartner in ihrem internationalen Wasserregime ökologische Aspekte aber nicht vollständig ausklammern. Denn Umweltschutz ist vor dem Hintergrund der internationalen hydrologischen Interdependenz im Jordanbecken Staatengemeinschaftsinteresse. Mindeststandards zum Erhalt des Flussbeckensystems sind zu treffen, damit es auch in der Zukunft als Trinkwasserlieferant dienen kann. Die Reichweite der Umweltschutzvereinbarungen sollte die Vertragsaus-

---

15 Vgl. Kapitel 3, Punkt „Regelungsbereich".

16 Vgl. Kapitel 3, Punkt „Multilaterale Wasserkommission".

handlung allerdings nicht unnötig verkomplizieren oder hinauszögern und die Regimepartner nicht – zum Beispiel finanziell – überfordern.[17]

- **Streiterledigung:**

Absehbar ist, dass in der Zukunft Wasserstreitigkeiten unter den Regimepartnern aufkommen, nicht nur aufgrund der akuten Wasserknappheit, der sozioökonomischen Entwicklung, der ungleichen Machtverhältnisse und der konfliktgeladenen Politik in der Region, sondern auch, weil Flussbeckenmanagement generell ein umfassender und komplizierter Entwicklungsgang ist. Verschiedene außergerichtliche und gerichtliche Mittel der Streiterledigung stehen den Jordananliegern zur Verfügung.

Eine partnerschaftliche Streitbeilegung kann im Rahmen der gemeinsamen Wasserkommission stattfinden. Vorbildliche Regimepartner versuchen im Rahmen der Kommission gemeinschaftlich, die säumigen Partner zur Rechtstreue zu überzeugen. Die Wasserkommission wird hiermit zum Ort präventiver Hydrodiplomatie. Mediation durch Dritte ist der nächste Schritt. Als institutionelle Mediatoren eignen sich Unterorganisationen von Internationalen Organisationen mit wasserbezogenem Mandat (UNDP, UNEP, ECOSOC, FAO, WHO u.a.). Als staatlicher Mediator bieten sich üblicher Weise die USA an, als suprastaatlicher die EU oder als zwischenstaatlicher das Nahost-Quartett bestehend aus UNO, EU, Russland und den USA.

Für eine rechtsverbindliche Entscheidung im Streitfall sollten die Nahost-Akteure Schiedsklauseln in ihr Jordanregime aufnehmen. Helfen alle bisher genannten Mittel der Streiterledigung einmal nicht weiter, bleibt den Jordananliegern noch, sich der Rechtssprechung des Internationalen Gerichtshofs in Den Haag zu unterwerfen. Der IGH hat mittlerweile eine eigene Umweltkammer mit sieben Richtern geschaffen, die mit der geforderten Expertise über Wasserstreitigkeiten befinden können.[18]

- **Regimeevolution:**

Haben die Jordananlieger den zähen Prozess der Regimevertragsaushandlung erst einmal gemeistert, wollen sie sich in den kommenden Jahr-

---

17 Vgl. Kapitel 3, Punkt „Umweltschutzstandards“.

18 Vgl. Kapitel 3, Punkt „Gerichtliche und außergerichtliche Streiterledigung“.

zehnten auch auf das darin vereinbarte Flussbeckenmanagement verlassen. Hierfür müssen sie verschiedene Vorkehrungen für Regimeevolution treffen. Denn das Jordanregime kann nur dann dauerhaft Bestand haben, wenn es für zukünftige Wandlungsprozesse ausreichend gewappnet ist. So muss es genügend flexibel auf den wissenschaftlich-technischen Fortschritt reagieren. Auch neu emporkommende Normen des Internationalen Wasserrechts sollten die Regimepartner inkorporieren können.

Möglicherweise muss das Jordanregime mit Änderungen des Status oder der Zahl der Beteiligten fertig werden. Einerseits kann sich der völkerrechtliche Status des palästinensischen Gemeinwesens in Zukunft ändern. Andererseits ist unsicher, ob, wann und wie lange sich Syrien und der Libanon an einem Wasserregime beteiligen. Den dynamischen Charakter, den das Wasserregime für diese Wandlungsprozesse braucht, müssen die Jordananlieger schon in der Wasserrahmenkonvention durch geeignete Klauseln anlegen.[19]

- **Beitrag der Staatengemeinschaft:**

Unentbehrlich ist, dass internationale Gebergemeinschaften (Staaten, Organisationen u.a.) in finanzieller, technischer und personeller Hinsicht dem Nahen Osten zu Hilfe kommen. Denkbare Formen der Unterstützung sind Finanzleistungen, Transfer von technischen Geräten, Wissen und Experten, Schirmherrschaften, Verhandlungshilfe oder auch Mediation. Denn ohne Hilfe von Dritten kann der Nahe Osten im Angesicht des konfliktreichen Klimas und der wirtschaftlichen Schwäche auf sich allein gestellt kaum Fortschritte in Richtung multilateraler Wasserkooperation erzielen.[20]

Seit Jahrzehnten steckt der Nahe Osten nun in Anfeindungen fest. Höhepunkte wie der israelisch-jordanische Friedensvertrag von 1994 und die israelisch-palästinensischen Autonomieabkommen seit 1993 werden durch Tiefpunkte wie die palästinensische *Intifada* seit September 2000 und Dauerspannungen wie die israelische Besetzung auf dem syrischen

---

19 Vgl. Kapitel 3, Punkte „Regimeevolution“ und „Sukzessionsproblematik der Palästinensischen Autonomiebehörde“.

20 Vgl. Kapitel 3, Punkte „Erleichterungen für den Vertragsabschluss“ und „Einbeziehen Internationaler Organisationen“.

Golan überschattet.

Um wieder Dynamik in den Friedensprozess zwischen allen Nahost-Akteuren zu bringen, braucht die Region dringend ein gemeinschaftliches Erfolgserlebnis. Hierfür eignet sich unter allen verbleibenden Kernfragen des Nahost-Konflikts die Wasserfrage besonders. Denn sie ist deutlich weniger emotionalisiert und hochstilisiert als die Jerusalem-, Flüchtlings- oder Siedlungsfrage.

Der Nahe Osten sollte daher multilaterales Wassermanagement nicht bis zur Lösung des gesamten Komplexes Nahost-Konflikt aufschieben, sondern hierin vielmehr die mediumübergreifende Konfliktlösungschance ergreifen. Die Beilegung der Wasserfrage kann als Motivator für weitere Annäherung in den ungelösten Kernfragen dienen.

Welchen Ausgang die vergiftete politische Lage im Nahen Osten auch nehmen mag: Es bleibt zu hoffen, dass die Region eine Lösung – nicht nur der Wasserfrage – in Konformität mit dem Völkerrecht und den betreffenden UN-Resolutionen realisieren wird. Die legitimen Rechte aller regionalen Akteure sind hierbei zu berücksichtigen. Denn nur unter dieser Prämisse wird sich ein sodann ausgehandeltes Vertragswerk auch als gerecht, umfassend und dauerhaft erweisen. Und danach dürstet die Region nur allzusehr.

Abbildungen

Das Wassersystem im Jordanbecken

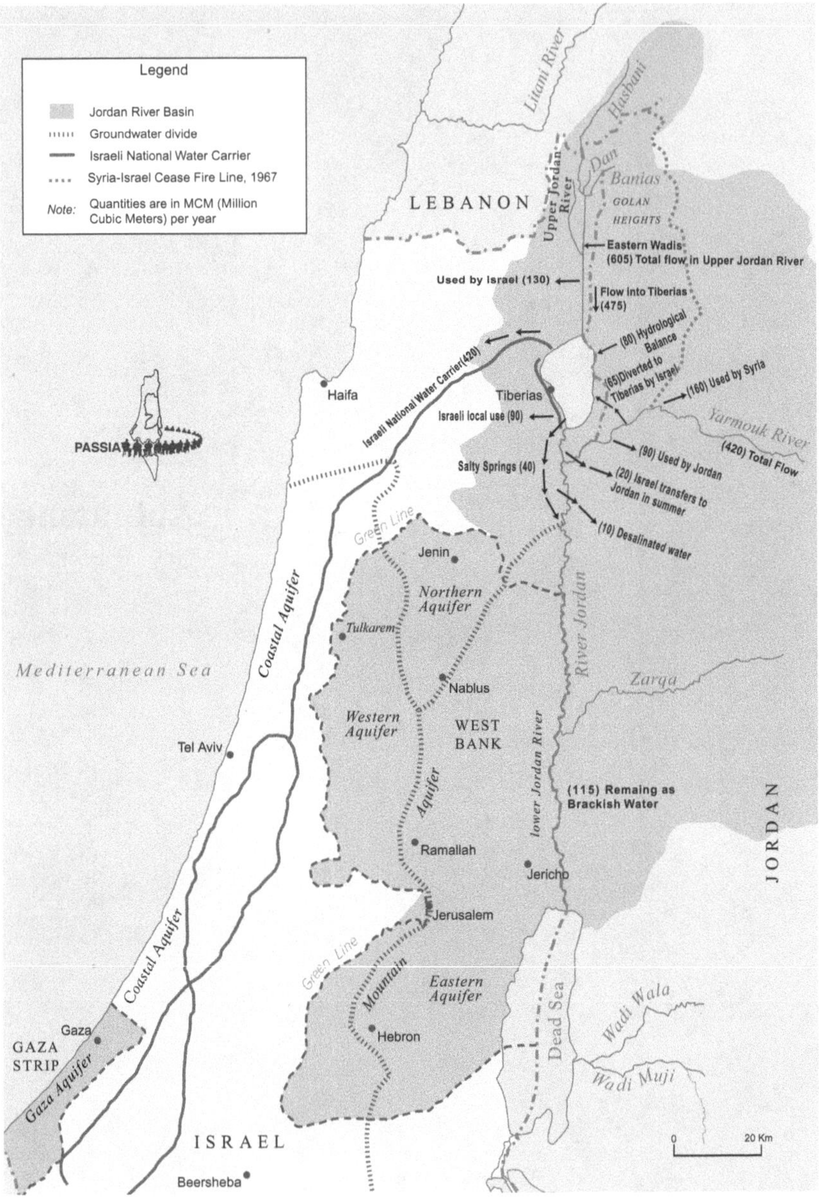

Quelle: http://www.passia.org, zitiert am: 5. August 2003.

Wasserführung im Jordanbecken in mcm/a

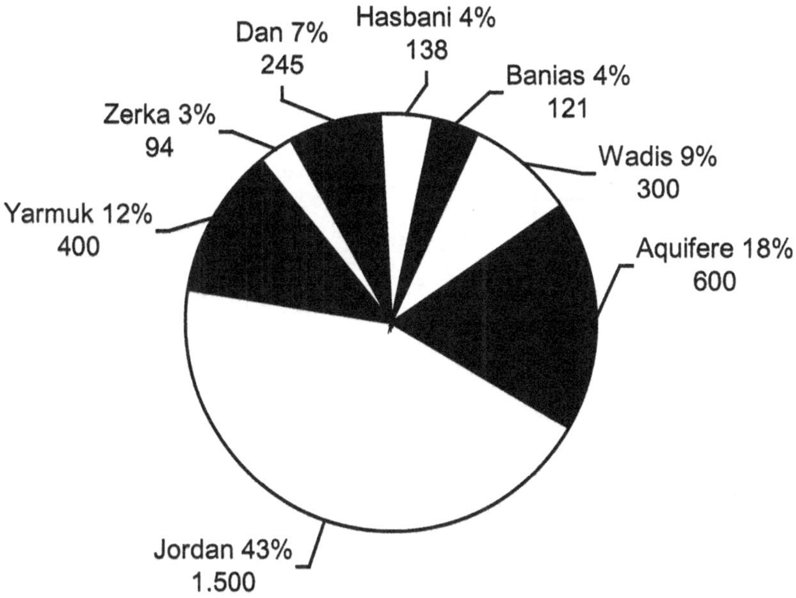

Prozentangaben in der Legende sind die Anteile an der Wassergesamtführung des Jordanbeckens. Im Fall des Jordans selbst gilt der Mittelwert für den südlichen Abschnitt vor der Mündung ins Tote Meer.

Täglicher Pro-Kopf-Trinkwasserverbrauch. Israelis und Palästinenser im weltweiten Vergleich

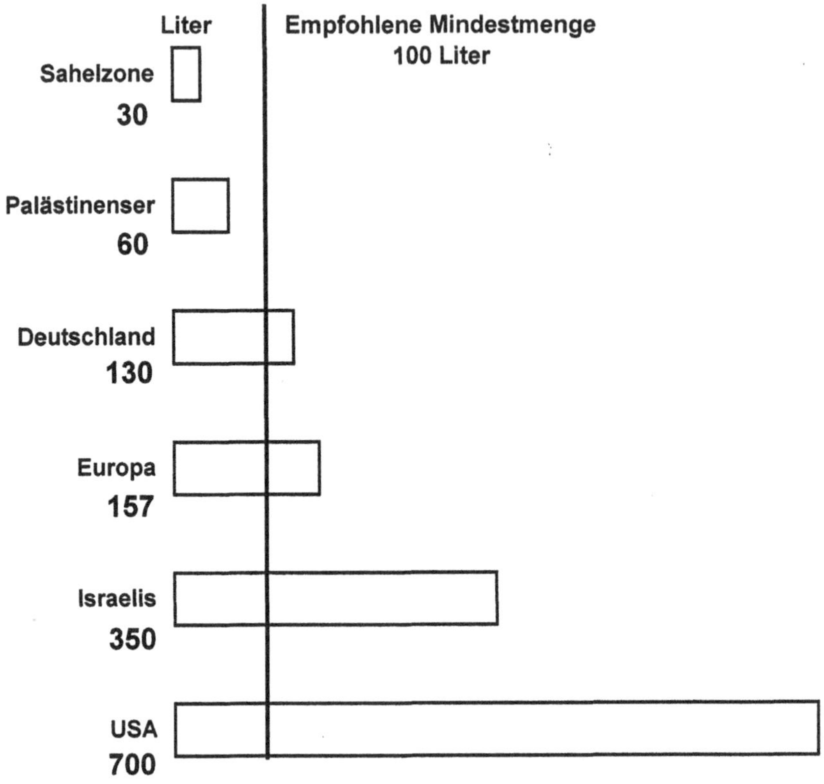

Quellen: Deutscher Bundestag (Hrsg.), *Globalisierung der Weltwirtschaft. Herausforderungen und Antworten. Schlussbericht der Enquete-Kommission*, 12. Juni 2002, Drucksache 14/9200, Punkt „7.5. Wasser", Kasten 7-6, im Internet unter:http://www.bundestag.de /gremien/welt/glob_end/7_5.html; United Nations General Assembly – Economic and Social Council (Hrsg.), *Economic and Social Repercussions of the Israeli Occupation on the Living Conditions of the Palestinian People in the Occupied Palestinian Territory, including Jerusalem, and of the Arab Population in the Occupied Syrian Golan*, A/57/63 – E/2002/21, 17. Mai 2002, Punkt 38, im Internet unter: http://ods-dds-ny.un.org; Freund, Andrea / Rößler, Hans-Christian, *Dem Nahen Osten geht das Wasser aus*, in: FAZ, Nr. 204, 3. September 2001.

Die Wirtschaftslage im Jordanbecken.
Jordananlieger im Vergleich zu führenden Industrienationen

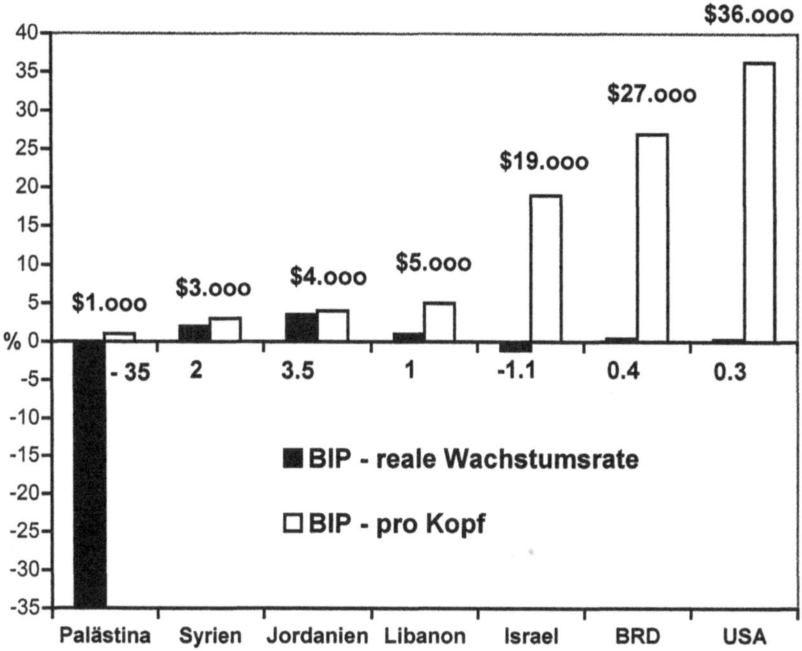

Zahlen von 2001/2002. „$" steht für US-Dollar. Bruttoinlandsprodukt (BIP) bedeutet der Wert aller Waren und Dienstleistungen, die in einem Jahr innerhalb der Landesgrenzen einer Volkswirtschaft durch In- und Ausländer produziert wurden. Das BIP ist in Prozent angegeben. Die Bezeichnung „Palästina" auf der x-Achse umfasst die Westbank und den Gazastreifen. Quelle: Central Intelligence Agency (Hrsg.), *The World Factbook 2002*, im Internet unter: http://www.cia.gov/cia/publications/factbook/index.html.

Unterzeichnung und Ratifizierung der UN-Wasserkonvention durch die Jordananlieger

Jordananlieger	Unterzeichnung	Ratifizierung
Syrien [1]	11. August 1997	2. April 1998
Libanon	–	25. Mai 1999
Jordanien	17. April 1998	22. Juni 1999
Israel	–	–
Palästinensische Autonomiebehörde [2]	–	–

Quelle: Tabelle „Participants" unter: http://untreaty.un.org, zitiert am 19. Juni 2003.

1 Syrien hat seiner Unterzeichnung eine „Reservation" angehängt, in der es hervorhebt, dass seine Unterzeichnung und Ratifizierung der UN-Wasserkonvention in keiner Weise einer völkerrechtlichen Anerkennung des Staates Israel gleichkommt: „The acceptance by the Syrian Arab Republic of this Convention and its ratification by the Government shall not under any circumstances be taken to imply recognition of Israel and shall not lead to its entering into relations therewith that are governed by its provisions." Israels "Objection" hierauf war, der Syrische Vorbehalt sei unvereinbar mit den Zielen der Konvention. Israel werde daher das Prinzip der Reziprozität anwenden: „In view of the Government of the State of Israel such reservation, which is explicitly of a political nature, is incompatible with the purposes and objectives of this Convention and cannot in any way affect whatever obligations are binding upon the Syrian Arab Republic under general international treaty law or under particular conventions. The Government of the State of Israel will, in so far as concerns the substance of the matter, adopt towards the Syrian Arab Republic an attitude of complete reciprocity." Syriens Vorbehalt (Reservation) und Israels Einspruch (Objection) sind im Internet abrufbar unter: http://untreaty.un.org/ENGLISH/bible/englishinternetbible/partI/chapterXXVII/treaty39.asp, zitiert am: 19. Juni 2003.

2 Die Palästinensische Autonomiebehörde, obwohl Anlieger im Jordanbecken, konnte die UN-Wasserkonvention freilich nicht unterzeichnen, da sie nicht den völkerrechtlichen Status eines souveränen Staats besitzt.

Wasserrechtliche Vereinbarungen im Jordanbecken

Vereinbarung	**Datum**	**Vertragsparteien**
Israeli-Palestinian Interim Agreement on the West Bank and the Gaza Strip, einschliesslich Annex I bis VII	28. 09. 1995	Israel, PLO
Treaty of Peace Between the State of Israel and the Hashemite Kingdom of Jordan	26. 10. 1994	Israel, Jordanien
Declaration of Principles on Interim Self-Government Arrangements	13. 09. 1993	Israel, PLO
Al Wehdah Dam Agreement	23. 11. 1987	Jordanien, Syrien
Agreement Between the Hashemite Kingdom of Jordan and the Syrian Republic for the Utilization of the Waters of the Yarmuk River	03. 09. 1987	Jordanien, Syrien
Johnston Plan	31. 12. 1955	Israel, Jordanien, Libanon, Syrien
Agreement Between the Republic of Syria and the Hashemite Kingdom of Jordan Concerning the Utilization of the Yarmuk Waters	04. 06. 1953	Jordanien, Syrien

Es handelt sich hierbei um wasserrechtliche Einzelbestimmungen in komplexen Vertragswerken oder um spezifisch wasserrechtliche Abkommen. Eine Auflistung der wasserbezogenen Abkommen zur Zeit der britischen und französischen Mandate über Syrien, Libanon, Palästina und Mesopotamien vgl. die Aufstellung „International Freshwater Treaties Database", im Internet unter: http://ocid.nacse.org/cgi-bin/qml.

Quellenverzeichnis

1. Primärquellen

A Performance-Based Roadmap to a Permanent Two-State Solution to the Israeli-Palestinian Conflict, 30. April 2003, hrsg. vom U.S. Department of State – Office of the Spokesman, im Internet unter: http://usinfo.state.gov/regional/nea/summit/text2003/0430roadmap.htm, zitiert am: 1. Mai 2003

Abkommen betreffend die Gesetze und Gebräuche des Landkrieges, (Haager Landkriegsordnung), 18. Oktober 1907, RGBl. 1910, S. 107, im Internet unter: http://provinz-sachsen.de/krr/rechtsfundstellen/1871-1914/hlko.html, zitiert am: 27. Feb-ruar 2003

Agreement Between the Hashemite Kingdom of Jordan and the Syrian Republic for the Utilization of the Waters of the Yarmuk River, 3. September 1987, im Internet unter: http://www.internationalwaterlaw.org, zitiert am 11. März 2003

Agreement Between the Republic of Syria and the Hashemite Kingdom of Jordan concerning the Utilization of the Yarmuk Waters, (*Yarmuk Waters Treaty*), 4. Juni 1953, im Internet unter: http://www.internationalwaterlaw.org, zitiert am: 11. März 2003

Agreement on the Action Plan for the Environmentally Sound Management of the Common Zambezi River System, (*ZACPLAN*), abgedruckt in: International Legal Materials, 27 (1988), S. 1109

Al Wehdah Dam Agreement, 23. November 1987, Law No. 32 (Syrien), Official Gazette, 9. Dezember 1987

Basic Guidelines of the 30th Government of Israel, Jerusalem, Februar 2003, im Internet auf den Websites des israelischen Ministry of Foreign Affairs unter: http://www.mfa.gov.il/mfa/go.asp?MFAH0n6l0, zitiert am 12. März 2003

Case Concerning the Gabcíkovo-Nagymaros Project (Hungary/Slovakia), 25. September 1997, abgedruckt in: International Court of Justice, General List No. 92, ICJ Reports 1997, 7, im Internet auf den Websites des Internationalen Gerichtshofs unter: http://www.icj-cij.org/icjwww/idocket/ihs/ihsjudgement/ihs_ijudgment_970925.html, zitiert am: 10. Januar 2002

Charta der Vereinten Nationen, 26. Juni 1945, im Internet auf den Websites der UNO unter: http://www.un.org/aboutun/charter/index.html, zitiert am: 16. Juni 2003; deutscher Text abgedruckt in: Sartorius, Band II, *Internationale Verträge – Europarecht*, Stand: 15. Januar 2000, München 2000, Punkt 1

Convention on Biological Diversity (Biodiversitätskonvention, CBD), 1992, Text abgedruckt in: BGBl. 1993 II, 1742, und in: ILM 31 (1992), 818, im Internet unter: http://www.biodiv.org/convention/articles.asp, zitiert am: 4. Juni 2003

Convention on the Law of the Non-navigational Uses of International Watercourses, (UN-Wasserkonvention), 8. Juli 1997, Annex zu GA-Res. 51/229, abgedruckt in: International Legal Materials, 36 (1997), S. 700-720, im Internet auf den Websites der UNO unter: http://www.un.org/ga/documents/gares51/ga51-229.htm, zitiert am: 26. November 2002

Convention on the Protection and Use of Transboundary Watercourses and International Lakes, (ECE-Übereinkommen), 17. März 1992, abgedruckt in: BGBl. 1994 II, 2334, und in: International Legal Materials, 31 (1992), 1312

Declaration of Principles on Interim Self-Government Arrangements, (*Declaration of Principles, DOP*), 13. September 1993, abgedruckt in: International Legal Materials, 32 (1993), S. 1525, im Internet auf den Websites des israelischen Ministry of Foreign Affairs unter: http://www.mfa.gov.il/mfa/go.asp?MFAH00q00, zitiert am: 27. Februar 2003

Declaration on Principles for Cooperation on Water-Related Matters and New and Additional Water Resources, (*WaterDOP*), 13. Februar 1996, Multilateral Peace Process in the Middle East – Multilateral Working Group on Water Resources, im Internet unter: http://www.us-israel.org/jsource/Peace/waterdec.html, zitiert am: 9. Mai 2003

Declaration on Principles of International Law Concerning Friendly Relations and Co-operation among States in Accordance with the Charter of the United Nations, (*Friendly Relations Declaration*), Annex zu GA-Res. 2625 (XXV), 24. Oktober 1970, abgedruckt in: UNYB 24 (1970), S. 788 ff.

Geneva Convention Relative to the Protection of Civilian Persons in Time of War, (Genfer Zivilkonvention), 12. August 1949, abgedruckt in: United Nations Treaty Series, vol. 75, no. 973, im Internet auf den Websites des UN High Commissioners for Human Rights unter: http://www.unhchr.ch/html/menu3/b/92.htm, zitiert am: 1. April 2003

Golan Heights Law, 5742/1981, 14. Dezember 1981, im Internet auf den Websites des israelischen Ministry of Foreign Affairs unter:
http://www.mfa.gov.il/mfa/go.asp?MFAH00kq0, zitiert am: 2. April 2003

Great Lakes Water Quality Agreement, 22. November 1978, abgedruckt in: United Nations Treaty Series, vol. 1153, p. 187

Helsinki Rules on the Uses of the Waters of International Rivers, (*Helsinki Rules*), August 1966, abgedruckt in: BGBl. 1994 II, S. 2334, und in: International Law Association, *Report of the 56th Conference*, Helsinki 1980, im Internet unter:
http://www.water-2001.de/documents/legal.asp, zitiert am: 20. November 2001

Indus Waters Treaty, 19. Juli 1960, abgedruckt in: 419 United Nations Treaty Series 125, und in: American Journal of International Law, 55 (1961), S. 797

Israeli-Palestinian Interim Agreement on the West Bank and the Gaza Strip, (*Interim Agreement, IA*), 28. September 1995, abgedruckt in: International Legal Materials, 36 (1997), S. 551, im Internet auf den Websites des israelischen Ministry of Foreign Affairs unter: http://www.mfa.gov.il/mfa/go.asp?MFAH00qa0, zitiert am: 28. Februar 2003

Israel-Syria Armistice Agreement, 20. Juli 1949, im Internet auf den Websites des israelischen Ministry of Foreign Affairs unter:
http://www.mfa.gov.il/mfa/go.asp?MFAH018t0, zitiert am: 12. März 2003

Johnston-Plan, 31. Dezember 1955, abschließende Version, im Internet unter:
http://ocid.nacse.org/qml/research/tfdd/toTFDDdocs/92ENG.htm, zitiert am: 25. März 2003

Kyoto Protocol to the United Nations Framework Convention on Climate Change, (Kyoto-Protokoll), 11. Dezember 1997, englischer Text im Internet auf den Websites der UN Framework Convention on Climate Change unter: http://unfccc.int/resource/docs/convkp/kpeng.html, zitiert am 17. April 2003, deutscher Text im Internet unter: http://www.fr-aktuell.de/_img/_cnt/_online/kyoto.pdf, zitiert am: 17. April 2003

Mitchell Report, April 2001, hrsg. vom Mitchell Commitee unter Leitung des vormaligen U.S.-Senators George Mitchell, im Internet auf den Websites des Meridian International Center unter: http://www.meridian.org/sheikh.pdf, zitiert am: 21. Mai 2003

Resolutionen der Vereinten Nationen:

Resolutionen des UN-Sicherheitsrats ab 1946 im Internet auf den Websites der Vereinten Nationen unter: http://www.un.org/documents/scres.htm

Resolutionen der UN-Generalversammlung ab 1977 im Internet auf den Websites der Vereinten Nationen unter: http://www.un.org/documents/resga.htm

Statute of the International Court of Justice, (IGH-Statut), im Internet auf den Websites des IGH unter: http://www.icj-cij.org/icjwww/ibasicdocuments/ibasictext/ibasicstatute.htm, zitiert am: 26. Juni 2003

Tenet Report, hrsg. von CIA-Direktor George Tenet, im Internet auf den Websites des Avalon Project der Yale Law School unter: http://www.yale.edu/lawweb/avalon/mideast/mideast.htm, zitiert am: 21. Mai 2003

Treaty Between the Hungarian People's Republic and the Czechoslovak Socialist Republic Concerning the Construction and Operation of the Gabcíkovo-Nagymaros System of Locks, (Gabcíkovo-Nagymaros-Vertrag von 1977), 16. September 1977, abgedruckt in: United Nations Treaty Series, vol. 1109, p. 168, im Internet unter: http://www.gabcikovo.gov.sk/doc/it1977en, zitiert am: 19. Juni 2003

Treaty Between the United States and Great Britain Respecting Boundary Waters Between the United States and Canada, (*Boundary Waters Treaty*), 11. Januar 1909, abgedruckt in: International Protection of the Environment, Treaties and Related Documents, 2nd Series, Bd. X, 5158

Treaty Between the United States of America and Mexico, Utilization of Waters of the Colorado and Tijuana Rivers and of the Rio Grande, (*U.S.-Mexico Water Treaty*), 3. Februar 1944, im Internet auf den Websites der International Boundary and Water Commission – United States and Mexico – U.S. Section unter: http://www.ibwc.state.gov/html/treaties.html, zitiert am 16. Juni 2003

Treaty of Peace between the State of Israel and the Hashemite Kingdom of Jordan, (Israelisch-jordanischer Friedensvertrag), 26. Oktober 1994, abgedruckt in: International Legal Materials, 34 (1995), im Internet auf den Websites des israelischen Ministry of Foreign Affairs unter: http://www.mfa.gov.il/mfa/go.asp?MFAH00pa0, zitiert am: 16. Juni 2003

Treaty Relating to the Cooperative Development of the Columbia River Basin, 17. Januar 1961, abgedruckt in: 15 UST 1555

Treaty Respecting the Utilization of Waters of the Colorado and Tijuana Rivers and Rio Grande, 3. Februar 1944, abgedruckt in: 59 Stat. 1219, T.S. No. 994

UN-Framework Convention on Climate Change (*UNFCCC*, UN-Klimarahmenkonvention), 9. Mai 1992, deutscher Text im Internet auf den Websites der UN Framework Convention on Climate Change unter: http://unfccc.int/resource/docs/convkp/convger.pdf, zitiert am: 17. April 2003.

Vereinbarung über die Internationale Kommission zum Schutz des Rheins, 29. April 1963, abgedruckt in: BGBl. 1965 II, 1432

Vienna Convention on Succession of States in respect of Treaties, (Wiener Konvention über das Recht der Staatennachfolge in Verträge), 23. August 1978, abgedruckt in: United Nations Conference on the Succession of States in respect of Treaties, Official Documents, Volume III, Conference Documents (United Nations publications, Sales No. F.79.V.10), im Internet auf den Websites der UNO unter: http://www.un.org/law/ilc/texts/treasucc.htm, zitiert am: 17. Mai 2003

Vienna Convention on the Law of Treaties, (Wiener Übereinkommen über das Recht der Verträge), 23. Mai 1969, abgedruckt in: Sartorius, Band II, *Internationale Verträge – Europarecht*, Stand: 15. Januar 2000, München 2000, 320, englischer Text abgedruckt in: United Nations Treaty Series, vol. 1155, p.331, sowie im Internet auf den Websites der UNO unter: http://www.un.org/law/ilc/texts/treatfra.htm, zitiert am: 17. Mai 2003

2. Sekundärquellen

2.1. Monographien

Asseburg, Muriel, *Palästina auf dem Weg zum Staat. Determinanten, Entwicklungen, Szenarien*, Ebenhausen bei München 1999

Barandat, Jörg, *Wasser - ein neues Pulverfaß? Das internationale Gewässersystem Euphrat und Tigris*, Hamburg 1993

Barandat, Jörg, *Wasser. Regionaler Konfliktstoff weltweiter Bedeutung*, Hamburger Beiträge zur Friedensforschung und Sicherheitspolitik, Heft 96, Hamburg 1995

Bar-El, Raphael, *The Long Term Water Balance East and West of the Jordan River*, 1995

Barth, Peter, *Krieg um Wasser? Wasserkonflikte im Nahen und Mittleren Osten*, Starnberg 1994

Berber, Friedrich, *Die Rechtsquellen des internationalen Wassernutzungsrechts*, München 1955

ders., *Lehrbuch des Völkerrechts*, Erster Band: Allgemeines Friedensvölkerrecht, München 1975

ders., *Rivers in International Law*, London / New York 1959

Beyerlin, Ulrich / **Marauhn**, Thilo, *Rechtssetzung und Rechtsdurchsetzung im Umweltvölkerrecht nach der Rio-Konferenz 1992*, Berlin 1997

ders., *Umweltvölkerrecht*, München 2000

Birnie, Patricia W. / **Boyle**, Alan E., *International Law and the Environment*, Oxford 1992

Biswas, Asit K. (Hrsg.), *International Waters of the Middle East. From Euphrates-Tigris to Nile*, Oxford 1994

Breitmeier, Helmut, *Wie entstehen gobale Umweltregime? Der Konfliktaustrag zum Schutz der Ozonschicht und des globalen Klimas*, Opladen 1996

Caponera, Dante A., *Principles of Water Law and Administration. National and international*, Rotterdam/Brookfield 1992

Chauhan, B. R., *Disputes in International Drainage Basins*, Berlin 1981

Deshazo, Randy / **Sutherlin**, John W., *Building Bridges. Diplomacy and Regime Formation in the Jordan River Valley*, Lanham / New York / London 1996

Dolatyar, Mustafa / **Gray**, Tim, *Water Politics in the Middle East. A Context for Conflict or Co-operation?*, Basingstoke u.a. 2000

Dombrowsky, Ines, *Wasserprobleme im Jordanbecken. Perspektiven einer gerechten und nachhaltigen Nutzung internationaler Ressourcen*, Frankfurt am Main/Bern 1995

Ehrmann, Markus, *Erfüllungskontrolle im Umweltvölkerrecht. Verfahren der Erfüllungskontrolle in der umweltvölkerrechtlichen Vertragspraxis*, Baden-Baden 2000

Elmusa, Sharif, *Water Conflict. Economics, Politics, Law and Palestinian Israeli Water Resources*, Washington, D.C. 1997

Epiney, Astrid / **Scheyli**, Martin, *Strukturprinzipien des Umweltvölkerrechts*, Baden-Baden 1998

dies., *Umweltvölkerrecht*, 2000

Gehring, Thomas, *Dynamic international regimes. Institutions for international environmental governance*, Frankfurt am Main u.a. 1994

Giannios, Susanne, *Das Werden des Palästinenserstaates. Eine Untersuchung unter besonderer Berücksichtigung des Völkerrechts*, Frankfurt am Main u.a. 2002

Gleick, Peter H., *The World's Water 1998-1999. The Biennial Report on Freshwater Resources*, Washington D.C. 1998

Gnesa, Edi, *Die von Israel besetzten Gebiete im Völkerrecht. Eine besetzungsrechtliche Analyse*, Zürich 1981

Habib, Ayeb, *L'eau au Proche-Orient. La guerre n'aura pas lieu*, Condé sur Noieau 1998

Heinrichs, Ralf, *Die Implementierung der Kyoto-Mechanismen und die Analyse der Verhandlungsstrategien der Vertragsstaaten der Klimarahmenkonvention*, Frankfurt am Main u.a. 2001

Herzl, Theodor, *Altneuland. Novel. Translated by Paula Arnold*, Haifa 1960

Ibrahim, Waleed, *Die palästinensische Selbstregierung nach dem internationalen Gaza-Jericho-Abkommen vom 13. September 1993. Eine völkerrechtliche Studie*, Frankfurt am Main u.a. 1998

Kally, Elisha, *Water and Peace. Water Resources and the Arab-Israeli Peace Process*, Connecticut / London 1993

Kasme, Badr, *L'obligation de règlement des différends relatifs aux cours d'eau internationaux*, Mélanges Mohammed Bedjaoui, 1999

Kimminich, Otto / **Hobe**, Stephan, *Einführung in das Völkerrecht*, Tübingen/Basel 2000

Kiss, Alexandre / **Shelton**, Dinah, *International Environmental Law*, New York / London 1991

Kliot, Nurit, *Water Resources and Conflict in the Middle East*, London / New York 1994

Kuros, Gholam-Resal, *Irans Kampf um Wasser. Die Vergangenheit und ihre Lehren, die Zukunft und ihre Aufgaben in der iranischen Wasserwirtschaft*, Berlin 1943

Küng, Manfred / Eckert, Martin K., *Repetitorium zum Völkerrecht*, Bern u.a. 1993

Ladenburger, Felix, *Durchsetzungsmechaismen im Umweltvölkerrecht. „Enforcement" gegenüber den Staaten*, Tübingen 1996

Libiszewski, Stephan, *Water Disputes in the Jordan Basin Region and their Role in the Resolution of the Arab-Israeli Conflict*, Environment and Conflicts Project (ENCOP) Occasional Paper No. 13., Center for Security Policy and Conflict Research / Swiss Peace Foundation, Zürich / Bern 1995, im Internet unter: http://www.fsk.ethz.ch/encop/13/en13-ch0.htm, zitiert am: 8. März 2003

Lowi, Miriam R., *Water and Power. The Politics of a Scarce Resource in the Jordan River Basin*, Cambridge 1993

Majzoub, Tarek, *Les Fleuves du Moyen-Orient. Situation et prospective juridico-politiques*, Paris 1994

Müller, Harald, *Die Chance der Kooperation. Regime in den internationalen Beziehungen*, Darmstadt 1993

Naber, Anton Ayed, *The Arab-Israeli Water Conflict*, The American University 1968

Oberthür, Sebastian, *Umweltschutz durch internationale Regime. Interessen, Verhandlungsprozesse, Wirkungen*, Opladen 1997

Odendahl, Kerstin, *Die Umweltpflichtigkeit der Souveränität. Reichweite und Schranken territorialer Souveränitätsrechte über die Umwelt und die Notwendigkeit eines veränderten Verständnisses staatlicher Souveränität*, Berlin 1998

Patronos, Petros, *Der konzeptionelle Ansatz im Umweltvölkerrecht. Ein Beitrag zu den normativen Grundlagen des internationalen Umweltschutzes*, Frankfurt am Main u.a. 1997

Petrella, Riccardo, *Wasser für alle. Ein globales Manifest*, Zürich 2000

Polkehn, Klaus, *Krieg um Wasser? Der Jahrhundertkonflikt im Nahen Osten*, Berlin 1992

Postel, Sandra, *Der Kampf um Wasser. Die Chancen einer bedarfsorientierten Verteilungspolitik*, Schwalbach/Ts 1999

ders., *Die letzte Oase. Der Kampf um das Wasser*, Frankfurt am Main 1993

Reimann, Markus, *Die nicht-navigatorische Nutzung internationaler Süßwasserressourcen im Umweltvölkerrecht*, Frankfurt am Main u.a. 1999

Rittberger, Volker (Hrsg.), *Regime Theory and International Relations*, Oxford 1993

Rogers, Peter, *Water in the Arab world. Perspectives and Prognoses*, Harvard 1994

Rouyer, Alwyn R., *Turning Water into Politics. The Water Issue in the Palestinian-Israeli Conflict*, Basingstoke u.a. 2000

Schröder, Heike, *Negotiating the Kyoto Protocol. An Analysis of Negotiation Dynamics in International Negotiations*, Münster u.a. 2001.

Seidl-Hohenveldern, Ignaz, *Völkerrecht*, 9., neubearbeitete Auflage, Köln u.a. 1997

Sherman, Martin, *The Politics of Water in the Middle East. An Israeli Perspective on the Hydro-political Aspects of the Conflict*, Basingstoke u.a. 1999

Takkenberg, Lex, *The Status of Palestinian Refugees in International Law*, Oxford 1998

Ule, Christian, *Das Recht am Wasser. Dargestellt am Beispiel des Nils*, Baden-Baden 1998

Wolf, Aaron T., *Hydropolitics Along the Jordan River. Scarce Water and its Impact on the Arab-Israeli Conflict*, Tokyo / New York / Paris 1995

ders., *The Impact of Scarce Water Resources on the Arab-Israeli Conflict. An Interdisciplinary Study of Water Conflict Analysis and Proposals for Conflict Resolution*, University of Wisconsin 1993

Wolffsohn, Michael / **Bokovoy**, Douglas, *Israel. Geschichte – Wirtschaft – Gesellschaft – Politik*, Opladen 1996

2.2. Sammelbände

Allan, Anthony J. (Hrsg.), *Water in the Middle East. Legal, Political and Commercial Implications*, London 1995

ders. (Hrsg.), *Water, Peace and the Middle East. Negotiating Resources in the Jordan Basin*, London / New York 1996

Amery, Hussein A. / **Wolf**, Aaron (Hrsg.), *Water in the Middle East. A Geography of Peace*, Austin 2000

Andersen, Uwe / **Woyke**, Wichard (Hrsg.), *Handwörterbuch Internationale Organisationen*, Opladen 1995

Barandat, Jörg (Hrsg.), *Wasser – Konfrontation oder Kooperation? Ökologische Aspekte von Sicherheit am Beispiel eines weltweit begehrten Rohstoffs*, Baden-Baden 1997

Bagis, Ali Ishan, *Water as an Element of Cooperation and Development in the Middle East*, Ankara 1994

Benz, Arthur / **Scharpf**, Fritz W. / **Zintl**, Reinhard, *Horizontale Politikverflechtung. Zur Theorie von Verhandlungssystemen*, Frankfurt am Main 1992

Blumenwitz, Dieter / **Wehner**, Gerd (Hrsg.), *Rechte der Staaten, Volksgruppen und Individuen*, hrsg. von der Hanns-Seidel-Stiftung, Bd. Pol-Educ 1, München 2002

Bothe, Michael (Hrsg.), *Trends in Environmental Policy and Law*, Beiträge zur Umweltgestaltung, Bd. A 69, Berlin 1980

Bowen, Stephan (Hrsg.), *Human Rights, Self-determination and Political Change in the Occupied Palestinian Territories*, The Hague 1997

Boyle, Alan / **Freestone**, David (Hrsg.), *International Law and Sustainable Development. Past Achievements and Future Challenges*, Oxford 2001

Bundesakademie für Sicherheitspolitik (Hrsg.), *Sicherheitspolitik in neuen Dimensionen. Kompendium zum erweiterten Sicherheitsbegriff*, Hamburg u.a. 2001

Cotran, Eugene / **Mallat**, Chibli (Hrsg.), *The Arab-Israeli Accords. Legal Perspectives*, The Hague u.a. 1996

Environment and Conflicts Project (ENCOP) (Hrsg.), *Kriegsursache Umweltzerstörung*, Bd. I-III, Zürich / Chur 1996

Gehring, Thomas (Hrsg.), *Internationale Umweltregime. Umweltschutz durch Verhandlungen und Verträge*, Opladen 1997

Gleick, Peter H. (Hrsg.), *Water in Crisis. A Guide to the World's Fresh Water Resources*, New York/Oxford 1993

Erich Schmidt Verlag (Hrsg.), *Handwörterbuch des Umweltrechts*, 2. überarbeitete Auflage, Datenbank: HDUR, Dokumentennummer: 00131, GENIOS Web-Search: HDUR (40519/3358), zitiert am: 2. Juli 2003

Harttung, Arnold (Hrsg.), *Zeittafel zum Nahostkonflikt. 1920-1979. Dokumentation*, Berlin 1979

Heilbronner, Kai / **Reuss**, Georg / **Stein**, Thorsten (Hrsg.), *Staat und Völkerrechtsordnung. Festschrift für Karl Doehring*, Berlin u.a. 1989

Herder (Hrsg.), *Herder Lexikon. Politik*, 7. aktualisierte und erweiterte Auflage, Freiburg 1995

Heydte, Friedrich August Freiherr von der / **Seidl-Hohenveldern**, Ignaz / **Verosta**, Stephan / **Zemanek**, Karl (Hrsg.), *Völkerrecht und rechtliches Weltbild. Festschrift für Alfred Verdross*, Wien 1960

Juracafe (Hrsg.), *Rechtslexikon*, im Internet unter: http://www.juracafe.de/mandant/glossar/index.htm, zitiert am: 30. Juli 2003

Kaiser, Karl / **Schwarz**, Hans-Peter (Hrsg.), *Weltpolitik im neuen Jahrhundert*, Bonn 2000

Kimminich, Otto / **Lersner**, Heinrich von / **Storm**, Peter-Christoph (Hrsg.), *Handwörterbuch des Umweltvölkerrechts*, Berlin 1994

Lorz, Ralph A. / **Spies**, Ute / **Deventer**, Wolfgang G. / **Schmidt-Schlaeger**, Michaela (Hrsg.), *Umwelt und Recht*, 30. Assistententagung Öffentliches Recht, Marburg 1990, Stuttgart u.a. 1991

Lydon, Peter / **Rogers**, Peter (Hrsg.), *Water in the Arab World. Perspectives and Prognoses*, Harvard 1994

Oberthür, Sebastian / **Ott**, Hermann E. (Hrsg.), *The Kyoto Protocol. International Climate Policy for the 21st Century*, Berlin u.a. 1999

Pfetsch, Frank R. (Hrsg.), *Konflikte seit 1945. Daten – Fakten – Hintergründe. Die Arabisch-Islamische Welt*, Würzburg 1991

Prittwitz, Volker von (Hrsg.), *Umweltpolitik als Modernisierungsprozeß. Politikwissenschaftliche Umweltforschung und -lehre in der Bundesrepublik Deutschland*, Opladen 1993

ders. (Hrsg.), *Verhandeln und Argumentieren. Dialog, Interessen und Macht in der Umweltpolitik*, Opladen 1996

Reiter, Erich (Hrsg.), *Jahrbuch für internationale Sicherheitspolitik 2000*, Hamburg u.a. 2000

Scheumann, Waltina / **Schiffler**, Manuel (Hrsg.), *Water in the Middle East. Potential for Conflicts and Prospects for Cooperation*, Berlin/Heidelberg 1998

Shapira, Amos / **Tabory**, Mala (Hrsg.), *New Political Entities in Public and Private International Law. With Special Reference to the Palestinian Entity*, The Hague u.a. 1999

Spektrum Akademischer Verlag (Hrsg.), *Lexikon der Geographie*, Heidelberg 2001, im Internet unter: http://www.xipolis.net, zitiert am: 26. Februar 2003

ders. (Hrsg.), *Lexikon der Geowissenschaften*, Heidelberg 2000-2002, im Internet unter: http://www.xipolis.net, zitiert am: 26. Februar 2003

Wolfrum, Rüdiger (Hrsg.), *Handbuch Vereinte Nationen*, München 1991

Wouters, Patricia (Hrsg.), *International Water Law. Selected Writings of Professor Charles B. Bourne*, London 1997

Zürn, Michael, *Interessen und Institutionen in der internationalen Politik. Grundlegung und Anwendung des situationsstrukturellen Ansatzes*, Opladen 1992

2.3. Essays

A

Allan, Antohny J., *Water Security Policies and Global Systems for Water-Scarce Regions*, im Internet ohne Jahresangabe unter:
http://www.worldbank.org/wbi/mdf/mdfl/water.htm, zitiert am: 23. Juli 2002

Al-Saqabi, Abdulaziz / **Dabbagh**, Taysir / **Sadeqi**, Mohamed / **Sadler**, Peter, *Desalination. An Emergent Option*, in: Lydon, Peter / Rogers, Peter (Hrsg.), *Water in the Arab world. Perspectives and Prognoses*, Harvard 1994

Arcari, Maurizio, *The Draft Articles on the Law of International Watercourses Adopted by the International Law Commission. An Overview and some Remarks on Selected Issues*, in: Natural Resources Forum, August 1997

B

Baim, Karen A., *Come Hell or High Water. A Water Regime for the Jordan River Basin*, in: Washington University Law Quarterly, Vol. 75, No. 2, Summer 1997

Barandat, Jörg, *Dokumentation zur Entwicklung eines internationalen Wasserrechts*, in: ders. (Hrsg.), *Wasser – Konfrontation oder Kooperation? Ökologische Aspekte von Sicherheit am Beispiel eines weltweit begehrten Rohstoffs*, Baden-Baden 1997

ders., *Sie graben uns das Wasser ab. Grenzüberschreitende Gewässersysteme und internationales Recht*, in: E+Z – Entwicklung und Zusammenarbeit, Nr. 6, Juni 2001

ders. / **Kaplan**, Aytül, *International Water Law. Regulations for Cooperation and the Discussion of the International Water Convention*, in: Scheumann, Waltina / Schiffler, Manuel (Hrsg.), *Water in the Middle East. Potential for Conflicts and Prospects for Cooperation*, Berlin/Heidelberg 1998

Ben-Meir, Alon, *The Israeli-Syrian Battle for Equitable Peace*, Alon Ben-Meir Institute, Middle East Policy, Volume III, No. 1, New York 1994, im Internet unter:
http://www.alonben-meir.com/essay/syra-syri_for_equit_peace-1.html, zitiert am: 24. März 2003

Blanchard, Nicolas, *The Role of Conflict of Laws Regarding the Transboundary Pollution of Water*, in: Shapira, Amos / Tabory, Mala (Hrsg.), *New Political Entities in Public and Private International Law. With Special Reference to the Palestinian Entity*, The Hague u.a. 1999

Barghouti, Shawki / **Sadik**, Abdul-Karim, *The Water Problems of the Arab World. Management of Scarce Resources*, in: Lydon, Peter / Rogers, Peter (Hrsg.), *Water in the Arab World. Perspectives and Prognoses*, Harvard 1994

Barret, Philippe / **Gonzalez**, Alfonso, *The role of NGOs and the civil society in the negotiations*, UNESCO-IHP technical documents – PC-CP series, 2003

Bazzaz, F. A., *Global Climate Change and its Consequences for Water Availability in the Arab World*, in: Lydon, Peter / Rogers, Peter (Hrsg.), *Water in the Arab World. Perspectives and Prognoses*, Harvard 1994

Beck, Martin, *Der israelisch-palästinensische Friedensprozeß*, in: Aus Politik und Zeitgeschichte, B 18 / 1996

Benvenisti, Eyal, *Collective Action in the Utilization of Shared Freshwater. The Challenges of International Water Resources Law*, in: American Journal of International Law, Nr. 3 / 1996

Beyerlin, Ulrich, *Grenzüberschreitender Umweltschutz und allgemeines Völkerrecht*, in: Heilbronner, Kai / Reuss, Georg / Stein, Thorsten (Hrsg.), *Staat und Völkerrechtsordnung. Festschrift für Karl Doehring*, Berlin u.a. 1989

Biermann, Frank, *Umweltflüchtlinge. Ursachen und Lösungsansätze*, in: Aus Politik und Zeitgeschichte, Nr. 12 / 2001

Bodansky, Daniel, *The Legitimacy of International Governance. A coming challenge for International Environmental Law?*, in: The American Journal of International Law, Nr. 3 / 1999

Bosnjakovics, Branko, *Negotiation of international conventions*, UNESCO-IHP technical documents – PC-CP series, 2003

Boyle, Alan, *Codification of International Environmental Law and the International Law Commission. Injurious Consequences Revisited*, in: Boyle, Alan / Freestone, David (Hrsg.), *International Law and Sustainable Development. Past Achievements and Future Challenges*, Oxford 2001

Breitmeier, Helmut / **Gehring**, Thomas / **List**, Martin / **Zürn**, Michael, *Internationale Umweltregime*, in: Prittwitz, Volker von (Hrsg.), *Umweltpolitik als Modernisierungsprozeß. Politikwissenschaftliche Umweltforschung und -lehre in der Bundesrepublik Deutschland*, Opladen 1993

Brock, Lothar, *Von der ökologischen Sicherheit zum nachhaltigen Frieden?*, in: Aus Politik und Zeitgeschichte, Nr. 12 / 2001

Brunée, Jutta / **Toope**, Stephan J., *Environmental Security and Freshwater Resources. Ecosystem Regime Building*, in: American Journal of International Law, Nr. 1 / 1997

dies., *Environmental Security and Freshwater Resources. A Case for International Ecosystem Law*, in: Yearbook of International Environmental Law, Nr. 6 / 1995

Bryde, Brun-Otto, *Umweltschutz durch allgemeines Völkerrecht?*, in: Archiv des Völkerrechts, Nr. 1-2 / 1993

Burchi, Stefano / Spreij, Melvin, *Institutions for water related management*, UNESCO-IHP technical documents – PC-CP series, 2003

C

Caponera, Dante A., *Les Eaux Partagées et le Droit International*, Congres International de Kaslik / Liban, 18.-20. Juni 1998, im Internet unter: http://funredes.org/agua/files/droit/CAPONERA.rtf, zitiert am: 29. April 2003

Carius, Alexander / **Petzold-Bradley**, Eileen / **Pfahl**, Stefanie, *Umweltpolitik und nachhaltige Friedenspolitik. Ein neues Thema auf der internationalen Agenda*, in: Aus Politik und Zeitgeschichte, Nr. 12 / 2001

Chayes, Abram / **Chayes**, Antonia Chandler, *On Compliance*, in: International Organization, Nr. 47 / 1993

Churchill, Robin R. / **Ulfstein**, Geir, *Autonomous Institutional Arrangements in Multilateral Environmental Agreements. A Little-Noticed Phenomenon in International Law*, in: American Journal of International Law, Nr. 4 / 2000

Civic, Mélanne Andromecca, *Water Scarcity in the Jordan River Basin*, USIS Global Issues, März 1999, im Internet unter: http://greennature.com/article84.html, zitiert am: 11. Juni 2003

D

Diner, Dan, *Ein Land, ein Grundkonsens und viele Stimmen. Variationen des Zionismus in Israel*, in: Das Parlament, Nr. 14 / 1998, Thema: Fünfzig Jahre Israel 1948-1998

Daoudy, Marwa, *Water, Institutions and Development in Syria. A Downstream Perspective from the Euphrates and Tigris*, in: World Commission on Dams, Serial No. env108, ohne Jahresangabe im Internet unter: http://www.dams.org/kbase/submissions/showsub.php?rec=env108, zitiert am: 11. März 2003

Dellapenna, Joseph W., *The Customary International Law of Transboundary Fresh Waters*, in: International Journal for Global Environmental Issues, Vol. 1, No. 3-4 / 2001

Dichter, Harold, *The Legal Status of Israel's Water Policies in the Occupied Territories*, in: Harvard International Law Journal, Nr. 35 / 1994

Dombrowsky, Ines, *Die Wasserkrise im Nahen Osten*, in: Aus Politik und Zeitgeschichte, Nr. 48-49 / 2001

ders., *The Jordan River Basin. Prospects for Cooperation within the Middle East Peace Process?*, in: Scheumann, Waltina / Schiffler, Manuel (Hrsg.), *Water in the Middle East. Potential for Conflicts and Prospects for Cooperation*, Berlin/Heidelberg 1998

Dupuy, Pierre-Marie, *International Liability for Transfrontier Pollution*, in: Bothe, Michael (Hrsg.), *Trends in Environmental Policy and Law*, Beiträge zur Umweltgestaltung, Bd. A 69, Berlin 1980

Durth, Rainer, *Transboundary Externalities and Regional Integration*, in: Scheumann, Waltina / Schiffler, Manuel (Hrsg.), *Water in the Middle East. Potential for Conflicts and Prospects for Cooperation*, Berlin/Heidelberg 1998

E

Eckstein, Gabriel E., *Hydrologic Reality. International Water Law and Transboundary Ground-Water Resources*, American University Center for the Global South, Washington, D.C., 1998, im Internet unter:
http://www.internationalwaterlaw.org/Articles/GlobalSouth.htm, zitiert am: 20. März 2002

ders., *Shared Aquifers and International Law*, hrsg. von der Food and Agriculture Organization of the United Nations, im Internet unter:
http://www.fao.org/Legal/advserv/isarm4.pdf, zitiert am: 29. April 2003

Elmusa, Sharif S., *Dams, Power and International Water Law*, in: World Commission on Dams, Serial No. ins108, ohne Jahresangabe im Internet unter:
http://www.dams.org/kbase/submissions/showsub.php?rec=ins108, zitiert am: 12. März 2003

ders., *Dividing Common Water Resources According to International Water Law. The Case of the Palestinian-Israeli Waters*, NRJ Nr. 35 / 1995

ders., *Negotiating Water. Israel and the Palestinians*, Institute for Palestine Studies, Washington, D.C., 1996

ders., *The Jordan-Israel Water Agreement. A Model or an Exception?*, in: Cotran, Eugene / Mallat, Chibli (Hrsg.), *The Arab-Israeli Accords. Legal Perspectives*, The Hague u.a. 1996

ders., *Water Conflict. Economics, Politics, Law and Palestinian-Israeli Water Resources*, Institute for Palestine Studies, Washington, D.C., 1997

Epiney, Astrid, *Das „Verbot erheblicher grenzüberschreitender Umweltbeeinträchtigungen". Relikt oder konkretisierungsfähige Grundnorm?*, in: Archiv des Völkerrechts, Nr. 3 / 1995

ders., *Nachbarrechtliche Pflichten im internationalen Wasserrecht und Implikationen von Drittstaaten*, in: Archiv des Völkerrechts, Bd. 39, Nr. 1 / 2001

F

Feitelson, Eran, *Joint Management of Groundwater Resources. Its Need and Implications*, in: Cotran, Eugene / Mallat, Chibli (Hrsg.), *The Arab-Israeli Accords. Legal Perspectives*, The Hague u.a. 1996

Ferdowsi, Mir A., *Frieden im Nahen Osten oder die Suche nach der Quadratur des Kreises*, in: ders. (Hrsg.), *Stand und Perspektiven des Nahost-Friedensprozesses, Arbeits-*

papiere zu Problemen der Internationalen Politik und der Entwicklungsländerforschung, Nr. 29 / 2000

ders., *Naher und Mittlerer Osten*, in: Opitz, Peter J., *Der globale Marsch. Flucht und Migration als Weltproblem*, München 1997

ders., *Naher und Mittlerer Osten. Vom regionalen Sicherheitssystem zum Bilateralismus?*, in: ders. (Hrsg.), *Die Welt der 90er Jahre. Das Ende der Illusionen*, Bonn 1995

Foster, Stephen, *Evaluation of Groundwater Resources Status*, hrsg. von der World Bank Group, ohne Jahresangabe im Internet unter: http://lnweb18.worldbank.org/ESSD/essdext.nsf/18ByDocName/EvaluationofGroundwaterResourceStatus/$FILE/EvaluationofGroundwaterResourcesStatus.pdf, zitiert am: 31. März 2003

G

Gasser, Hans-Peter, *The Geneva Conventions and the Autonomous Territories in the Middle East*, in: Bowen, Stephen (Hrsg.), *Human Rights, Self-determination and Political Change in the Occupied Palestinian Territories*, The Hague 1997

Gehring, Thomas, *Arguing und Bargaining in internationalen Verhandlungen. Überlegungen am Beispiel des Ozonschutzregimes*, in: Prittwitz, Volker von (Hrsg.), *Verhandeln und Argumentieren. Dialog, Interessen und Macht in der Umweltpolitik*, Opladen 1996

Gehring, Thomas / **Oberthür**, Sebastian, *Internationale Regime als Steuerungsinstrumente der Umweltpolitik*, in: Gehring, Thomas (Hrsg.), *Internationale Umweltregime. Umweltschutz durch Verhandlungen und Verträge*, Opladen 1997

Giannios, Susanne, *Der Staat der Palästinenser. Autonomie, Staatswerdung und Endstatus aus völkerrechtlicher Sicht*, in: Blumenwitz, Dieter / Wehner, Gerd (Hrsg.), *Rechte der Staaten, Volksgruppen und Individuen*, hrsg. von der Hanns-Seidel-Stiftung, Bd. Pol-Educ 1, München 2002

ders., *Die Palästina-Frage. Völkerrechtliche Aspekte der israelisch-palästinensischen Kontroverse um den Endstatus*, in: Universität der Bundeswehr München (Hrsg.), Ordo Inter Nationes. Internationale Politik – Analysen, Nr. 17, München 2001

ders., *Wasser im Nahen Osten. Vom Konfliktkonglomerat zur Vertragsgemeinschaft*, hrsg. von der Hanns-Seidel-Stiftung, München (in Druck)

Giegerich, Thomas, *The Palestinian Autonomy and International Human Rights Law. Perspectives on an Ongoing Process of Nation-Building*, in: Shapira, Amos / Tabory, Mala (Hrsg.), *New Political Entities in Public and Private International Law. With Special Reference to the Palestinian Entity*, The Hague u.a. 1999

Gleick, Peter H., *Water and Conflict. Fresh Water Resources and International Security*, in: International Security, Vol. 18, No. 1 / 1993

ders., *Water Conflict Chronology. September 2000 Version*, im Internet unter: http://www.worldwater.org/conflictchronologychart.PDF, zitiert am: 24. Juli 2003

ders., *Water, war, and peace in the Middle East*, in: Environment, Bd. 36, Nr. 3 / 1994

Gruen, George E., *International Regional Cooperation. Preconditions and Limits*, in: Bagis, Ali Ishan, *Water as an Element of Cooperation and Development in the Middle East*, Ankara 1994

Günther, Inge, *Friedensdiplomatie im Kampf um ein knappes Gut. Naher Osten*, in: Aus Politik und Zeitgeschichte, Nr. 1-2 / 2000

H

Hadas, A., *Water Balance, Modes of Water Utilization, and Soil-Water-Environment Resources Preservation. (Within the Area West of the Jordan River)*, Division of Environmental Physics, Institute of Soil, Water and Environmental Sciences, A.R.O., Volcani Center, Bet Dagan, März 2000, im Internet unter: http://lnweb18.worldbank.org/ESSD/essdext.nsf/26DocByUnid/11112DA88DA1B14185 256B8B0069B775/$FILE/HadasWaterWeek.pdf, zitert am: 13. März 2003

Hafner, Gerhard, *The Optimum Utilization Principle and the Non-Navigational Uses of Draining Basins*, in: American Journal of Public International Law, 1993

Haftendorn, Helga, *Water and International Conflict*, in: Third World Quaterly, Bd. 21, Nr. 1 / 2000

Hassan, Fekri, *Water for Peace. A Cultural Strategy and Water Management and Early Civilization*, UNESCO-IHP technical documents – PC-CP series, 2003

Heintschel von Heinegg, Wolf, *Die außervertraglichen (gewohnheitsrechtlichen) Rechtsbeziehungen im Umweltvölkerrecht*, in: Lorz, Ralph A. / Spies, Ute / Deventer, Wolfgang G. / Schmidt-Schlaeger, Michaela (Hrsg.), *Umwelt und Recht*, 30. Assistententagung Öffentliches Recht, Marburg 1990, Stuttgart u.a. 1991

Heintze, Hans-Joachim, *Wasser und Völkerrecht*, in: Barandat, Jörg (Hrsg.), *Wasser – Konfrontation oder Kooperation? Ökologische Aspekte von Sicherheit am Beispiel eines weltweit begehrten Rohstoffs*, Baden-Baden 1997

Heydte, Friedrich August Freiherr von der, *Das Prinzip der guten Nachbarschaft im Völkerrecht*, in: ders. / Seidl-Hohenveldern, Ignaz / Verosta, Stephan / Zemanek, Karl (Hrsg.), *Völkerrecht und rechtliches Weltbild. Festschrift für Alfred Verdross*, Wien 1960

Hinds, Caroline, *Das Prinzip „sic utere tuo ut alienum non laedas" und seine Bedeutung im internationalen Umweltrecht*, in: Archiv des Völkerrechts, Nr. 3 / 1992

Hof, Frederic C., *The Line of June 4, 1967*, in: Middle East Insight, ohne Jahresangabe im Internet unter: http://www.mideastinsight.org/9_99/lineofjune67_9.99_maps.html, zitiert am: 26. März 2003

Hudes, Karen, *Shared Water Resources in the Jordan River Basin*, Across Borders - Gonzaga University School of Law, Across Borders Gonzaga International Law Journal, Vol. 1, No. 6 / 1998, im Internet unter: http://law.gonzaga.edu/borders/water.htm, zitiert am: 11. März 2003

J

Jägerskog, Anders, *The Jordan River Basin. Explaining Interstate Water Cooperation through Regime Theory*, University of London, School of Oriental and African Studies, Occasional Paper, No. 31, London 2001

Johannsen, Margret, *Das Konfliktkonglomerat im Jordanbecken*, in: Barandat, Jörg (Hrsg.), *Wasser – Konfrontation oder Kooperation? Ökologische Aspekte von Sicherheit am Beispiel eines weltweit begehrten Rohstoffs*, Baden-Baden 1997

Jones, Patricia / **Vinogradov**, Sergei / **Wouters**, Patricia, *The role of law in the transition from PC to CP*, UNESCO-IHP technical documents – PC-CP series, 2003

K

Keohane, Robert O., *The Analysis of International Regimes. Towards a European-American Research Programme*, in: Rittberger, Volker (Hrsg.), *Regime Theory and International Relations*, Oxford 1993

Kilian, Michael, *Umweltschutz*, in: Wolfrum, Rüdiger (Hrsg.), *Handbuch Vereinte Nationen*, München 1991

Kimminich, Otto, *Umweltvölkerrecht*, in: Erich Schmidt Verlag (Hrsg.), *Handwörterbuch des Umweltrechts*, 2. überarbeitete Auflage, Datenbank: HDUR, Dokumentennummer: 00275, im Internet mit Zugangsberechtigung unter: http://www.genios.de, GENIOS Web-Search: HDUR (40307/3358), zitiert am: 2. Juli 2003

Klaphake, Axel / **Scheumann**, Waltina, *Politische Antworten auf die globale Wasserkrise. Trends und Konflikte*, in: Aus Politik und Zeitgeschichte, Nr. 48-49 / 2001

Kleiboer, Marieke, *Understanding Success and Failure of International Mediation*, in: Journal of Conflict Resolution, Vol. 40 No. 2 / 1996

Kliot, Nurit / **Shmueli**, Deborah / **Shamir**, Uri, *Development of institutional frameworks for the management of transboundary water resources*, in: International Journal for Global Environmental Issues, Vol. 1, No. 3 / 4, 2001

Knopp, Günther-Michael / **Pfündl**, Dietrich, *Deutschlands und Europas Erfahrungen in der Nutzung grenzüberschreitender Gewässer. Dargestellt am Beispiel der Donau*, in: Barandat, Jörg (Hrsg.), *Wasser – Konfrontation oder Kooperation? Ökologische Aspekte von Sicherheit am Beispiel eines weltweit begehrten Rohstoffs*, Baden-Baden 1997

Koch-Weser, Caio, *From Scarcity to Security. Averting a Water Crisis in the Middle East and North Africa*, unter: http://www.worldbank.org/html/extdr/offrep/mena/Focus/BOOKLET.ARA.html, zitiert am: 6. November 2001

Krasner, S., *Structural Causes and Regime Consequences. Regimes as intervening variables*, in: ders. (Hrsg.), *International Regimes*, Ithaca, NY, 1983

Kuppe, Johannes L., *Gute Dienste angeboten. Gerhard Schröder im Nahen Osten*, in: Aus Politik und Zeitgeschichte, Nr. 45-46 / 2000

ders., *Wer durchschlägt den gordischen Knoten im israelisch-palästinensischen Konflikt? Eine Reise nach Israel*, in: Aus Politik und Zeitgeschichte, Nr. 16-17 / 2001

Kürschner-Pelkmann, Frank, *Wasser im Nahen Osten*, in: Hintergrund-Materialien, Nr. 6, hrsg. von Brot für die Welt, Juli 2003, im Internet unter: http://www.menschen-recht-wasser.de/downloads/2_5_2_wasser-nahost.pdf, zitiert am: 19. August 2003

L

Lang, Winfried, *Auf der Suche nach einem wirksamen Klima-Regime*, in: Archiv des Völkerrechts, Nr. 1-2 / 1993

Lee, Donna J. / **Dinar**, Ariel, *Review of Integrated Approaches to River Basin, Planning, Development and Management*, The World Bank Group – Policy Research Working Paper, No. WPS 1446, 1995, im Internet unter: http://www-wds.worldbank.org/servlet/WDSServlet?pcont=details&eid=000009265_3970311121731, zitiert am: 31. März 2003

Levy, Marc A. / **Young**, Oran R. / **Zürn**, Michael, *The Study of International Regimes*, in: European Journal of International Relations, Nr. 1/1995

Libiszewski, Stephan, *Der Nahostkonflikt ist auch ein Konflikt um das Wasser*, in: FriedensForum, Nr. 3 / 1998, Netzwerk Friedenskooperative, Network of the German Peace Movement, unter: http://www.friedenskooperative.de/ff/ff98/3-22.htm, zitiert am: 11. Juli 2001

ders., *International Conflicts over Freshwater Resources*, in: Suliman, Mohammed (Hrsg.), *Ecology, Politics and Violent Conflict*, London / New York 1999

ders., *Internationale Konflikte um die Nutzung fließender Gewässer*, in: Baechler, Günther / Spillmann, Kurt R. (Hrsg.), *Kriegsursache Umweltzerstörung*, Bd. I, Abschlussbericht des Environment and Conflict Project ENCOP, Zürich, ohne Jahresangabe

ders., *Wasserkonflikte im Jordan-Becken. Auf dem Weg zu einer Lösung im Rahmen des arabisch-israelischen Friedensprozesses?*, in: Barandat, Jörg (Hrsg.), *Wasser – Konfrontation oder Kooperation? Ökologische Aspekte von Sicherheit am Beispiel eines weltweit begehrten Rohstoffs*, Baden-Baden 1997

Lorenz, Fredrick / **The International Water Academy**, Norway, *The protection of water facilities during armed conflicts*, UNESCO-IHP technical documents – PC-CP series, 2003

Lowi, Miriam R., *Bridging the Divide. Transboundary Resource Disputes and the Case of West Bank Water*, in: International Security, Vol. 18, Nr. 1 / 1993

M

Mc Caffrey, Stephen C., *The Evolution of the Law of International Watercourses*, in: American Journal of Public International Law, 1993

ders., *The Contribution of the UN-Convention on the Law of the Non-Navigational Uses of International Watercourses*, in: International Journal for Global Environmental Issues, Vol. 1, No. 3-4 / 2001

Messerschmid, Clemens, *Der westliche Bergaquifer*, in: INAMO, Nr. 27, Herbst 2001

Moser, H., *Der Rheinseitenkanal. Ein Grenzproblem*, in: Weinacht, Paul-Ludwig (Hrsg.), *Die badischen Regionen am Rhein. 50 Jahre Baden in Baden-Würtemberg. Eine Bilanz*, Baden-Baden 2002

Munther Haddadin, *History of the Jordan basin management*, UNESCO-IHP technical documents – PC-CP series, 2003

N

Naff, Thomas, *Conflict and Water Use in the Middle East*, in: Lydon, Peter / Rogers, Peter (Hrsg.), *Water in the Arab World. Perspectives and Prognoses*, Harvard 1994

Nakayama, M., *Politics Behind Zambezi Action Plan*, in: Water Policy, No. 1 / 1999

Nandalal, K.D.W. / **Simonovic**, Slobodan, *Systems analysis techniques*, UNESCO-IHP technical documents – PC-CP series, 2003

R

Rabi, Ayman, *Water. A Means for Confidence-Building and Cooperation in the Jordan River Basin*, in: Green Cross International (Hrsg.), *Water for Peace in the Middle East and Southern Africa*, 2000

Regan, Patrick M., *Conditions of Successful Third-Party Intervention in Intrastate Conflicts*, in: Journal of Conflict Resolution, Vol. 40 No. 2 / 1996

Renger, Jochen, *Die multilateralen Friedensverhandlungen der Arbeitsgruppe Wasser*, in: Asien Afrika Lateinamerika, Vol. 23, No. 2 / 1995

ders., *Hindernisse und Perspektiven für die wasserpolitische Kooperation der Anrainer des Jordanbeckens*, in: Barandat, Jörg (Hrsg.), *Wasser – Konfrontation oder Kooperation? Ökologische Aspekte von Sicherheit am Beispiel eines weltweit begehrten Rohstoffs*, Baden-Baden 1997

ders., *The Middle East Peace Process. Obstacles to Cooperation over Shared Waters*, in: Scheumann, Waltina / Schiffler, Manuel (Hrsg.), *Water in the Middle East. Potential for Conflicts and Prospects for Cooperation*, Berlin/Heidelberg 1998

ders. / **Thiele**, Andreas, *Politische Verteilungskonflikte um Wasserressourcen. Wassernutzung und Wasserverteilung im Jordanbecken. Israel und seine arabischen Nachbarn*, in: Der Bürger im Staat, Vol. 46, No. 1 / 1996

Reuss, Martin, Historical Explanation of Water Issues, UNESCO-IHP technical documents – PC-CP series, 2003

Rittberger, Volker, *Research on International Regimes in Germany. The Adaptive Internalization of an American Social Science Concept*, in: ders. (Hrsg.), *Regime Theory and International Relations*, Oxford 1993

S

Salman, Slaman M. A. / **Boisson de Chazonrues**, Laurance, *International Watercourses. Enhancing cooperation and managing conflict*, World Bank Technical Paper, Nr. 414 / 1998

Scharpf, Fritz W., *Koordination durch Verhandlungssysteme. Analytische Konzepte und institutionelle Lösungen*, in: Benz, Arthur / Scharpf, Fritz W. / Zintl, Reinhard, *Horizontale Politikverflechtung. Zur Theorie von Verhandlungssystemen*, Frankfurt am Main 1992

Schiedermair, H. / **Rest**, A., *Internationales Wasserrecht*, in: Erich Schmidt Verlag (Hrsg.), *Handwörterbuch des Umweltrechts*, 2. überarbeitete Auflage, Datenbank: HDUR, Dokumentennummer: 00131, im Internet mit Zugangsberechtigung unter: http://www.genios.de, GENIOS Web-Search: HDUR (40519/3358), zitiert am: 2. Juli 2003

Schiffler, Manuel, *Das Wasser im Nahostfriedensprozeß. Ansätze zu einer gerechten Aufteilung und Möglichkeiten zur Entschärfung der Wasserknappheit*, in: Orient, Vol. 35, No. 4 / 1995

ders., *International Water Agreements, A Comparative View*, in: Scheumann, Waltina / Schiffler, Manuel (Hrsg.), *Water in the Middle East. Potential for Conflicts and Prospects for Cooperation*, Berlin / Heidelberg 1998

ders., *Konflikte um Wasser. Ein Fallstrick für den Friedensprozeß im Nahen Osten?*, in: Aus Politik und Zeitgeschichte, Nr. B 11 / 1995

Schulte-Wülwer-Leidig, Anne / **Wieriks**, Koos, *Grenzüberschreitender Gewässerschutz am Rhein. Entwicklung eines ganzheitlichen, nachhaltigen Gewässerschutzes in internationaler Kooperation*, in: Barandat, Jörg (Hrsg.), *Wasser – Konfrontation oder Kooperation? Ökologische Aspekte von Sicherheit am Beispiel eines weltweit begehrten Rohstoffs*, Baden-Baden 1997

Schwarze, Jürgen / **Simson**, Werner von, *Völkerrechtliche Verfügungsbeschränkungen gegen Missbrauch von Rohstoffen*, in: Archiv des Völkerrechts, Nr. 2 / 1992

Scobbie, Iain, *Natural Resources and Belligerent Occupation. Mutation through Permanent Sovereignty*, in: Bowen, Stephan (Hrsg.), *Human Rights, Self-determination and Political Change in the Occupied Palestinian Territories*, The Hague 1997

Sebenius, James K., *Adding and Subtracting Issues and Parties*, in: International Organization, Nr. 37 / 1983

ders., *Challenging Conventional Explanations of International Cooperation. Negotiating Analysis and the Case of Epistemic Communities*, in: International Organization, Nr. 46 / 1992

Shamir, Uri, *Negotiation over the Jordan basin*, UNESCO-IHP technical documents – PC-CP series, 2003

Shamir, Yona, *Alternative dispute resolution and its application*, UNESCO-IHP technical documents – PC-CP series, 2003

Shuval, Hillel, *Approaches to Resolving the Water Conflicts between Israel and her Neighbours*, in: Water International, Vol. 17, No. 3 / 1992

ders., *The Water Issues on the Jordan River Basin between Israel, Syria and Lebanon can be a Motivation for Peace and Regional Cooperation*, in: Green Cross International (Hrsg.), *Water For Peace In The Middle East And Southern Africa*, 2000, im Internet unter: http://webworld.unesco.org/water/wwap/pccp/cd/pdf/background_documents/ middle_east_and_southern_africa_2000.pdf, zitiert am 23. Juli 2003

Simonis, Udo E., *Wasser als Konfliktursache. Plädoyer für eine internationale Wasserstrategie*, in: Bundesakademie für Sicherheitspolitik (Hrsg.), *Sicherheitspolitik in neuen Dimensionen. Kompendium zum erweiterten Sicherheitsbegriff*, Hamburg u.a. 2001

Snape, William.J., III, *Adding an Environmental Minute to the 1944 Water Treaty. Impossible or Inevitable?*, Appendix D in Workshop Proceedings, Water and Environmental Issues of the Colorado River Border Region Roundtable Workshop, San Luis Rio Colorado, Sonora, Mexico, 1998, im Internet unter: http://www.sci.sdsu.edu/salton/Snape1998EnvironMinute.html, zitiert am: 17. Juni 2003

Spillmann, Kurt R., *Kriegsursache der kommenden Generation? Der Kampf um das Wasser*, in: Internationale Politik, Nr. 12 / 2000

ders., *Wasser als Thema der Weltpolitik*, in: Kaiser, Karl / Schwarz, Hans-Peter (Hrsg.), *Weltpolitik im neuen Jahrhundert*, Bonn 2000

Steinbach, Udo, *Das Gaza-Jericho-Abkommen. Wegmarke im Friedensprozeß*, in: Aus Politik und Zeitgeschichte, B 21-22 / 1994

T

Tamas, Pal, *Water resource scarcity & conflict. Review of applicable indicators and systems of reference international waters*, UNESCO-IHP technical documents – PC-CP series, 2003

Trottier, Julie, *Water Wars. The Rise of a Hegemonic Concept*, UNESCO-IHP technical documents – PC-CP series, 2003

W

Wandinger, Thomas M., *Ursachen von Konflikten und Kriegen im 21. Jahrhundert. Konsequenzen für die westlichen Industriestaaten*, in: Aus Politik und Zeitgeschichte, Nr. 20 / 2001

Waterbury, John, *Modest Steps toward Cooperation in International River Basins*, in: International Journal of Water Resources Development, Nr. 13 / 1997

ders., *Transboundary Water and the Challenge of International Cooperation in the Middle East*, in: Lydon, Peter / Rogers, Peter (Hrsg.), *Water in the Arab World. Perspectives and Prognoses*, Harvard 1994

Watzal, Ludwig, *Editorial*, in: Aus Politik und Zeitgeschichte, Nr. B 48-49 / 2001

Wettestad, Jorgen, *„Nuts and Bolts for Environmental Negotiators?" Designing Effective International Regimes. A Conceptual Framework*, Lysaker 1995

Wolf, Aaron T., *Conflict and cooperation. Survey of the past & reflection for the future and Summary of History Think Pieces*, UNESCO-IHP technical documents – PC-CP series, 2003

ders., *Transboundary Waters. Sharing Benefits, Lessons Learned*, Secretariat of the International Conference on Freshwater, Bonn 2001, im Internet unter: http://www.water-2001.de, zitiert am: 20. November 2002

ders., *„Water Wars" and Water Reality. Conflict and Cooperation along International Waterways*, University of Alabama, 1999, im Internet unter: http://www.valenciatercermilenio.com/ingles/congre/agua5.html, zitiert am: 20. April 2003

Wolf, Aaron T. / Hamner, Jesse H., *Trends in Transboundary Water Disputes and Dispute Resolution*, ohne Jahresangabe im Internet unter: http://www4.gve.ch/gci/GreenCrossPrograms/waterres/middleeast/wolf.html

Wolf, Aaron T. / **Yoffe**, Shira B. / **Giordano**, Mark, *Water resource scarcity & conflict. Review of applicable indicators and systems of reference international waters. Indicators for identifying basins at risk*, UNESCO-IHP technical documents – PC-CP series, 2003

Y

Young, Oran R., *Political Leadership and Regime Formation. On the Development of Institutions in International Society*, in: International Organization, Nr. 45-3 / 1991

Young, Ronald J., *Completing the Middle East Peace Process. What Role for Americans?*, U.S. Interreligious Committee for Peace in the Middle East, 1999, im Internet unter: http://www.usicpme.org/amerrole.html, zitiert am: 24. März 2003

Z

Zaag, Pieter van der, *Up scaling indigenous approaches for water conflict resolution*, UNESCO-IHP technical documents – PC-CP series, 2003

Zunes, Stephen, *The U.S. and the Israeli-Syrian Peace Process*, in: Foreign Policy – In Focus, Vol. 5, No. 3 / 2000, im Internet unter: http://www.foreignpolicy-infocus.org/pdf/vol5/03ifisr.pdf, zitiert am: 2. April 2003

2.4. Studien und Berichte

American-Israeli Cooperative Enterprise – The Jewish Virtual Library (Hrsg.), *From Contention to Cooperation. A Case Study of the Middle East Multilateral Working Group on Water Resources*, ohne Jahresangabe im Internet unter: http://www.us-israel.org/jsource/Peace/water1.html, zitiert am: 9. Mai 2003

ders. (Hrsg.), *Multilateral Talks Resume (January 31, 2000)*, ohne Jahresangabe im Internet unter: http://www.us-israel.org/jsource/Peace/multi2000.html, zitiert am: 9. Mai 2003

ders. (Hrsg.), *The Multilateral Talks*, ohne Jahresangabe im Internet unter: http://www.us-israel.org/jsource/Peace/multi.html, zitiert am: 9. Mai 2003

ders. (Hrsg.), *The Water Resources Working Group*, ohne Jahresangabe im Internet unter: http://www.us-israel.org/jsource/Peace/water.html, zitiert am: 9. Mai 2003

Central Intelligence Agency (Hrsg.), *The World Factbook 2002*, im Internet unter:
http://www.cia.gov/cia/publications/factbook/index.html für alle Länder,
http://www.cia.gov/cia/publications/factbook/geos/is.html für Israel,
http://www.cia.gov/cia/publications/factbook/geos/jo.html für Jordanien,
http://www.cia.gov/cia/publications/factbook/geos/le.html für den Libanon,
http://www.cia.gov/cia/publications/factbook/geos/sy.html für Syrien,
http://www.cia.gov/cia/publications/factbook/geos/we.html für die Westbank,
http://www.cia.gov/cia/publications/factbook/geos/gz.html für den Gazastreifen,
zitiert am: 26. März 2003

Deutscher Bundestag (Hrsg.), *Globalisierung der Weltwirtschaft. Herausforderungen und Antworten. Schlussbericht der Enquete-Kommission*, 12. Juni 2002, Drucksache 14/9200, im Internet unter: http://www.bundestag.de/gremien/welt/glob_end/index.html, zitiert am: 4. Juni 2003

Deutsche Stiftung für Internationale Entwicklung (Hrsg.), *Global Water Politics. Cooperation for Transboundary Water Management*, Petersberg / Bonn 1998

Green Cross International (Hrsg.), *National Sovereignty and International Watercourses*, 2000, im Internet unter: http://webworld.unesco.org/water/wwap/pccp/cd/pdf/background_documents/ national_sovereignty%20_international_watercourses_2000.pdf, zitiert am: 23. Juli 2003

ders. (Hrsg.), *Water For Peace In The Middle East And Southern Africa*, 2000, im Internet unter: http://webworld.unesco.org/water/wwap/pccp/cd/pdf/background_documents/middle_east_and_southern_africa_2000.pdf, zitiert am: 23. Juli 2003

International Federation of Red Cross and Red Crescent Societies (Hrsg.), *World Disasters Report 1999*, im Internet unter: http://www.ifrc.org, zitiert am: 20. April 2003

Maison de l'Orient et de la Méditerranée (Hrsg.), *Guide de Palestine-sur-Web. Les Institutions de l'Etat on Construction*, letzte Aktualisierung am 2. Mai 2003, im Internet unter: http://www.mom.fr/guides/palestine/palestine-Les-3.html, zitiert am: 20. Mai 2003

ders. (Hrsg.), *Guide de Palestine-sur-Web. La Négociation Internationale. Les Grands Dossiers*, letzte Aktualisierung am 2. Mai 2003, im Internet unter: http://www.mom.fr/guides, zitiert am: 20. Mai 2003

Middle East Water Commission (Hrsg.), *Observations Regarding Water Sharing and Management. An Intensive Analysis of the Jordan River Basin with Reference to Long-Distance Transfers*, in: Water Resources Development, Vol. 11, No. 4 / 1995

Palestinian Academic Society for the Study of International Affairs (Hrsg.), *Water. The Blue Gold of the Middle East*, Special Bulletin, Juli 2002, im Internet unter: http://www.passia.org/publications/bulletins/water-eng/water.pdf, zitiert am: 6. August 2003

Southern African Development Community (Hrsg.), *ZACPLAN*, ohne Jahresangabe im Internet unter: http://www.sadcwscu.org.ls/programme/zacplan/prog_zacplan.htm, zitiert am 1. März 2003

The International Institute for Strategic Studies (Hrsg.), *Strategic Comments*, Bd. 5, Nr. 6 / 1999, *Global Water Shortages. Root of future Conflicts?*, im Internet unter: http://www.iiss.org

United Nations (Hrsg.), *Comprehensive Assessment of the Freshwater Resources of the World*, Report of the Secretary-General, Commission on Sustainable Development, 4. Februar 1997, E/CN.17/1997/9, im Internet unter: http://www.un.org/esa/search/, zitiert am: 20. April 2003

ders. (Hrsg.), *Report of the Commission on Sustainable Development*, E/CN.17/1998/20, 1998, im Internet unter: http://www.un.org/esa/sustdev/CSD_6th.htm, zitiert am: 20. November 2001

ders. (Hrsg.), *Water Resources of the Occupied Palestinian Territory*, New York 1992

United Nations Development Programme (Hrsg.), *International Waters*, ohne Jahresangabe im Internet unter: http://www.undp.org/gef/undp-gef_focal_areas_of_action/sub_international_water.html, zitiert am: 27. Juni 2003

ders. (Hrsg.), *Water for Sustainable Development. UNDP, Water and WSSD*, ohne Jahresangabe im Internet unter: http://www.undp.org/wssd/achieve_wg.htm, zitiert am. 21. Juli 2003

ders. (Hrsg.), *Water Resource Management*, ohne Jahresangabe im Internet unter: http://www.undp.org/water/resource.html, zitiert am: 27. Juni 2003

United Nations Environment Programme (Hrsg.), *Vital Water Graphics. An Overview of the State of the World's Fresh and Marine Waters*, ohne Jahresangabe im Internet unter: http://www.unep.org/vitalwater, zitiert am: 30. Juni 2003

United Nations Environment Programme – Freshwater Portal of the Environment Network (Hrsg.), *Transboundary Water Management*, ohne Jahresangabe im Internet unter: http://freshwater.unep.net/index.cfm?issue=water_transb, zitiert am 21. Juli 2003

United Nations Educational Scientific and Cultural Organization (Hrsg.), *From Potential Conflict to Co-operation Potential. Water for Peace. Prevention and Resolution of Water Related Conflicts*, Paris 2003, im Internet unter: http://www.unesco.org/water/wwap/pccp/pdf/brochure_2.pdf, zitiert am: 22. Juli 2003

ders. (Hrsg.), *Water for People – Water for Life. The United Nations World Water Development Report*, 2003

United Nations General Assembly – Economic and Social Council (Hrsg.), *Economic and Social Repercussions of the Israeli Occupation on the Living Conditions of the Palestinian People in the Occupied Palestinian Territory, including Jerusalem, and of the Arab Population in the Occupied Syrian Golan*, A/57/63 – E/2002/21, 17. Mai 2002, im Internet unter: http://ods-dds-ny.un.org/doc/UNDOC/GEN/N02/392/74/PDF/N0239274.pdf?OpenElement, zitiert am: 1. April 2003

ders. (Hrsg.), *Economic and social repercussions of the Israeli occupation on the living conditions of the Palestinian people in the occupied Palestinian territory, including Jerusalem, and the Arab population in the occupied Syrian Golan*, A/54/152-E/1999/92, 25. Juni 1999, im Internet unter: http://www.un.org/documents/ecosoc/docs/1999/e1999-92.htm, zitiert am: 4. März 2003

World Bank Group (Hrsg.), *Developing the Occupied Territories. An Investment in Peace*, 6 Vol., Washington, D.C., 1993

ders. (Hrsg.), *Groundwater Flow System*, ohne Jahresangabe im Internet unter: http://lnweb18.worldbank.org/ESSD/essdext.nsf/18ByDocName/GroundwaterFlowSystems/$FILE/GroundwaterFlowSystems.pdf, zitiert am: 30. März 2003

World Bank – Consultative Group on International Agricultural Research (Hrsg.), *The World Water and Climate Atlas. Powerful New Computer Tool Examines Earth in Detail*, Pressemitteilung vom 23. November 1998, im Internet unter: http://www.worldbank.org/html/cgiar/press/watatlas.html, zitiert am: 30. März 2003

World Bank – Rural Development, Water and Environment Group & Infrastructure Group – Middle East and North Africa Region (Hrsg.), *The Hashemite Kingdom of Jordan Water Sector Review Update. Main Report*, 15. Februar 2001, Report No. 21946-JO, im Internet unter: http://www.countryanalyticwork.net/CAW/Cawdoclib.nsf/vewAsiaPacific/17A1E16B21AA136F85256C5E005EB108/$file/Jordan21946.pdf, zitiert am: 12. März 2003

World Commission on Environment and Development (Hrsg.), *Our Common Future*, Oxford 1987

2.5. Veröffentlichungen in den Medien

Bennet, James, *Hoping a Troubled Bridge Over Water Will Lead to Mideast Peace*, in: The New York Times, 4. Juni 2003, im Internet unter: http://www.nytimes.com/2003/06/04/international/middleeast/04AQAB.html?th, zitiert am: 4. Juni 2003

ders., *Sharon Laments 'Occupation' and Israeli Settlers Shudder*, in: The New York Times, 1. Juni 2003, im Internet unter: http://www.nytimes.com/2003/06/01/international/middleeast/01MIDE.html?th, zitiert am: 1. Juni 2003

ders., *Tiptoeing Along in the Middle East Two-Step*, in: The New York Times, 17. August 2003, im Internet unter: http://www.nytimes.com/2003/08/17/weekinreview/17BENN.html, zitiert am: 22. August 2003

Bethge, Philip, *Wer löscht den Durst? Auf dem Nachhaltigkeitsgipfel in Johannesburg steht die globale Süßwasserkrise ganz oben auf der Agenda*, in : Der Spiegel, Nr. 35 / 2002

Bremer, Jörg, *Naher Osten. Nun ist Amerika der Schiedsrichter*, in: FAZ, Nr. 149, 1. Juli 2003

Chesnot, Christian, *Pénurie d'eau au Proche-Orient. Un enjeu méconnu des négociations israélo-arabes*, in: Le Monde Diplomatique, Februar 2000

Cleis, Andreas, *Zeitplan für ein selbständiges Palästina. Konkretere Vorschläge des Nahost-Quartetts*, in: Neue Zürcher Zeitung, 19. September 2002, im Internet unter: http://www.nzz.ch/dossiers/2003/nahostfahrplan/2002.09.19-al-article8EMBH.html, zitiert am: 21. Mai 2003

Collins, Liat / **Lefkovits**, Etgar, *Every last drop*, in: The Jerusalem Post, Internet Edition, 5. Oktober 2000, unter: http://www.jpost.com/Editions/2000/09/29/Features/Features.13019.html, zitiert am: 5. Oktober 2000

Curtiss, Richard H., *The Cost of Israel to U.S. Taxpayers. True Lies About U.S. Aid to Israel*, in: Washington Report on Middle East Affairs, im Internet unter: http://www.wrmea.com/us_aid_to_israel/index.htm, zitiert am: 3. Juni 2003

Dachs, Gisela, *Wasser für alle. Die trockene Wirklichkeit der Region zwingt Israelis und Palästinenser zur Zusammenarbeit*, vierteilige Serie über die Grundprobleme im Nahen Osten, hier: Teil 4, in: Die Zeit, Nr. 45, 4. November 1999

Dachs, Gisela / **Kleine-Brockhoff**, Thomas / **Klingst**, Martin, *Fahrplan nach Jerusalem. Vom Osloer Abkommen bis zur neuesten Nahost-Mission*, in: Die Zeit, Nr. 19, 30. April 2003

Flottau, Heiko, *Eine Grenze – gezogen von Blut und Wasser. Zwischen Israel und Syrien geht es nicht nur um Land, sondern um den kostbarsten Stoff überhaupt*, in: Süddeutsche Zeitung, Nr. 3, 5./6. Januar 2000

Freund, Andrea / **Rößler**, Hans-Christian, *Dem Nahen Osten geht das Wasser aus*, in: Frankfurter Allgemeine Zeitung, Nr. 204, 3. September 2001

Grossbongardt, Annette, *Fische in der Wüste*, in: Der Spiegel, Nr. 21 / 2000

International Court of Justice (Hrsg.), *Constitution of a Chamber of the Court for Environmental Matters*, Press Communiqué 93/20, 19. Juli 1993, im Internet unter: http://www.icj-cij.org/icjwww/ipresscom/1991-1995/ipr9320.html, zitiert am: 26. Juni 2003

Kocher, Victor, *Der Nahost-Friedensplan – ein Fehlschlag? Fehlende Zusagen des israelischen Ministerpräsidenten*, in: Neue Zürcher Zeitung, 12. Mai 2003, im Internet unter: http://www.nzz.ch/dossiers/2003/nahostfahrplan/2003.05.13-al-article8UOUK.html, zitiert am: 21. Mai 2003

ders., *Eine Quintessenz der Nahostfrage. Besetztes Land - Macht und Unrecht*, in: Neue Zürcher Zeitung, 30. Mai 2002, im Internet unter: http://www.nzz.ch/dossiers/2003/nahostfahrplan/2002.05.30-al-article86UP9.html, zitiert am: 21. Mai 2003

ders., *Selbstkritik als Weg zum Nahostfrieden*, in: Neue Zürcher Zeitung, Nr. 277, 27. November 2000

Malthaner, Tom, *U.S. Aid to Israel. What U.S. Taxpayers Should Know*, in: Washington Report on Middle East Affairs, im Internet unter: http://www.wrmea.com/us_aid_to_israel/index.htm, zitiert am: 3. Juni 2003

Meier, Reinhard, *Ein „Fahrplan" macht noch keinen Frieden*, in: Neue Zürcher Zeitung, 2. Mai 2003, im Internet unter: http://www.nzz.ch/dossiers/2003/nahostfahrplan/2003.05.02-al-kommentar8TXID.html, zitiert am: 21. Mai 2003

ders., *Was spricht gegen Abdullahs Friedensplan?*, Leitartikel in: Neue Zürcher Zeitung, Nr. 57, 9./10. März 2002

Multilateral Working Group on Water Resources (Hrsg.), *Press Statement of the Gavelholder*, 17.-19. April 1994, Muscat / Oman, im Internet unter: http://www.us-israel.org/jsource/Peace/multiwater94a.html, zitiert am: 9. Mai 2003

ders. (Hrsg.), *Press Statement of the Gavelholder*, 9. November 1994, Vouliagmeni / Greece, im Internet unter: http://www.us-israel.org/jsource/Peace/multiwater94.html, zitiert am: 9. Mai 2003

ders. (Hrsg.), *Press Statement of the Gavelholder*, 22. Juni 1995, Amman / Jordan, im Internet unter: http://www.us-israel.org/jsource/Peace/multiwater95.html, zitiert am: 9. Mai 2003

ders. (Hrsg.), *Press Statement of the Gavelholder*, 16. Mai 1996, Hammamet / Tunesien, im Internet unter: http://www.us-israel.org/jsource/Peace/multiwater96.html, zitiert am: 9. Mai 2003

Myre, Greg, *In the Middle East, Even Words Go to War*, in: The New York Times, 3. August 2003, im Internet unter: http://www.nytimes.com/2003/08/03/weekinreview/03MYRE.html, zitiert am: 3. August 2003

Osman, Khalil, *Spate On Studies On Water Projects Reflect Israel's Appetite For Every Last Drop*, Buchrezension in: Muslimedia, 16.-31. Mai 1997, im Internet unter: http://www.muslimedia.com/archives/book98/water.htm, zitiert am: 24. April 2003

Rüesch, Andreas, *Washington lanciert seine Nahost-Initiative. Den Friedensplan präsentiert. Powell reist in die Region*, in: Neue Zürcher Zeitung, 2. Mai 2003, im Internet unter: http://www.nzz.ch/dossiers/2003/nahostfahrplan/2003.05.02-al-article8TXZV.html, zitiert am: 21. Mai 2003

ders., *Washingtons Nahost-Vision als Fata Morgana. Geringe Priorität der Palästinafrage für Präsident Bush*, in: Neue Zürcher Zeitung, Nr. 279, 30. November 2002, im Internet unter: http://krisen-und-konflikte.de/palaestina/archiv/nzz__Nahost_vison_301102.htm, zitiert am: 19. Mai 2003

Rudge, David, *Water Wells Closed*, in: The Jerusalem Post, Internet Edition, 5. Oktober 2000, unter: http://www.jpost.com/Editions/2000/10/05/News/News.13321.html, zitiert am: 5. Oktober 2000

Said, Edward, *Palästinas Tragödie*, in: Der Spiegel, Nr. 20 / 1998

Schmidt, Christian / **Wiedenhöfer**, Kai, *Der Preis der Überzeugung*, mehrseitige Reportage im Ressort Zeitbilder, in: Neue Zürcher Zeitung, Nr. 27, 2./3. Februar 2002

Schmitz, Thorsten, *Am Quell der Gefahr. Der See Genezareth schrumpft und der Jordan wird zum Rinnsal*, SZ-Serie (1): Schatzsuche. Die Jagd nach Ressourcen: Wasser, in: Süddeutsche Zeitung, 10. Juli 2002

ders., *Die Pfütze Genezareth. Israel – ein Land steht vor dem Austrocknen*, in: Süddeutsche Zeitung, Nr. 232, 7. Oktober 1999

Shipler, David K., *On The Path To Peace, The Process Gets In The Way*, in: The New York Times, 4. Mai 2003, im Internet unter: http://www.nytimes.com/2003/05/04/weekinreview/04SHIP.html, zitiert am: 6. Mai 2003

ders., *Sharon Has A Map. Can He Redraw It?*, in: The New York Times, 1. Juni 2003

Stürmer, Michael, *Frieden in letzter Minute*, in: Die Welt, 14. Juni 2000

Szpiro, George, *Verwirrende Jerusalem-Debatte. Streit um unklare Kompromisslösungen*, in: Neue Zürcher Zeitung, Nr. 171, 25. Juli 2000

ders., *Israels Debatte um Zukunft der Siedlungen. Rückzug und Gebietsabtausch als Lösungsvorschläge*, in: Neue Zürcher Zeitung, Nr. 260, 7. November 2000

Watzal, Ludwig, *Der Mythos von Camp David. Hätte der Nahostkonflikt bewältigt werden können?*, in: Neue Zürcher Zeitung, 22. Juni 2002, im Internet unter: http://www.nzz.ch/dossiers/2003/nahostfahrplan/2002.06.22-al-article880ZV.html, zitiert am: 21. Mai 2003

Wehrenfels, Isabelle, *Siedeln um die Wette in der Patriarchenstadt Hebron. Palästinensisches Projekt zur Verteidigung der Altstadt*, in: Neue Zürcher Zeitung, Nr. 184, 10. August 2000

Weisman, Steven R., *U.S. May Reduce Aid to Get Israel to Halt Barrier*, in: The New York Times, 4. August 2003, im Internet unter: http://www.nytimes.com/2003/08/05/international/middleeast/05DIPL.html?th, zitiert am 4. August 2003

Windfuhr, Volkhard, *„Der Friedensprozess ist tot"*, Interview mit Marwan Barghuti, PLO-Sprecher, in: Der Spiegel, Nr. 43 / 2000

Woker, Martin, *Blut und Bomben in Palästina*, in: Neue Zürcher Zeitung, Nr. 258, 4./5. November 2000

ders., *Die Heilige Stadt in der Hand der Frommen. Jerusalems Altstadt und die Nähe zu Gott*, in: Neue Zürcher Zeitung, Nr. 227, 29. September 2000

ders., *Nahostfriedensprozess?*, in: Neue Zürcher Zeitung, Nr. 270, 18./19. November 2000

ders., *Stunde der Wahrheit für die Palästinenser. Eigenstaatlichkeit oder langfristige Abhängigkeit von Israel?*, in: Neue Zürcher Zeitung, Nr. 263, 10. November 2000

Zunes, Stephen, *The Strategic Functions of U.S. Aid to Israel*, in: Washington Report on Middle East Affairs, im Internet unter: http://www.wrmea.com/us_aid_to_israel/index.htm, zitiert am: 3. Juni 2003

Ohne Autorenangabe:

Anatomy of a Peace Plan. Main Points, in: The New York Times, 26. Mai 2003, im Internet unter: http://www.nytimes.com/2003/05/26/international/middleeast/26MBOX.html?ei=5070&en=44b384f6731d868f&ex=1054872000&pagewanted=print&position=, zitiert am: 4. Juni 2003

Bush enttäuscht die Palästinenser. Streit über Israels Sicherheitszaun, in: Der Spiegel Online, 30. Juli 2003, im Internet unter: http://www.spiegel.de/politik/ausland/0,1518,259244,00.html, zitiert am: 5. August 2003

Der neue Nahost-Friedensplan. Eine Zusammenfassung der wichtigsten Punkte, in: Neue Zürcher Zeitung, 3. Mai 2003, im Internet unter: http://www.nzz.ch/dossiers/2003/nahostfahrplan/2003.05.03-al-article8TXGH.html, zitiert am: 21. Mai 2003

Eine Mauer schafft kein Vertrauen. Bush kritisiert Israel, in: Der Spiegel Online, 25. Juli 2003, im Internet unter: http://www.spiegel.de/politik/ausland/0,1518,258760,00.html, zitiert am: 5. August 2003

Europa pocht auf Mitbestimmung in Nahost, Bericht in der Tagesschau, 23. Juni 2003, im Internet unter: http://www.tagesschau.de/aktuell/meldungen/0,1185,OID1972112,00.html, zitiert am: 25. Juni 2003

For Palestine, bring in Solomon. Israel and the Palestinians are getting nowhere in their pursuit of peace, in: The Economist, 27. Mai 2000, S. 20

Für wie viele Menschen reicht das Wasser? Wasserversorgung wird zum Wirtschaftsfaktor, in: Neue Zürcher Zeitung, Nr. 145, 26. Juni 2001

Krisenherd Nahost. Konferenzen, Gespräche, Gipfelgespräche. Eine Chronologie der politischen Gespräche und Gipfeltreffen der vergangenen zehn Jahre, in: Frankfurter Allgemeine Zeitung, Nr. 103, 4. Mai 2002, im FAZ-Archiv im Internet unter: www.faz.net, zitiert am: 19. Mai 2003

Krisenherd Nahost. Der Konflikt an Israels Nordgrenze. Vom Einmarsch israelischer Truppen im Libanon 1982 bis heute, in: Frankfurter Allgemeine Zeitung, Nr. 82, 9. April 2002, im FAZ-Archiv im Internet unter: www.faz.net, zitiert am: 19. Mai 2003

Mitchell Report. Main Points, in: BBC, 2. Dezember 2001, im Internet unter: http://news.bbc.co.uk/1/hi/world/middle_east/default.stm, zitiert am: 21. Mai 2003

The Mitchell Committee Report, in: CNN, 21. Mai 2001, im Internet unter: http://www.cnn.com/WORLD, zitiert am: 21. Mai 2003

Von Dschihad bis Wasser. Ein kleines Nahostlexikon, in: Der Spiegel Online, Dossier „Ein Land – zwei Völker. Die Nahostkrise", im Internet unter: http://www.spiegel.de/politik/ausland/0,1518,111838,00.html, zitiert am: 26. März 2003

Water war leaves Palestinians thirsty. Like many other things in the region, water is in hot dispute between the Israelis and the Palestinians, in: BBC, 16. Juni 2003, im Internet unter: http://news.bbc.co.uk/1/hi/world/middle_east/2982730.stm, zitiert am: 16. Juni 2003

3. Zeitschriften und Zeitungen

3.1. Deutschsprachig

Archiv des Völkerrechts
Aus Politik und Zeitgeschichte
Frankfurter Allgemeine Zeitung
Internationale Politik
Neue Zürcher Zeitung
Orient

3.2. Englischsprachig

American Journal of International Law
Conflict Quarterly
Encyclopedia of Public International Law
Environment
Environmental Policy and Law
Ha'aretz – English Edition (israelische Tageszeitung)
International Environmental Law
International Journal for Global Environmental Issues
International Security
Israel Law Review
Journal of Conflict Resolution
Leiden Journal of International Law
Natural Resources Forum
Palestine Times (palästinensische Monatszeitschrift)
The Economist
The Jerusalem Post (israelische Tageszeitung)
The Jerusalem Times (palästinensische Wochenzeitschrift)
The Middle East Journal
The New York Times
Third World Quarterly
Water International
Water Resources Development

4. Internetquellen

4.1. Vereinte Nationen, Internationale und Nichtregierungsorganisationen

Amnesty International:
http://www.amnesty.org

Ariga, israelische Friedensorganisation:
http://www.ariga.com

B'tselem, israelische Menschenrechtsorganisation:
http://www.btselem.org

Gush Shalom, israelische Friedensorganisation:
http://www.gush-shalom.org

International Federation of Red Cross and Red Crescent Societies:
http://www.ifrc.org

International Green Cross:
http://www.greencrossinternational.net

New Profile, israelische Friedensorganisation:
http://www.newprofile.org/english

Palestinian Conflict Resolution Center – Wi'am:
http://www.planet.edu/~alaslah

Peace Now (Shalom Ahshav), israelische Friedensbewegung:
http://www.peacenow.org.il/English.asp

Palestinian Chambers of Commerce, Industry and Agriculture:
http://www.pal-chambers.com

Palestinian Development InfoNet:
http://www.arts.mcgill.ca/mepp/PDIN/pdfront.html

Peres Center for Peace, Israel:
http://www.peres-center.co.il

United Nations Permanent Observer Mission of Palestine:
http://www.Palestine-UN.org

United Nations Special Coordinator for the Occupied Territories (UNSCO):
http://www.arts.mcgill.ca/mepp/unsco/unfront.html

United Nations Development Program (UNDP):
http://www.undp.org

United Nations Development Program of Assistance of Palestinian People:
http://www.papp.undp.org

United Nations Economic and Social Council (ECOSOC):
http://www.un.org/esa/coordination/ecosoc

United Nations Educational Scientific and Cultural Organization (UNESCO):
http://www.unesco.org

United Nations Children's Fund (UNICEF):
http://www.unicef.org

United Nations Environment Programme (UNEP):
http://www.unep.org

United Nations:
http://www.un.org

Water Resources Management Group der Weltbank (WRM Group):
http://lnweb18.worldbank.org/ESSD/essdext.nsf/18ByDocName/
WaterResourcesManagement

World Bank Group:
http://www.worldbank.org

World Commission on Dams:
http://www.dams.org

4.2. Forschungszentren, Institute und relevante Websites

Al Azhar University, Gaza:
http://www.alashar-gaza.edu

Al Quds University, Jerusalem:
http://www.geocities.com

American-Israeli Cooperative Enterprise – Jewish Virtual Library:
http://www.us-israel.org

Applied Research Institute, Jerusalem:
http://www.arij.org

Birzeit University, Westbank:
http://www.birzeit.edu

Birzeit University, Department of Community and Public Health:
http://www.birzeit.edu/chd

Center for Middle East Studies, Harvard University:
http://www.fas.harvard.edu/~mideast

Human Rights Action Project, Bir Zeit University:
http://www.birzeit.edu/hrap/index.html

Hebrew University, Jerusalem:
http://www.huji.ac.il

Institute for Palestine Studies, Washington, D.C.:
http://palestine-studies.org/final/en/index.html

International Conference on Freshwater 2001, Deutschland:
http://www.water-2001.de

International Institute for Strategic Studies, Washington, D.C.:
http://www.iiss.org

International Water Law Project:
http://www.internationalwaterlaw.org

Israel-Palestine Center for Research and Information, Jerusalem:
http://www.ipcri.org/index1.html

Jerusalem Media and Communication Center:
http://www.jmcc.org

Maison de l'Orient et de la Méditerranée, Université Lumière Lyon 2:
http://www.mom.fr

Palestinian Academic Society for the Study of International Affairs (PASSIA), Jerusalem:
http://www.passia.org

Tel Aviv University, Israel:
http://www.tau.ac.il

Texas University, USA:
http://www.utexas.edu

The Water Page:
http://www.thewaterpage.com

Transboundary Freshwater Dispute Database, Projekt der Oregon State University:
http://www.transboundarywaters.orst.edu

U.S. Strategieforschungszentrum:
http://www.stratfor.com

Washington Report on Middle East Affairs:
http://www.wrmea.com/us_aid_to_israel/index.htm

4.3. Regierungen und Parteien

Israelisches Außenministerium (Ministry of Foreign Affairs):
http://www.mfa.gov.il

Israelisches Infrastrukturministerium (Ministry of National Infrastructures):
http://www.mni.gov.il

Palestinian Central Bureau of Statistics (PCBS):
http://www.pcbs.org

Palestinian Ministry of Health:
http://www.pna.org/moh

Palestinian National Authority:
http://www.pna.gov.ps

United States Agency for International Development (USAID):
http://www.usaid-wbg.org

United States Central Intelligence Agency (CIA):
http://www.cia.gov

United States Information Service (USIS):
http://www.usis-israel.org.il

United States State Department:
http://www.state.gov

4.4. Medien

Die Zeit:
http://www.zeit.de

Frankfurter Allgemeine Zeitung:
http://www.faz.net

Ha'aretz Daily Newspaper:
http://www.haaretzdaily.com

Le Monde Diplomatique:
http://www.monde-diplomatique.fr

Neue Zürcher Zeitung:
http://www.nzz.ch

Palestine Times:
http://www.ptimes.com

Süddeutsche Zeitung:
http://www.sueddeutsche.de

The Jerusalem Post:
http://www.jpost.com

The Jerusalem Times:
http://www.jerusalem-times.htm

The New York Times:
http://www.nytimes.com

AUGSBURGER SCHRIFTEN ZUM STAATS- UND VÖLKERRECHT

Herausgegeben von Professor Dr. Dieter Blumenwitz

Band 1 Fritz-Harald Wenig: Rechtsprobleme des innerdeutschen Handels.

Band 2 Wilfried Niedermeier: Der Beitritt der Bundesrepublik Deutschland zum Statut des Internationalen Gerichtshofes unter besonderer Berücksichtigung der obligatorischen Gerichtsbarkeit.

Band 3 Johann G. Gleich: Die Anerkennung der DDR durch die Bundesrepublik.

Band 4 Matthias Weigand: Der Vertrag über die gegenseitigen Beziehungen zwischen der Bundesrepublik Deutschland und der Tschechoslowakischen Sozialistischen Republik vom 11. Dezember 1973 - Eine völkerrechtliche Analyse.

Band 5 Werner Trützschler von Falkenstein: Die sich ändernde Bedeutung der Feindstaatenartikel (Artikel 53 und 107 der Satzung der Vereinten Nationen) für Deutschland.

Band 6 Reiner Schenk: Die Viermächteverantwortung für Deutschland als Ganzes, insbesondere deren Entwicklung seit 1969.

Band 7 Wolfgang Wagner: Die Verwirklichung der Menschenrechte im Pakt der Vereinten Nationen über bürgerliche und politische Rechte vom 16. Dezember 1966, im Grundvertrag und den ihn begleitenden Nebeninstrumenten.

Band 8 Ulrich Wacker: Der Konflikt verschiedener Rechtssysteme vor, während und nach der Kolonialzeit in Kenia.

Band 9 Wolfgang Enders: Der mexikanische Bundesstaat. Die politische und sozioökonomische Problematik eines föderalen Verfassungssystems in einem Land der "Dritten Welt".

Band 10 Heiner Hasford: Die Jurisdiktion der Europäischen Gemeinschaften. Zur extraterritorialen Wirkung des Gemeinschaftsrechts.

SCHRIFTEN ZUM STAATS- UND VÖLKERRECHT

Band 11 Wolf Dieter Remmele: Die Selbstdarstellung der Bundesrepublik Deutschland im Ausland durch den Rundfunk als Problem des Staats- und Völkerrechts.

Band 12 Elisabeth Lichtenstern: Die Gesetzgebung im Spannungsverhältnis zwischen Bund und Ländern.

Band 13 Peter Gassner: Kollektivmacht und Individualschutz im amerikanischen Arbeitsrecht.

Band 14 Helga Walter: Das Selbstverständnis des modernen Algeriens. Die historisch-nationalen und islamischen Elemente.

Band 15 Dieter Schütz: Der internationale ordre public. Der Ausschluß völkerrechtswidrigen fremden Rechts im Internationalen Privatrecht der Bundesrepublik Deutschland.

Band 16 Klaus-Peter Kißler: Die Zulässigkeit von Wirtschaftssanktionen der Europäischen Gemeinschaft gegenüber Drittstaaten.

Band 17 Rainhardt Freiherr von Leoprechting: Die neue Rohrwaffen-Artillerie-Munition im Lichte des I. Genfer Zusatzprotokolles vom 12. Dezember 1977. Zur Frage der Völkerrechtskonformität der Verteidigung der Bundesrepublik Deutschland mit modernen konventionellen Artilleriesystemen.

Band 18 Roland Steinmeyer: Die Schiffsgläubigerrechte im südafrikanischen nationalen und internationalen Privatrecht. Eine rechtsvergleichende Darstellung unter Einbeziehung des englischen und deutschen internationalen Privatrechts und unter besonderer Berücksichtigung des ordre public.

Band 19 Martin C. Ney: Der Einsatz von Atomwaffen im Lichte des Völkerrechts. Summary: The Use of Nuclear Weapons and International Law.

Band 20 Teodoro Ribera Neumann: Das chilenische Verfassungsgericht und das deutsche Bundesverfassungsgericht - Ein Rechtsvergleich -. 1985.

Band 21 Theodora Antoniou: Europäische Integration und griechische Verfassung. 1985.

Band 22 Georg Teyssen: Deutschlandtheorien auf der Grundlage der Ostvertragspolitik. 1987.

Band 23 Karin Klüpfel: Selbstbestimmung durch Assoziation. Die Assoziation als Verwirklichung des Selbstbestimmungsrechts der Völker - dargestellt am Beispiel von Puerto Rico. 1987.

Band 24 Friedrich Dehner: Die Stellung Berlins im Bundesrat. 1987.

Band 25 Thilo Morhard: Die Rechtsnatur der Übereinkommen der Internationalen Arbeitsorganisation. Zugleich ein Beitrag zur Lehre vom "soft law". 1988.

Band 26 Ralf Jahn: Ansiedlung von Einzelhandelsgroßprojekten (§ 11 Abs. 3 BauNVO 1977). Zur Frage der Bestimmtheit grundrechtsbeschränkender Eingriffsnormen. 1988.

Band 27 Wolfgang Götzer: Der völkerrechtliche Status der Donau zwischen Regensburg und Kelheim. Eine völkerrechtliche Untersuchung des Donauabschnittes Regensburg - Kelheim unter Einbeziehung der gesamten deutschen Donau. 1988.

Band 28 Michael Hakenberg: Die Iran-Sanktionen der USA während der Teheraner Geiselaffäre aus völkerrechtlicher Sicht. 1988.

Band 29 Renate Oxenknecht: Der Schutz ethnischer, religiöser und sprachlicher Minderheiten in Art. 27 des Internationalen Paktes über bürgerliche und politische Rechte vom 16. Dezember 1966. 1988.

Band 30 Raphael Quarshie Avornyo: Deutschland und Togo. (1847-1987). 1988.

Band 31 Friedrich Frhr. Waitz von Eschen: Die völkerrechtliche Kompetenz der Vier Mächte zur Gestaltung der Rechtslage Deutschlands nach dem Abschluß der Ostvertragspolitik. 1988.

Band 32 Gisela Süß: Die Zulassung von Zahnärzten aus dem EG-Bereich zur deutschen Kassenarztpraxis. Ein Beitrag zu Standort und Bedeutung der Grundrechte im Europäischen Gemeinschaftsrecht. 1988.

Band 33 Meggy Steffens: Die deutsche Ostpolitik im Spiegel publizistischer Stellungnahmen in den USA 1969-1973. 1988.

Band 34 Norbert Karl Riedel: Der Einsatz deutscher Streitkräfte im Ausland - verfassungs- und völkerrechtliche Schranken -. 1989.

Band 35 Heidi Dünisch: Der Mundatwald - Zur Bereinigung letzter Kriegsfolgenprobleme zwischen Deutschland und Frankreich.1989.

Band 36 Sabine Niedermeyer-Krauß: Kommunalwahlrecht für Ausländer und Erleichterung der Einbürgerung. Integrationsmöglichkeiten für Ausländer aus verfassungs- und europarechtlicher Sicht. 1989.

Band 37 Dirk-Hermann Voß: Regionen und Regionalismus im Recht der Mitgliedstaaten der Europäischen Gemeinschaft: Strukturelemente einer Europäischen Verfassungsordnung. 1989.

Band 38 Tilo Klinner: Satellitenfernerkundung im Völkerrecht. Inwieweit existiert ein völkerrechtlicher Datenschutz? 1989.

Band	39	Barbara Schmidt: Die Erweiterung der seewärtigen Hoheitsrechte der Bundesrepublik Deutschland und der DDR unter besonderer Berücksichtigung deutschlandrechtlicher Probleme. 1989.
Band	40	Hans-Joachim Brauns: Wiedervereinigung und europäische Integration. 1990.
Band	41	Gilbert-Hanno Gornig: Der Hitler-Stalin-Pakt. Eine völkerrechtliche Studie. 1990.
Band	42	Gudrun Lehnberger: Kommunale Entwicklungshilfe. Eine Aufgabe der Gemeinden? - Bestandsaufnahme und rechtliche Würdigung unter besonderer Berücksichtigung der bayerischen Verwaltungspraxis. 1990.
Band	43	Heike Kaup: Der Schwangerschaftsabbruch aus verfassungsrechtlicher Sicht. Eine rechtsvergleichende Untersuchung anhand des deutschen und des amerikanischen Rechts. 1991.
Band	44	Bernadette Steinmeyer: Verfassungsrechtliche Ansätze zur Neuordnung der multirassischen Gesellschaft Südafrikas unter Berücksichtigung des Vorschlages des Verhandlungsforums der "KwaZulu/Natal Indaba". 1991.
Band	45	Burkhard Schöbener: Die amerikanische Besatzungspolitik und das Völkerrecht. 1991.
Band	46	Christian Raap: Die Souveränität der Bundesrepublik Deutschland unter besonderer Berücksichtigung des militärischen Bereichs und der deutschen Einheit. 1992.
Band	47	Andrea Wagner: Der argentinisch-chilenische Konflikt um den Beagle-Kanal. Ein Beitrag zu den Methoden friedlicher Streiterledigung. 1992.
Band	48	Ralf Wittkowski: Die Staatensukzession in völkerrechtliche Verträge unter besonderer Berücksichtigung der Herstellung der staatlichen Einheit Deutschlands. 1992.
Band	49	Michael Piazolo: Das Recht auf Abtreibung als Teilaspekt des Right of Privacy. 1992.
Band	50	Silke Wenk: Das konfiszierte deutsche Privatvermögen in Polen und der Tschechoslowakei. Die Rechtslage nach Abschluß des deutsch-polnischen und deutsch-tschechoslowakischen Nachbarschaftsvertrages. 1993.
Band	51	Antje Kießwetter: Die Verfassungsentwicklung in Namibia. 1993.
Band	52	Angelika Kleffner-Riedel: Regionalausschuß und Subsidiaritätsprinzip. Die Stellung der deutschen Bundesländer nach dem Vertrag über die Europäische Union. 1993.
Band	53	Jerzy Kranz: Entre l'influence et l'intervention. Certains aspects juridiques de l'assistance financière multilatérale. 1994.
Band	54	Knut Kettwig: Rechtsgrundlagen dezentraler grenzüberschreitender Zusammenarbeit im deutsch-polnischen und deutsch-tschechischen Grenzraum. 1994.
Band	55	Ulrich Seidenberger: Die diplomatischen und konsularischen Immunitäten und Privilegien. Ein Beitrag zur Diskussion über die Reformbedürftigkeit des Diplomaten- und Konsularrechts aus staats- und völkerrechtlicher Sicht. 1994.
Band	56	Christian Schede: Bundesrat und Europäische Union. Die Beteiligung des Bundesrates nach dem neuen Artikel 23 des Grundgesetzes. 1994.
Band	57	Florian Prugger: Die Nachfolge in das Vermögen der ehemaligen DDR. Ein Beitrag zu Art. 21 ff Einigungsvertrag unter besonderer Berücksichtigung der Firma F.C. Gerlach des Bereichs Kommerzielle Koordinierung. 1994.
Band	58	Mark Zimmer: Einsätze der Bundeswehr im Rahmen kollektiver Sicherheit. Staats- und völkerrechtliche Grundlagen unter Berücksichtigung des BVerfG-Urteils vom 12.07.1994. 1995.

Band 59 Gerd von Laffert: Die völkerrechtliche Lage des geteilten Zypern und Fragen seiner staatlichen Reorganisation. 1995.

Band 60 Wolfram Schneeweiß: Die rechtliche Stellung der Indianerstämme innerhalb der Vereinigten Staaten von Amerika. Ein Modell für den Schutz der *indigenous peoples*. 1995.

Band 61 Marianne Janik: Möglichkeiten und Grenzen einer gemeinsamen Exportkontrolle für sensitive Waren und Dienstleistungen im Lichte des europäischen Gemeinschaftsrechts. 1995.

Band 62 Michael Brems: Die politische Integration ethnischer Minderheiten aus staats- und völkerrechtlicher Sicht. 1995.

Band 63 Martin Vocke: Verfassungsinterpretation und Normbegründung - Grundlegung zu einer prozeduralen Theorie der Verfassungsgerichtsbarkeit. 1995.

Band 64 Stefan von der Beck: Die Konfiskationen in der Sowjetischen Besatzungszone von 1945 bis 1949. Ein Beitrag zu Geschichte und Rechtsproblemen der Enteignung auf besatzungsrechtlicher und besatzungshoheitlicher Grundlage. 1996.

Band 65 Stephanie Baer: Der Zerfall Jugoslawiens im Lichte des Völkerrechts. 1995.

Band 66 Christine Sauerwald: Die Unionsbürgerschaft und das Staatsangehörigkeitsrecht in den Mitgliedstaaten der Europäischen Union. 1996.

Band 67 Silke Buchner: Die Rechtswidrigkeit der Taten von "Mauerschützen" im Lichte von Art. 103 II GG unter besonderer Berücksichtigung des Völkerrechts. Ein Beitrag zum Problem der Verfolgung von staatlich legitimiertem Unrecht nach Beseitigung des Unrechtssystems. 1996.

Band 68 Bernd Weiß: Einführung und Umsetzung der Europäischen Charta der kommunalen Selbstverwaltung in Deutschland, insbesondere in Bayern und Nordrhein-Westfalen. 1996.

Band 69 Gesine Katharina Neumann: Boliviens Recht auf freien Zugang zum Pazifik. Zur völkerrechtlichen Problematik des Zugangs der Binnenstaaten zum Meer. 1997.

Band 70 Elvira Pfrang: Das Verhältnis zwischen Europäischem Gemeinschaftsrecht und deutschem Recht nach der Maastricht-Entscheidung des Bundesverfassungsgerichts. Eine Studie zu den Konflikten beider Rechtsordnungen auf dem Gebiet des Grundrechtsschutzes und der Kompetenzen. 1997.

Band 71 Dieter Blumenwitz / Burkhard Schöbener: Stabilitätspakt für Europa. Die Sicherstellung mitgliedstaatlicher Haushaltsdisziplin im Europa- und Völkerrecht. 1997.

Band 72 Matthias Weinberg: Schutz der deutschen Minderheit in Polen nach den Weltkriegen. Ein Vergleich unter Berücksichtigung der aktuellen Rechtslage. 1997.

Band 73 Reinhard Müller: Der "2+4-Vertrag und das Selbstbestimmungsrecht der Völker. 1997.

Band 74 Stefan Strobl: Das Nichtverbreitungsregime für Kernwaffen nach 1995 und der freie Zugang zu nuklearen Technologien und Materialien. 1997.

Band 75 Christine Weber: Das Gegenzeichnungsrecht unter besonderer Berücksichtigung der Verfassung des Fürstentums Liechtenstein. 1997.

Band 76 Stephan Semrau: Die Gemeinsame Außen- und Sicherheitspolitik der Europäischen Union. 1998.

Band 77 Marcus Schultz: Die Auslandsentsendung von Bundeswehr und Bundesgrenzschutz zum Zwecke der Friedenswahrung und Verteidigung. Völker- und verfassungsrechtliche Analyse unter besonderer Berücksichtigung der Entscheidung des Bundesverfassungsgerichtes zum Einsatz deutscher Streitkräfte vom 12. Juli 1994. 1998.

Band 78 Benedikt P. Kuttenkeuler: Die Verankerung des Subsidiaritätsprinzips im Grundgesetz. Ein Beitrag zur Bedeutung des Subsidiaritätsprinzips für die Kompetenzabgrenzung im Bundesstaat. 1998.

Band 79 Winfried Bausback: Verfassungsrechtliche Grenzen des Wahlrechts zum Deutschen Bundestag. 1998.

Band 80 Elvira Pfrang: Towards Liberalisation of the European Electricity Markets. The Directive concerning Common Rules for an Internal Market in Electricity in the Frame of the Competition and Internal Market Rules of the EC-Treaty. 1999.

Band 81 Alexander Wolf: Prozessuale Probleme des „Maastricht"-Urteils des Bundesverfassungsgerichts. 1999.

Band 82 Jürgen Bartl: Die humanitäre Intervention durch den Sicherheitsrat der Vereinten Nationen im "Failed State". Das Beispiel Somalia. 1999.

Band 83 Thomas Gnielinski: Die Reform des deutschen Staatsangehörigkeitsrechts. Eine Analyse und Bewertung der vorliegenden Gesetzesvorhaben. 1999.

Band 84 Margarita González: Der völkerrechtliche Status des Panamakanals nach Ablauf der Übergangszeit im Jahr 1999. 2000.

Band 85 Petra Johnen: Die Verfassungsentwicklung Südafrikas unter besonderer Berücksichtigung der verfassunggebenden Gewalt des Volkes. 2001.

Band 86 Markus Allstadt: Die offene Völkerrechtslage im deutsch-tschechischen Verhältnis und ihre Bedeutung für die Osterweiterung der Europäischen Union. Zugleich Überlegungen zu den Auswirkungen zwingenden Völkerrechts in der Vertriebenenfrage. 2000.

Band 87 Gerrit Aschmann: Europol aus Sicht der deutschen Länder. 2000.

Band 88 Mark Weber: Der Berlin-Status im intertemporalrechtlichen Konflikt. Dargestellt am Beispiel von Grundstücksenteignungen im Ostteil Groß-Berlins. 2001.

Band 89 Heidi Hellwig: Die Staatsangehörigkeit als Anknüpfung im deutschen IPR. Unter besonderer Berücksichtigung des Gesetzes zur Reform des Staatsangehörigkeitsrechts. 2001.

Band 90 Aline Bruer-Schäfer: Der Internationale Strafgerichtshof. Die Internationale Strafgerichtsbarkeit im Spannungsfeld von Recht und Politik. 2001.

Band 91 Andreas Rosenfeld: Die Verfassungsentwicklung von Mosambik. Ein Beitrag zur rechtsstaatlichen Transformation im südlichen Afrika. 2001.

Band 92 Markus Pallek: Der Minderheitenschutz im deutschen Verfassungsrecht. Eine analytische Untersuchung des Begriffs sowie der bundes- und landesverfassungsrechtlichen Stellung der ethnischen, nationalen, sprachlichen, kulturellen und religiösen Minderheiten in der Bundesrepublik Deutschland vor dem Hintergrund der völker- und europarechtlichen Rahmenbedingungen. 2001.

Band 93 Ansgar Firsching: Die Samen, ihre Rechtsstellung in Schweden und ihre Rechtsstellung im Lichte der Indigenous Peoples weltweit. 2002.

Band 94 Jörg Dunker: Regionale Integration im System des liberalisierten Welthandels. EG und NAFTA im Vergleich. 2002.

Band 95 Katharina Wodarz: Gewaltverbot, Menschenrechtsschutz und Selbstbestimmungsrecht im Kosovo-Konflikt. 2002.

Band 96 Grit Hokema: Immunität von Staatsoberhäuptern. 2002.

Band 97 Tido Oliver Hokema: Mehrfache Staatsangehörigkeit. Eine Betrachtung aus völkerrechtlicher und verfassungsrechtlicher Sicht. Unter Berücksichtigung des Staatsangehörigkeitsreformgesetzes vom 15. Juli 1999. 2002.

Band 98 Janet Kerstin Butler: Die Beteiligung von Privatpersonen am WTO-Streitbeilegungsverfahren. Bestandsaufnahme und Entwicklungsperspektiven. 2002

Band 99 Tobias H. Irmscher: Die Behandlung privater Beschwerden über systematische und grobe Menschenrechtsverletzungen in der UN-Menschenrechtskommission. Das 1503-Verfahren nach seiner Reform. 2002.

Band 100 Markus Voltz: Menschenrechte und ordre public im Internationalen Privatrecht. 2002.

Band 101 Sabine Schorer: Das Konsensprinzip in der internationalen Gerichtsbarkeit. 2003.

Band 102 Anja Weisgerber: Das Beweiserhebungsverfahren parlamentarischer Untersuchungsausschüsse des Deutschen Bundestages. 2003.

Band 103 Stephan Anstötz: Perspektiven zur staatlichen Neuordnung Zyperns. 2003.

Band 104 Eva Stumpf: Kulturgüterschutz im internationalen Recht unter besonderer Berücksichtigung der deutsch-russischen Beziehungen. 2003.

Band 105 Christian Malzahn: GATT-widrige *Treble Damages*-Klagen auf der Grundlage des US Antidumping Act 1916. Eine Untersuchung der Rechtsstellung beklagter deutscher Unternehmen im US-amerikanischen und deutschen Recht. 2003.

Band 106 Susanne Giannios: Ein Wasserregime im Nahen Osten. Rechtliche und politische Grundlagen und Perspektiven der internationalen Wasserverteilung im Jordanbecken. 2004.

Jan Müller-Scheeßel

Die Privatisierung und Regulierung des Wassersektors

Das Beispiel Buenos Aires/Argentinien

Frankfurt am Main, Berlin, Bern, Bruxelles, New York, Oxford, Wien, 2003.
XVI, 277 S., zahlr. Tab.
Göttinger Studien zur Entwicklungsökonomik.
Herausgegeben von Hermann Sautter. Bd. 12
ISBN 3-631-51099-3 · br. € 45.50*

Seit über einem Jahrzehnt werden in Entwicklungs- und Schwellenländern Unternehmen des öffentlichen Sektors privatisiert. Als besonders problematisch gilt der Wassersektor auf Grund seiner ausgeprägten Monopoleigenschaften. Argentinien kann mit der Privatisierung der Wasserversorgung von Buenos Aires auf einen reichen Erfahrungsschatz verweisen. Dies nimmt der Autor zum Anlass, die Erfolge und Probleme der Privatisierung und Regulierung des argentinischen Wassersektors zu untersuchen. Ziel ist es, ausgehend von den argentinischen Erfahrungen einen Katalog von Handlungsregeln zu erarbeiten, der bei der Privatisierung öffentlicher Unternehmen in anderen Ländern beachtet werden sollte. Die Analyse erfolgt mittels des wirtschaftswissenschaftlichen Instrumentariums und den darauf aufbauenden normativen und positiven Regulierungsmodellen.

Aus dem Inhalt: Theoretische Grundlagen der Regulierung und Privatisierung im Wassersektor · Die Effizienz der Privatisierung und Regulierung des argentinischen Wassersektors · Vorschläge für institutionelle Verbesserungen bei der Regulierung und Privatisierung öffentlicher Unternehmen

FSC
www.fsc.org
MIX
Papier | Fördert gute Waldnutzung
FSC® C083411

Kolibri 360 GmbH
Ferdinand-Jühlke-Straße 7
99095 Erfurt, Deutschland
produktsicherheit@kolibri360.de

Druck:
CPI Druckdienstleistungen GmbH
im Auftrag der
Kolibri 360 GmbH
Ferdinand-Jühlke-Str. 7
99095 Erfurt